A construção social dos regimes autoritários

Denise Rollemberg e
Samantha Viz Quadrat [orgs.]

A construção social dos regimes autoritários

Legitimidade, consenso e consentimento no século XX

África e Ásia

CIVILIZAÇÃO BRASILEIRA

Rio de Janeiro
2010

CIP-BRASIL. CATALOGAÇÃO-NA-FONTE
SINDICATO NACIONAL DOS EDITORES DE LIVROS, RJ

C775 A construção social dos regimes autoritários: África e Ásia, volume III /
v.3 Denise Rollemberg e Samantha Viz Quadrat (organizadoras) ;
– Rio de Janeiro: Civilização Brasileira, 2010.
3v.

Inclui bibliografia
ISBN 978-85-200-1016-7

1. Autoritarismo – África. 2. Autoritarismo – Ásia. 3. África – Política e governo. 4. Ásia – Política e governo. 5. Sociologia política.
I. Rollemberg, Denise, 1963-. II. Quadrat, Samantha.

CDD: 321.9
10-5055 CDU: 321.64

Texto revisado segundo o novo Acordo Ortográfico da Língua Portuguesa.
Direitos desta edição
EDITORA CIVILIZAÇÃO BRASILEIRA
Um selo da
EDITORA JOSÉ OLYMPIO LTDA
Rua Argentina 171 – 20921-380 – Rio de Janeiro, RJ – Tel.: 2585-2000

Impresso no Brasil
2010

A habitual antítese "Estado" versus "sociedade" é talvez inadequada quando se deseja estudar as relações entre ambas as coisas. Caso se aceite a hipótese de os Estados, mesmo arbitrários, serem parte de um todo mais amplo e que o fato de permanecerem arbitrários produzirá resultados catastróficos, é preciso elaborar um conceito de Estado que dê margem ao estabelecimento de conexões entre a área política e as demais áreas da vida social.

Moshe Lewin,
"*O fenômeno Gorbachev.*"

Um vibrato do inacabado que anima repentinamente todo um passado, um presente pouco a pouco aliviado de seu autismo, uma inteligibilidade perseguida fora de alamedas percorridas: é um pouco isto, a história do presente.

Jean-Pierre Rioux,
"Pode-se fazer uma história do presente?"

Sumário

Apresentação

Memória, história e autoritarismos

Tem sido frequente em sociedades que passaram por regimes autoritários ou ditaduras, sucedidos por regimes democráticos, a construção de uma memória segundo a qual o autoritarismo só foi possível em função de instituições e práticas coercitivas e manipulatórias. Por muito tempo, a ênfase das abordagens das experiências esteve no poder das forças coercitivas; o ângulo de observação do historiador, o Estado; o objeto a ser buscado e valorizado, a resistência. O principal problema que as interpretações colocaram, provavelmente, é não ter compreendido os regimes autoritários e as ditaduras como produto social. As explicações que partem das oposições *vítima* e *algoz*, *opressor* e *oprimido*, buscando respostas na repressão, na *manipulação*, no desconhecimento (*nós não sabíamos*), embora sedutoras — explicam tudo sem muito esforço e sem colocar o dedo na ferida —, levaram a distorções consideráveis. Apegadas às necessidades do presente, essas construções acabam por encobrir o passado, o presente, os valores e as referências das sociedades que sobrevivem às rupturas, pontes de continuidade, a sinalizar possibilidades de futuro.

Nas últimas décadas, entretanto, houve uma renovação das abordagens das relações entre sociedades e regimes autoritários e ditatoriais. Os estudos, dos anos 1970 e 1980 sobre os fascismos, em particular sobre o nazismo e a França sob a Ocupação e o Regime de Vichy, tiveram um destacado papel nessa revisão.

Num movimento que esteve aquém e além dos muros da academia, sociedades que viveram a experiência — ou *herdaram* a sua memória — participaram, e ainda participam, do desconfortável processo de refletir sobre si mesmas em face do autoritarismo. Diante do espelho, não raro, descobrem-se mesmo como parte de sua engrenagem, a gestá-lo, a alimentá-lo. Em todo caso, as respostas variaram nesse percurso, que esteve longe de ser retilíneo, estendendo-se ao longo das décadas. Não é o caso de desenvolvermos aqui o debate. Apenas lembrar como as dicotomias estritas, frequentes a princípio, como colaboracionismo *ou* resistência, deram lugar a um quadro mais complexo e fino das muitas relações possíveis das sociedades com os regimes autoritários e ditatoriais. Nele aparecem as *ambivalências*,[1] estranhas aos maniqueísmos estranhos aos humanos, ambivalências que revelam, ao contrário, as duplicidades formatadas nos moldes dos homens e mulheres.

No Brasil, um tema central da história contemporânea também foi revisto, recentemente. Nos anos 1980, Angela de Castro Gomes rompeu com uma análise consagrada na historiografia, segundo a qual o *populismo* inaugurado nos anos 1930 sustentava-se fundamentalmente a partir da repressão e da *manipulação* das *massas* pelo ditador.[2] Angela Gomes compreendeu o *trabalhismo* de Getúlio Vargas, ao contrário, a partir das relações de identidade, compromissos, interesses estabelecidos entre o regime e os trabalhadores. Desde então, inúmeras pesquisas temáticas tomaram a tese como referencial teórico, levando à revisão do período, da cultura política da nossa história contemporânea.

Pensando ainda o Brasil, mas o da última ditadura (1964-85), embora já exista uma vasta bibliografia sobre o período, pouco se pesquisou e escreveu no sentido de compreender as relações da sociedade com o regime inaugurado em 31 de março. Os estudos se concentram no sistema e nos instrumentos repressivos e nas resistências. Como ironizou Daniel Aarão Reis, de acordo com a memória construída desde o fim da década de 1970, todos se tornaram *resistentes* e *democratas*, restando a pergunta: como a ditadura se manteve por 21 anos?[3] Enigma indecifrável. A academia, já tendo produzido tanto sobre a ditadura, mas tão pouco sob esse ângulo, contribui, de certa forma, contraditoriamente, para esse desconhecimento.

Quanto às ditaduras latino-americanas da segunda metade do século XX, em especial as da década de 1970, apenas recentemente, e ainda de maneira tímida, os historiadores têm se interessado em atravessar as fronteiras que os levam além das histórias das resistências e da violência do Estado.

Com isso, arriscando-se em temas que colocarão a sociedade diante do espelho, que indicarão pontes que uniram continentes onde se viam universos isolados.

Devemos observar que mesmo os estudos sobre a repressão política poderiam ter rompido com o binômio acima identificado. No entanto, permaneceram em grande parte voltados para a denúncia (instrumento mais do que necessário no início da redemocratização), a descrição das torturas e dos centros de detenção. Só há pouco tempo os pesquisadores buscaram entender a formação daqueles que atuavam na repressão: quem eram, suas ideias e visões de mundo forjadas nos treinamentos nacionais e internacionais. Ver o homem, e não o "monstro do torturador", tem sido uma preocupação desses trabalhos. O homem com a cara-de-qualquer-um, saído da sociedade, nada estranho a ela, portanto. Não sendo suportável acreditar que a barbárie foi aceitável, criou-se a figura do torturador não à imagem e semelhança de homens e mulheres, mas de seres *loucos*, *monstros*, *anormais*, como se o Mal não fizesse parte da humanidade. Em sentido inverso, mas seguindo a mesma lógica, a rejeição ao Hitler doce e sensível do filme *A queda*.[4] Enquanto estivermos procurando *torturadores* sem rostos humanos, longe estaremos de compreender a barbárie como criação de homens e mulheres, gestada em nosso meio.

Da mesma maneira, ainda pensando a historiografia latino-americana, ampliou-se o debate sobre o quão clandestina poderia ter sido a violência política, na medida em que os principais centros de repressão estavam no perímetro urbano, ao lado de escolas, residências etc., e não nos chamados *porões*. Discutir a indiferença e/ou o silêncio frente à violência nos períodos ditatoriais é também compreender como essas sociedades se relacionam hoje, em tempos democráticos, com os arbítrios praticados pelas forças de segurança do Estado, mais notoriamente as policiais.

Os movimentos de resistência a regimes autoritários e ditaduras têm sido, em geral, supervalorizados em experiências do século XX, seja quanto às suas dimensões quantitativas seja qualitativas. Sem desconsiderá-los, inclusive como objetos de pesquisa, não raramente essa ênfase está ligada à luta política, que acaba por encobrir o papel que tiveram num contexto marcado pelo consenso e pelo consentimento em torno de um regime autoritário.

Falar das resistências é também — para além das reconstruções *a posteriori* acima referidas — uma maneira de afirmar a sobrevivência do livre-arbítrio, mesmo em situações as mais adversas. Passado o confronto — da afirmação, da luta contra a negação, mesmo que as tiranias jamais tenham desaparecido — é preciso superá-lo, ir adiante. O trabalho militante diferencia-se, pois, do trabalho do historiador.

Em determinados meios — mesmo acadêmicos — ainda sobrevive a crença segundo a qual afirmar a legitimidade de um regime autoritário ou ditatorial, o apoio de significativas parcelas da sociedade, sobretudo quando se trata de camadas populares, é o mesmo que defendê-los. Como se a luta política contra o autoritarismo e a ditadura justificasse a deformação da análise, da interpretação, da informação. Não compartilhamos dessas posições. Afirmar que um tirano foi amado por seu povo não significa concordar com a tirania, apoiar suas ideias e práticas. Tampouco o falseamento das relações da sociedade com o autoritarismo deve ser um instrumento válido e útil para combatê-lo. Ao contrário. Conhecê-las é o primeiro passo para transformá-las. São os valores e as referências, as culturas políticas que marcam as escolhas, sinalizando relações de identidade e consentimento, criando consensos, ainda que com o autoritarismo. Aliás, a deturpação da informação, do conhecimento, não seria também um ato autoritário?

Motivadas por essas tendências historiográficas e pretendendo contribuir nessa direção, propusemos, na linha de pesquisa memória e história, do Núcleo de Estudos Contemporâneos da Universidade Federal Fluminense, uma coletânea (embora não seja necessariamente de memória) capaz de reunir textos sobre diversos regimes autoritários e ditatoriais do século XX, em diferentes momentos e continentes — América Latina, Europa, África e Ásia — basicamente a partir de duas questões-eixo:

> — como um regime autoritário/uma ditadura obteve apoio e legitimidade na sociedade;
>
> — como os valores desse regime autoritário/ditatorial estavam presentes na sociedade e, assim, tal regime foi antes resultado da própria construção social.

São artigos que tratam de situações concretas, países de culturas, tradições e passados os mais variados, nos quais a construção do consenso e a busca do consentimento estiveram centradas nas características que os definiam: países ricos, pobres, capitalistas, socialistas, de passado colonial, de passado colonialista, saídos de guerras, rumando em sua direção; países nos quais a religião fundira-se com o Estado, nos quais o Estado laico era a religião; países em que os aspectos religiosos pouco importaram; países nos quais supostamente havia uma democracia consolidada, nos quais a democracia talvez fosse apenas uma palavra; países em que se pode trabalhar à vontade com os conceitos de sociedade e Estado; países em que isso não é evidente, ao contrário, outros conceitos expressam melhor uma formação histórica muito diferente da ocidental. Assim, como veremos, os conceitos Estado, democracia e sociedade ganham significados próprios em tempos e lugares tão diversos.

Enfim, as diferenças são muitas, o que enriquece a reflexão, mas também aponta limites. Enriquece porque mostra como em situações muito diferentes entre si a possibilidade do consenso e do consentimento em torno de regimes autoritários e ditatoriais foi uma realidade no século XX. Dificulta na medida em que o estado da historiografia quanto à proposta sugerida é desigual. Como já dissemos, enquanto para determinados regimes já existe uma produção significativa nessa linha, para outros essa abordagem não é visível, o que colaborou na seleção dos países aqui tratados. Mesmo que haja pesquisadores desenvolvendo esse ponto de vista, a bibliografia está longe de ser abundante. Dificuldades também surgem quando pensamos conceitos tais como Estado, ditadura, democracia, sociedade em países com formações próprias, distantes do suposto universalismo ocidental.

Quanto ao Brasil, nos concentramos no período da ditadura civil-militar, pois, sem dúvida, para o Estado Novo a questão das relações entre regime autoritário e sociedade está bem mais desenvolvida. Conseguimos, então, reunir autores da nossa última ditadura, que vêm desenvolvendo suas pesquisas nessa direção, nada comum até recentemente.

No caso da América Latina, alguns autores já trabalhavam seus temas segundo a abordagem que nos interessava; para outros, foi um desafio. Separamos o Brasil, pois sobre ele concentramos um número maior de artigos em relação aos demais países latino-americanos.

Enfim, o debate já presente na historiografia nos estimulava a pensá-lo para além das fronteiras geográficas, culturais e temporais nas quais se inscrevia; aguçava a curiosidade de historiador de imaginá-lo onde permanecia ausente, mesmo em países e continentes povoados por ditaduras.

Aqui encontramos algumas das experiências de regimes autoritários no século passado. O leitor lembrará de outras. Afinal, quantos volumes seriam necessários para reunir todas? O Vietnã de Ho Chi Minh, o Egito de Nasser, a Romênia de Ceausescu, a Turquia de Atatürk, a Iugoslávia de Tito, a Uganda de Idi Amin...

Nem sempre houve entre nós — autores e organizadoras — uma posição comum quanto ao entendimento se determinado regime era — é — autoritário e mesmo uma ditadura. Cuba de Fidel e Argentina de Perón são casos, entre outros, polêmicos. Angola e Moçambique pós-libertação nacional. O México do PRI (Partido Revolucionário Institucional), em 1968, considerado por uns autoritário, por outros, como o escritor Mario Vargas Llosa, *a ditadura perfeita*. Assim, os recortes de tempo e lugar de cada artigo não comprometem as posições do conjunto dos autores. Esclarecemos ainda que consideramos a historiografia — sua existência e seu mérito — que não concebe determinados governos ou regimes aqui trabalhados como autoritários ou ditatoriais. Que a coletânea, então, possa enriquecer o debate, dialogando com seus autores.

A intenção, ao reunir pesquisadores de universidades e centros de estudo que trabalham com essa abordagem e lançar o desafio a outros colegas, foi refletir sobre as relações complexas entre autoritarismo e democracia no século XX. A luta política contra o autoritarismo talvez tenha levado a uma superestimação das *aspirações democráticas* dos povos, segundo a fórmula *o mundo marcha para a democracia*. Na verdade, a história do século mostra como, não raro, o autoritarismo é que foi a reivindicação. Não afirmamos que sempre ou na maior parte das vezes foi assim. Estamos dizendo que muitas vezes ocorreu dessa forma, em momentos diferentes do século, em países com características muito distintas. Aí está o nosso objeto de estudo. É preciso, pois, perceber a dimensão que a democracia — ou o desejo de democracia — teve no século XX, não em função do quanto gostaríamos que tivesse sido, mas confrontada com as bases sociais das experiências autoritárias.

Muito menos a intenção foi fazer uma caça às bruxas. A governos, regimes, sociedades e personagens. Como já aprendemos, nesse movimento, a bruxa torna-se o próprio caçador e das cinzas da fogueira não saem respostas às questões do historiador, nem mesmo algo de que possa se orgulhar.

O que se quer é compreender como, ao longo do século XX, o consenso, frequentemente, se formou em padrões não democráticos, sem que essa ausência tenha sido percebida pela sociedade contemporânea como um problema. Portanto, interessa verificar concretamente como os consensos foram criados; como as acomodações de interesses fizeram-se em regimes autoritários através de mecanismos traduzidos em ganhos materiais e/ou simbólicos para as sociedades.

Se a resistência e a memória da resistência sempre identificaram as ditaduras à tirania, veremos como, não raramente, estas foram reivindicadas até mesmo como salvadoras da própria democracia, dos valores nacionais e sociais, como o único caminho, o fio condutor da transformação radical da sociedade. Em diferentes circunstâncias, a democracia é que foi rejeitada.

A intenção, então, é entender como os ditadores foram amados — quando se trata de ditaduras pessoais — não porque temidos, mas, provavelmente, porque expressavam valores e interesses da sociedade que, em dado momento, eram outros que não os democráticos. Em questão, portanto, um *senso comum* e uma historiografia que veem o desejo de democracia com mais frequência do que se pode constatar historicamente.

Que esta coletânea de textos sobre experiências autoritárias e ditatoriais no século XX, legitimadas pelo apoio de significativas parcelas da sociedade, sobretudo pelas camadas populares, sirva não para justificá-las, mas para compreendê-las. Que contribua para a percepção do autoritarismo como traço de união do passado e do presente, das presenças que sobrevivem às rupturas, que acompanham as mudanças. Que se some a uma historiografia que rompeu com as noções de opressão/oprimidos, coerção-todo-poderosa, progaganda-manipuladora-sedutora, Estado x sociedade. Que se distancie de uma história do Bem contra o Mal, a aliviar a humanidade das suas supostas desumanidades, mas que a condena ao desconhecimento de si mesma.

TEORIAS, DEFINIÇÕES, REFLEXÕES

Democracia e ditadura são dois termos oriundos da Antiguidade. A democracia foi criada em Atenas, Grécia, e apontava para uma maior participação dos cidadãos nas decisões políticas, ainda que excluísse mulheres, estrangeiros e escravos. Já o termo ditadura apareceu pela primeira vez no período da República romana. Com sentido positivo, era uma instituição convocada diante de uma situação de emergência, prevista pela Constituição e "com poderes extraordinários, mas legítimos e limitados no tempo".[5]

Ao longo da história, as concepções de democracia e ditadura foram (são) permanentemente reconstruídas por diferentes sociedades. Atualmente, se a democracia no mundo ocidental é consagrada pela máxima *um governo do povo, para o povo e pelo povo*, a ditadura acabou tornando-se sinônimo de tirania em oposição direta à democracia. No senso comum, um governo não democrático é imediatamente rotulado de ditatorial.

No entanto, se o conceito de democracia é aparentemente de mais fácil compreensão — um sistema de governo para ser democrático deve apresentar eleições regulares, sem fraudes e realmente competitivas, liberdade de imprensa e de organização, alternância no poder, independência dos três poderes e o direito de qualquer cidadão votar e ser votado[6] —, a questão da definição de ditadura nos remete a um dilema. É possível classificar todos os governos não identificados com esses padrões sob um mesmo conceito? Nesta coletânea, por exemplo, temos governos considerados ditaduras pessoais, militares, civis-militares, de esquerda, de direita. Como falamos anteriormente, no caso de algumas experiências históricas aqui trabalhadas, não há consenso sobre a sua definição. Nesse sentido, não são percebidas como ditaduras, mas regimes autoritários. E outras, ainda mais singulares, nem ditaduras nem regimes autoritários, mas exemplos de democracia.

A ausência de uma *boa definição* de ditadura é considerada um problema por vários autores de períodos e posições políticas e acadêmicas diferentes que se dedicaram ao tema no século XX. É o caso do jurista alemão Carl Schmitt, no livro *A ditadura*,[7] e de Franz Neumann, no artigo Notas sobre a teoria da ditadura".[8]

O livro de Carl Schmitt foi publicado pela primeira vez em 1921, portanto antes da constituição dos governos fascistas do século XX.[9] No prólogo da primeira edição, Schmitt afirmava que, até então, o termo político ditadura permanecera confuso, o que explicava, ao mesmo tempo, a sua enorme popularidade, bem como a aversão dos eruditos do direito a admiti-lo.[10]

Para Schmitt, de uma maneira geral, podemos chamar de ditadura

> a toda excepción de una situación considerada como justa, por lo que esta palabra [ditadura] designa ya una excepción de la democracia, ya una excepción de los derechos de libertad garantizado por la Constitución, ya una excepción de la separación de los poderes o bien (como el la filosofía de la historia del siglo XIX) una excepción del desarrollo orgánico de las cosas.[11]

Já Franz Neumann afirma que

> por mais estranho que pareça, não temos um estudo sistemático sobre ditadura. A informação histórica é abundante e há muitas análises sobre diversos ditadores em muitos países. Mas não existe uma análise que procure generalizar não somente com base na experiência política do século XX, mas nos sistemas políticos do passado mais distante.[12]

Embora reconhecesse o livro de Carl Schmitt como a "exceção mais significativa", Neumann não considerou sua análise "aceitável", reservando-lhe apenas uma nota no fim do artigo.

Na busca por uma definição, Neumann estabelece ditadura como "o governo de uma pessoa ou de um grupo de pessoas que se arrogam o poder e o monopolizam, exercendo-o sem restrições".[13]

Existiriam, então, três tipos de ditadura, a saber: a *simples*, na qual o governo — quer seja militar, monárquico etc. — detém o controle dos instrumentos clássicos de domínio: o exército, a polícia, a burocracia e o judiciário; a *cesarista*, cujas características são a necessidade do apoio popular e a personalização do governo em torno de um líder; e a *totalitária*, que apresenta características *cesaristas*, por meio da forte presença de um líder e das massas populares. No entanto, esses pontos podem não ser fortes o suficiente para a garantia do poder e acabam por obrigar o Estado a lançar mão de outras estratégias, tais como o controle da educação, dos meios de comunicação e das instituições econômicas.

Além de criar tal tipologia, Neumann defende a tese de que, se analisarmos mais atentamente alguns casos ao longo da história, seremos forçados a concluir que a visão democracia liberal (bem) *versus* ditadura (mal) não se sustentaria: "Uma moralização sobre os sistemas políticos torna difícil a compreensão de suas funções."[14] Nesse sentido, as ditaduras podem ser uma implementação da democracia, uma preparação para a democracia, na qual teríamos uma ditadura educativa; por outro lado, podem ser a negação da democracia e, portanto, um sistema totalmente regressivo.[15]

Contemporâneo dos fascismos, assim como Schmitt, Neumann levanta uma questão essencial relacionada particularmente à temática desta coletânea: a busca de apoio na sociedade. A ditadura *simples* ocorreria em países nos quais

> as massas não são politizadas, onde a política está nas mãos de pequenos grupos que competem por favores e que esperam ganhar prestígio e fortuna com uma associação com o ditador. A massa paga apenas os impostos e talvez seja obrigada a servir no exército, mas não toma mais parte alguma da vida política.[16]

Assim, "dispensaria" a busca de apoio na sociedade. Já na ditadura do tipo *cesarista* ocorreria a necessidade do apoio popular, um novo elemento que a diferenciaria do primeiro modelo. Por fim, ao analisar a ditadura totalitária, Neumann concluiu que, em função da maioria dos casos modernos aí classificados terem surgido *na* democracia e *contra* ela, era-lhes necessário "cultivar os rituais democráticos, embora despidos de toda a sua verdadeira substância".[17] O controle da sociedade tornava-se um de seus elementos característicos a ser exercido desde a liderança, *sincronizando* todas as organizações sociais, criando elites graduadas, atomizando e isolando o indivíduo, transformando a cultura em propaganda e usando o terror como ameaça permanente ao indivíduo.[18]

Neumann viu no medo um elemento fundamental dos processos psicológicos da ditadura, seja como aviso, proteção ou destruição.[19] Do medo, que ativou a ansiedade, resultaria a ligação entre as massas e o líder, especialmente no tipo totalitário.

Outros dois autores a serem destacados no debate sobre a definição de ditadura são Carl Friedrich[20] e Giovane Sartori, ainda que este se preocupe antes em definir o que não é democracia.[21] Em ambos, o termo autocracia seria um conceito melhor do que ditadura para designar os regimes não democráticos. Sartori reconhece que "a vantagem do conceito de autocracia sobre aqueles examinados até agora [como totalitarismo e ditadura] é que ele aponta diretamente para um 'princípio' constitutivo do poder com respeito à base de legitimidade do poder".[22] No entanto, apesar da defesa desses e de outros autores do uso de autocracia em oposição à democracia, o termo não encontrou ressonância.

Friedrich também avaliou a ditadura totalitária e sua relação com a sociedade. Como outros autores,[23] chegou à conclusão de que ela só foi possível graças à passividade das massas, manipuladas e enganadas.

Recorrendo ao verbete "Ditadura" do *Dicionário de política* organizado por Bobbio, Matteucci e Pasquino,[24] nos deparamos mais uma vez com a constatação de que "até hoje não se encontrou um termo mais adequado do que ditadura para designar, em seu conjunto, os regimes não democráticos modernos".[25]

Para o autor do verbete, Mario Stoppino, as principais características das ditaduras modernas são: "A concentração e o caráter ilimitado do poder; as condições políticas ambientais, constituídas pela entrada de largos estratos da população na política e pelo princípio da soberania popular; a precariedade das regras de sucessão no poder."[26] Em especial, nos interessa o terceiro aspecto porque diz respeito à legitimidade das ditaduras. Nesse sentido, Stoppino destaca que, apesar de as ditaduras alcançarem a legitimidade por diferentes caminhos, como plebiscitos, festas etc., não será uma legitimidade democrática, já que as ditaduras "não podem eliminar o fato crucial de que a autoridade política é transmitida do alto para baixo, e não vice-versa".[27]

Dialogando com Neumann e outros autores, Stoppino demarca ainda o *fim*, o *destino* essencial das ditaduras, visto que elas podem ser *revolucionárias*, aquelas que "visam a abater ou minar, de forma radical, a velha ordem político-social e introduzir uma ordem nova ou renovada";[28] *conservadoras*, "que têm como finalidade defender o *status quo* dos perigos de mudança"[29] e, algumas vezes, *reacionárias*, "que dirigem seus objetivos para dar novamente vida a valores e formações sociais do passado, que se encontram em via de extinção".[30]

Até aqui foi possível observar como autores clássicos que formularam teorias acerca das ditaduras, mesmo discordando entre si, reconhecem as dificuldades de tratar o conceito. Neumann e Friedrich dão atenção especial aos casos totalitários. Neumann os explicaria pelo medo; Friedrich, pela passividade das massas.

Compreender o que é uma ditadura, como a sociedade se comporta diante da sua instauração e permanência, legitimando-a ou não — ou como ela participa da sua instauração e permanência —, seu comportamento, sua opinião, as relações que estabelece com o Estado, representava um desafio para os pesquisadores das ciências humanas.

Com a Segunda Guerra Mundial e no pós-1945, as experiências ditas totalitárias tornaram-se a referência incontornável no debate.

A constante revisão do conceito de ditadura nos permite observar o quanto foi — e permanece sendo — difícil definir tipologias para as experiências autoritárias do século XX. O diálogo com o conceito de totalitarismo ampliou perspectivas de análises, num movimento revelador, igualmente, das dificuldades e dos limites do próprio conceito. Embora o seu uso nas ciências humanas tenha sofrido críticas desde o início dos anos 1960,[31] sua grande repercussão foi inegável no pós-guerra, marcando uma tendência historiográfica produzida na ambiência da guerra fria. As imagens do inimigo da véspera se sobrepunham às do inimigo do dia. Mesmo considerando que "a emergência e o uso de todo conceito se inscrevem e flutuam na História", Denis Peschanski vê aí, entretanto, um "conceito-símbolo", "eminentemente sujeito aos imprevistos da conjuntura".[32]

Antes do fim do século, e sem que houvesse a reedição da intervenção externa para fraturar o monólito, ruía com o Muro, o leste europeu e a

URSS um dos pilares do conceito: a onipotência do Estado capaz de engessar a sociedade, criando uma estrutura inalterável. E, nesse sentido, o estudo da sociedade e das suas relações com o Estado não se justificou. Em linhas muito gerais, essa foi a crítica de Moshe Lewin ao uso do totalitarismo para entender a URSS, afirmando, em meio à *Era Gorbachev*, a história social como viés para a compreensão do país. Em 1987, afirmava:

> A habitual antítese Estado *versus* sociedade é talvez inadequada quando se deseja estudar as relações entre ambas as coisas. Caso se aceite a hipótese de os Estados, mesmo arbitrários, serem parte de um todo mais amplo e que o fato de permanecerem arbitrários produzirá resultados catastróficos, é preciso elaborar um conceito de Estado que dê margem ao estabelecimento de conexões entre a área política e as demais áreas da vida social.[33]

Quanto ao estudo da Alemanha nazista — e aqui só para citar os dois casos consagrados —, Pierre Ayçoberry avaliou, no fim da década de 1970, que o uso do conceito deixara um saldo de dez anos perdidos para a compreensão da *questão nazista*.[34]

Entretanto, ele não se restringiu às disputas ideológicas da guerra fria. Ganhou autonomia em relação a interesses e simplificações inerentes a determinadas interpretações. Em muitos autores, diz respeito, sobretudo, à ambição do Estado de assumir todas as esferas da vida da nação, mas não, absolutamente, à sua realização. O totalitarismo representaria, então, "um limite jamais atingido", como defende Claude Lefort.[35] Esses autores continuaram a trabalhar com o conceito para demarcar a especificidade de determinadas ditaduras do século XX: o caráter ideológico. A pretensão de controlar o passado, o presente, o futuro, fazendo da História, mitologia (Max Horkheimer); a pretensão de criar o *homem novo*, realizar a utopia do mundo *perfeito* aqui e agora são características ausentes, por exemplo, nas ditaduras militares (ou civil-militares) da América Latina dos anos 1950, 1960 e 1970. Isso explicaria — *e justificaria* — a permanência do conceito de totalitarismo nos casos das ditaduras fascistas e socialistas.

Não é nossa pretensão aqui, evidentemente, estender essa discussão. Especialistas já o fizeram.[36] Apenas sublinhar como a reflexão sobre o conceito de totalitarismo acabou por motivar "numerosos trabalhos históricos, com efeito, estudando as configurações sucessivas e respectivas dessa geometria política fundamental que associa Estado, sociedade, partido(s), elites".[37]

A derrota dos países do Eixo e o fim da Segunda Guerra Mundial não significaram o desaparecimento de todas as ditaduras na Europa. Salazar, em Portugal, e Franco, na Espanha, seguiram com seus governos. Ainda assim, a democracia estava na ordem do dia, em oposição ao *totalitarismo* soviético. Seria a melhor forma de combatê-lo.

Para a América Latina, por exemplo, o período do fim do conflito mundial ao início da guerra fria foi marcado pela queda de várias ditaduras ou, como no caso paraguaio, por medidas de abertura política.[38] No entanto, a guerra fria viria a transformar esse cenário e o prestígio internacional da URSS, devido ao destacado papel desempenhado na vitória contra o nazismo, que foi considerável nessa mudança.

Ainda pensando a América Latina, a democracia, que sempre enfrentou — enfrenta — dificuldades na região, paulatinamente deixou de ser vista por setores importantes da sociedade como a melhor maneira de combater o comunismo. Um *governo forte*, capaz de conter o avanço do *perigo vermelho*, sobretudo após a vitória da Revolução Cubana (1959), tornou-se a melhor ou a única saída possível. Os Estados Unidos, porta-vozes dos valores democráticos como meio de combate ao comunismo, aparecem no cenário como um dos principais incentivadores dos golpes e das ditaduras que se sucediam. Durante muito tempo, e ainda hoje — na historiografia, no meio político, no senso comum —, aos Estados Unidos foi atribuída a conta pelas ditaduras, especialmente nos casos brasileiro e chileno. Não negamos a influência estadunidense, seja por meio de suporte militar e/ou financeiro. Contudo, não lhe podemos atribuir toda a responsabilidade sobre o que aconteceu. A América Latina tem sido compreendida como *sem opção*, *explorada*, *à mercê dos interesses internacionais*, ou seja, uma *vítima* através dos tempos. À região é atribuída uma história linear, sem cortes, desde a chegada dos europeus até o *imperialismo americano*. Suas sociedades seriam sempre manipuladas por governantes pouco preocupados com seus países. Não compartilhamos de maneira alguma dessas visões. Como veremos nos artigos aqui reunidos, o autoritarismo foi desejado e alguns ditadores foram (são) queridos e percebidos como *salvadores da pátria* por pessoas e/ou segmentos da sociedade de todas as idades e origens sociais. O autoritarismo constituía elemento da cultura política de muitas sociedades. Antes da "influência estadunidense", as ditaduras latino-americanas dos anos 1960 e 1970 tinham, desde as articulações do golpe e durante o regime, como discurso principal "salvar os valores ocidentais e cristãos do perigo do comunismo". Buscaram e receberam o apoio de setores da sociedade para o golpe. Sucessivamente, Brasil (1964), Uruguai (1973), Chile (1973) e Argentina (1976) passaram a ter governos ditatoriais. Os governos legítimos e legais foram depostos e acusados de incapacidade e irresponsabilidade.[39] Os novos governos, representados por militares, mas não exclusivamente formados por eles, seriam a representação da salvação, enquanto o que havia antes nos países, o caos. A esquerda queria entregar o país a Moscou. Até mesmo Stroessner, no poder desde 1954, adotou o discurso do anticomunismo e da salvação da nação.

O cenário mundial, tanto na América Latina quanto na Europa, passou a contar com "novas" ditaduras que não se adequavam mais às tipologias existentes. Não se tratava de governos totalitários no sentido inicial da concepção e demandavam novas análises para os novos fenômenos políticos.

Em 1964, Juan J. Linz escreveu o artigo *An Authoritarian Regime: Spain*,[40] no qual apontava a existência de uma *terceira dimensão*, localizada entre os dois polos, democrático e totalitário, que seria o regime autoritário. Era um dos primeiros autores a pensar para além do binômio consagrado até então. Os regimes autoritários seriam:

> Sistemas políticos com um pluralismo limitado e não responsável; sem uma ideologia complexa que os norteasse, mas com mentalidades bem características; sem mobilização política, quer extensiva ou intensiva, exceto em alguns momentos do seu desenvolvimento, nos quais um líder ou, às vezes, um pequeno grupo exerce o poder dentro de limites formalmente mal definidos, que, no entanto, são bastante previsíveis.[41]

No projeto *Transições do regime autoritário: perspectivas da democracia na América Latina e no sul da Europa*, desenvolvido entre 1979 e 1981, sob a coordenação de Guillermo O'Donnell e Philippe C. Schmitter, no âmbito do Programa Latino-Americano do Woodrow Wilson International Center for Scholars (Washington, EUA), os dois coordenadores chamaram a atenção para o que consideravam as diferenças entre os dirigentes autoritários dos períodos entreguerras e os dirigentes autoritários do pós-1945. Segundo os autores, os primeiros obtiveram

> condições de aspirar e legitimar seu governo através de alguma combinação do imaginário mobilizador do fascismo e de referências a formas mais tradicionais de corporativismo. Esses regimes podiam promover a si mesmos (e efetivamente o fizeram) como solução a longo prazo para os problemas da ordem política e como a melhor forma possível de governo para suas respectivas sociedades.[42]

Já os dirigentes autoritários do pós-1945 "não puderam contar com essa possibilidade [...] trata-se de regimes que recorrem a práticas ditatoriais e repressivas no presente, ao mesmo tempo que prometem liberdade e democracia no futuro".[43]

Em 1996, mais uma vez, o mesmo Juan J. Linz, ao lado de Alfred Stepan, defendeu no livro *A transição e consolidação da democracia* uma tipologia revisada, pois na visão dos dois autores

> as tipologias ascendem e caem de acordo com sua utilidade analítica para os pesquisadores. A nosso ver, o regime de classificação tripartida atualmente existente não apenas se tornou menos útil do que era antes para os teóricos e os praticantes da democracia como também transformou-se num obstáculo.[44]

No quadro proposto por Linz e Stepan, teríamos os regimes democráticos, autoritários, totalitários, pós-totalitários e sultanísticos.[45]

A explicação da alteração pode residir, em parte, no fato de a pesquisa inicial dos autores, da mesma maneira que a de O'Donnell e Schmitter, dizer respeito ao sul da Europa e à América Latina. As novas experiências do mundo oriental, africano e dos países do Leste da Europa e mesmo da América Latina (pensando em Fujimori) não estavam incluídas no conceito original.

Enfim, a própria diversidade das experiências do século XX, certamente, obrigou o pesquisador a avançar em relação às tipologias conhecidas,[46] até porque esses regimes não ocorreram num mesmo período ou espaço, superando-as em muitos sentidos, voltando a elas, enriquecendo-as. Após os fascismos, outras e diferentes experiências autoritárias surgiram e continuam a surgir. Inclusive antigos governos, ainda no poder, são reconstruídos para dar conta das demandas do mundo e da própria sociedade que se renovam, se atualizam.

Na discussão sobre as *novas* tipologias e as análises das ditaduras e dos regimes autoritários, da mesma maneira que ocorre com a América Latina, o continente africano tem sido visto como vítima da História, da ambição dos homens através dos tempos. O desconhecimento da África, não raramente, leva o Ocidente a uma percepção simplificada e monolítica, marcada por estereótipos: um só povo, devastado pelo colonialismo e pelo imperialismo, minado na escravidão[47] e na exploração, com uma enorme dívida a resgatar. As ditaduras que se seguiram, especialmente após os processos de independência, têm sido explicadas e/ou justificadas pelas guerras civis, confrontos entre etnias, pelo baixo desenvolvimento da educação e pelo apoio das nações mais ricas. Os africanos, manipulados por seus líderes — em alguns casos heróis do confronto de libertação nacional — ou pela *ausência* de uma *sociedade civil*, após o fim do antigo sistema, teriam sido facilmente dominados por ditadores.

A Ásia, outro continente povoado por fascínios e medos, nascidos do desconhecimento do Ocidente, da incompreensão de suas culturas, de um tempo — um passado, um futuro — do qual há muito nos distanciamos, traz para o pesquisador de regimes autoritários uma série de elementos. Nos países asiáticos — igualmente múltiplos, plenos de diferenças evidentes e também nuances —, esses elementos, como veremos, coerem grupos e sociedades em torno de ditaduras. Nem sempre o olhar ocidental é capaz de percebê-los.

Os artigos aqui reunidos contribuem para esse debate. Os regimes autoritários e as ditaduras não são mais compreendidos a partir da manipulação, da infantilização e da vitimização das *massas*, incapazes de fazer escolhas; nem exclusivamente em função da repressão, do medo, da ausência de ação ou pressão popular; tampouco como regimes fechados. Ao contrário, buscaram entender como se constroem consensos e consentimentos, como se estabelecem relações entre Estado e sociedade. Nessa perspectiva, acredita-se que, uma vez gestadas no interior das sociedades, as ditaduras não lhes são estranhas. Alguns autores, por exemplo, trabalham com o conceito de cultura política como uma "chave", como compreendeu Serge Berstein, introduzindo "diversidade, dimensão social, ritos, símbolos, ali onde reina, supõe-se, o partido, a instituição, a imobilidade".[48]

Não temos a intenção — nem a pretensão — de escrever uma *nova* definição de ditadura e regimes autoritários. Entretanto, ao propor as duas questões identificadas no início da apresentação, refletimos também sobre esses conceitos. Os artigos aqui apresentados são, em seu conjunto, contribuições nesse sentido. As abordagens elaboram as definições. As próprias fontes com as quais os autores trabalham — e como trabalham — afastavam hipóteses e teses consagradas. Assim, essa historiografia tem avançado na percepção do que são as ditaduras e os autoritarismos.

Não negamos as resistências, nem muito menos estamos dizendo que a história está fadada às ditaduras. Estamos simplesmente lidando com uma constatação: um século marcado por muitas ditaduras, em diferentes países e continentes, com culturas, tradições e passados diversos, que tiveram apoio da sociedade. Esse é nosso recorte. Descartadas as respostas que subestimam os povos, buscamos nos reunir a essa historiografia que já tem muito a dizer sobre o século XX e o legado que dele recebemos.

* * *

Ao chegarmos ao fim de uma etapa de trabalho, é uma satisfação constatar o quanto temos a agradecer.

O fato de estarmos na UFF, no Departamento de História, no Núcleo de Estudos Contemporâneos (NEC), no Programa de Pós-Graduação de História, foi essencial.

A participação em convênios internacionais (Capes-Cofecub/França) e (Capes-Secyt/Argentina) igualmente contribuiu para a ampliação dos debates e das perspectivas.

Somos gratas a Thaddeus Blanchette, Angelo Segrillo, Fábio Merçon, Daniela de Carvalho Sophia, Alain François, Marco Mazzillo, Roberto Mauro Facce, Lívia Magalhães e Renata Chiossi, que nos socorreram em várias traduções. E ainda a Giordano Bruno Reis dos Santos e a Caio Paz, que verificaram as referências, notas e bibliografias.

Gostaríamos também de agradecer aos amigos e colegas o diálogo que muito contribuiu para a realização do trabalho. A Daniel Aarão Reis, cujas ideias inspiram a coletânea, agradecemos o incentivo e o apoio. A Norberto Ferreras e Marcelo Bittencourt, colegas do NEC. A Elizabeth Jelin, Mariana Candido, Alexandre Vieira Ribeiro, Federico Guillermo Lorenz, Jorge Ferreira, Marco A. Pamplona, as discussões, as sugestões e as críticas sempre muito pertinentes e bem-vindas. A Didier Musiedlak, que nos *apresentou* a Pierre Laborie. Aos autores que contribuíram com seus textos, com suas ideias, muitos, inclusive, nos indicando nomes e colegas. A eles, a todos, nosso reconhecimento.

Denise Rollemberg e Samantha Viz Quadrat
Núcleo de Estudos Contemporâneos
Universidade Federal Fluminense

Notas

1. LABORIE, Pierre. *L'opinion française sous Vichy. Les Français et la crise d'identité nationale. 1936-1944*. Paris, Seuil, 2001 (ed. orig. 1990) e *Les Français des années troubles. De la guerre d'Espagne à la Liberation,* Paris, Desclée de Brouwer, 2003.
2. GOMES, Angela de Castro. *A invenção do trabalhismo*, 3ª ed., Rio de Janeiro, FGV, 2005 (1ª ed., São Paulo, Vértice, 1988); tese de doutorado defendida em ciência política no Iuperj, Rio de Janeiro, 1987.
3. AARÃO REIS, Daniel. *Ditadura militar, esquerdas e sociedade*. Rio de Janeiro, Jorge Zahar Editor, 2000.
4. *A queda, as últimas horas de Hitler* (Der Untergang), de Oliver Hirschbiegel (Alemanha/Áustria/Itália, 2004).
5. BOBBIO, Norberto. "Democracia/Ditadura". *Enciclopédia Einaudi: Estado — Guerra*. Lisboa, Imprensa Nacional/Casa da Moeda, 1989, p. 209.

6. Reconhecemos aqui o privilégio das questões políticas, o que não quer dizer de maneira alguma que não compartilhamos da ideia de que a democracia deve vir acompanhada de melhorias nas condições sociais e econômicas para toda a sociedade.
7. SCHMITT, C. *La dictadura*. Madri, Alianza Editorial, 1999. Crítico da República de Weimar, Schmitt é centro de polêmica sobre o seu envolvimento com o III Reich, tendo mesmo se filiado ao partido nazista. Com a derrota alemã, ficou preso por dois anos e foi interrogado no Tribunal de Nuremberg. No entanto, suas ideias, como o próprio debate sobre ditadura e a política como o confronto de amigos e inimigos, continuaram a ser discutidas, inclusive por setores das esquerdas, e estudadas até os dias atuais, constituindo-se numa importante referência para a ciência política. Para os objetivos do breve debate que se segue, nos limitamos a autores do século XX.
8. NEUMANN, Franz. *Estado democrático e Estado autoritário*. Rio de Janeiro, Zahar Editores, 1969. Neumann, jurista e cientista político, foi preso em 1933 pelos nazistas na Alemanha. Integrante da chamada Escola de Frankfurt, foi também um dos grandes críticos do nazismo. Exilou-se nos Estados Unidos. O autor não chegou a concluir a versão final do texto porque faleceu em 1954.
9. O autor continuou a publicar trabalhos, em que refletiu sobre as experiências autoritárias do século XX, até a sua morte em 1985.
10. SCHMITT, C., *op. cit.*, p. 19.
11. *Idem*, p. 194-195.
12. NEUMANN, Franz, *op. cit.*, p. 257.
13. *Idem*, p. 259.
14. *Idem*, p. 273.
15. *Idem*.
16. *Idem*, p. 260.
17. *Idem*, p. 269.
18. *Idem*, pp. 269-270.
19. *Idem*, p. 278.
20. FRIEDRICH, Carl. “Dictadura”. *Política* 2. Madri, Rioduero, 1975, pp. 102-118.
21. SARTORI, G. *A teoria da democracia revisitada — 1: O debate contemporâneo*. São Paulo, Ática, 1994.
22. *Idem*, p. 277.
23. É o caso de Hannah Arendt. *Origens do totalitarismo*. São Paulo, Companhia das Letras, 1989.
24. STOPPONO, Mario. “Ditadura”. BOBBIO, Noberto *et al*. *Dicionário de política*. Brasília, UnB, 1997, pp. 368-378.
25. *Idem*, p. 373.

26. *Idem.*
27. *Idem*, p. 374.
28. *Idem*, p. 275.
29. *Idem, ibidem.*
30. *Idem, ibidem.*
31. Essa crítica ao conceito se deu tanto em termos teóricos como submetendo-o a estudos históricos, cf. PESCHANSKI, Denis. "Le concept du totalitarisme", *in*: PESCHANSKI, Denis, POLLAK, Michaele; ROUSSO, Henry (orgs.). *Histoire Politique et Sciences Sociale*s. Questions au XXè siècle. Paris; Bruxelles, IHTP, Editions Complexes, 1991.
32. *Idem*, pp. 191 e 195.
33. LEWIN, Moshe. *O fenômeno Gorbachev*. Uma interpretação histórica. Rio de Janeiro, Paz e Terra, 1988, p. 24. Também nessa perspectiva, Denis Peschanski cita, além de Moshe Lewin (1985), Karel Bartosek, que em edição especial da revista *Communiste*, nº 8, 1985, entre outros historiadores da URSS e da Europa comunista, resgatava a história social da URSS, evidenciando a existência de uma sociedade que se acreditava destruída. PESCHANSKI, Denis. *op. cit.*, pp. 204-5.
34. AYÇOBERRY, Pierre. *La question nazie. Les interprétations du national-socialisme.* 1922-1975. Paris, Seuil, 1979, p. 13. Cf. também SILVA, Francisco Carlos Teixeira da. "Os fascismos". AARÃO REIS, Daniel, FERREIRA, Jorge; ZENHA, Celeste (orgs.). *O século XX. O tempo das crises. Revoluções, fascismos e guerras.* Rio de Janeiro, Civilização Brasileira, 2000, vol. 2.
35. Cf. PESCHANSKI, Denis, *op. cit.*, p. 193.
36. Cf. HERMET, Guy; HASSNER, Pierre e RUPNIK, Jacques (orgs.). *Totalitarismes.* Paris, Economica, 1999 (1ª ed. 1984, cf. TRAVERSO, Enzo. *Le totalitarisme.* Le XXè siècle em débat. Paris, Éditions du Seuil, 2001 (Coll. Essais).
37. PESCHANSKI, Denis, *op. cit.*, p. 204.
38. ROXBOROUGH, I. e BETHELL, L. *A América Latina entre a Segunda Guerra Mundial e a guerra fria.* Rio de Janeiro, Paz e Terra, 1996.
39. Devemos observar a especificidade uruguaia no Cone Sul da América Latina, em função de o presidente Juan María Bordaberry, eleito em 1971, ter dado início à ditadura com apoio das forças armadas em 1973.
40. LINZ, Juan e STEPAN, Alfred. *A transição e consolidação da democracia.* São Paulo, Paz e Terra, 1999.
41. *Idem*, p. 57
42. O'DONNELL, Guillermo e SCHMITTER, Philippe C. *Transições do regime autoritário. Primeiras conclusões.* São Paulo, Vértice, 1988, p. 35.
43. *Idem*, p. 35.
44. LINZ e STEPAN, *op. cit.*, p. 58.

45. *Idem,* p. 59.
46. Agradecemos a Alessandra Carvalho, que nos chamou a atenção para esse aspecto.
47. Cf. a historiografia que tem se destacado na revisão da escravidão na época moderna, embora ainda persista o debate sobre o peso do tráfico internacional nas modificações das estruturas sociais na África: ELTIS, David. *Economic growth and ending of the transatlantic slave trade.* Nova York, Oxford Academic Press, 1987; LOVEJOY, Paul E. *A escravidão na África: uma história de suas transformações.* Rio de Janeiro, Civilização Brasileira, 2002; MILLER, Joseph. *Way of death: merchant capitalism and de Angolan slave trade, 1730-1830.* Madison, Wisconsin University Press, 1987; e THORNTON, John. *A África e os africanos na formação do mundo atlântico, 1400-1800.* Rio de Janeiro, Elsevier, 2003.
48. BERSTEIN, Serge. "L'historien et la culture politique". *Vingtième siècle. Revue d'histoire,* nº 35, 1992, p. 67.

PARTE 1 África

CAPÍTULO 1

Caminhos enviesados da hegemonia colonial na África Ocidental francófona: ex-escravos, ex-combatentes, novos muçulmanos*

Jean-François Bayart**

Tradução de Vera Gertel

*Agradecemos ao autor e ao editor a autorização para publicação no Brasil do artigo "Les chemins de traverse de l'hégémonie coloniale em Afrique de l'Ouest francophone: anciens esclaves, anciens combattants, nouveaux musulmans", publicado em *Potitique africaine.* Editions Karthala, Paris, n. 105, mar. 2007.

**Professor do Instituto de Estudos Políticos de Paris. Pesquisador do CNRS-CERI, Centro Nacional da Pesquisa Científica-Centro de Estudos e de Pesquisas Internacionais, Fundos de Análises das Sociedades Políticas (Fasopo). Autor de *L'Illusion identitaire.* Paris, Fayard, 1996 (Chicago, University of Chicago Press, 2005) e *Le gouvernement du monde. Une critique politique de la globalization.* Paris, Fayart, 2004 (Cambridge, Polity Press, 2007).

Na sexta-feira, 19 de maio de 2006, a 32ª Conferência da French Colonial Historical Society, reunida em Dakar, consagrava sua 26ª mesa-redonda a uma homenagem aos Atiradores Senegaleses, na presença de uma pequena delegação de ex-combatentes. Após a apresentação de muitos trabalhos, a projeção do documentário *Oubliés et trahis: les prisonniers de guerre coloniaux et nord-africains* (Esquecidos e traídos: os prisioneiros de guerra coloniais e norte-africanos), de Armelle Mabon, e intervenções bastante animadas, no decurso das quais se evocou, principalmente, a memória das vítimas da repressão sangrenta da rebelião dos combatentes desmobilizados, no campo de Thiaroye, em 1º de dezembro de 1944, uma homenagem militar aos mortos no campo de batalha, no próprio auditório da Ucad II.* A celebração da cerimônia, que associou professores universitários norte-americanos, franceses e da África Ocidental, veteranos tão dignos quando idosos e um destacamento do Exército senegalês, testemunhava que a história da "Força negra" — segundo a expressão de seu principal ideólogo, o futuro general Charles Mangin — continuava viva nos espíritos, bem além do círculo restrito dos pensionistas de guerra, ou ao menos que ela podia ser facilmente reativada, como seria de fato alguns meses mais tarde pela Associação Senegalesa de Professores de História e Geografia, interessada em que sejam feitas "escavações preventivas" no canteiro de obras do anel rodoviário, no local do massacre, a fim de encontrar possíveis sepulturas.[1]

No mesmo momento em que a reunião se desenrolava, a algumas centenas de quilômetros de Dakar, o ministro francês do Interior, Nicolas Sarkozy, iniciava uma visita oficial à África Ocidental que devia levá-lo a Bamako,

*Université Cheiph Anta Diop de Dakar 2. (*N. das O.*)

depois a Cotonou, e permitir que apresentasse a lei sobre a imigração que acabara de adotar. As autoridades do governo lhe reservaram a acolhida que seu cargo e talvez seu futuro exigiam. Contudo, um grupo de deputados de Kayes, a imprensa, intelectuais e diversas associações — inclusive a dos malianos expulsos da França — não pouparam críticas à filosofia que presidia o novo texto da "imigração escolhida" em vez de "sofrida" — pela França, entenda-se. Os argumentos apresentados se referiam ao passado que essa última havia compartilhado com as ex-possessões: o tráfico de escravos, a colonização e o esforço da guerra que os soldados africanos alistados voluntariamente ou à força nos exércitos da República[2] haviam mantido de maneira quase contínua, de 1909 a 1960.

A indignação tomou conta dos dois países que Sarkozy visitava. Na Costa do Marfim, o cantor Alpha Blondy confirmava que "essa noção de imigração escolhida e esse *apartheid* migratório remetem ao tempo da escravidão, no qual os negociantes escolhiam os mais vigorosos, aqueles que tinham os melhores dentes para trazer ao Ocidente".[3] E em Dakar, nos corredores da Conferência ou nas cantinas do campus universitário, todos se alegravam com a ironia, talvez apócrifa, do presidente ATT (Amadou Toumani Touré), que tinha (ou teria) reservado a melhor acolhida ao ministro francês porque o Mali não praticava a "hospitalidade escolhida"...

"ORIGEM" OU "PROVENIÊNCIA", É PRECISO ESCOLHER: "ESTUDOS PÓS-COLONIAIS" *VERSUS* SOCIOLOGIA HISTÓRICA DO POLÍTICO

Para um pesquisador que se interrogue sobre o "legado colonial", essas observações confirmavam a pertinência de sua curiosidade, mas deixavam intacta a pergunta: "De que 'legado colonial' se fala?" exatamente, e como?[4] Vê-se de saída o partido que podem tirar desse gênero de enunciado os adeptos dos "estudos pós-coloniais", eles que se satisfazem com o discurso mais do que trabalham sobre as práticas sociais em situação histórica. A origem (*Ursprung*) da cidade pós-colonial, que seria "o lugar da verdade",[5] se encontra, aos olhos deles, na ontologia da colonização, destinada a se reproduzir sob avatares contemporâneos atribuindo aos súditos sua identidade imperial, seja étnica, nacional, de classe ou gênero (*gender*). A representação pós-colonial é encenada a portas fechadas, e desde a conferência até a visita oficial de Sarkozy, cada um é necessariamente fiel a seu repertório.

As coisas são mais complicadas para a sociologia histórica do político. Ela não se permite "descrever gêneses lineares" e, portanto, se interessa menos pela "origem", como morada da "essência exata da coisa, sua possibilidade mais pura, sua identidade cuidadosamente voltada para si mesma, sua forma imóvel e anterior a tudo o que é externo, acidental e sucessivo", do que pela "proveniência" (*Herkunft*) e pela emergência (*Entstehung*) contingente do que se costuma chamar Estado ou "governo", a "governamentalidade". Não se trata mais "de mostrar que o passado ainda está ali, bem vivo no presente, animando-o ainda em segredo, após ter imposto a todas as dificuldades do percurso uma forma traçada desde o início". Não se trata mais de afirmar que "na raiz do que conhecemos e do que somos" há "a verdade e o ser", no caso, a situação colonial. Trata-se, ao contrário, de reconstituir "a exterioridade do acidente" e de "deter-se nos detalhes e acasos dos primórdios", recorrendo à "história efetiva" (*wirkliche Historie*).[6]

Retomamos a problemática neoniestzschiana da "proveniência" (*Herfunft*) e da "emergência" (*Entstehung*) porque os "estudos pós-coloniais" citam muito Michel Foucault — mas decididamente não o mesmo que nós! Sendo assim, a abordagem weberiana em termos de "sobrevivências" (*Reste, Überbleibsel, verbliebener Rest*) é também pertinente, inclusive por sua razão intrínseca pelos contrassensos que ocasiona no debate sociológico vulgar. Max Weber recusa qualquer interpretação em termos de causalidade cultural ou religiosa, ao contrário do que afirma uma leitura errônea de *A ética protestante e o espírito do capitalismo*.[7] Não encontraremos em seus conceitos a chave universal, a chave mestra analítica que permitiria explicar em suas necessidades as formas contemporâneas de governo e de relação entre as sociedades colonizadas e suas antigas metrópoles. Seus conceitos nos convidam, no máximo, a identificar entre o momento colonial e o tempo presente "relações genéticas concretas investidas de caráter individual próprio".[8] O percurso do momento colonial ao Estado contemporâneo é o do engendramento contingente. Afirmar a hipótese da continuidade de um a outro não se limita a ter de validá-la: o suposto encadeamento, a concatenação do colonial ao pós-colonial procederia menos da necessidade da causalidade do que do acaso das práticas sociais e sua ambivalência, ou do arbitrário dos contextos históricos. E, na realidade dos fatos, toda continuidade é tecida de descontinuidades, como temos afirmado muitas vezes.

Desse ponto de vista a reprodução da hegemonia colonial em uma hegemonia pós-colonial dependeria de uma "função pulverizada e descontínua da história dos Estados ou grupos de Estado", e não de uma mecânica total e implacável.[9] Ela representaria uma experiência histórica equívoca de sujeição, em que os "estudos pós-coloniais" supõem a univocidade e o inelutável.

A continuidade hipotética do colonial ao pós-colonial pode ser apreendida de várias maneiras.[10] Ou raciocinamos em termos de estratégias de atores ou de dinâmicas de processos e projetos políticos, um pouco à maneira de Alexis de Tocqueville, quando esse mostra a permanência da centralização política do Antigo Regime na Revolução, ou à maneira de Antonio Gramsci, quando vê na "revolução passiva" o meio, para uma classe dominante, de "mudar tudo para que tudo continue igual", segundo a lógica do "transformismo". O procedimento não deixa de ser interessante a respeito da África Ocidental, por exemplo, para compreender a reprodução do contexto territorial e institucional do Estado colonial após a independência, ou a modernização conservadora que diversos "blocos históricos" conduziram. Tal lógica permitiu também a Peter Cain e Anthony Hopkins retirarem a perenidade do "capitalismo cavalheiro" (*gentlemanly capitalism*) britânico da "Gloriosa Revolução" de 1688 ao "Big Bang" de 1986, na City de Londres, principalmente a passagem de um "imperialismo de intenção" a um "imperialismo de resultado", no último terço do século XIX, e a recondução da hegemonia monetária e financeira da City por meio do episódio da descolonização.[11]

Ou nos debruçamos sobre a continuidade efetiva de repertórios imaginários do político ou de procedimentos governamentais e administrativos, sem prejulgar qualquer intencionalidade dos atores que os implementam, sem talvez nem mesmo raciocinar em termos de atores e estratégias, e privilegiando uma sociologia histórica do interstício, do paradoxo, dos processos de subjetivação, segundo um procedimento que desenvolvemos em trabalhos anteriores. É, por sinal, dessa perspectiva que enfatizamos o devir, na África, de uma cultura material e das técnicas aferentes que se difundiram e foram reinventadas em contextos sucessivos de tráfico de escravos, de colonização, de descolonização e de Estado pós-colonial, os quais nos parecem constitutivos do processo hegemônico ou da emergência da "política do ventre" enquanto "governamentalidade".[12] Também é verdade que é preciso identificar claramente as instituições e os grupos sociais que são "portadores" (*Träger*, no vocabulário de Weber) dessas continuidades, as sequências dos eventos que as veicularam e o papel das rupturas que implica a mudança da "situação de uso"[13] de um procedimento, representação, discurso.

Concretamente as duas abordagens não são excludentes, mesmo se são teoricamente antitéticas, a primeira podendo se adaptar a uma concepção utilitarista das ciências sociais, em termos de "escolhas racionais", e a segunda recusando-a completamente. Os gostos, as considerações estéticas, os sentidos, os desejos e mesmo o inconsciente intervieram, sem que as ciências sociais sejam capazes de restituir com precisão os seus efeitos. Como analisar, por exemplo, a dimensão olfativa do projeto colonial, cuja violência era extrema? "O caminho segue monótono, a visão limitada, a pista envenenada pelo pavoroso cheiro dos negros, que se sente ainda vários dias após sua passagem. Esse cheiro de animal fedorento do negro não parece querer provar as diversas origens do homem? Não teria havido um primeiro branco, um primeiro amarelo, um primeiro negro? O certo é que um grupo de macacos não cheira tão mal quanto um bando de negros. A sujeira! Dirão. Mas não! Logo depois do banho, se retomam a caminhada, eles suam e fedem. Há um fundo de almíscar nesse cheiro: é repugnante. Acabamos nos habituando a esse... perfume humano, e os agentes das feitorias não se sentem mais incomodados do que os monteiros pelo horrível cheiro da matilha", contava com delicadeza o tenente-coronel Salmon, autor de sucesso de aventuras ultramarinas sob o pseudônimo de Louis Noir.[14] Então, o "fedor" do nativo era compatível com a ideia hegemônica?

Uma das vantagens comparativas da sociologia do político e de sua preocupação em restituir a historicidade própria às sociedades é a de tomar por evidente que o processo hegemônico, do momento colonial ao momento pós-colonial, mantém uma relação "dialógica"[15] complexa com um tempo histórico autóctone muito mais longo. A África não constitui exceção à regra, como demonstraram, entre outros, os trabalhos de John Iliffe sobre a pobreza e a honra, de John Lonsdale sobre a "economia moral" ou de John Peel sobre o "encontro religioso". Existe um "lado exterior nativo", um "fora do campo" do "encontro colonial" que lhe escapa.[16]

Ao mesmo tempo, o processo hegemônico é a resultante de inúmeros vaivéns entre a experiência histórica das sociedades colonizadas e a das metrópoles coloniais, que os historiadores conceitualizaram em termos de "reverberação" ou "refração", termos que devem ser precisados, uma vez que essas noções puderam sugerir uma relação de exterioridade entre uma e outra, nem que seja sob o modo de uma influência recíproca. As colônias e as metrópoles procediam de matrizes imperiais comuns.[17] Desse ponto de vista, a questão da hegemonia colonial não se reduz apenas à da hegemonia nas colônias. Também se refere à hegemonia imperial nas próprias metrópoles, que pôde se instaurar como na época vitoriana no Reino Unido e sob a Terceira República na França, ou se desagregar como aconteceu após a Segunda Guerra Mundial nesses dois países. Assim, os impérios coloniais baseavam-se em itinerários imperiais que englobavam as metrópoles e as possessões de além-mar, como bem ilustram os percursos profissionais triangulares de certo número de arquitetos e urbanistas franceses entre Lyon, a Indochina, Madagascar, o Magrebe, o Levante e o subúrbio parisiense ou marselhês,[18] ou ainda a peregrinação de funcionários públicos e intelectuais antilhanos e guianeses, dos quais Ismaël Urbain, Félix Eboué e Franz Fanon foram os modelos, em épocas e estilos diferentes.[19] A experiência colonial se construiu habitualmente sobre uma experiência de socialização, de formação profissional ou de carreira metropolitana inicial. Tanto quanto os imprevistos da "conquista" ultramarina e de sua administração ulterior, partir "para as colônias" refletia um posicionamento mais ou menos polêmico sobre a construção da nação ou da luta de classes na própria Europa, antes que ela fosse eventualmente "repatriada" sob a forma de políticas públicas ou práticas sociais.[20]

Nesses itinerários pessoais, certas possessões foram passagens quase obrigatórias e constituíram articulações em escala dos impérios e nas combinatórias territoriais que esses representavam. A Argélia, particularmente, foi ora modelo a ser imitado ora contramodelo aos olhos da política francesa com relação ao islã subsaariano.[21] Foi o palco das primeiras ações militares dos grandes expoentes da África Ocidental francesa: a começar pelo próprio Faidherbe, seguido pela maioria dos oficiais que, mais tarde, a conquistaram e os altos funcionários da República, como Clozel, Delafosse ou Marty, que lhe deram sua imagem civil e "moral", no início do século XX, foram os pioneiros da etnologia colonial e lançaram as bases da cooptação política das confrarias muçulmanas no Senegal. As circunstâncias da descolonização da Argélia marcaram em seguida profundamente o panorama político subsaariano: um homem como Jacques Bugnicourt, fundador da Enda,* de quem se conhece a influência que exerceu sobre o desenvolvimento de Dakar ou sobre as ideias franco-africanas de um Michel Rocard, que, aliás, serviu algum tempo com ele.

São algumas dessas sequências interrompidas do processo hegemônico que gostaríamos de retomar a respeito da antiga África Ocidental francesa, detendo-nos nas "meticulosidades" e nos "acasos dos primórdios" e recorrendo à "história efetiva" (*wirkliche historie*) do momento colonial e suas consequências.[22]

ATIREMOS, ATIREMOS, SEMPRE RESTARÁ ALGUMA COISA...

A memória dos ex-combatentes da África Ocidental e a questão espinhosa da revalorização de sua pensão continuam sendo motivo de tensão na relação franco-africana. O assunto merece ainda mais atenção quando se sabe que a categoria dos atores envolvidos, a saber, os próprios ex-combatentes, está em vias de extinção natural, mesmo se as suas famílias também se interessam, financeira ou simbolicamente, pelo caso. Mas esses temas são retomados por gerações mais jovens que não viveram a experiência do recrutamento ou do engajamento e da guerra. Ora, essas ressonâncias no debate público da questão dos ex-combatentes da África Ocidental e do Norte não se ex-

*Environmental Development Action, organização não governamental com rede em Dakar. (*N. das O.*)

plicam apenas pelas polêmicas suscitadas pela adoção da lei de 23 de fevereiro de 2005, tanto na França quanto no sul do Mediterrâneo. O estrondoso sucesso da canção *Ex-combatente*, do congolês Zao, que ganhou o primeiro prêmio do Femac (Festival de Música da África Central), em 1983, já ilustrava a vitalidade do repertório, ainda que na ocasião transparecessem tanto a ironia quanto o grave dever da memória. E a expulsão dos imigrantes sem documentos da igreja Saint-Bernard, em Paris, em 1998, provocou uma torrente de protestos que, entre outros, denunciaram a injúria feita à dívida de sangue contraída durante a Segunda Guerra Mundial. Apesar de sua pouca idade, os imigrantes que exigiam a regularização de sua situação administrativa não eram os últimos a invocar os sacrifícios de seus pais... ou avós.

Em vez de "inserir" essa continuidade na "categoria abstrata" do pós-colonial, convém, é preciso que se repita, isolar a "relação genética concreta" que nos permite voltar ao momento colonial. O grupo que foi o "portador" (*Träger*) desse repertório da dívida do sangue derramado no campo de batalha e que garantiu sua transmissão às gerações seguintes, é identificável. Trata-se dos próprios ex-combatentes da África Ocidental, que se organizaram em associações para defender seus direitos, mas que seria errôneo apresentar como arautos unívocos de uma reivindicação "nativa" dirigida ao Estado colonial, em seguida pós-colonial. Sua sociologia, sua economia política e moral são decididamente mais ambíguas. Uma obra recente de Gregory Mann, *Native Sons*, demonstra que os ex-combatentes foram, na África Ocidental francesa, "portadores" de uma transação hegemônica imperial. Essa foi objeto de negociações ou enfrentamentos recorrentes, foi atualizada logo após a independência por outros grupos sociais — os *literati* do Estado pós-colonial, os emigrantes, parte dos militantes que os apoiam na França — e, por isso, permaneceu uma terceira linguagem da relação entre a ex-metrópole e suas ex-possessões.[23]

Em outras palavras, a questão dos ex-combatentes não se resume a uma relação de exterioridade (e de política estrangeira) entre a França e a África Ocidental. Está relacionada ao conjunto de "um e meio", de que fala Etienne Balibar, e que não é representado por um número inteiro na medida em que "o império sempre esteve e ainda está nas nações".[24] Continua sendo um dos repertórios hegemônicos por meio dos quais se forjaram (e se forjam) os conflitos, acordos, "mal-entendidos que funcionam", alianças que bem ou mal cimentaram (e garantem ainda hoje, a despeito da renovação demográfica e do afastamento político recíproco dos protagonistas) a coesão do "mundo de significações"[25] da sociedade imperial e pós-imperial.

Uma das particularidades do império colonial francês não foi o alistamento em si de tropas nativas, os *laptots*, desde o século XVIII na Senegâmbia, antes mesmo da instituição pelo Ministério da Marinha, em 1819, das "companhias de cor", e, mais tarde, do corpo dos Atiradores Senegaleses, por Faidherbe, em 1857 — a maioria das potências coloniais recorreu a tais reforços —, mas sua mobilização em massa sob forma de conscrição, a partir de 1912, e seu engajamento em palcos de operações diferentes daqueles em que as tropas haviam sido recrutadas.[26] Recrutados na Senegâmbia, depois basicamente no Sudão e no Alto Volta, os Atiradores Senegaleses acabaram combatendo na África Ocidental, que ajudaram a conquistar, no Marrocos, na África Equatorial francesa, em Madagascar, nos Dardanelos, no Levante e na Anatólia, na Indochina, na Tunísia e na Argélia. Participaram, principalmente, da defesa (e libertação) da própria metrópole nas duas guerras mundiais. Mais de cinco mil dentre eles combateram também nos maquis durante a ocupação alemã, entre 1940 e 1944. Como temia Jean Jaurès, também esmagaram movimentos sociais, por exemplo, em Marselha em 1938, em Thiès no mesmo ano, em Nice em 1947-1948. O apelo à "Força negra" provinha de uma parte do *establishment* político e militar francês que se preocupava com a preguiça demográfica da nação e com a iminência do confronto com a Alemanha. Na mesma época, o conde Eugène Melchior de Voguë alarmava-se com a decadência de seu país e confiava seu destino às mãos vigorosas e ao sangue negro dos bárbaros africanos que saberia conduzir um Germanicus — o próprio Charles Mangin? — que retratara, alguns anos antes, no seu romance *Les morts qui parlent* (*Os mortos que falam*, 1899). Mangin esbarrava, no entanto, nas reticências da administração colonial, que se preocupava com a penúria de mão de obra e com o descontentamento que a conscrição poderia engendrar.

O interessante, neste ponto, é a apropriação dessa política militar colonial por alguns atores nativos. Para as tropas de Atiradores Senegaleses recrutaram-se, num primeiro momento, escravos, marginais ou jovens de baixa condição das sociedades da África Ocidental, em especial da Senegâmbia, do Sudão e da Guiné, ou ainda guerreiros dos impérios e reinos derrotados, fossem eles servos ou descendentes das famílias reais. Assim, forneceram um caminho para o acúmulo ou a apropriação econômica, a emancipação social ou a reciclagem política. Mais tarde, quando o recrutamento sob a bandeira francesa foi trocado por algumas vantagens fiscais, jurídicas, políticas ou econômicas, filhos de boa linhagem ou de famílias importantes começaram a entrar para o corpo de Atiradores Senegaleses para ter acesso mais facilmente às funções da *chefferie** colonial neotradicional, no âmbito da "política das raças" e de "associação".[27] A originalidade dessas estratégias era, todavia, muito relativa: *mutatis mutandis* estão presentes na maioria das situações coloniais.

Mais específica do império francês foi a relação que se estabeleceu entre a conscrição e o modo jurídico de pertencimento a esse, inclusive em termos de cidadania, no caso das Quatro Comunas Senegalesas,** e, depois, de maneira mais difusa na escala da AOF (África Ocidental Francesa),*** em base individual, e, finalmente, de maneira sistemática com a Constituição de 1946; o serviço militar em decorrência da potência colonial "abriu uma brecha no muro existente entre os cidadãos e os súditos".[28] Ora, no surgimento dessa relação do exército colonial ao pertencimento nacional, nessa dialética do "irmão" e do "súdito",[29] a iniciativa partiu dos atores africanos. Pouco antes da Primeira Guerra Mundial, os "originários" das Quatro Comunas senegalesas viam em sua incorporação ao exército regular francês, que lhes fora negada, o reconhecimento de sua cidadania, no debate colonial ambíguo que opunha os defensores da "assimilação" aos defensores da "associação". Recusavam-se a servir nos Atiradores Senegaleses, sendo que a administração não podia obrigá-los, uma vez que não eram "súditos"

*Unidade territorial na qual se exerce a autoridade de um chefe tradicional. (*N. das O.*)

**São Luís, Goreia, Dakar e Rufisque — colônias da África Ocidental Francesa. Seus habitantes eram cidadãos franceses, elegendo até deputados à Assembleia Nacional da República francesa, durante a colonização. (*N. das O.*)

***Afrique Occidentale Française, federação de oito colônias francesas da África Ocidental visando à coordenação da colonização no continente. (*N. das O.*)

do Império.[30] O papel de Blaise Diagne (natural da Ilha de Goreia), primeiro negro eleito deputado das Quatro Comunas Senegalesas — em 1914 — e nomeado por Clémenceau, alto comissário das tropas coloniais em 1918, é conhecido demais para ser lembrado aqui. No contexto dramático da Grande Guerra, Diagne exortou os "originários" das Quatro Comunas a não se alistarem nas tropas coloniais e a continuarem exigindo sua mobilização no exército regular. Em uma visita a São Luís, chegou a declarar: "A guerra, a despeito de seus horrores [...] tornou-se para o povo do Senegal um instrumento de reforma social."[31] Obteve ganho de causa em dois tempos, primeiramente, subtraindo a sujeição dos "originários" das Quatro Comunas às obrigações militares francesas; em seguida, fazendo reconhecer a equivalência entre essas e a cidadania que lhes era regateada nos tribunais e administrações desde 1848.

A nova lei criava, no entanto, uma situação insustentável a longo prazo, uma vez que diferenciava as condições do serviço militar dos "originários" das Quatro Comunas daquela dos "súditos" do Protetorado do *hinterland*, enquanto as possessões em questão viviam em osmose.[32] O entreguerras vai se debater nessa contradição, da qual Diagne tinha consciência, mas não os meios políticos para superar. Ele próprio era um protótipo da elite transimperial, uma vez que havia tido carreira tumultuada na administração francesa das alfândegas em Daomé, no Congo, no Gabão, na Reunião, em Madagascar e na Guiana, de 1892 a 1914, antes de voltar e conquistar os sufrágios dos eleitores das Quatro Comunas. Funcionário imperial itinerante, foi de certa maneira o verdadeiro fundador da vida política nacional senegalesa, mas manteve um papel colonial supraterritorial, principalmente em assuntos militares. Para levar adiante sua missão de recrutamento na África Ocidental Francesa, cercou-se de oficiais africanos, dentre os quais o capitão Abdel-Kader Mademba, inválido de guerra, próximo de Mangin, que obteve cidadania francesa, terminou sua carreira como comandante e cuja perícia foi importante na definição da política militar do império. A grande inteligência política de Diagne — e sua grande ambiguidade — foi dissolver suas reivindicações na linguagem da "missão civilizadora", a tal ponto que seu discurso era "praticamente indistinto do discurso da administração",[33] e ter defendido entre as duas guerras o trabalho forçado na OIT (Organização Internacional do Trabalho), na qual representava a França.

Como bem observam Myron Echenberg e Gregory Mann, a questão dos (ex-)combatentes e, mais ainda, dos ex-militares de carreira é, assim, um espelho do colonialismo francês e de suas aporias, preso entre as doutrinas da "assimilação" e da "associação". Configurou-se na cristalização, desde o entreguerras e ao longo do tempo, em uma linguagem partilhada de obrigação mútua, assimétrica por definição, e na qual o problema das aposentadorias foi o foco principal.[34] Ao mesmo tempo, colocava-se a possibilidade, duvidosa, aos olhos da administração e do exército coloniais, de transformar os ex-combatentes em agentes da "missão civilizadora" e em elite imperial intermediária.

O que se destaca dessa história é a constituição dos ex-combatentes da África Ocidental, logo após a Primeira Guerra Mundial, em "corpo" (*Stand*, em Max Weber), cujo peso foi subestimado pela historiografia e que não teve equivalente no império britânico. O corpo dos ex-combatentes ou dos ex-militares era dotado de um *ethos* — o da honra militar — de uma cultura material — a do fetichismo do uniforme — e de instituições sociais — uma galáxia de associações criadas nos anos 1930 a despeito das reticências das autoridades coloniais. Baseava-se na solidariedade equívoca das organizações metropolitanas de ex-combatentes da metrópole para defender seus interesses corporativos, indissociáveis de uma recomposição dos termos da sujeição colonial. Criava raízes na passagem pelas escolas, pelos campos e hospitais militares da Côte d'Azur, reservados às tropas de além-mar, em particular as instalações na cidade de Fréjus. Essa dimensão transimperial do corpo dos ex-combatentes da África Ocidental acentuou-se após a Segunda Guerra Mundial, apesar do traumatismo da derrota de 1940, e do cuidado, a pedido dos britânicos e americanos e com a aprovação do general de Gaulle, de libertar Paris com a "única formação francesa 100% branca"[35] — a 2ª DB (Divisão Blindada) — e circunstâncias da desmobilização. A Constituição de 1946 abria, ainda que de modo censitário, condições de acesso à cidadania francesa, e as guerras coloniais da Indochina, depois da Argélia, propunham aos soldados da África Ocidental novas formas de camaradagem militar, mais igualitárias, mas ao mesmo tempo propícias à invenção de tradições "africanas", no sentido dado à noção por Eric Hobsbawm e Terence Ranger. Não contente em fornecer, doravante, a seus combatentes de além-mar os mesmos uniformes e equipamento dos cidadãos franceses, o Exército esforçava-se para melhorar seu dia a dia, ao menos do ponto de vista psicológico, abrindo uma Casa do Combatente africana à qual o fim da guerra da Indochina impediu que se desse todo o brilho arquitetônico "neossudanês" sonhado pelo comandante do corpo expedicionário na Indochina; difundindo pelo rádio programas especiais de música africana e mensagens às famílias; distribuindo revistas "negras", como *Bingo*; mostrando por meio de fotos e do cinema a epopeia guerreira da "Colonial"; ou assumindo o custo da peregrinação a Meca de alguns soldados escolhidos. Essa cultura militar franco-africana foi uma dentre as muitas peças das transações hegemônicas imperiais dos anos 1950, cuja história, em grande parte, ainda está por ser escrita.

Desde a Primeira Guerra Mundial, o doutor Charles Maclaud foi pioneiro nesse campo, no hospital de Menton, ao cuidar da "ressenegalização" de seus pacientes, recorrendo a artefatos neotradicionais. E a "Colonial" sempre foi um centro de "sagacidade etnográfica",[36] pois os oficiais franceses da infantaria de Marinha orgulhavam-se de compreender as raças "marciais". Mas o contexto dos anos 1950 era bem diferente. Por um lado, porque as sociedades tanto africanas quanto francesas haviam mudado. Por outro, porque as próprias autoridades coloniais, tanto tempo reticentes com relação ao corpo de ex-combatentes, viam nele então um dique protetor contra o movimento nacionalista e trataram de cooptá-lo. A construção das Casas do Combatente nas sedes dos *cercles** foi uma manifestação da nova abordagem. Mais uma vez o problema das aposentadorias assumia importância estratégica na reconfiguração do império, embora continuasse esbarrando nas mesmas aporias.[37] O princípio da igualdade de tratamento entre veteranos africanos e veteranos franceses foi, no entanto, reconhecido em 1950 e a missão do comandante Henri Liger (1948-1950), apressada pelo governo francês, conseguiu dar andamento a um número considerável de

*Unidades de administrações locais. (*N. das O.*)

processos individuais. Foi um momento decisivo na política de proteção que teve êxito em dissociar a maioria dos ex-combatentes e suas organizações representativas da mobilização na AOF. Ao contrário do que julga o senso comum, os veteranos da Segunda Guerra Mundial, da guerra da Indochina ou da guerra da Argélia não se destacaram na reivindicação da independência. Suspeitos de ser agentes do colonizador, depois de ser agentes do neocolonialismo, foram, ao contrário, punidos pelas seções guineana e sudanesa do Rassemblement Démocratique Africain (União Democrática Africana).[38] Não sem razão, pois, na realidade, os ex-combatentes mantinham relações privilegiadas com seus pares metropolitanos e com o Exército francês e pressentiam que seriam os grandes perdedores com a saída da França. E de fato serão: o artigo 71 da lei francesa de finanças de 1960 "consolidou" suas aposentadorias; de maneira mais dramática, caíram no ostracismo na Guiné e foram mantidos sob suspeita política no Mali, embora suas pensões fossem uma fonte considerável de divisas para a economia nacional após a saída do país da zona do franco.[39]* Os ex-combatentes veiculavam igualmente certa concepção da modernidade e do desenvolvimento beneficiando-se, devido a suas aposentadorias, de empréstimos ou ajudas diversas para a formação de cooperativas.[40] Voltaram ao país de origem providos de competências técnicas novas, como, por exemplo, a mecânica, a direção de automóveis e a fotografia. Transmitiram ao Estado pós-colonial a instituição burocrática militar da qual assumiram o controle, mesmo em países como o Mali, a despeito das tensões que opunham o regime de Modibo Keita a seus oficiais superiores. Chegaram até o poder, aqui e ali, nos anos seguintes à independência, confirmando assim os temores de alguns dos líderes nacionalistas: Moussa Traore, Lamizana, Kountché, Eyadema, Bokassa haviam sido oficiais ou suboficiais da "Colonial", formados pelas escolas militares. Mais sistematicamente, a cooperação militar entre a França e a África Ocidental continuou sendo um dos florões da cooperação. Entre o Exército francês e seus pares africanos, a osmose, em termos de *ethos* e interesses, certamente permanece, mesmo se não dispomos de estudos aprofundados sobre o assunto.

*Zona em que a moeda francesa tinha livre curso. (*N. das O.*)

Existe, portanto, uma autonomia relativa à prática militar colonial e pós-colonial, no sentido da autonomia do social e autonomia do campo militar nunca totalmente controladas pelas autoridades civis da República francesa, da conquista da África Ocidental nos anos 1880-1890 à gestão das crises do Tchad, da África Central e de Ruanda dos anos 1980-1990. Gregory Mann chega mesmo a retomar o conceito pós-moderno de "esfera pública da diáspora" de Arjun Appadurai, insistindo, no entanto, na relativa antiguidade dessa última no caso de que tratamos.[41]

Tal "relação genética concreta" entre os Atiradores Senegaleses e o Estado pós-colonial nada apresenta, no entanto, de uma linearidade ou de uma necessidade. Sem falar da Guiné, dos países como o Senegal ou a Costa do Marfim, que não tiveram a mesma experiência do Mali, do Togo ou do Burkina Faso, e a simples evocação dessas três últimas trajetórias mostra o quanto a "proveniência" militar colonial do Estado pós-colonial é suscetível de se declinar de maneira diferenciada, inclusive em uma mesma situação. Em Burkina Faso, o "legado colonial" deu Lamizana, Sankara e Compaoré, três oficiais cujas orientações políticas foram no mínimo heterogêneas. E no Mali ATT (Amadou Toumani Touré) não é Moussa Traore, longe disso, mesmo que os dois fossem produtos derivados do Exército francês.

Muitas outras observações embaralham mais ainda a paisagem da "pós-colonialidade". A "dívida" de que os ex-combatentes da África Ocidental e os que se proclamam seus legatários, os emigrados, se afirmam credores é a inversão de outro crédito, da qual a França pensava ser a detentora, ao menos até 1944, em razão da "missão civilizadora", e da qual julgou poder ser reembolsada ao enviar à guerra os Atiradores Senegaleses.[42] Talvez possamos fazer a mesma observação com respeito à "honra", cujo repertório autóctone, segundo John Iliffe, foi reinvestido na instituição militar colonial, assim como nas fábricas ou nas minas, lembrando que foi uma fonte de legitimação da reivindicação nacionalista.[43] O Exército francês, último avatar da economia moral do Antigo Regime, não economizava tais considerações sobre a "honra" da França e foi muitas vezes em nome desse ideal que alguns de seus oficiais, e mesmo responsáveis políticos, tomaram a defesa dos veteranos da África Ocidental.

Por sinal, a linguagem da obrigação mútua, embora assimétrica, partilhada por colonizadores e colonizados na ambivalência ou no conflito se articulou com idiomas da África Ocidental da dependência social, inclusive o da condição servil.[44] Essa perspectiva é tanto mais frutífera porque a continuidade militar, do início da época colonial ao período contemporâneo, também é de ordem familiar: os militares são muitas vezes filhos de antigos combatentes e mesmo de guerreiros dos tempos antigos.[45]

Por fim, o percurso dos Atiradores Senegaleses nos traz à memória a lição perturbadora que não confundiu Gramsci: o acordo hegemônico coincide muitas vezes com o exercício da coerção. Numerosos ex-combatentes ou militares ocuparam empregos subalternos como auxiliares de administração colonial e sua pouca qualificação escolar, como sua competência profissional específica, predestinava-os à função de guardas de funcionários *cercles*, encarregados de aplicar o código do indigenato, isto é, o arbitrário administrativo em estado puro, do qual estavam liberados, em razão de seu status, podendo ceder à tentação de burlá-lo em causa própria, no curso dessa estratégia de "acavalamento" (*straddling*) entre as posições de poder e as posições de acumulação tão comuns em situações coloniais.[46] Eles mesmos, aliás, haviam sido submetidos à disciplina colonial em sua versão mais crua, a da instituição militar, o que não os impedia de serem agentes da "missão civilizadora" e da cooptação imperial.

Podemos desde já reunir uma primeira série de constatações. A questão dos combatentes africanos precipitou a questão das formas jurídicas e políticas de pertencimento ao império e à nação. A "guerra das posições" — é o próprio Gregory Mann que utiliza a metáfora gramsciana — entre os interessados e a administração ou as autoridades políticas francesas adotou uma linguagem da obrigação mútua, mesmo que assimétrica, que reteve como enunciado maior a noção de dívida cujos montante e prazo estão sujeitos a interpretações divergentes e a transações duráveis. Essas últimas continuaram após o voto da lei de finanças de 1960, que reforçou a colaboração entre as associações da África Ocidental e as associações francesas de ex-combatentes e que não desencorajou os veteranos da "Colonial" a transmitir a Paris suas reivindicações sempre que a inflação e as desvalorizações erodiam sua pensão.[47] A linguagem da obrigação mútua refere-se às relações sociais que os colonizadores e colonizados construíram entre si, mas também, simultaneamente, a relações sociais anteriores, como a escravidão ou formas análogas de subordinação. Ela manteve sua pertinência aos olhos das novas gerações de emigrados, que por sua vez procuram definir seu lugar na sociedade francesa e as modalidades de seu pertencimento a essa, atualizando o repertório da dívida de sangue e o mais das vezes do crédito colonial e escravista que a França teria assinado. Alguns militares, veteranos, militantes, mesmo políticos franceses reconhecem por sua vez a sua validade, com maior ou menor benevolência, e legitimam assim uma solidariedade mínima garantida com a África em termos de igualdade republicana de tratamento, regularização dos sem documentos ou de "codesenvolvimento". Outros contestam sua validade, querem acabar com "as lágrimas do homem branco" e seu "arrependimento", mas nem sempre escapam do código obrigatório da transação hegemônica quanto pensam. Raros são aqueles que romperam radicalmente com a linguagem da obrigação mútua, como havia feito em seu tempo o historiador senegalês Abdoulaye Ly, comparando os Atiradores Senegaleses aos arqueiros citas que haviam arrasado as cidades gregas, provocando enorme escândalo entre seus compatriotas.[48] Entretanto, será que Ly não compartilhava, sem saber, um vocabulário comum com o colonizador, embora tirasse conclusões outras? Como vimos, o conde Eugène de Voguë felicitava-se por Germanicus ter recrutado bárbaros para reavivar o império.

O RECALCADO SERVIL DO MOMENTO COLONIAL

Via de acesso à cidadania, o Exército manteve simultaneamente uma relação privilegiada com a condição servil, dizíamos. O primeiro corpo de *laptots* que o governador de Mesnager formou em São Luís, em 1765, compreendia duas seções, uma de homens livres, outra de ex-escravos. Após 1857, os Atiradores Senegaleses continuaram recrutando amplamente entre os escravos. Seja pelo velho sistema de "resgate" do recruta pago ao seu dono, mais ou menos disfarçado desde a proibição da escravatura; seja, a partir de 1882, por meio do pagamento de um bônus de alistamento de um cativo ao seu dono, pela incorporação dos prisioneiros de guerra que compreendiam numerosos guerreiros de estatuto servil (os *sofá* dos Estados mandingas) ou ainda pelo recrutamento de voluntários atraídos pelas vantagens da profissão das armas — a começar pela pilhagem após a vitória — dentre os quais, por definição, a maioria era de baixa condição. Ao mesmo tempo, a composição étnica dos Atiradores Senegaleses evoluiu, os uolofes ficando progressivamente atrás dos bambaras, cuja língua, aliás, se tornou o meio de comunicação dentro do corpo[49] (o etnômio bambara evocava mecanicamente a condição servil, ao menos na Senegâmbia, uma vez que assim eram chamados os cativos oriundos do vale do Níger).[50]

Ora, esse deslocamento geográfico do epicentro onde se recrutavam as tropas coloniais apenas traduzia, e reforçava, a relação privilegiada da instituição militar imperial com a condição servil. O deslocamento do oeste em direção ao leste do centro de gravidade da presença francesa introduzia uma modificação em sua base, tanto jurídica quanto social. No Sudão, o Estado colonial foi, para uma geração, um Estado de conquista inteiramente nas mãos do Exército, e poderíamos até dizer um Estado *para* a conquista, na medida em que a utilidade desse território era nula em comparação à do Senegal e da Guiné: a racionalidade dessa expansão era de ordem militar e respondia ao *ethos*, aos interesses corporativistas, ao imaginário imperial e saeliano e saariano dos oficiais, que a levaram adiante dissimulando suas causas e consequências às autoridades civis.[51] O contraste era surpreendente entre esse tipo de ocupação e de administração, por um lado, e, por outro, o Estado legal que prevalecia, a despeito de todas as contradições e de todas as ambiguidades, no Senegal desde a partida de Faidherbe e a instauração da Terceira República, e mesmo desde a Revolução de 1848: doravante, nas mãos dos bordeleses e crioulos, a vida política nas Quatro Comunas, por mais corrompida, clientelista e censitária que fosse, garantia um mínimo de direitos jurídicos e controle dos parlamentares, mas dela se beneficiavam tanto os "habitantes" e "originários" quanto o grupo de "súditos" residentes nas comunas ou no *hinterland*, ainda que o regime de protetorado do Kayor e sua extensão às outras regiões, eventualmente ao preço de uma política de "desanexação", visasse precisamente a limitar o campo de aplicação da lei republicana.[52]

Por outro lado, a Senegâmbia e o Sudão (ou a Guiné) abrigavam sociedades muito diferentes em termos de estrutura e crença religiosa, sob a aparência de uma relativa unidade de organização política. A Senegâınbia estava havia muito tempo integrada à economia-mundo atlântica, da qual os "habitantes" e/ou mestiços de São Luís ou da Goreia, os comerciantes e os trabalhadores africanos livres, os escravos e os *laptots*, eles mesmos livres ou cativos, eram de certa maneira os intermediários políticos, comerciais e culturais, e com a qual os reinos uolofes estavam intimamente articulados. O mesmo acontecia na costa da Guiné. Embora bem mais encravado, o Médio e o Alto Vale do Níger, principal reserva de escravos exportados pelo lado da Senegâmbia, não escapava à força de atração conduzida pelo rio Senegal. Mas a economia política e guerreira dos reinos ou impérios que a dominavam era simultaneamente ligada a outras rotas comerciais em direção ao Saara, ao norte, e à floresta, ao sul, e tinha sua especificidade, inclusive ecológica e climática.[53]

O conjunto da África Ocidental conheceu uma grande expansão do escravismo, a partir do fim do século XVII, sob a pressão do tráfico atlântico, mas também por razões endógenas e relacionadas ao processo de formação dos Estados.[54] A presença francesa na Senegâmbia esteve, portanto, indissoluvelmente ligada à economia política do escravismo na África Ocidental, mesmo após ter se afastado, ao menos oficialmente, do tráfico atlântico. A emancipação dos escravos, em 1848, dizia respeito apenas aos cativos da Goreia e de São Luís, cujos proprietários eram basicamente "habitantes", o que no fundo não era insignificante, pois a população servil era majoritária nas duas ilhas. O estatuto dos escravos dos reinos com os quais os negociantes franceses e crioulos comerciavam não era, evidentemente, questionado, mesmo quando estavam confinados em São Luís e na Goreia, e uma das preocupações das autoridades foi evitar que as duas colônias se transformassem em santuários de escravos fugidos. O estatuto dos fugitivos que ali conseguiam refúgio, e de populações africanas residentes ou que viviam em sua periferia, provocava muitos problemas jurídicos e políticos que anunciavam as dificuldades da política militar do Estado colonial. O desenvolvimento do "comércio livre" no rio, em detrimento das "escalas" controladas pela aliança dos "habitantes" de São Luís com os poderes locais, conduziu definitivamente à guerra contra o Kayor, entre 1861 e 1871, e abriu a porta para a construção da estrada de ferro e a expansão territorial dos anos 1880-1890. O comércio dos escravos através do deserto da Mauritânia, no rio Senegal e na Bacia da Cultura do Amendoim* se manteve, no entanto, até 1895, com o apoio dos comerciantes mestiços de São Luís, eles mesmos profundamente envolvidos nos abusos da "adoção" e da "aprendizagem".[55]

O alcance emancipador do avanço francês é hoje relativizado. As campanhas militares no vale do Níger, em volta do Fouta Djalon e na costa da Guiné consagraram sua ambivalência. Em primeiro lugar, como vimos, porque as tropas coloniais eram em maioria de origem servil e as modalidades de recrutamento mais se pareciam com o branqueamento de práticas escravistas do que com sua anulação, a despeito das reticências de Faidherbe com relação ao "resgate". Os militares franceses não eram os últimos a possuir escravos para suas necessidades pessoais, a adquirir novos ao sabor de suas vitórias e mesmo a vendê-los.[56] O tenente Mangin foi submetido a 30 dias de prisão disciplinar pelo governador Grodet, decidido a lutar contra infrações ao ideal republicano, por ter distribuído cativos a seus intérpretes e servos.[57] Em seguida, porque os oficiais que fizeram a Conquista, para além de seus sonhos de grandeza e de sua nostalgia equívoca pelos reinos que abatiam, sempre deram prioridade a dois objetivos: a salvaguarda das alianças que haviam selado com alguns dos monarcas ou chefes sobre os quais se apoiavam para ocupar a *hinterland* e principalmente o Sudão; e a fixação da população servil, cuja liberação da força de trabalho havia desestabilizado a arquitetura social e política da região e inundado as cidades. Crítica com relação aos métodos empregados pelo Exército e sobre a autonomia que ele se atribuía, a administração civil nem por isso era insensível a essa dupla preocupação e temia um declínio econômico semelhante ao das Caraíbas e não tinha, de todo modo, os meios financeiros para indenizar os proprietários. *In fine*, o decreto de 12 de dezembro de 1905 não aboliu a escravatura como foi dito, retrospectivamente, mas apenas a escravatura por captura, venda, doação ou troca de pessoas, e era de extrema prudência.[58]

*No original, *Bassin* (bacia) *Arachidier*. (*N. das* O.)

O discurso emancipacionista da República legitimou a Conquista.[59] Mas, na realidade, a França conduziu uma política conservacionista, para não dizer conservadora. Não obstante a sensibilidade "antifeudal" de suas elites republicanas, ao menos civis, praticou sua própria forma de *Indirect Rule*, principalmente na Guiné, no Sudão e na região uolofe, resignando-se rapidamente a uma *Realpolitik* de protetorado, de "desanexação" e de "associação", inclusive com as hierarquias sociais e políticas autóctones, no lugar de perseguir a quimera da "assimilação", salvo quando essa lhe foi imposta pelas urnas, como nas Quatro Comunas. A "política das raças", que William Ponty lançou em 1909, só conseguiu abrandar essa tendência.[60] Se ela ["política das raças"] pretendia erradicar os "grandes poderes" e liberar as "etnias" da tutela dos reinos que as haviam subjugado, era para subjugá-las à autoridade das *chefferies* regionais,* que também podiam assumir as relações sociais herdadas do escravismo. Anunciava o triunfo das teses "associacionistas" após a Primeira Guerra Mundial, que pretendiam respeitar os "costumes" nativos.[61] Além disso, o Estado colonial reproduziu, em proveito próprio, formas neoescravistas de mobilização da mão de obra, por meio do recrutamento militar e do trabalho forçado, mediatizados pelo "poder" nativo ou ainda pelo incentivo ou pela tolerância de formas "contratuais" de relações de trabalho e de exploração da terra que, disfarçadas de sistemas como "migrantes sazonais", "penhora", "adoção" (*confiage*) ou "meação", continuavam tributárias da subordinação servil, mesmo depois de 1905.[62] Os famosos "povoados de liberdade", que Gallieni instituiu em 1887 em Kayes e que se multiplicaram ao longo da Conquista, agravaram seguidamente a exploração da mão de obra agrícola e a extração fiscal: "A liberdade que as aldeias desse nome dão é, na realidade, uma escravidão muitas vezes pior do que aquela da qual se pretende arrancar os cativos", afirmava ainda um observador logo após a Segunda Guerra Mundial.[63] Seus habitantes eram às vezes chamados de "escravos do comandante".[64] Por fim, a França conformou-se com a persistência do escravismo tanto no Saara quanto no Fouta Djalon.

**Chefferies de canton*, no original. (*N. das O.*)

Não podemos, no entanto, nos limitar a essa constatação desencantada. Quaisquer que tenham sido os arranjos locais, as autoridades políticas e administrativas coloniais eram em geral fiéis aos ideais republicanos aos quais elas mesmas aderiam profundamente (isso era menos verdadeiro para os oficiais atormentados pelas quimeras do *ethos* aristocrático e guerreiro). Os excessos, os deslizes eram vividos como tal e às vezes sancionados como tal. O relativismo culturalista inerente à política de "des-anexação" era, desse ponto de vista, uma homenagem do vício à virtude republicana. Traduzia menos a recusa da universalidade dos valores da pátria dos direitos humanos do que a impossibilidade, principalmente financeira, de pô-los em prática. Os princípios republicanos da "civilização" e a língua laica que os enunciava de maneira tão límpida, o francês, não eram discutidos nem discutíveis no ambiente passional das lutas políticas da Terceira República, envolvida com o Caso Dreyfus, a separação da Igreja e do Estado e a preparação da guerra contra a Alemanha. Constituíam o que Serge Gruzinski chamaria de "software" do império.[65] Mas, como temos afirmado,[66] podemos duvidar da "impermeabilidade" a qualquer forma de "mestiçagem" ou de "hibridação/hibridismo" desse "núcleo duro". A zona cinzenta entre a aceitação vergonhosa da escravidão e a saga gloriosa de sua abolição é uma das principais transações hegemônicas que o Estado colonial francês foi obrigado a enfrentar na África Ocidental.[67] Sua análise sugere, aliás, que as contradições ou as resistências no seio da administração colonial faziam parte da negociação hegemônica, tanto quanto a tensão entre o colonizador e a sociedade colonizada.

Martin Klein observa: "*The ability of Europeans in Africa to sustain an imperial agenda was based on their skill at deception. It was desirable that European public opinion not be informed about the real situation in the colonies and, in most cases, that metropolitan authorities be equally uninformed.*"*[68] O quadro se complicou, no entanto, quando foram introduzidas outras forças sociais além dos atores políticos ou administrativos *stricto*

*"Os europeus na África conseguiram manter objetivos imperiais graças à sua habilidade para enganar. Era desejável que a opinião pública europeia não fosse informada da situação real das colônias e, na maioria dos casos, isso também se aplicava às autoridades da metrópole." (*N. das O.*)

sensu. Houve, na França, anticolonialistas ferozes, ou colonialistas sinceramente ligados à causa da emancipação dos escravos, como Maurice Delafosse, membro da Sociedade dos Missionários da África — antiescravagista — e da Comissão Antiescravidão da França, antes mesmo de ser nomeado para a Comissão Temporária da Escravidão da Sociedade das Nações, em 1924-1925. Uma vez senador da Terceira República, Victor Schoelcher esgrimou contra o envolvimento das autoridades de São Luís com os mercadores negreiros. Mas também, nos anos 1880, e com muito atraso em relação às Igrejas Protestantes, a Igreja Católica, sob a influência de monsenhor Lavigerie, lançou a própria cruzada abolicionista.[69] Sua obra missionária evangelizou prioritariamente os cativos e a conversão ao cristianismo foi na África Ocidental Francesa uma via complementar de saída da condição servil.

A preempção conservacionista da questão do escravismo pelo Estado colonial não deve esconder que esse enfrentava situações variadas de um território a outro. Também desse ponto de vista, o Senegal distinguia-se do Sudão ou da Guiné, pois os escravos eram, sem dúvida, menos numerosos do que nesses dois últimos territórios. A estimativa de Martin Klein para o Sudão chega a 25 a 30% da população total e a mais de 50% nos *cercles* do Sahel; para a Guiné, a estimativa é de 50% da população total e provavelmente de dois terços no Fouta Djalon; para o Senegal, a estimativa é de 35 a 40% da população total.[70] Mas, no caso desse último, usou uma correção estatística contestada por James Searing. Segundo esse autor, a escravidão, em 1903, estava em extinção na região uolofe, a maioria dos cativos tendo se autoemancipado graças às guerras, à conquista colonial e ao *boom* do amendoim.[71] Além disso, a diferença quantitativa entre o Senegal e o Sudão ou a Guiné, embora não fosse dirimente, foi reforçada pela proximidade geográfica, política e cultural das Quatro Comunas, que diluía a acuidade da questão servil na Senegâmbia.

Finalmente, foi no Sudão que ocorreu um fato social maior na história do Estado colonial.[72] Os escravos, cuja emancipação a administração tanto temia e diferia, fugiram. A partir dos anos 1896-1904 os fugitivos ficaram cada vez mais numerosos. Em 1905, em Banamba, o movimento transformou-se em êxodo em massa, relativamente pacífico, embora determinado.

Milhares de cativos tomaram a estrada e em longas colunas voltaram a suas regiões de origem, das quais tinham lembranças mais ou menos exatas, pois a maior parte deles havia sido vendida por Samori alguns anos antes. De 1907 a 1912, as partidas intensificaram-se e estenderam-se ao conjunto da Guiné, do Alto-Senegal-Níger e da Costa do Marfim. Klein estima em mais de um milhão o número de escravos que se puseram em marcha na AOF entre 1905 e 1913, dos quais 800 mil ou 900 mil nas três colônias do Senegal, Guiné e principalmente Sudão.[73] A volta, além de pressupor que se soubesse para onde voltar, implicava semanas ou meses de caminhada sem que qualquer assistência pudesse compensar a hostilidade dos donos e as hesitações da administração. O certo é que aproximadamente um terço dos cativos tomou a estrada, quer para voltar à região de origem, quer para fundar povoados ou bairros.[74] Os que ficaram se esforçaram para refazer as relações sociais com os donos em termos de trabalho e de acesso à terra, no novo contexto que criavam o êxodo, a evolução do Estado colonial e, em seguida, a Primeira Guerra Mundial.

A questão que surgiu então foi a do devir, e até das estratégias dos escravos emancipados, geralmente por iniciativa própria. Dada a disparidade de situações, é impossível dar uma visão sintética do que aconteceu no contexto de toda a África Ocidental Francesa. Mas a pesquisa histórica e antropológica nos ensina que vários processos sociais subjacentes à trajetória do Estado colonial do início do século XX, à Segunda Guerra Mundial ou à independência foram em grande parte conduzidos pelos ex-escravos: entre eles, destacam-se a mobilização administrativa e coercitiva da mão de obra, cujas maiores vítimas eram homens jovens de condição servil; o recrutamento maciço das tropas coloniais durante a Primeira Guerra Mundial, em três quartos compostas por ex-escravos,[75] e da qual se pode dizer que fez mais pela libertação do que o decreto de 1905;[76] a urbanização, que alimentou o afluxo de pessoas sem casa nem domicílio fixo; o *boom* do cacau na Costa do Marfim, graças aos braços dos homens do Sahel; o do amendoim; e a ascensão da confraria *mouride moura* no Senegal.

Gregory Mann nos fornece uma última observação. Ele opõe com razão o Estado colonial na África Ocidental Francesa, que ocultou e reteve a condição servil sem aboli-la, ao Raj britânico, que cristalizou e por assim dizer institucionalizou as relações de subordinação social no subcontinente indiano em um rígido sistema de castas.[77] Com a quase única exceção da Guiné — onde o Partido Democrático politizou a questão servil após a Segunda Guerra Mundial, principalmente no Fouta Djalon, e, em bem menor escala, a do Mali, onde o socialismo da União Sudanesa se explica provavelmente em parte pelos apoios servis ou por assumir a questão da escravidão — as trajetórias nacionais dos territórios constitutivos da AOF seguiram um caminho oblíquo mais ou menos semelhante de absorção política tácita da clivagem entre "homens livres" (ou "nobres") e "escravos" (ou "cativos"). Em sua polissemia, a temática nacionalista da "dignidade", subjacente à reivindicação da independência, certamente ajudou o estabelecimento dessa fusão de enfoques:* do reconhecimento da dignidade do colonizado à do escravo havia apenas um silêncio que foi mais ou menos facilmente pronunciado na euforia ou na inquietação da libertação nacional. E talvez mais facilmente na medida em que a temática da "dignidade" não estivesse ausente do discurso da "missão civilizadora". Segundo Georges Hardy, a escola devia elevar a África à "dignidade humana", agir de maneira que os nativos, a exemplo dos brancos, "se reconheçam como homens".[78] O momento colonial forneceu de fato aos escravos modos de acesso à dignidade social, dando-lhes a oportunidade de demonstrar sua coragem física na provação da guerra, de impor sua autoridade pelo exercício do saber, de comungar na universalidade da fé cristã, de se apropriar da roupa do ocupante europeu.

Resta que a memória da escravidão é muito viva na África Ocidental. Ela é mantida a cada dia, às vezes pelas próprias tentativas de dissimulação, pelas genealogias familiares, sobrenomes, maneiras de falar, estilo gestual, dança, sexualidade e casamento. Cada um sabe quem é e de onde vem. O repertório da servidão permanece um *ethos* de subjetivação ao qual os ex-cativos são sempre suscetíveis de sujeição, não apenas porque esse lhes garante uma relativa segurança social e moral, mas porque podem invertê-lo — por exemplo desmentindo com bravura militar a suposta covardia — ou

*No original, *fondu enchaîné*: técnica usada em fotografia que consiste na fusão de imagens para criar uma ilusão visual. (*N. das O.*)

varrê-lo para longe, a exemplo dos *bella*, que se sublevaram contra seus donos tuaregues em 1946, na grande curva do rio Níger e nas regiões de Kayes e de Nioro.[79] Em outras palavras, o repertório de subjetivação permanece no campo dos possíveis sociais, e mesmo na ordem da banalidade social.[80] Sua resiliência na África Ocidental confirma que o projeto hegemônico colonial — aqui o projeto republicano francês da "missão civilizadora" — compôs com práticas e representações sociais de longa duração: a condição servil ou livre é um assunto de vergonha e de honra e no Sahel a honra tem uma história[81] muito antiga.

Segundo um testemunho, a escravidão era composta de três elementos: "o poder, o chicote e a corda".[82] Não estamos mais nesse ponto, e nesse sentido a escravidão está bem morta. Mas subsiste seu sofrimento, o sofrimento dos membros amputados. Vimos que, com a única exceção do Senegal, de 30 a 50%, até mesmo, em alguns locais, 60% da população eram de estatuto servil no início do século XX, aos quais podemos acrescentar as castas, igualmente atingidas pela indignidade social.[83] Estamos falando do alcance do não dito a partir do qual se forjou a transação hegemônica colonial e pós-colonial. Essa consistiu em um silêncio ensurdecedor. Uma importante proporção das elites políticas, militares, econômicas ou intelectuais dos Estados da África Ocidental é de condição servil, uma vez que a escola e o exército coloniais foram vias de emancipação e de ascensão social utilizadas, por livre e espontânea vontade ou à força, pelos cativos. Forçada pelo êxodo rural, uma boa parte, se não a maioria dos habitantes de cidades como Dakar, Bamako e Conakry, é ou foi, até uma época recente, de descendentes de escravos. Os cristãos e os *taalibe* das confrarias islâmicas muitas vezes também o são. A massa de camponeses é maciçamente oriunda das fileiras da servidão.

A "sombra projetada da escravidão"[84] é, portanto, digamos, ofuscante. As relações de trabalho indissociáveis do "desenvolvimento" procedem dela. Mesmo os circuitos migratórios contribuem para a discriminação de seus herdeiros, que tendem a ser excluídos das fileiras senegambianas de emigração[85] ou submetidos a obrigações servis na França.[86] A origem social, de casta ou cativa de políticos como Moussa Traoré, no Mali, ou Habib Thiam e Idrissa Seck, no Senegal, é pública e notória. Mas a aceitação da definição da honorabilidade social que se efetuou ao longo de um século, na interseção do repertório saheliano da dignidade e do repertório franco-republicano da cidadania, parece geral. Uma vez mais, o aforismo de Renan se verifica: "O esquecimento e, diria até, o erro histórico são um fator essencial na criação de uma nação."[87] Mais uma vez, o nacionalismo revela-se "pequeno-burguês", concedendo primazia à honorabilidade sobre a honra. No entanto, indiretamente, essa ocultação do fato servil diz muito a quem sabe ouvir. A acolhida reservada a Sarkozy e a sua nova lei da imigração "escolhida" em maio de 2006, em Bamako, apoiava-se evidentemente nessa história, mais complexa e íntima do que a simples relação de uma ex-colônia com a metrópole e do que a denúncia do tráfico atlântico. Era um renascimento polêmico da transação hegemônica calada e um momento de sua eventual renegociação, simétrica à da dívida de sangue exigida pelos ex-combatentes e seus legatários emigrados.

O que abre uma incerteza. Não se pode imaginar que a "controvérsia em torno do 'fato colonial'" na França, as "memórias de império" dessa última,[88] o lento reconhecimento de seu passado escravista ou ainda a implicação militar dos Estados Unidos no Sahel, em nome da luta contra o "terrorismo internacional", e o aumento do interesse por essa região do mundo que despertará nas muito dinâmicas ONGs antiescravistas americanas não reverberem afinal nas próprias ex-colônias da África Ocidental, pelos canais das mídias, das diásporas e dos circuitos migratórios. Pois o tráfico atlântico foi não uma predação unívoca do Ocidente em detrimento do continente africano, mas uma articulação trágica da economia política e moral desse último com o sistema internacional. Na Senegâmbia, na costa da Guiné, no Fouta Djalon, nos Alto e Médio Vale do Níger, os atores sociais participaram ativamente dessa história, ora como vítimas, ora como beneficiários. Potencialmente a memória histórica na África Ocidental pode, portanto, de um país a outro, voltar a ser conflituosa e (re)politizar a questão social da escravidão, como, aliás, já foi feito no contexto saariano diferente da Mauritânia desde os anos 1980, e como começamos a ler através de diferentes mobilizações partidárias ou associativas, ainda esporádicas, no Mali, no Níger, no Senegal, no contexto do pluripartidarismo.[89] Um recente artigo de revista falou da "colônia repatriada".[90] Talvez uma próxima edição deva ser dedicada à "metrópole repatriada".

A "REVOLUÇÃO PASSIVA" *MOURIDE MOURA* NO SENEGAL: A EMERGÊNCIA DE UM ISLÃ REPUBLICANO

A Senegâmbia, de sólida tradição de devoção e saber islâmicos, viu o fortalecimento no fim do século XIX de um movimento de confraria que contribuiu para a destruição da economia escravista.[91] Na região uolofe, a corrente *qadiri* que seguia o magistério de Bou Kounta e de Ahmadou Bamba, e que deu finalmente origem, em 1904, a uma confraria específica, a Mouridiyya, recrutou boa parte dos cativos e cultivadores que haviam afluído à Bacia de Amendoim nos anos 1870, 1880 e 1890 e encontraram nessas comunidades carismáticas terra e segurança. "Só Deus é rei", que, ainda hoje, lemos nos táxis e micro-ônibus senegaleses, é a frase apócrifa pela qual Ahmadou Bamba teria recusado sua lealdade ao governador francês e que exprime principalmente sua ruptura com a corte de Kayor, após a morte de seu pai, em 1881 ou 1882. Mostra que o santo homem, longe de ser o sucessor de Lat Joor, escravo real erigido em herói nacionalista tutelar da luta contra o colonizador, recusou a economia moral e política de sua dominação, negando-lhe o direito de subjugar outros muçulmanos.[92] Sua *virtu* foi a de um libertador, e talvez não seja um total anacronismo aproximá-la da frase de Félix Houphuët-Boigny, que, durante muito tempo, glorificou seu papel na abolição do trabalho forçado, após a Segunda Guerra Mundial. Como fronte pioneiro, o Baol *mouride* tornou-se assim, na virada do século, um dos primeiros refúgios — com São Luís — dos escravos fugidos do Kayor e, aliás, com grande prejuízo para famílias nobres e escravos reais que, compactuando com os franceses, lhes serviam como auxiliares administrativos e eram parceiros comerciais dos "habitantes" das Quatro Comunas que ainda dominavam a vida política local. Na maior parte dos casos, a confraria foi um "microcosmo das mais profundas transformações sociais que prevaleceram entre os camponeses".[93] Ao término de um período de guerras civis (1859-1886) e de ocupação estrangeira (1886-1890), o islã das confrarias ofereceu o quadro social e político das profundas transformações políticas da aristocracia guerreira "tradicionalista" e "pagã" (ou acusada de sê-lo pelos clérigos) e dos escravos reais do Kayor e do Baol, assim como o *boom* da cultura camponesa do amendoim, cuja segurança e escoamento a "paz francesa" e suas ferrovias iriam melhorar.[94] Ele se impôs progressivamente como um campo específico de transações hegemônicas entre o Estado colonial e a sociedade uolofe e conservou seu papel de intermediário político após a independência.

Nem a "domesticação" colonial da religião do Profeta nem a política de "associação" com seus representantes na terra foram fáceis.[95] O espectro da *jihad*, brandido pelos detratores nativos do mouridismo e principalmente pela aristocracia das *chefferies* regionais, assombrava a administração francesa. Em 1905, o principal defensor de uma grande política muçulmana na África, Xavier Coppolani, morria na Mauritânia, alvejado por quem pretendia seduzir, e a lembrança do mahdismo no Sudão britânico, as supostas intrigas panislamistas do sultão otomano Abdülhamid II, a Revolução dita constitucional na Pérsia (1906), a dos Jovens Turcos em Constantinopla (1908), a deposição do sultão xerifiano (1908), a resistência da Sanusiyya na Líbia e no Chade, a radicalização do nacionalismo no Egito nada anunciavam de bom para o império republicano, justamente no momento em que lutava contra os próprios beatos, tanto na metrópole quanto na África ou na Indochina. Embora o governador-geral da AOF, William Ponty, alimentasse uma séria aversão aos marabutos muçulmanos que identificava, em erro grosseiro, à ordem "feudal" e escravista, sua "política das raças" englobou "o islã da nossa África Ocidental" e atribuiu-lhe virtudes de moderação, segundo um repertório que faz sucesso até hoje, mas é indissociável de seu inverso: o temor de uma noite de São Bartolomeu dos brancos por iniciativa dos sanguinários marabutos. A partir do momento em que a chamada moderação se explicava pela sobrevivência de "costumes ancestrais" africanos e a consequente versão adocicada da mensagem corânica, tornou-se lógico cortar as confrarias senegalesas de seu ambiente árabe e, sobretudo, magrebino, apesar das relações multisseculares que mantinham entre si. A administração passou então a se dedicar a reunir um "saber colonial" de tipo etnológico e culturalista, capaz de construir ideológica e academicamente um "islã negro". Os altos funcionários, que detinham o governo da AOF de 1905 até logo após a Primeira Guerra Mundial, fizeram obra de erudição e, sob seu magistério, o despotismo cultural tornou-se "esclarecido", tanto quanto "moral". O papel principal coube a Paul Marty, um oficial nascido na Argélia e cuja carreira foi dedicada à interpretação e à administração do islã. Baseado em Dakar de 1912 a 1921, foi o grande artífice do que Daniel Cruise O'Brien chamou a "cooptação dos santos".[96]

Aprisionadas por sua paranoia anti-islâmica e, após intrigas obscuras dos serviços públicos ou de *chefferies*, intoxicadas pelos intermediários nos quais se apoiavam para administrar o protetorado e que competiam com o movimento social das confrarias, as autoridades coloniais tinham se convencido do perigo que representavam os *mourides*.[97] William Ponty compreendia que a confraria escapava amplamente à sua soberania no momento em que empenhava a totalidade de seu crédito e as forças de seus *taalibe* na cultura do amendoim. Resignou-se, no entanto, com o distanciamento econômico operativo, espécie de hégira produtivista, nem que seja porque Ahmadou Bamba era tido como discípulo do xeique Sidia, um dos mais influentes marabutos da Mauritânia que convinha não afastar, e também porque a aliança com a aristocracia uolofe deposta e os escravos reais do Kayol e do Baol não rendia frutos. Marty transformou solução insuficiente em estratégia política, que justificou recorrendo ao clichê culturalista em voga: o mouridismo era politicamente palatável para o Estado colonial, pois era uma forma bastarda de islã, "uma espécie de nova religião nascida do Islã (e) em plena errância islâmica", um "islã para uso dos uolofes", uma "falsificação" inacessível ao pan-islamismo do Império Otomano.[98] A entrada desse na Guerra Mundial, em 1º de novembro de 1914, seria o momento da verdade para a aposta de Marty. De fato, o xeique Sidia renovou sua fidelidade à colônia e a maioria das autoridades muçulmanas da AOF seguiu-o. Algumas, especialmente Ahmadou Bamba, até facilitaram o recrutamento das tropas coloniais em troca de diferentes vantagens ou chegaram a se engajar pessoalmente, como o *tidjane* Seydou Nourou Tall, neto de al-Hajj Umar, que voltou do fronte com grau de oficial.[99]

A política de "associação", logo após o conflito, tomou no Senegal a forma de uma relação simbólica entre a administração e as confrarias, entre as quais os *mourides* figuravam em primeiro lugar. Donal Cruise O'Brien e Mamadou Diouf escrevem que "as figuras do comando e da subordinação elaboraram-se numa declinação islâmica e dos idiomas uolofe, ao longo de uma sintaxe necessariamente colonial e francesa, tomando progressivamente a forma definitiva do modelo islamo-uolofe".[100] Outro historiador, Jean-Louis Triaud, se pergunta se a confraria não é um produto do momento colonial, assim como a etnia, na medida em que o "islã negro" faz parte da engenharia identitária da administração francesa. "O negro banania devia ser um negro da confraria", ironizava recentemente em um colóquio.[101] É preciso admitir, em todo caso, que a instituição religiosa e social da confraria se burocratizou em contato com o Estado colonial.

Como se sabe, o país ainda não saiu dessa história. Se aceitarmos que a formação do Estado pós-colonial seguiu o curso de uma "revolução passiva" e de seu "transformismo",[102] é preciso reconhecer a perpetuação do compromisso histórico entre a República e as confrarias, que Paul Marty inspirou há quase um século, e a validade da cooptação dos intermediários religiosos, sua principal engrenagem. Essa continuidade — cujo grupo "portador" (*Träger*) é, mais uma vez, facilmente identificável: os marabutos — é tanto mais impressionante que sobreviveu ao declínio do amendoim e ao ajuste estrutural que minou as bases da economia política do Estado colonial e de seu modelo de desenvolvimento. A ideia de cidadania reformulou-se sob o impacto da crise e a retirada do Estado dos setores sociais, a descolarização, a progressão da "economia paralela", a aventura da emigração deram ao *gorgui* — apelido do senegalês médio e "conjunturado" — outras referências além do *fonksionner* e do *ku jàang ekool*, "aquele que aprendeu na escola": tornou-se mais realista a identificação com os *moodu-moodu*, donos de lojas ou vendedores de rua, ao mesmo tempo espertos e profundamente religiosos, a maioria *taalibe* mourides inseridos nas redes de comerciantes da confraria, ou com os empresários comunitários que se dedicam ao desenvolvimento local e à reabilitação urbana, apoiados na emigração e no tecido associativo das ONGs.[103] Essa reconfiguração não questiona, no entanto, nem o Estado, pois foi "privatizado" em benefício das facções dirigentes, nem sua aliança orgânica com os marabutos, mesmo que tenham compreendido que seu futuro se encontra menos em sua função clientelista de "grandes eleitores" do que na estratégia comercial diante da globalização. No contexto do multipartidarismo integral e da exacerbação da competição presidencial, os califas *mouride* e *tidjane* renunciaram, em 1993, a dar sua recomendação religiosa (*ndigël*) a qualquer candidato. A fidelidade espetacular — e sem precedente em um país que exigia, até então, a laicidade — do presidente Wade, o campeão da "mudança" (*Sopi*), ao califa *mouride* ilustrou, no entanto, a permanência da equação político-religiosa senegalesa formulada nos anos 1910-1920. E o súbito afastamento da sua confraria, que deixou transparecer pouco antes das eleições de fevereiro de 2007 em termos tão inéditos quanto brutais, fiel à sua reputação de não ter meias palavras, confirmou que a parceria entre "o marabuto e o príncipe"[104] era intrinsecamente instável, como na época da colonização francesa.[105] A tensão garante a solidez da aliança, porque seus protagonistas não respondem às mesmas racionalidades — umas políticas ou de Estado, outras religiosas e comerciais — e também porque o campo eleitoral, assim como o campo da confraria, obedece à mesma lei da luta entre facções em um regime de conflito, contingência e incerteza.

Para além da crônica, muito senegalesa, dessas infindáveis reviravoltas, devemos ressaltar os processos de subjetivação que veiculam e provocam desvios na hegemonia islamista-republicana, modificando os termos do "contrato social senegalês".[106] Há aproximadamente 20 anos, alguns marabutos, ditos "mundanos",[107] no sentido que parecem motivados por considerações mais econômicas e políticas do que espirituais e que intervêm na periferia do domínio das confrarias, conquistaram grande audiência junto à juventude urbana. Também foi o caso com alguns de seus *taalibe* mais eminentes, como *tidjane* Serigne Moustapha Sy e seu movimento dos Moustarchidines, dissidente do ramo principal de Tivaouane.[108] E principalmente com os *mourides* Serigne Modou Kara, Chikh Béthio Thioune, Ousseynou Fall e o xeique Abdoulaye Dièye. Além do mosaico de homens, movimentos e até partidos, que atestam a vitalidade de um novo islã urbano e sua entrada mais ou menos patente na política, afirma-se um repertório de subjetivação que faz parte de um "difusionismo *mouride*" e que se une à uolofeização da juventude ao mesmo tempo que a difunde.[109] Esse *ethos* pertence, sobretudo, a uma geração, a *laisse béton!* (*bul faade!* [deixa pra lá!]), que se caracteriza por uma "filosofia da ação segundo a qual o sucesso só pode vir em troca de esforço e nada é impossível quando se têm os meios".[110] Não tem nada de "comunitarista" nem de essencialista. Ao contrário da "marfinidade"* dos Jovens Patriotas da Costa do Marfim, não remete a uma essência étnica (uolofe) ou relativa às confrarias (*mouride*), mas a um estilo de vida inspirado tanto nas práticas e representações culturais e políticas do Estado-nação e da globalização quanto no universo das confrarias islâmicas. Esse *ethos* é um fator de "individualização e emancipação geracional" e sua força "reside justamente no fato de que transcende às heranças familiares de pertencimento étnico, de confrarias, linguístico ou de casta".[111] Traduz, além disso, "a consolidação de uma consciência e de uma cultura cidadã", o exato oposto da despolitização que se atribui à juventude senegalesa.[112]

Essa ideia cívica não representa uma ruptura com relação à hegemonia islamo-republicana anterior, mesmo se rejeita os porta-vozes socialistas ou wadistas. Serigne Modou Kara, por exemplo, apropria-se do repertório burocrático e militar: é como "general" e vestindo uniforme de camuflagem que passa em revista suas "tropas" de discípulos "inseridos".[113] Assim Béthio Thioune, antes de se tornar xeique, foi alto funcionário diplomado pela Escola Nacional de Administração e da Magistratura (Enam). Sua qualidade de *ku jang ekool*, longe de atrapalhar, é glorificada. Seus *taalibe* gostam de lembrar que ele "fala tão bem francês que parece que a língua foi inventada para ele" e que ele é "administrador civil de classe excepcional". Identificam, em seu percurso, "uma tal lógica que os dotados de inteligência não deixarão de notar e assimilar a um plano divino para a reconciliação entre o espiritual e o temporal": "Sim (...), xeique Bethio, ele é o artesão dessa reconciliação por ter sido o modelo mais significativo, mais pertinente: um chefe que também é xeique."[114] Simultaneamente, o debate sobre o direito de família, na sociedade civil, atesta uma interiorização do "contrato

*No original, "*ivoirité*": trata-se de um neologismo adequado para designar sentimento de vínculo, de pertencimento à Costa do Marfim. (*N. das O.*)

social senegalês" pelo indivíduo e uma "reapropriação libertadora" do conceito de laicidade herdada do Estado colonial, em vez de um antagonismo inútil entre o privado e público ou religioso e político.[115]

"Um chefe que também é xeique!" Que belo atalho por mais de três séculos de trajetória senegalesa! Como sempre a reprodução da hegemonia islamo-republicana implica reajustes periódicos e conflituosos no seio da sociedade senegalesa e entre essa e a ex-metrópole. Os desentendimentos periódicos entre os presidentes dos dois países, os rancores surgidos com a erosão das pensões militares, o contencioso migratório foram, nos últimos anos, alguns dos sintomas do processo de hegemonia imperial entre Dakar e Paris. O sonho americano da juventude senegalesa, a "nova fronteira" global do *ethos* do comércio *mouride* e o formidável ato falho da classe política francesa, que se absteve de comparecer às exéquias de Leopold Senghor, em dezembro de 2001, por causa do ambiente pré-eleitoral, denotam um distanciamento recíproco entre os dois países. Mesmo assim, a hora do divórcio ainda não soou e a França continua sendo o maior parceiro político de um Senegal bastante indiferente ao nacionalismo e à problemática da autoctonia à moda da Costa do Marfim — graças sejam dadas à geração *bul faale*! —, e o Senegal, por seu lado, um precioso parceiro da política externa francesa.

CONSCRIÇÃO, ESCRAVIDÃO, RELIGIÃO OU DA COERÇÃO E DO VALOR NA HEGEMONIA

O caminho mais simples para apreender o processo hegemônico na África Ocidental de expressão francesa teria sido considerar o contexto territorial, jurídico e organizacional do Estado, a ideologia política, instituições sociais como a franco-maçonaria ou as missões cristãs, as ideias e os programas econômicos, a própria concepção do desenvolvimento, a educação e a Justiça. Esses dois últimos campos foram especialmente propícios a numerosas transações hegemônicas durante o período colonial.[116] E os juízes, assim como os professores, fazem parte, com os militares e funcionários públicos ou políticos, das categorias sociais cujo papel de intermediários e transmissores da hegemonia colonial é relativamente fácil de perceber. Mesmo se a notável pesquisa de Jean-Hervé Jézéquel sobre os diplomados da Escola Normal William Ponty estabelece que a sua centralidade na formação do Estado pós-colonial se devia justamente à sua heterogeneidade social. Foi a sua dispersão que colocou os "comedores de giz" no cerne da assimilação recíproca das elites.[117] Verifica-se, mais uma vez, que a "emergência" (*Entstehung*) de uma hegemonia nada deve à linearidade dos processos históricos que a sustentam. A eminência do ex-aluno Houphouët-Boigny não deve ser a árvore que esconde uma floresta "françafricana" bem mais densa, complicada e árdua de penetrar.

Por isso escolhemos considerar os atalhos dessa sequência, destacando um encadeamento de mobilizações sociais e políticas relativamente bem conhecidas, ainda que muitas vezes obliteradas, e que estimamos secundárias com relação à questão da continuidade do colonial ao pós-colonial: o recrutamento, a emancipação dos escravos, o movimento das confrarias. Daí resulta — além da confirmação da irredutibilidade da historicidade das sociedades africanas àquela do momento colonial — evidente na economia moral da dignidade e da servidão uma complexificação da problemática do legado. Esse não consiste na transmissão mecânica de uma bagagem, no exercício de um peso ou de uma influência. Apresenta-se, antes, como uma "combinatória de operações",[118] sempre possíveis embora jamais necessárias, que surgem com a contingência histórica e a inovação social ou cultural que a subjetivação dos jovens citadinos *mourides* ilustra bem. Isso se explica em grande parte porque as transações hegemônicas imperiais foram "trazidas" por verdadeiros movimentos sociais, como a autoemancipação dos cativos no Sudão e na Guiné ou a revolução camponesa e *mouride* na Senegâmbia, e não simplesmente por acordos entre as autoridades coloniais e seus auxiliares nativos. Dessas realidades, a Grande Narrativa Nacionalista quase não dá conta, pois ela própria participa da hegemonia colonial, como compreenderam muito bem alguns historiadores nativos. "Por que não questionar os heróis nacionais que a colonização nos deu?", interrogava-se, deliciado, um de nossos colegas de Dakar.[119]

Uma primeira conclusão pode ser tirada dessa incursão oblíqua na história contemporânea da África Ocidental: a "proveniência" colonial do

Estado e de suas políticas públicas não contradiz a historicidade das sociedades africanas, ela é a sua expressão. Seria particularmente interessante examinar sob esse ângulo o encadeamento da obra missionária, do nascimento das igrejas independentes, de sua relação com o espírito profético com raízes locais, da apropriação nacionalista do Estado e da avalanche carismática ou sectária na África Central e no Golfo de Benin. É o que chamamos a história de extroversão do continente.[120]

Uma segunda conclusão tem a ver com a relação que o processo hegemônico mantém com a coerção. Essa se resume, no caso da *succes story* senegalesa,[121] a um paradoxo: a "assimilação" e o islã republicano tiveram como matriz as sociedades escravistas da Goreia e de São Luís. As duas ilhas eram povoadas por uma maioria de cativos e libertos que elaboraram seu estilo de vida, suas formas de organização e sociabilidade, sua expressão artística e religiosa, e assim colaboraram para a emergência de um comportamento citadino uolofe original.[122] Sua elite política mestiça permaneceu, aliás, envolvida com tráfico de escravos até o fim do século XIX.[123]

O itinerário social e político dos ex-combatentes, o tratamento conservador da questão da escravidão pelo colonizador e sua obliteração nacionalista determinam, nos termos da sociologia histórica do político, a complementaridade da força e da hegemonia reconhecida por Gramsci. A violência e a racialização das relações sociais, inerentes à experiência colonial, foram frequentemente vetores da perpetuação de sua "direção", em vez de servir como fermento automático para sua contestação. Estavam presentes nas instituições mais emblemáticas da "missão civilizadora": a escola, generosa provedora de disciplina, quando não de castigos corporais, e a medicina, instituição militarizada por excelência de "campanhas" de vacinação, da segregação racial e de fantasmagoria delirante.[124] Além disso, foi o Estado colonial que fundou na África a instituição pública da prisão, a qual nada perdeu da sua utilidade social após a independência.

Por um lado, as práticas burocráticas e "racional-legais" de brutalização do corpo de administrados, por ocasião, por exemplo, das repressões políticas, dos controles de identidade, das "razias", das interpelações ou prisões, perpetuaram-se e até se sistematizaram. Uma *succes story* senegalesa, embora mais moderada nesse ponto, não constitui exceção: o comportamento das forças da ordem em Casamance não está acima de qualquer crítica, e a polícia sempre se esforçou para lutar contra as "aglomerações humanas" nas grandes cidades. Em sua banalidade, essa brutalização dos corpos aplica-se em primeiro lugar a categorias sociais, como a "juventude delinquente", definidas pelas políticas públicas do Estado colonial durante o seu período "moral" ou da "segunda ocupação" das sociedades africanas após a Segunda Guerra Mundial.[125] Ela é um discurso político sobre a desigualdade e a pobreza mantido pela muito respeitável elite nacional de todas as origens.

Por outro lado, a reificação e, às vezes, a racialização das relações sociais ditas étnicas (ou confessionais ou nacionais) que se cristalizaram ou se precipitaram durante o momento colonial constituem um de seus legados. A passagem ao multipartidarismo, não só na África Ocidental mas em todo o continente, ocorreu junto a uma radicalização dos conflitos dessa ordem que se inspiram, e muito, no repertório dos pertencimentos que o momento colonial naturalizou enquanto o construía: foi assim no genocídio dos Tutsi, em Ruanda em 1994, nas operações de purificação étnica em diferentes contextos de restauração autoritária ao longo dos anos 1990 e nas problemáticas políticas da autoctonia de base etnorregional ou nacional que as legitimaram.[126]

Uma terceira conclusão a que leva nosso périplo pela África Ocidental refere-se às práticas sociais de formação de valor que o processo hegemônico comporta. De maneira reveladora recorre, como vimos, à noção de dívida. Segundo antropólogos e historiadores, o valor das pessoas ficou, por muito tempo, imbricado ao dos bens, como exemplifica justamente a economia política do escravismo.[127] O momento colonial, como veículo da propriedade, do assalariado e da mercadização, mas também como configuração política e cultural especial, transformou profundamente os dados do problema sem, contudo, garantir a fungibilidade da economia moral das sociedades africanas no "espírito do capitalismo" (Max Weber). A emancipação dos cativos, sua transformação em camponeses, soldados ou diplomados, a escolarização, a medicalização, a conversão religiosa, a estigmatização identitária, a degradação social foram procedimentos de apreciação ou depreciação das pessoas que constituem "políticas do valor", segundo a fórmula de Jean-Pierre Warnier e Janet Roitman, e coincidem com o processo hegemônico. No fim, a maior incerteza permanece quanto à possibilidade, para a África, de participar de "uma nova forma de capitalismo pós-imperial baseada em uma ordem mundial cosmopolita caracterizada pela unificação de diferentes mercados de capitais por intermédio de centros financeiros concorrentes, pela domesticação das empresas multinacionais por países-sede que deixaram de ser simples reféns e pela dissociação dos interesses expatriados de qualquer ideia de missão civilizadora".[128] A historicidade das práticas comerciais ou monetárias subsaarianas parece no momento ser insolúvel naquela do centro capitalista, apesar de sua ancoragem nesse e de sua crescente "formalização" em razão do momento neoliberal e do processo conexo de formação do Estado.[129] A despeito da passagem ao ato do "imperialismo de intenção", no último terço do século XIX, esse quase não obteve resultados, e a África Ocidental, sempre propensa ao comércio, resiste obstinadamente aos bancos e às finanças ("*marketable but not bankable*", escreve Jane Guyer).[130] Mesmo assim, os mecanismos de formação do valor foram práticas de apropriação das mercadorias importadas e, portanto, da cultura material e das técnicas do corpo constitutivas da hegemonia colonial, que operam[131] ainda hoje. Intervêm juntos na configuração social do trabalho, inclusive, é claro, no trabalho das confrarias dos *taalibe mourides*. É também sob o ângulo das "políticas do valor" que convém compreender os movimentos sociais participantes nas transações hegemônicas.

Os "acasos (de seus) primórdios",[132] em todo caso, devem mais às improvisações instáveis do "encontro colonial" do que a uma "origem" colonial unívoca e total — aquela, implacável, que os "estudos pós-coloniais" perseguem. A reconstituição parcial (nos dois sentidos da palavra) de uma de suas sequências e encadeamentos indicou-nos o peso dos silêncios e das mentiras, nem sempre por omissão, ou ainda das ficções que o discurso loquaz da "missão civilizadora" encobriu. Esses foram parte integrante do processo hegemônico. A "abolição da escravatura", a "conquista moral", a "valorização" embelezaram e legitimaram práticas triviais de acumulação, exploração, comprometimentos sociais e de alianças políticas apresentadas sob a égide de um grande projeto, de uma "grande ideia" (Robert Musil), a do "Império" colorido de cor-de-rosa, no contexto internacional do fim do século XIX e da primeira metade do século XX. Uma "grande ideia" para a qual a metrópole não tinha os recursos financeiros nem a libido fiscal.[133] Mas, antes que a necessidade ou o inelutável da descolonização se impusesse, ela foi uma ficção útil. Seria exagero supor certa filiação entre esse legado e a ilusão desenvolvimentista, com suas aldeias ou fábricas Potemkin,* as revistas de programa enganosas, o frenesi de "avaliações" secretamente arranjadas, as resenhas entre pares institucionalizadas, que se agradam mutuamente,** as estatísticas negociadas? A problemática do "desenvolvimento" também surgiu em um momento mundial difícil, o da guerra fria, e declina atualmente seus "objetivos do milênio" com relação a outro momento, que chamamos "globalização".[134] E, tanto em suas intenções quanto em suas esperanças, é ficcional e utópica.

Uma última lição que podemos tirar da trajetória da África Ocidental diz respeito ao islã. A "cooptação dos santos", pela qual a administração francesa se decidiu, especialmente no Senegal e na Mauritânia, é um grande clássico dos impérios. Os otomanos agiam da mesma maneira em suas possessões muçulmanas e seus súditos por sua vez usavam esse repertório para estimular a "iniciativa local" nas províncias que o "patronato real", por mais indulgente que fosse, considerava apenas de maneira esporádica.[135] O evergetismo religioso — "as doações de um indivíduo à coletividade"[136] — e a instituição islâmica do *waqf* (bem inalienável) são atribuições do que se chama, em outras culturas, de "parceria público-privada" a serviço do "desenvolvimento". A Mouridiyya, vista dessa forma, aparece como uma formidável operação de *self-help* econômico e social: parodiando uma célebre fórmula, "a emancipação + os amendoins"! Mas a "acomodação" histórica entre o movimento das confrarias e, mais amplamente, o islã e o Estado colonial francês, também baseada em uma dupla impostura — a da "colaboração" dos santos pelo lado administrativo, a de sua "resistência"

*Trata de empreendimento de fachada; o termo vem de "aldeias Potemkin", criadas pelo favorito de Catarina II, quando de suas viagens pelo interior da Rússia. Potemkin ia na frente "arranjando" as aldeias, de modo que parecessem prósperas e saudáveis para a felicidade da grande Imperatriz. Em russo, se diz Potiomkin. (*N. das O.*)

**No original, *peer reviews*. (*N. das O.*)

pelo lado muçulmano —, não consegue dissimular a permanência de uma desconfiança surda e mesmo de hostilidade da República laica com relação à religião do profeta.[137] É bastante lógico que aquela nunca tenha reconhecido poder legal a essa, à maneira de uma verdadeira *Indirect Rule.** Em compensação, o temor obsidente de uma conspiração maometana, a despeito da evidência do "acomodamento" islamo-republicano e de sua inocuidade política, é menos compreensível. Foi outra forma de negação da realidade e acentuou o caráter inconfesso, não assumido, quase vergonhoso de uma hegemonia colonial que se baseava na progressão do islã e a favorecia objetivamente, mesmo a contragosto, enquanto a estigmatizava ideologicamente ou não a endossava. Dessa suspeita doentia a República francesa não se livrou, mesmo se sua política externa, seu apoio ao desenvolvimento e o tratamento dado à imigração continuam implicando uma "acomodação" estrutural e maciça a práticas e mobilizações muçulmanas — ou de muçulmanos.

Notas

1. BERNARD, Philippe. "Les Sénégalais retrouvent la mémoire". *Le Monde*, Paris, 23 de fevereiro de 2007, p. 3.
2. *Info-Matin*, Bamako, 17 de maio de 2006; *Soir de Bamako*, Bamako, 10 de maio de 2006; *Nouvelle Tribune*. Cotonou, 2 de junho de 2006.
3. *Fraternité-Matin*, Abidjan, citado no *Courrier International*, Paris, 24 de maio de 2006, p. 38.
4. BAYART, Jean-François; BERTRAND, Romain. "De quel 'legs colonial' parle-t-on?". *Esprit*, Paris, dezembro de 2006, pp. 134-160. Nosso artigo procede do programa "Legs colonial et gouvernance contemporaine" (Fasopo-AFD), do seminário "Trajectoires du politique: empire, Etat, nation" (Centre d'Études et de Recherches Internationales) e de nosso projeto especial "La raison d'Etat: l'islam républicain" (Fondation Nationale des Sciences Politiques). Agradecemos especialmente a Xavier Audrain, Richard Banégas, Romain Bertrand, Mamadou Thioub as trocas estimulantes.

*Política inglesa de estímulo às elites locais, por meio da qual os colonialistas ingleses governavam, ou pretendiam governar, por intermédio das elites locais; governo indireto. (*N. das O.*)

5. Seguimos aqui a leitura, por Michel Foucault, da genealogia nietszchiana: FOUCAULT, Michel. "Nietzsche, la généalogie, l'histoire". *In*: ——. *Dits et écrits. 1954-1988*, volume II: 1970-1975. Paris: Gallimard, 1994, pp.136-156.
6. *Idem*.
7. Para a problemática do "legado" em Max Weber, cf. KALBERG, Stephen. *La Sociologie historique comparative de Max Weber*. Paris: La Découverte: Mauss, 2002, especialmente as páginas 206-248.
8. WEBER, Max. *L'éthique protestante et l'esprit du capitalisme*. Paris: Plon, 1964 (reeditada na coleção de bolso *Agora*, 1985), p. 44.
9. GRAMSCI, A. *Il Risorgimento*. Turim: Einaudi, 1966, p. 191. Sobre os conceitos de "hegemonia colonial" e de "transação hegemônica imperial", cf. BAYART, Jean-François; BERTRAND, Romain, *op. cit.*, pp. 154 e seguintes.
10. BAYART, Jean-François; BERTRAND, Romain, *op. cit.*, pp. 146 e ss.
11. CAIN, Peter J.; HOPKINS, Anthony G. *British Imperialism*. London: Longman, 1993.
12. BAYART, Jean-François. *L'Etat en Afrique. La politique du ventre*. Nouvelle édition. Paris: Fayard, 2006 e BAYART, Jean-François. *Le Gouvernement du monde. Une critique politique de la globalisation*. Paris: Fayard, 2004, assim como BAYART, Jean-François. *L'Illusion identitaire*. Paris: Fayard, 1996.
13. Para retomar uma expressão de Romain Bertrand durante os debates do colóquio *Continuités du colonial, Transferts et usages métropolitains de savoirs et de savoir-faire coloniaux de gouvernement*, Paris: Ceri, 9 de novembro de 2006.
14. SALMON, Louis. *Au pays des cannibales. La mission Dybowski*. Paris: Fayard, 1984, pp. 38-39, *apud* SEILLAN, Jean-Marc. *Aux sources du roman colonial (1863-1914). L'Afrique à la fin du XIXe siècle*. Paris: Karthala, 2006, pp. 411-412.
15. TODOROV, Tzvetan. *Mikhail Bakthine. Le principe dialogique suivi de Ecrits du Cercle de Bakthine*. Paris: Editions du Seuil, 1981.
16. Segundo as expressões de Romain Bertrand durante os debates do colóquio *Continuités du colonial. Transferts et usages métropolitains de savoirs et de savoir-faire coloniaux de gouvernement*, Paris: Ceri, 9 de novembro de 2006. Ver BERTRAND, Romain. *Etat colonial, noblesse et nationalisme à Java. La tradition parfaite*. Paris: Karthala, 2005.
17. A respeito do *gentlemanly capitalism* britânico, cf. CAIN, Peter J.; HOPKINS, Anthony G., *op. cit.*, TERRAY, Emmanuel, *Une Histoire du royaume abron du Gyaman. Des origines à la conquête coloniale*. Paris: Karthala, 1995, 2003.
18. RABINOW, Paul. *French Modern. Norms and Forms of Social Environment*. Chicago: The University of Chicago Press, 1989.
19. MANCHUELLE, François. "Le rôle des Antillais dans l'apparition du nationalisme culturel en Afrique noire francophone". *Cahiers d'études africaines*, Paris, XXXII (3), 127, 1992, pp. 365-408.

20. BARROS, Françoise de; CHARBIT, Tom (coords.). "La colonie rapatriée". *Politix*, Paris, 76, 2006.
21. HARRISON, Christopher. *France and Islam in West Africa. 1860-1960.* Cambridge: Cambridge University Press, 1988.
22. FOUCAULT, Michel, *op. cit.*
23. MANN, Gregory. *Native Sons. West African Veterans and France in the Twentieth Century*. Durham: Duke University Press, 2006.
24. BALIBAR, Etienne. *Droit de cité.* Nouvelle édition. Paris: PUF, 2002, pp. 76 e 80.
25. CASTORIADIS, Cornelius. *L'institution imaginaire de la société.* Paris: Le Seuil, 1975.
26. Sobre a história dos Atiradores Senegaleses, ver, entre outros títulos, ECHENBERG, Myron. *Colonial Conscripts. The* Tirailleurs Sénégalais *in French West Africa, 1857-1960.* Portsmouth; Londres: Heineman; James Currey, 1991.
27. MANN, Gregory, *op. cit.*, p. 92.
28. *Idem*, p. 11.
29. DOZON, Jean-Pierre. *Frères et sujets. La France et l'Afrique en perspective.* Paris: Flammarion, 2003.
30. JOHNSON, Georges Wesley. *Naissance du Sénégal contemporain. Aux origines de la vie politique moderne (1900-1920).* Paris: Karthala, 1991 (Stanford University Press, 1971 para a edição original).
31. Citado em *Idem*, pp. 231 e 233. Ver igualmente CONKLIN, Alice L. *A Mission to Civilize. The Republican Idea of Empire in France and West Africa, 1895-1930.* Stanford: Stanford University Press, 1997, capítulo 5.
32. JOHNSON, George Wesley, *op. cit.*, p. 236.
33. CONKLIN, Alice L., *op. cit.*, p. 157.
34. MANN, Gregory, *op. cit.*, pp. 98 e ss.
35. Afirmação do general Morgan, citado por WIEVIORKA, Olivier. *Histoire du débarquement en Normandie. Des origines à la libération de Paris. 1941-1944.* Paris: Editions du Seuil, 2007, p. 365.
36. Segundo a expressão de STEINMETZ, George. "L'écriture du diable. Discours précolonial, posture ethnographique et tensions dans l'administration coloniale allemande de Samoa". *Politix*. Paris, 17 (66), 2004, pp. 49-80 (Romain Bertrand preferiu traduzir por "sagacidade etnográfica" a noção de "acuidade etnográfica") (*idem*, p. 53). Ver MANN, Gregory, *op. cit.*, pp. 66 e ss.
37. MANN, Gregory, *op. cit.*, p. 128.
38. *Idem*, p. 142 e ss.
39. *Idem*, p. 22 e ss.
40. *Idem*, p. 127.

41. *Idem*, p. 148.
42. *Idem*, pp. 187 e ss.
43. ILIFFE, John. *Honour in African History.* Cambridge: Cambridge University Press, 2005.
44. MANN, Gregory, *op. cit.*, pp. 187 e ss.
45. *Idem.*
46. *Idem*, pp. 85 e ss.
47. *Idem*, pp. 144.
48. LY, Abdoulaye. *Mercenaires noirs. Notes sur une forme d'exploitation des Africains.* Paris: Présence Africaine, 1957. De maneira menos fortuita, Franz Fanon denunciava a alienação dos Atiradores (FANON. *Peau noire, masques blancs.* Paris: Editions du Seuil, 1952).
49. ECHENBERG, Myron, *op. cit.*, capítulo 2; KLEIN, Martin. *Slavery and Colonial Rule in French West Africa.* Cambridge University Press, 1998, pp. 74-75.
50. BAZIN, Jean. "A chacun son Bambara", *in*: AMSELLE, Jean-Loup; M'BOKOLO, Elikia (direção). *Au coeur de l'ethnie. Ethnies, tribalisme et Etat en Afrique.* Paris: Editions La Découverte, 1985, pp. 105 e ss.
51. KLEIN, Martin, *op. cit.*, capítulo 5.
52. Ver *idem*, capítulo 6; JOHNSON, George Wesley, *op. cit.*; SEARING, James F. *"God alone is King": Islam and Emancipation in Senegal. The Wolof Kingdoms of Kajoor and Bawol, 1859-1914.* Potsmouth: Heinemann, 2002, pp. 63 e ss. As Quatro Comunas abrigavam aproximadamente 60 mil pessoas e o Protetorado que administrava a região afastada da costa, mais de um milhão.
53. ROBERTS, Richard L. *Warriors, Merchants, and Slaves. The State and the Economy in the Middle Niger Valley, 1700-1914.* Stanford: Stanford University Press, 1987, pp. 60 e ss.
54. Ver, por exemplo, SEARING, James F. *West African Slavery and Atlantic Commerce. The Senegal River Valley, 1700-1860.* Cambridge: Cambridge University Press, 1993; KLEIN, Martin, *op. cit.*; e LOVEJOY, Paul E. *Transformations in Slavery. A History of Slavery in Africa.* 2ª ed. Cambridge: Cambridge University Press, 2000.
55. SEARING, James F., *op. cit.*, 2000, pp. 151 e ss.
56. KLEIN, Martin, *op. cit.*, pp. 80 e ss.
57. ROBERTS, Richard L., *op. cit.*, p. 180.
58. KLEIN, Martin, *op. cit.*, p. 134. Ver também, para a Costa do Marfim, TERRAY, Emmanuel. *Une Histoire du royaume abron du Gyaman. Des origines à la conquête coloniale.* Paris: Kartbala, 1995, pp. 983-984.
59. Ver por exemplo a literatura de ficção analisada por SEILLAN, Jean-Marc, *op. cit.*, capítulo 15.

60. CONKLIN, Alice L., *op. cit.*, pp. 109 e ss.; SEARING, James F., *op. cit.*, p. 152; DOZON, J.-P., *op. cit.*, pp. 124-151.
61. CONKLIN, Alice L., *op. cit.*, capítulo 6.
62. KLEIN, Martin, *op. cit.*, capítulo 11.
63. Citado por GIUFFRIDA, Alessandra. "Métamorphoses des relations de dépendance chez les Kel Antessar du cercle de Groudam". *Cahiers d'études africaines*, Paris, XLV (3-4), 179-180, 2005, p. 811.
64. ROBERTS, Richard L. *op. cit.*, pp. 179-180.
65. GRUZINSKI, Serge. *Les Quatre Parties du Monde. Histoire d'une Mondialisation.* Paris: Editions La Martinière, 2004, pp. 374 e ss.
66. BAYART, Jean-François; BERTRAND, Romain, *op. cit.*, p. 156.
67. Alice L. Conklin estuda com habilidade esse período. (CONKLIN, Alice L., *op. cit.*) Note-se que a França não detinha o monopólio da abordagem conservacionista (MIERS, Suzanne. "Le nouveau visage de l'esclavage au XXe siècle". *Cahiers d'études africaines*. Paris, XLV (3-4), 179-180, 2005, pp. 670 e ss.).
68. KLEIN, Martin, *op. cit.*, p. 36.
69. *Idem,* pp. 96-97 e 115 e ss.
70. *Idem*, pp. 252-259.
71. SEARING, James F., *op. cit.*, 2002, pp. 184 e ss.
72. KLEIN, Martin, *op. cit.*, capítulo 10; ROBERTS, Richard L. *Warriors, Merchants, and Slaves*, *op. cit.*, pp. 184 e ss.
73. KLEIN, Martin, *op. cit.*, p. 173. Ironia da história, a instituição mais engajada na defesa da causa abolicionista, no caso, a missão católica, enfrentava então a hostilidade e até perseguições por parte da administração colonial, no contexto do conflito da separação da Igreja e do Estado na metrópole, e não pôde muito acompanhar o processo.
74. *Idem*, p. 197, e — para uma avaliação um pouco diferente — KOPYTOFF, Igor. "The cultural context of African abolition". *In*: MIERS, Suzanne; ROBERTS, Richard (eds.). *The End of Slavery in Africa*. Madison: The University of Wisconsin Press, 1988, pp. 485-487.
75. KLEIN, Martin, *op. cit.*, p. 217, que fala do assunto como de um "exército de escravos".
76. CLARK, Andrew. "Internal migrations and populations movements in the Upper Senegal Valley"; *Canadian Journal of African Studies*, Toronto, 28, 1994, pp. 399-420; CLARK, Andrew, "Slavery and its demise in the Upper Senegal Valley, 1890-1920". *Slavery and Abolition,* Oxford, 15, 1994, pp. 51-57; MANCHUELLE, François. "Slavery emancipation and labour migration in West Africa: the case of the Soninke". *Journal of African History*, Cambridge, 30, 1989, pp. 89-106.

77. MANN, Martin, *op. cit.*, p. 35. Sobre a ocultação da escravidão pelo colonizador francês, cf. igualmente KLEIN, Martin, *op. cit.*, p. 242.
78. HARDY, Georges. *Une conquête morale. L'enseignement en AOF.* Paris: Armand Colin, 1917, *apud* CONKLIN, Alice L., *op. cit.*, p. 137.
79. KLEIN, Martin, *op. cit.*, p. 234.
80. Ver por exemplo SARDAN, Jean-Pierre Olivier de. *Les sociétés Songhay-Zarna (Níger-Mali), Chefs, guerriers, esclaves, paysans...* Paris: Karthala, 1984, capítulo 2, e SARDAN, Jean-Pierre Olivier de. Esclavage moderne ou modernité de l'esclavage? *Cahiers d'études africaines.* Paris, XLV (3-4), 179-180, 2005.
81. ILIFFE, John, *op. cit.*, p. 243.
82. Citado por KLEIN, Martin, *op. cit.*, p. 243.
83. Ver principalmente DIOP, Abdoulaye Bara. *La société wolof. Tradition et changement. Les systèmes d'inégalité et de domination.* Paris: Karthala, 1981.
84. BOTTE, Roger (direção). "L'ombre portée de l'esclavage. Avatars contemporains de l'oppression sociale." *Journal des africanistes.* Paris, 70 (1-2), 2001.
85. Fonte: entrevista com Jean Scmitz (Paris, junho de 2006).
86. SAMUEL, Michel. *Le prolétariat africain noir en France.* Paris: François Maspero, 1978; LESERVOISIER, Olivier. "Nous voulons notre part!" Les ambivalences du mouvement d'émancipation des *Saafaalbe Hormankoobe* de Djéol (Mauritânia)." *Cahiers d'études africaines.* Paris, XLV (3-4), 179-180, pp. 987-1014.
87. RENAN, Ernest. *Qu'est-ce qu'une nation? In*: ——. *Oeuvres completes.* Paris: Calmann-Lévy, 1947, p. 891.
88. BERTRAND, Romain. *Mémoires d'empire. La controverse autour du "fait colonial".* Broissieux: Editions du Croquant, 2006.
89. BOTTE, Roger. "De l'esclavage et du daltonisme dans les sciences sociales". *Journal des Africanistes.* Paris, 70 (1-2), 2000, pp. 7-42; SARDAN, Jean-Pierre Olivier de, *op. cit.*
90. BARROS, Françoise de; CHARBIT, Tom (coord.). "La colonie rapatriée". *Politix*, Paris, 76, 2006.
91. KLEIN, Martin., *op. cit.*, 2002.
92. SEARING, James F., *op. cit.*, 2002.
93. *Idem*, p. 261.
94. *Idem.* James Searing insiste na autonomia e frequentemente na preexistência do movimento camponês com relação ao movimento das confrarias: observa principalmente que esse existia em meio aos serer não muçulmanos (capítulos 6 e 7).
95. Os parágrafos seguintes se baseiam principalmente em HARRISON, Christopher, *op. cit.* Cf., igualmente, ROBINSON, David. Paths of Accomodation: *Muslim*

Societies and French Colonial Authorities in Senegal and Mauritania, 1880 to 1920. Athens: Ohio University Press, 2000.

96. O'BRIEN, Donal Cruise. Saints and politicians. Essays in the Organization of Senegalese Peasant Society. Cambridge: Cambridge University Press, 1975, p. 90.
97. SEARING, James F., *op. cit.*, 2002, capítulo 3.
98. Citado por HARRISON, Christopher, *op. cit.*, p. 116.
99. O'BRIEN, Donald Cruise. "Chefs, saints et bureaucrates. La construction de l'Etat colonial". *In*: DIOP, Momar Coumba; DIOUF, Mamadou; O'BRIEN, Donal Cruise. *La Construction de l'Etat au Senegal*. Paris: Karthala, 2002, pp. 26-27.
100. DIOUF, Mamadou; O'BRIEN, Donal Cruise. "Introduction: la réussite politique du contrat social sénégalais". *In*: DIOP, Momar-Coumba; DIOUF, Mamadou; O'BRIEN, Donal Cruise, *op cit.*, p. 10.
101. Comunicação oral de Jean-Louis Triaud durante o primeiro encontro do Réseau des Études Africaines en France, Paris, CNRS, em 29-30 de novembro e 1º de dezembro de 2006 (oficina "Entre islã negro e islamismo: os discursos normativos sobre o islã na África subsaariana", em 29 de novembro).
102. FATTON, Robert. *The Making of a Liberal Democracy: Senegal's Passive Revolution, 1975-1985*. Boulder: Lynne Rienner, 1987, Robert Fatton usa a conceitualização gramsciana de maneira difusa e discutível do ponto de vista teórico. A expressão "revolução passiva", a respeito do Senegal, é hoje de uso corrente: ver, por exemplo, DIOP, Momar-Coumba; DIOUF, Mamadou; O'BRIEN, Donal Cruise, *op. cit.*, 2002.
103. COULON, Christian. "La tradition démocratique au Senegal. Histoire d'un mythe". *In*: JAFFRELOT, Christophe (dir.). *Démocraties d'ailleurs*. Paris: Karthala, 2000, capítulo I.
104. Para citar um grande clássico da "mouridologia": COULON, Christian. *Le marabout et le prince. Islam et Pouvoir au Sénégal*. Paris: Pedone, 1981.
105. MICHEL, Serge. "No Senegal, Abdoulaye Wade enfeitiça apenas uma parte dos marabutos de Touba". *Le Monde*, 24 de fevereiro de 2007.
106. O'BRIEN, Donal Cruise. "Le contrat social sénégalais." *Politique africaine*, Bordeaux, 45, abril de 1992, pp. 9-20.
107. DIAW, Aminata; DIOUF, Mamadou; DIOP, Momar-Cumba. "Le baobab a été déraciné. L'alternance au Senegal". *Politique africaine*. Bordeaux, 78, junho de 2000, pp. 167 e ss.
108. SAMSON, F. *Les marabouts de l'islam politique: le Dahiratoul Moustarchidina. Un mouvement néo-confrérique sénégalais*. Paris: Karthala, 2005.
109. HAVARD, Jean-François. *Bul Faale! Processus d'individualisation de la jeunesse et conditions d'émergence d'une 'génération politique' au Senegal*. Lille: Université de Lille-2, 2005.

110. *Idem*, p. 413.
111. *Idem*, p. 561.
112. *Idem*, p. 577.
113. AUDRAIN, Xavier. "Du *'ndigël* avorté au Parti de la Vérité. Evolution du rapport religion/politique à travers le parcours de Cheikh Modou Kara (1999-2004)". *Politique africaine*. Bordeaux, 96, dezembro de 2004, pp. 99-118.
114. Texto de BOBOUM, I. "Le sens d'un engagement". *In*: htpp://www. santati.net *apud* HAVARD, Jean-François. "Le 'phénomène' Cheikh Béthio Thioune et le dijhad migratoire des étudiants sénégalais 'Thiantakones'". *In*: ADELKHAH, Fariba; BAYART, Jean-François (dir.). *Migrations internationales et anthropologie du voyage*. Paris: Fasopo, 2006, capítulo 8.
115. BROSSIER, Marie. "Les débats sur le droit de la famille au Sénégal. Une mise en question des fondements de l'autorité légitime?" *Politique africaine*. Bordeaux, 96, dezembro de 2004, pp. 78-98.
116. Ver principalmente CONKLIN, Alice L., *op. cit.*, pp. 119 e ss e 130 e ss.
117. JEZEQUEL, Jean-Hervé. *Les "mangeurs de craie". Socio-historique d'une catégorie lettrée à l'époque coloniale. Les instituteurs diplômés de l'Ecole normale William Ponty (c.1900-c.1960)*. Paris: Ecole des Hautes Études en Sciences Sociales, 2002.
118. CERTEAU, Michel de. *L'invention du quotidien*, volume I: *Arts de faire*. Paris: UGE. 1980, p. 10.
119. Na ocasião do seminário comum do Departamento de História da Ucad II e do Fasopo, Dakar, 23 de maio de 2006. Ver DIOUF, Mamadou. *Le Kajoor au XIXe siècle: pouvoir ceddo et conquête coloniale*. Paris: Karthala, 1990.
120. BAYART, Jean-François, *op. cit.*, 2006, pp. III-LVIII.
121. O'BRIEN, Donal Cruise. "Senegal". *In*: DUNN, John (ed.). *West African States: Failure and Promise*. Cambridge: Cambridge University Press, 1978, p. 187.
122. SEARING, James F., *op. cit.*, pp. 120 e ss e p. 105; DIOUF, Mamadou. "The French Colonial Policy of Assimilation and the Civility of the Originaires of the Four Communes (Senegal): a Nineteenth Century Globalization Project". *Development and Change*, Pays Bas, 29, 1998, pp. 671-696.
123. SEARING, James F., *op. cit.*, 2002, pp. 155-156.
124. CONKLIN, Alice L., *op. cit.*, pp. 140-141.
125. Ver, por exemplo, FOURCHARD, Laurent. "Lagos and the invention of juvenile delinquency in Nigeria, 1920-1960". *Journal of African History*, Cambridge, 47, 2006, pp. 115-137.
126. BAYARD, Jean-François; GESCHIERE, Peter; NYAMNJOH, Francis. "Autochtonie, démocratie et citoyenneté en Afrique". *Critique internationale*, Paris, 10, janeiro de 2001, pp. 53-70.

127. ROITMAN, Janet; WARNIER, Jean-Pierre. "La politique de la valeur". *Journal des Africanistes*. Paris, 76 (1), 2006, pp. 205-216; KOPYTOFF, Igor. "La biographie culturelle des choses". *Journal des Africanistes,* Paris, 76 (1), 2006, pp. 217-248.
128. CAIN, Peter J.; HOPKINS, Anthony G., *op. cit.*, volume 2, p. 313.
129. GUYER, Jane I. *Marginal Gains. Monetary Transctions in Atlantic Africa*. Chicago: The University of Chicago Press, 2004.
130. *Idem*, p. 16.
131. *Idem*, pp. 83 e ss.
132. FOUCALUT, Michel, *op. cit.*, pp. 136-156.
133. COOPER, Frederick. *Decolonization and African Society. The labor question in French and Bristish Africa*. Cambridge: Cambridge University Press, 1996.
134. SEVERINO, Jean-Michel. "Refonder l'aide au développement au XXIe siècle". *Critique Internationale*, Paris, 10, janeiro de 2001, pp. 75-99; CHARNOZ, Olivier; SEVERINO, Jean-Michel. "Les 'mutations impromptus'. Etat des lieux de l'aide publique au développement". *Afrique contemporaine*, Paris, 213, inverno de 2005, pp. 13-131; EGIL, François. "Les éléphants de papier. Réflexions impies pour le Ve anniversaire des Objectifs du développement du millénaire". *Politique africaine*. Bordeaux, 99, outubro de 2005, pp. 97-115.
135. PEIRCE, Leslie. *Morality Tales. Law and Gender in the Ottoman Court of Aintab.* Berkeley: University of California Press, 2003, pp. 48-49.
136. VEYNE, Paul. *Le pain et le cirque. Sociologie historique d'um pluralisme politique.* Paris: Editions du Seuil, 1976, p. 6.
137. Aqui, nos referimos a TRIAUD, Jean-Louis. "Islam in Africa under French colonial rule". *In*: LEVTZION, Nehemia; POUWELS, Randall L. (editores). *The History of Islam in Africa*. Athens: Ohio University Press, 2000, capítulo 8.

Bibliografia

AUDRAIN, Xavier. "Du '*ndigël* avorté au Parti de la Vérité. Evolution du rapport religion/politique à travers le parcours de Cheikh Modou Kara (1999-2004)". *Politique africaine*. Bordeaux, 96, dezembro de 2004, pp. 99-118.

BALIBAR, Etienne. *Droit de cité*. Nouvelle édition. Paris: PUF, 2002.

BARROS, Françoise de; CHARBIT, Tom (coords.). "La colonie rapatriée". *Politix*, Paris, 76, 2006.

BAYART, Jean-François. *L'illusion identitaire*. Paris: Fayard, 1996.

——. *Le gouvernement du monde. Une critique politique de la globalisation*. Paris: Fayard, 2004.

——. *L'Etat en Afrique. La politique du ventre.* Nouvelle édition. Paris: Fayard, 2006.

——; GESCHIERE, Peter; NYAMNJOH, Francis. "Autochtonie, démocratie et citoyenneté en Afrique". *Critique internationale*, Paris, 10, janeiro de 2001, pp. 53-70.

——; BERTRAND, Romain. "De quel 'legs colonial' parle-t-on?", *Esprit*, Paris, dezembro de 2006, pp. 134-160.

BAZIN, Jean. "A chacun son Bambara". *In*: AMSELLE, Jean-Loup; M'BOKOLO, Elikia (dir.). *Au coeur de l'ethnie. Ethnies, tribalisme et Etat en Afrique.* Paris: Editions La Découverte, 1985.

BERTRAND, Romain. *Etat colonial, noblesse et nationalisme à Java. La tradition parfaite.* Paris: Karthala, 2005.

——. *Mémoires d'empire. La controverse autour du "fait colonial".* Broissieux: Editions du Croquant, 2006.

BOTTE, Roger. "De l'esclavage et du daltonisme dans les sciences sociales". *Journal des Africanistes.* Paris, 70 (1-2), 2000, pp. 7-42.

——. "L'ombre portée de l'esclavage. Avatars contemporains de l'oppression sociale". *Journal des Africanistes.* Paris, 70 (1-2), s.d. (2001).

BROSSIER, Marie. "Les débats sur le droit de la famille au Sénégal. Une mise en question des fondements de l'autorité légitime?" *Politique africaine.* Bordeaux, 96, dezembro de 2004, pp. 78-98.

CAIN, Peter J.; HOPKINS, Anthony G. *British Imperialism.* Londres: Longman, 1993.

CASTORIADIS, Cornelius. *L'institution imaginaire de la société.* Paris: Le Seuil, 1975.

CERTEAU, Michel de. *L'invention du quotidien*, volume I: *Arts de faire.* Paris: UGE, 1980.

CHARNOZ, Olivier; SEVERINO, Jean-Michel. "Les 'mutations impromptus'. Etat des lieux de l'aide publique au développement". *Afrique contemporaine*, Paris, 213, inverno de 2005, pp. 13-131.

CLARK, Andrew. "Internal migrations and populations movements in the Upper Senegal Valley"; *Canadian Journal of African Studies*, Toronto, 28, 1994, pp. 399-420.

——. "Slavery and its demise in the Upper Senegal Valley, 1890-1920". *Slavery and Abolition,* Oxford, 15, 1994, pp. 51-71.

CONKLIN, Alice L. *A mission to Civilize. The republican Idea of Empire in France and West Africa, 1895-1930.* Stanford: Stanford University Press, 1997.

COOPER, Frederick. *Decolonization and African Society. The Labor Question in French and British Africa.* Cambridge: Cambridge University Press, 1996.

COULON, Christian. *Le Marabout et le Prince. Islam et Pouvoir au Senegal.* Paris: Pedone, 1981.

——. "La tradition démocratique au Senegal. Histoire d'un mythe". *In*: JAFFRELOT, Christophe (dir.). *Démocraties d'ailleurs.* Paris: Karthala, 2000.

DIOP, Abdoulaye Bara. *La société wolof. Tradition et changement. Les systèmes d'inégalité et de domination*. Paris: Karthala, 1981.

DIOP, Momar-Coumba; DIOUF, Mamado; O'BRIEN, Donal Cruise. *La construction de l'Etat au Senegal*, Paris: Karthala, 2002.

DIOUF, Mamadou. *Le Kajoor au XIXe siècle: pouvoir ceddo et conquête coloniale*. Paris: Karthala, 1990.

——. DIOUF, Mamadou. "The French colonial policy of assimilation and the civility of the originaires of the Four Communes (Senegal): a Nineteenth Century globalization project". *Development and Change*, Pays Bas, 29, 1998, pp. 671-696.

——. O'BRIEN, Donal Cruise. "Introduction: la réussite politique du contrat social sénégalais". *In*: DIOP, Momar-Coumba; DIOUF, Mamadou; O'BRIEN, Donal Cruise. *La construction de l'Etat au Senegal*, Paris: Karthala, 2002.

DOZON, Jean-Pierre. *Frères et sujets. La France et l'Afrique en perspective*. Paris: Flammarion, 2003.

ECHENBERG, Myron. *Colonial Conscripts. The* Tirailleurs Sénégalais *in French West Africa, 1857-1960*. Portsmouth; Londres: Heineman; James Currey, 1991.

EGIL, François. "Les éléphants de papier. Réflexions impies pour le Ve anniversaire des Objectifs du développement du millénaire". *Politique africaine*. Bordeaux, 99, outubro de 2005, pp. 97-115.

FANON. *Peau noire, masques blancs*. Paris: Editions du Seuil, 1952.

FATTON, Robert. *The Making of a Liberal Democracy: Senegal's Passive Revolution, 1975-1985*. Boulder: Lynne Rienner, 1987.

FOUCAULT, Michel. "Nietzsche, la généalogie, l'histoire". *In*: ——. *Dits et écrits. 1954-1988*, volume II: 1970-1975. Paris: Gallimard, 1994, pp. 136-156.

FOURCHARD, Laurent. "Lagos and the invention of juvenile delinquency in Nigeria, 1920-1960". *Journal of African History*, Cambridge, 47, 2006, pp. 115-137.

GIUFFRIDA, Alessandra. "Métamorphoses des relations de dépendance chez les Kel Antessar du cercle de Groudam". *Cahiers d'études africaines*, Paris, XLV (3-4), 179-180, 2005.

GRAMSCI, A. *Il Risorgimento*. Turim: Einaudi, 1966.

GRUZINSKI, Serge. *Les Quatre Parties du Monde. Histoire d'une Mondialisation*. Paris: Editions La Martinière, 2004.

GUYER, Jane I. *Marginal Gains. Monetary Transctions in Atlantic Africa*. Chicago: The University of Chicago Press, 2004.

HARRISON, Christopher. *France and Islam in West Africa. 1860-1960*. Cambridge: Cambridge University Press, 1988.

HAVARD, Jean-François. *Bul Faale! Processus d'individualisation de la jeunesse et conditions d'émergence d'une 'génération politique' au Sénégal*. Lille: Université de Lille-2, 2005, multigr.

——. HAVARD, Jean-François. "Le 'phénomène' Cheikh Béthio Thioune et le dijhad migratoire des étudiants sénégalais 'Thiantakones'". *In*: ADELKHAH, Fariba; BAYART, Jean-François (dir.). *Migrations internationales et anthropologie du voyage*. Paris: Fasopo, 2006.

ILIFFE, John. *Honour in African History*. Cambridge: Cambridge University Press, 2005.

JEZEQUEL, Jean-Hervé. *Les "mangeurs de craie". Socio-historique d'une catégorie lettrée à l'époque coloniale. Les instituteurs diplômés de l'Ecole normale William Ponty (c. 1900-c.1960)*. Paris: Ecole des Hautes Études en Sciences Sociales, 2002, multigr.

JOHNSON, Georges Wesley. *Naissance du Sénégal contemporain. Aux origines de la vie politique moderne (1900-1920)*. Paris: Karthala, 1991.

JOHNSTON, Anna. *Missionary Writing and Empire, 1800-1860*. Cambridge: Cambridge University Press, 2003.

KALBERG, Stephen. *La sociologie historique comparative de Max Weber*. Paris: La Découverte Mauss, 2002.

KLEIN, Martin. *Slavery and Colonial Rule in French West Africa*. Cambridge: Cambridge University Press, 1998.

KOPYTOFF, Igor. "The cultural context of African abolition". *In*: MIERS, Suzanne; ROBERTS, Richard (eds.). *The End of Slavery in Africa*. Madison: The University of Wisconsin Press, 1988.

——. "La biographie culturelle des choses". *Journal des Africanistes*. Paris, 76 (1), 2006, pp. 217-248.

LESERVOISIER, Olivier. "'Nous voulons notre part!' Les ambivalences du mouvement d'émancipation des *Saafaalbe Hormankoobe* de Djéol (Mauritânia)". *Cahiers d'Études Africaines*, Paris, XLV (3-4), 179-180, pp. 1.014.

LOVEJOY, Paul E. *Transformations in Slavery. A History of Slavery in Africa*. Segunda edição. Cambridge: Cambridge University Press, 2000.

LY, Abdoulaye. *Mercenaires noirs. Notes sur une forme d'exploitation des africains*. Paris: Présence Africaine, 1957.

MANCHUELLE, François. "Slavery emancipation and labour migration in West Africa: the case of the Soninke". *Journal of African History*, Cambridge, 30, 1989, pp. 89-106.

——. MANCHUELLE, François. "Le role des Antillais dans l'apparition du nationalisme culturel en Afrique noire francophone". *Cahiers d'études africaines*, Paris, XXXII (3), 127, 1992, pp. 365-408.

MANN, Gregory. *Native Sons. West African Veterans and France in the Twentieth Century*. Durham: Duke University Press, 2006.

MIERS, Suzanne "Le nouveau visage de l'esclavage au XXe siècle". *Cahiers d'études africaines*. Paris, XLV (3-4), 179-180, 2005.

O'BRIEN, Donal Cruise. *Saints and Politicians. Essays in the Organization of Senegalese Peasant Society*. Cambridge: Cambridge University Press, 1975.

——. "Senegal". *In*: DUNN, John (ed.). *West African States: Failure and Promise*. Cambridge: Cambridge University Press, 1978.

——. "Le contrat social sénégalais". *Politique africaine*, Bordeaux, 45, abril de 1992, pp. 9-20.

——. "Chefs, saints et bureaucrates. La construction de l'Etat colonial". *In*: DIOP, Momar Coumba; DIOUF, Mamadou; O'BRIEN, Donal Cruise. *La Construction de l'Etat au Senegal*. Paris: Karthala, 2002.

PEIRCE, Leslie. *Morality Tales. Law and Gender in the Ottoman Court of Aintab*. Berkeley: University of California Press, 2003.

RABINOW, Paul. *French Modern. Norms and Forms of Social Environment*. Chicago: The University of Chicago Press, 1989.

RENAN, Ernest. *Qu'est-ce qu'une nation? In: Oeuvres completes*. Paris: Calmann-Lévy, 1947.

ROBERTS, Richard L. *Warriors, Merchants, and Slaves. The State and the Economy in the Middle Niger Valley, 1700-1914*. Stanford: Stanford University Press, 1987.

ROBINSON, David. *Paths of Accomodation: Muslim Societies and French Colonial Authorities in Senegal and Mauritania, 1880 to 1920*. Athens: Ohio University Press, 2000.

ROITMAN, Janet; WARNIER, Jean-Pierre. "La politique de la valeur". *Journal des Africanistes*. Paris, 76 (1), 2006, pp. 205-216.

SAMSON, F. *Les Marabouts de l'islam politique: le Dahiratoul Moustarchidina. Un mouvement néo-confrérique sénégalais*. Paris: Karthala, 2005.

SAMUEL, Michel. *Le prolétariat africain noir en France*. Paris: François Maspero, 1978.

SARDAN, Jean-Pierre Olivier de. *Les sociétés Songhay-Zarna (Níger-Mali), chefs, guerriers, esclaves, paysans...* Paris: Karthala, 1984.

SEARING, James F. *West African Slavery and Atlantic Commerce. The Senegal River Valley, 1700-1860*. Cambridge: Cambridge University Press, 1993.

——. *"God alone is King": Islam and Emancipation in Senegal. The Wolof Kingdoms of Kajoor and Bawol, 1859-1914*. Potsmouth: Heinemann, 2002.

SEILLAN, Jean-Marc. *Aux sources du roman colonial (1863-1914). L'Afrique à la fin du XIXe siècle*. Paris: Karthala, 2006.

SEVERINO, Jean-Michel. "Refonder l'aide au développement au XXIe siècle". *Critique Internationale*, Paris, 10, janeiro de 2001, pp. 75-99.

STEINMETZ, George. "L'écriture du diable. Discours précolonial, posture etnographique et tensions dans l'administration coloniale allemande de Samoa". *Politix*. Paris, 17 (66), 2004, pp. 49-80.

TERRAY, Emmanuel. *Une Histoire du royaume abron du Gyaman. Des origins à la conquête coloniale.* Paris: Karthala, 1995.

THORNE, Susan. *Congregational Missions and the Making of an Imperial Culture in Nineteenth-Century England.* Stanford: Stanford University Press, 1999.

TODOROV, Tzvetan. *Mikhail Bakthine. Le principe dialogique suivi de Ecrits du Cercle de Bakthine.* Paris: Editions du Seuil, 1981.

TRIAUD, Jean-Louis. "Islam in Africa under French colonial rule". *In*: LEVTZION, Nehemia; POUWELS, Randall L. (eds.). *The History of Islam in Africa.* Athens: Ohio University Press, 2000.

VEYNE, Paul. *Le pain et le cirque. Sociologie historique d'un pluralisme politique.* Paris: Editions du Seuil, 1976.

WEBER, Max. *L'éthique protestante et l'esprit du capitalisme.* Paris: Plon, 1964 (reedição na coleção de bolso Agora, 1985).

WIEVIORKA, Olivier. *Histoire du débarquement en Normandie. Des origines à la libération de Paris. 1941-1944.* Paris: Editions du Seuil, 2007.

Jornais

Le Monde
Info-Matin
Soir de Bamako
Nouvelle Tribune
Courrier International

CAPÍTULO 2

À sombra da Europa, o autoritarismo no Mediterrâneo: o caso da Tunísia

Michel Camau*

Tradução de Vera Gertel

*Professor de Ciência Política do Instituto de Estudos Políticos da Universidade de Aix-en-Provence, França. Coautor com Vicente Geisser de *Le Syndrome autoritaire. Politique en Tunisie de Bourguiba à Ben Ali*. Paris: Presses de Sciences Po, 2003, e "Globalisation démocratique et exception autoritaire arabe". *Critique internationale*, 30, jan.-mar. 2006, pp. 59-81.

O "jet-set das transições", esses especialistas em democratização que percorrem o mundo todo,[1] pouco frequenta o aeroporto internacional de Túnis. Será que reluta em se misturar à horda de turistas e à multidão de homens de negócios atraídos por miragens de praias ensolaradas e de uma economia aberta, sob a proteção de uma ordem política estável e segura? Seja como for, a Tunísia só pode incomodar os empreendedores de democracia. Desde a independência, em 1956, o país do Magrebe árabe,[2] na margem esquerda do Mediterrâneo, às portas da Europa, coleciona aprovações, incentivos e ajudas das grandes organizações internacionais, dos Estados europeus e dos EUA. Mesmo assim, permaneceu sob o controle de um regime autoritário que enfrentou chuvas e trovoadas, mas conseguiu se manter, graças a transformações. Mais do que isso, enquanto a liberalização econômica se aprofundava, o autoritarismo consolidava-se.

A "pequena" Tunísia, policiada de longa data e policial há ao menos duas décadas, revela-se particularmente incômoda para as ideias preconcebidas sobre o sentido ou "o fim" da história. Enfatiza até o limite da caricatura as contradições da suposta democratização do mundo no contexto da intensificação e da liberalização do comércio. Apenas por isso já merece uma visita.

O caso tunisiano será o pretexto para analisar dois desafios essenciais do autoritarismo: a relação entre formas sociais e políticas, de um lado, e as interações entre autoritarismo e democracia "reais",[3] de outro. Essas questões nada têm de novo. Há exatamente meio século, Franz Neumann as evocava em suas "anotações" póstumas sobre "a teoria da ditadura". Contestava a ideia segundo a qual estruturas sociais ditas "autoritárias", como a "família autoritária", resultariam inexoravelmente em autoritarismo político. Segundo ele, a relação entre as formas sociais e políticas do autoritarismo era um problema de casos, e não numa "correlação automática". Por outro lado, observava a inconsistência, do ponto de vista histórico, da habitual oposição entre democracia e "ditadura", no modo antitético "do bem e do mal".[4]

Obviamente, não se trata, aqui, de comentar o alcance e os limites da abordagem de Neumann,[5] mas de revisitar, em função do contexto tunisiano, aspectos cruciais da análise do fenômeno autoritário, que, na sua época e antes de outros, o autor de *Behemoth* já divulgava. Membro da Liga dos Estados Árabes, a Tunísia nos coloca diante do problema da imputação social das formas políticas, sob uma ótica particular. Pensamos, nesse caso, no tema do "autoritarismo árabe", recorrente na literatura política e sociológica. O país faria parte do conjunto das sociedades árabes e seu regime estaria inscrito em uma trama comum que vai do golfo árabe-pérsico até o Oceano Atlântico. Tentaremos mostrar os limites dessa interpretação social, e até cultural, que confina com o clichê largamente difundido na atualidade da "exceção autoritária árabe" em um mundo em vias de democratização. De fato, a Tunísia pertence ao "mundo árabe", mas esse, enquanto tal, não constitui um isolado político. Como o conjunto das sociedades, árabes ou não, integra os processos de globalização que passaram por vários ciclos desde o início da expansão europeia. Considerada sob esse ângulo, ela remete à segunda questão, mais frutífera: a das interações entre democracias e autoritarismos. Esses não se reduzem às supostas enfermidades políticas de certas sociedades; tampouco consistem em produtos exóticos em vias de extinção. Participam da mesma ordem que o mundo das democracias. A longevidade do autoritarismo em um dos países do sul do Mediterrâneo mais abertos e ligados à Europa parece, nesse ponto, particularmente esclarecedora.

UM AUTORITARISMO "ÁRABE"?

A exemplo de outros países árabes, o regime tunisiano pode ser qualificado de autoritário. Deixando de lado considerações relativas aos limites inerentes à noção de "autoritarismo",[6] a classificação dos diferentes países árabes numa mesma categoria é problemática. O autoritarismo tunisiano não passaria de uma variante do "autoritarismo árabe"? O fato de todos os regimes dos Estados árabes serem autoritários, embora difiram em vários aspectos, não poderia ser mera coincidência; a explicação estaria então não no Estado, regime ou líder, mas na sociedade.[7] As formulações mais sedutoras dessa imputação social do autoritarismo nos países árabes consistem em sistematizações centradas no esquema da "predominância do pai" resultando em um *neopatriarcado*[8] ou então no esquema da relação mestre-discípulo da esfera religiosa mística.[9]

O *neopatriarcado*

Segundo a tese do neopatriarcado, a vida social, desde a família natural até a família "nacional", seria caracterizada pelas relações de autoridade, de dominação e de dependência que conferem à figura do pai-patriarca os traços de um agente da repressão. A dimensão repressiva familiar teria por corolário o clientelismo. Tendo como princípio a mediação (*wasta*), esse mantém a submissão e a impotência dos indivíduos integrando-os em um sistema que deveria lhes oferecer proteção e capacidade de agir sobre o poder. A exemplo do filho da família patriarcal, que é submisso ao pai embora desfrute da intermediação da mãe e do tio, o indivíduo da família neopatriarcal, em seus diferentes níveis, solicitará favores e benefícios junto ao detentor de alguma parcela de poder recorrendo a um intermediário próximo desse. Nesse esquema, em que o autoritarismo surge como um fenômeno total, o Estado seria apenas uma "versão modernizada do sultanato patriarcal tradicional". Por trás de uma fachada burocrática, consistiria em "um sistema elaborado de relações pessoais baseadas em laços de parentesco ou no clientelismo". Seu aspecto mais desenvolvido e funcional, para não dizer mais moderno, seria a *moukhabarat*, as forças de segurança interna.

A noção de patriarcado talvez seja operativa para analisar as sociedades árabes durante a fase anterior aos processos de construção nacional. Na Tunísia, como no conjunto do mundo árabe, o predomínio do pai fazia parte de uma estruturação social, globalmente qualificada como "castradora".[10] Todavia, com o impacto dos meios de comunicação e da "ideologia modernista dos jovens Estados", iniciou-se uma "gigantesca redistribuição dos estatutos e papéis" que afetou não só a posição do pai, mas o conjunto da célula familiar.[11] Na verdade, essas transformações não se dão de modo linear. O enfraquecimento da autoridade paterna junto à juventude pode ser acompanhado por um "comportamento dilacerado com relação à família", observado na Tunísia. A família é valorizada enquanto componente de um ideal comunitário que torna ilegítimas transformações sociais portadoras de tensões e exclusão. Mas ela é "recusada" enquanto estrutura real defasada da vivência dos jovens pelo "imobilismo de seus modelos".[12] A valorização da família aparece assim como o inverso de seu declínio e participa da busca por comunidades de compensação ou de substituição por parte de segmentos da juventude que não se reconhecem nas instâncias sociais e estatais existentes. Eventualmente, essa busca pode adotar formas anômicas, como quando, em janeiro de 1984, parte da juventude tunisiana tomou as ruas e atacou os símbolos da autoridade e da riqueza. O esquema patriarcal perdeu sua univocidade. Supondo que sobreviva, no plano simbólico, à estrutura familiar que o sustentava, não dá mais coerência à relação de autoridade com os diferentes níveis do social. Esse enfraquecimento também se observa, na Tunísia, no campo da condição feminina. O desenvolvimento do emprego assalariado feminino, em um contexto de desemprego masculino, assegura salários estáveis a lares que viviam sem, mas ao preço de uma inversão de papéis que pode gerar frustrações. Quando vivido como agressão aos valores da família, o trabalho feminino perde sua legitimidade com muito mais força se for imposto pela necessidade.[13] Por ocasião das revoltas que eclodiram em toda a Tunísia, em janeiro de 1984, mulheres operárias de algumas localidades foram as primeiras a se manifestar, invectivando os homens sentados nos bares. Expressa dessa maneira, a inversão dos papéis deixou transparecer o "ódio" dos homens "pelo trabalho das mulheres que os desviriliza e lhes retira toda a dignidade".[14] Assim, o patriarca não está morto; continua sendo a referência implícita, mas está acometido de impotência. Focaliza as tensões e contradições da dinâmica social, embora não mais a regule. Habib Bourguiba, líder histórico do movimento nacionalista e presidente da República de 1957 a 1987, foi, em seu longo fim de reinado, a última manifestação, no plano político, de um modelo patriarcal ainda vivaz, embora solapado pelas mudanças sociais.

Exceção tunisiana? É difícil acreditar nisso diante da transição demográfica observada nas sociedades árabes afetadas por uma dupla tendência: a baixa da fertilidade e o maior acesso das mulheres à instrução,[15] o que mina os alicerces do patriarcado, com ou sem o prefixo "neo". A despeito de seus limites e formas diferenciadas segundo os países, essas tendências traduzem um processo de recomposição que compromete seriamente as hierarquias constitutivas da base patriarcal. Ao reduzir consideravelmente o tamanho da família, a baixa da fecundidade está programando o fim da hierarquia dentro da família, a qual tendia a subordinar os "caçulas ao mais velho, futuro patriarca".[16] Ao mesmo tempo, a educação das meninas favorece o questionamento da hierarquia dos sexos. Por fim, de modo geral, a elevação do nível de instrução afeta a hierarquia das gerações. "O homem não domina mais a mulher. O pai não domina mais os filhos, os quais se enfrentam em inéditas competições entre si. A ordem patriarcal da família está seriamente abalada, assim como, por uma espécie de homotetia gigante, a ordem 'neopatriarcal' da sociedade inteira."[17] Na verdade, para estar abalada, "a ordem neopatriarcal" precisaria ter a existência comprovada. As mudanças observadas no âmbito da ordem familiar abalam menos a ordem política do que os pressupostos da teoria que quer provar o seu caráter "neopatriarcal".

A relação mestre-discípulo

Diferentemente do *neopatriarcado*, a interpretação do autoritarismo "árabe" baseada na relação mestre-discípulo está relacionada não à função do pai enquanto tal, mas a uma "simbolização particular que reelabora a função do pai". Essa "simbolização" estaria inscrita em uma estrutura cultural induzida pela relação mestre-discípulo da esfera mística e religiosa.[18] Seu desenho corresponde aos caminhos da iniciação de acesso à santidade e ao magistério, à transmissão (da *baraka*)[19] de homem para homem sem a participação das mulheres. O candidato à santidade coloca-se, perante o mestre que acaba encontrando e reconhecendo, numa situação de submissão que, no plano simbólico, poderíamos chamar de "feminização". Essa sujeição é apenas temporária; não exclui momentos ou tentações de rebelião e, principalmente, resulta na conquista de uma autoridade concorrente e na separação entre o novo mestre e seu iniciador. O esquema de inversão e de ambivalência submissão-rebelião estaria atuando em "todas as relações de precedência, inclusive na relação de chefe a subalterno, que estrutura a ordem burocrática e política moderna". Agiria no cerne das relações sociais e constituiria "a mediação real entre a estrutura política autoritária e a sociedade civil". O Estado impõe-se como "fonte de vida" por meio da pessoa do chefe supremo, que distribui prestígio e recursos; a submissão ostensiva ao chefe faz as vezes de princípio de ordem em um sistema burocrático no qual cada um é sucessivamente chefe e subalterno na hierarquia do comando; a ambivalência domina os comportamentos, pois a rebelião que fermentava sob a submissão pode eventualmente levar ao assassinato do chefe; as elites são cooptadas por lealdades pessoais e em função dos conflitos latentes entre chefes potenciais; sob a autoridade do chefe, o Exército tende a tornar-se autônomo, em razão do papel essencial que lhe cabe na contenção dos riscos de explosão social; as particularidades regionais, confessionais ou étnicas conferem ao chefe supremo a função de guardião da unidade nacional, mas esse, por sua vez, é levado a valer-se das diversidades para assentar seu poder.

Baseada no caso marroquino, essa análise almeja extrair um modelo pertinente para o conjunto das sociedades árabes. Afora as diferenças morfológicas e ideológicas, os regimes políticos árabes teriam uma mesma "estrutura autoritária" essencialmente centrada na relação com o chefe. Por certo, os regimes árabes, em sua diversidade, apresentam aproximadamente a mesma estrutura autoritária, para não falar, pura e simplesmente, em síndrome autoritária. Mas podemos inferir disso que, do Atlântico ao Golfo, um mesmo esquema cultural árabe opera e dá sentido às similitudes e diferenças dos poderes autoritários? É impossível ignorar que a síndrome da relação com o chefe pode ser observada em outras formações autoritárias cuja história e cultura desconhecem o esquema mestre-discípulo do sufismo. Em todo o caso, supondo-se que possa ser observada no Marrocos, a pujança política desse esquema não se verifica na Tunísia.

O Estado dinástico existente na Tunísia é anterior à colonização, pois se constituiu a partir de um poder de origem militar otomano, o do bei, que, no princípio, era um chefe do Exército encarregado de coletar os impostos.

Reproduziu, em parte, o modelo *mameluco* otomano:[20] um modo de governo de tipo patrimonial arrimado numa casta culturalmente distinta da sociedade — os mamelucos — formada pela agregação de indivíduos sem laços familiares, inicialmente escravos, educados para servir ao Estado e totalmente devotados à pessoa do chefe. O poder do bei foi se "tunisificando" paulatinamente com a dinastia dos beis husseinitas (1705-1957). Nessa perspectiva, para assentar sua posição, os beis tiveram de contar, entre outros, com as linhagens santas e, de maneira geral, com o marabutismo, a confraria e as zauias,[21] com os quais procuraram aliar-se ou, ao menos, manter relações de neutralidade, em uma estratégia geral de conciliação com as forças centrífugas ou concorrentes da sociedade local. Ao preço de sua lealdade a um braço armado, as elites locais preservavam sua liderança cultural, privando o poder de qualquer justificativa outra que não instrumental. Os ulemás (doutores do islã), as linhagens santas e as zauias gozavam da consideração do poder em troca de complacência. Tal configuração dava margem à intercessão e ao apadrinhamento. Mas o centro político distribuía apenas favores e privilégios, não prestígio, o qual estava nas mãos dos ulemás e das linhagens santas.

A maior parte dos cargos civis e militares superiores era exercida pelos mamelucos, que formavam uma casta de burocratas e cortesãos, em geral enobrecidos pelo bei e isolados das outras categorias sociais. Homens cujo único laço social era o serviço prestado ao senhor, os mamelucos entravam para a família do bei. Ao menos alguns deles eram adotados e/ou casavam com mulheres da família do bei. Afiliação e filiação fictícia conferiram ao exercício do poder a dimensão de um "negócio de família". A casta associada à família do bei, e desprezada pela sociedade tunisiana, dependia totalmente dos favores do príncipe. Divididos em clãs e *coteries*, seus membros disputavam funções e privilégios e faziam intrigas entre si para conquistar a intimidade e a confiança, sempre revogáveis, do bei. Por princípio, o sistema mameluco já significava um distanciamento entre a estrutura do centro político e os poderes sociais. A relação senhor-escravo que o sustentava não se devia à relação mestre-discípulo da religiosidade mística. A exterioridade do poder que simbolizava também não dava margem a transferências desse tipo por parte da sociedade.

Enquanto casta, os mamelucos não sobreviveram ao sistema colonial, que privou o poder do bei de grande parte dos recursos por meio de estruturas paralelas. Ao mesmo tempo, imprensadas entre o poder colonial e o movimento nacionalista, as instituições baseadas em confrarias decaíram. Esse último surgiu, no início do século XX, de uma elite urbana sem qualquer afinidade com as confrarias. Muito pelo contrário, os nacionalistas combateram as confrarias e o marabutismo, denunciados como aliados do sistema colonial. Menos religiosas do que políticas, as motivações desse combate correspondiam à estratégia de um partido político, o neo-Destour,[22] que buscava eliminar ou limitar a influência sobre a população de qualquer outra estrutura ou organização não alinhada às suas próprias posições. Desse ponto de vista, as zauias podiam mesmo contrariar as pretensões hegemônicas do partido Destour na medida em que também apresentavam um caráter total, aliando funções religiosas e de magistério a atividades de ajuda mútua a serviço dos fiéis mais necessitados. Após a independência, as instâncias do Estado e do partido desacreditaram as confrarias usando de intimidação e humilhação contra xeiques e zauias. Não hesitaram em destruir alguns mausoléus ou mudar sua finalidade em nome da luta contra o obscurantismo ou sob pretexto de necessidades de reformas urbanas, privando-os assim de suas bases de inserção na vida cotidiana dos indivíduos. Tratava-se de garantir ao partido e organizações satélites o monopólio do "controle do espaço social e, principalmente, das formas básicas de sociabilidade".[23] As confrarias passaram então a ser marginalizadas, e algumas de suas manifestações e atividades, folclorizadas. Ainda vivo entre as mulheres e em áreas rurais, o culto aos santos, entre outros, permite constatar os indícios de uma memória da religiosidade mística. Mas as descontinuidades dessa, privada do apoio dinâmico da confraria, não parecem poder favorecer a relação mestre-discípulo como estrutura de significação que confira sentido às relações de autoridade no seio da sociedade e ainda menos ao autoritarismo político.

À primeira vista, o funcionamento da elite política dirigente na época de Bourguiba podia, em certos aspectos, lembrar a relação mestre-discípulo. Consistia em um sistema de relações interpessoais que, por trás da fachada das instituições constitucionais, animava o complexo Estado-partido e estendia suas ramificações até o cerne da sociedade. As instituições surgiam como alvos de interesses, como posições de poder a controlar, e não regras do jogo coercitivas em si. Desvalorizadas como regras do jogo e valorizadas como alvos de interesses, viraram o palco de confronto entre facções com contornos e conteúdos instáveis. Seu potencial simbólico era transferido para a pessoa de Bourguiba. Agente da fusão, servia de árbitro entre os atores de uma competição latente cuja lógica residia, para cada protagonista considerado isoladamente, no alargamento de sua influência pessoal e, para o conjunto, na manutenção do equilíbrio, evitando a preponderância de uma das partes. Agente de segmentação, Bourguiba era o líder cuja proximidade, confiança e reconhecimento condicionavam a ampliação da influência de cada competidor. De resto, mostrava-se preocupado com que nenhuma facção obtivesse demasiada importância. O resultado era uma vida política pontuada "por uma série de apedrejamentos ameaçadores e excomunhões mais ou menos espetaculares, sempre abolidas por um amã negociado a partir de declarações de arrependimento e cartas públicas de submissão".[24] Reencontramos aqui a questão da submissão-rebelião. Mais ainda, assim como funcionava no *entourage* imediato de Bourguiba, o sistema tendia a se reproduzir entre seus parentes mais próximos, uma vez que cada um estava à frente de uma rede de apoio, em posição de chefe perante indivíduos ou grupos cujas posições de poder dependiam da sua e da atenção que conseguiam junto a ele. Esse jogo, que transcendia as estruturas especializadas e procedimentos oficialmente instituídos, mediava os conflitos e contradições que afetavam o conjunto da sociedade e se propagavam no seio da elite dirigente.

Relação mestre-discípulo? Para que houvesse congruência entre campo político e campo religioso místico, teria sido preciso que esse último demonstrasse alguma consistência, além do culto dos santos, ritos de possessão e outras "sobrevivências" de instituições e práticas sociais aniquiladas pelo movimento nacionalista, o Estado, o partido e as mudanças sociais. Poderíamos igualmente destacar analogias de funcionamento entre a elite política tunisiana da era Bourguiba, que monopolizava o serviço do Estado, e a casta dos mamelucos na época dos beis. Evitaremos, no entanto, concluir pela atualização do modelo, o que também suporia, entre outras condições, elucidar o modelo vigente nas relações dos "mamelucos" da elite dirigente cubana com Fidel Castro ou da elite dirigente do Partido Socialista Francês com François Mitterrand. Quero dizer com isso que escorregamos facilmente para a metáfora ou o "como se" para especificar fenômenos ou tendências que, em si, não são discriminantes.

Resta a constatação, muito amplamente compartilhada, da importância da intervenção, do apadrinhamento e do papel dos notáveis nas sociedades árabes. Essas práticas, que se exprimem segundo o idioma da parentela, apresentaram muitas afinidades com as formas de dominação tradicional na região, em que o apadrinhamento constituía a trama das relações ambivalentes entre os centros e as periferias. No âmbito do Estado moderno, o apadrinhamento parece mesmo um tipo de agenciamento das relações sociais em adequação a um centro político para o qual convergem recursos e solicitações.[25] Abrange modos de agir, obedecer, negociar e contestar eminentemente modernos pelo contexto, pelos objetos e desafios, mas que fazem sentido com relação a códigos forjados pela experiência histórica. Por sinal, esses códigos não constituem um todo unido. Irredutíveis à esquematização, à relação mestre-discípulo ou ao modelo patriarcal, englobam uma diversidade de registros de justificativas nos quais os atores sociais, ao sabor das situações, procedem a ajustes. Assim, ninguém pensaria em negar as particularidades culturais e históricas das sociedades árabes, pois os denominadores comuns não determinam um tipo "árabe" de regime político: determinam mais "o idioma e a linguagem da política" do que o seu conteúdo.[26]

"A exceção árabe"

A democracia está de fato ausente na Tunísia, assim como no conjunto do mundo árabe. Mesmo assim, qual a pertinência de valer-se de um "atraso" ou "déficit de liberdade" com relação às outras regiões do mundo[27] e, consequentemente, de uma "exceção" autoritária árabe? Os estudos mais importantes consideram a "exceção árabe" com referência a um patamar, não de democracia, mas de pré-requisitos eleitorais de democratização. O critério residiria nesse caso na organização periódica de processo eleitoral livre e honesto, condição necessária, embora não suficiente, para um mínimo de democracia. Esse evidenciaria um *arab electoral gap*. De modo geral, nesses últimos 30 anos, os países muçulmanos não árabes teriam demonstrado melhor desempenho em matéria eleitoral. Além do mais, em 2003, seis deles teriam governos resultantes de processos eleitorais livres e honestos, enquanto nenhum governo árabe poderia prevalecer-se de tal fundamentação. Assim, a exceção não seria *muçulmana*, mas *árabe*.[28] Embora não encerre definitivamente o debate recorrente sobre o islã e o autoritarismo, esse tipo de comparação tem o mérito de ponderar a variável islâmica. Resta que a observação de um déficit eleitoral árabe baseada em uma dicotomia presente no cerne de um conjunto dito "islâmico" cria um efeito de lupa cuja interpretação e alcance são estreitamente tributários das convenções de homogeneização e das escolhas de escala que norteiam a comparação. Outras convenções ou escalas, outros efeitos. Assim, certos trabalhos apontam uma exceção ou um "déficit" do Oriente Médio caracterizado pela densidade do autoritarismo e ausência de casos de democracia bem-sucedida.[29] É sempre possível ampliar mais ainda o campo de referência da exceção. Foi exatamente o que fez "a estratégia avançada para a liberdade no Oriente Médio" da administração Bush ao tomar como alvo um arco do Marrocos ao Paquistão, o Grande Oriente Médio ou Oriente Médio ampliado. Árabe, do Oriente Médio (ampliado ou não), islâmico ou outro, o campo da exceção depende das diversas maneiras de instituir as diferenças "em objetos de pensamento e em pretextos para ações".[30]

Os regimes árabes são regimes como os outros? Certamente, se entendemos que são comparáveis aos outros e entre si: considerados coletiva ou individualmente, acusam semelhanças e diferenças com relação aos "outros", segundo o ponto de vista e a escala adotados. Assemelham-se ou diferem, de acordo com as limitações e recursos inerentes às características do grupo político, das redes e formas de solidariedade e dos modos de inserção no âmago do sistema interestatal.

Na Tunísia, a integração no sistema dos Estados começou no século XIX. Como no Egito e no centro do Império otomano, deu lugar a uma série de empréstimos às técnicas europeias por parte das "elites não tecnicizadas"[31] confrontadas com os desafios e as normas econômicos e políticos da Europa.

Esses movimentos reformistas levaram, entre outras consequências, a bancarrotas que deixaram os Estados à mercê do capital financeiro europeu, cavalo de troia da colonização. Essas últimas, ao enfraquecer os recursos de legitimação das dinastias reinantes, reforçaram e desenvolveram uma infraestrutura administrativa de controle social. É sob a luz desses processos de globalização que convém analisar o autoritarismo, ou antes, os autoritarismos tunisianos, pois deixa transparecer a questão das interações entre democracias e autoritarismos.

OS AUTORITARISMOS TUNISIANOS

Na Tunísia, o autoritarismo procede de lógicas irredutíveis apenas ao qualificativo "tunisiano" e a uma estrutura imutável. O singular engloba, no caso, configurações sucessivas, cujas motivações se revelam não apenas locais, mas mundiais. Os autoritarismos tunisianos esclarecem tanto sobre tipos de governos de uma dada sociedade quanto sobre como se constrói e se recompõe a ordem do mundo.

Antecedentes: modernidade e autoritarismo

Na Tunísia, como em muitas sociedades expostas ao imperialismo europeu, os antecedentes do autoritarismo têm origem na "grande transformação" dos séculos XVII e XVIII. De fato, são indissociáveis das rupturas provocadas pela modernidade ocidental e pelo império progressivo de suas instituições em escala planetária. Marshall Hodgson[32] lembra que a institucionalização da inovação técnica, a formação do sistema interestatal e a implicação das massas no processo econômico, social e cultural garantiram maior liberdade política na Europa ocidental enquanto faziam o jogo do "despotismo" nas sociedades dominadas.

O Estado tunisiano emergiu durante essa sequência histórica. A exemplo do Egito e do Império otomano, engajou-se, no século XIX, em uma política de reformas que tendia a se opor ao imperialismo europeu, embora adotasse suas técnicas e sua tecnologia política. A tentativa de reforma por cima traduziu-se, no plano das instituições políticas, na promulgação, em 1861, de uma constituição praticamente natimorta. Com efeito, resultou numa crise financeira e, correlativamente, numa insurreição quase generalizada e na sua implacável repressão, em 1864. Entretanto, correspondeu à emergência e ao desenvolvimento de um pensamento reformista que se imporia, a seguir, como referência central dos jogos de linguagem da sociedade política tunisiana.

Em alguns aspectos, o próprio Estado colonial, implantado quando a Tunísia foi posta sob tutela financeira europeia e a França ocupou a Argélia, revelou-se um Estado reformista. Ao menos, constituiu o vetor de uma modernização conservadora. Sob a fachada de regime de protetorado (1881-1956), correspondeu a um tipo de "ditadura administrativa moderna". Seus aparelhos prevaleciam no mercado pelo exercício de uma dominação econômica centrada no desenvolvimento do setor agromineiro. Ao conceder o pleno exercício das liberdades políticas apenas aos residentes franceses, esses esquadrinhavam territórios e populações sob a figura emblemática do "administrador"[33] (Hermassi, 1972). O autoritarismo colonial e as "contracondutas" de seus "administrados" pontuaram um processo multiforme de recomposição da sociedade tunisiana. Favoreceram, entre outros fenômenos, uma reconversão das elites pela valorização social do capital escolar, o crescimento dos efetivos na função pública, a emergência de uma burguesia tanto agrária quanto industrial e comercial, a formação de um proletariado e a sedentarização dos "camponeses tribais". Nenhum desses grupos sociais, de resto marcados pelo peso das referências e pertenças regionais, era realmente independente do aparelho de Estado. Assim, as lógicas inerentes às clivagens e disparidades residiam menos no controle do Estado do que na obtenção dos favores desse.

Tais características não condenavam a Tunísia independente ao autoritarismo, mas tornavam-no possível. O clientelismo do Estado favoreceu a autonomização das elites intelectuais que, no âmbito do neo-Destour, haviam dirigido o movimento nacional e pretendiam abertamente representar o conjunto da sociedade em nome do povo e da reforma. O jogo de alianças e oposições dentro do grupo dirigente tornou-se violento quando da independência. O desfecho desse confronto urdiu a trama inicial do autoritarismo, que perdurou, embora se transformasse, durante meio século.

Podem-se distinguir sucessivamente duas constelações políticas autoritárias na história da Tunísia independente, em função das características e modos de articulação de três dimensões do político, tanto do ponto de vista interno quanto externo: o *regime* (formas de legitimação e repressão), a *coalizão* dirigente e as *policies* (mobilização e alocação de recursos).[34] Nessa perspectiva, especificamos um "autoritarismo de desenvolvimento" e um "autoritarismo de mercado".

Autoritarismo de desenvolvimento

A constelação política tunisiana que tomou forma progressivamente após a independência e se manteve, no total, durante uns 15 anos, caracterizava-se pelo fato de deixar três dimensões coerentes: uma política de desenvolvimento "socialista", uma elite política profissionalizada, centralizada e estruturada em torno da pessoa do líder e um modo de legitimação e de repressão com forte conotação simbólica.

O "socialismo destouriano", expressão particular de uma tendência que se observava na escala do Terceiro Mundo da época, englobava uma política de acumulação do capital sob a égide do Estado (infraestrutura básica, industrialização, reforma das estruturas agrárias e comerciais) aliada a uma tentativa de ampliação da oferta pública de assistência, principalmente em termos de cuidados médicos, educação e habitação.

O "desenvolvimento" era assim em larga medida o da burocracia, como categoria social e modo de desdobramento dos aparelhos do Estado, a qual estava sob o controle estrito de um pessoal político profissionalizado que restringia as outras elites a competências e atividades setoriais subordinadas às suas próprias escolhas e decisões. Animado pelo corporativismo que transcendia suas divisões, o grupo político dirigente encontrava seu princípio de regulação na pessoa do líder, Habib Bourguiba. A proximidade com o "banqueiro de homens"[35] condicionava não apenas a inclusão no grupo como também as posições e promoções em seu seio. Constituía a trama de um campo político com condições de acesso especialmente restritivas, que mediava os conflitos e as contradições de uma sociedade plural. Aqueles que ocupavam as posições mais eminentes faziam as vezes de empresários intervindo em um mercado político semicompetitivo. No comando de redes interpessoais, comportavam-se como *patrões* engajados em uma série de relações de dependência e apoios recíprocos com indivíduos e grupos clientes.

O apadrinhamento, que dispensava proteções e retribuições em troca de lealdade pessoal e catalisava as solidariedades familiais e regionais, relativizava o alcance da burocratização e provavelmente afetava os desempenhos do "socialismo". Mas, dessa maneira, também temperava a violência inerente a um modo de dominação que pretendia reformar não apenas as estruturas como também as mentalidades. Constituía *de facto* um antídoto à violência simbólica de um discurso de legitimidade e de dispositivos de controle que tendiam a impedir a coalescência e a expressão de grupos autônomos de interesse e opinião. Essa ambivalência vivenciada e ativada por todos, líder e empresários políticos, dirigentes e dirigidos, valeu ao regime o qualificativo de *benevolent*,[36] que conota uma moderação paternalista em busca de objetivos de reforma da sociedade pelo alto. Mesmo assim, mais arbitrário do que policial, o regime mostrou-se implacável na repressão cada vez que era abertamente contestado seu princípio de legitimidade centrado na pessoa do líder, no monopólio do grupo dirigente e na pertinência de seus políticos.

O partido único, o Partido Socialista Destouriano (nova denominação do neo-Destour), revelou-se o principal operador de ajuste das *policies*, da coalizão e do regime. Caracterizava-se por polimorfismo e polivalência, que combinavam centralismo e gestão das particularidades. Por meio do partido, operavam-se principalmente o conluio entre elites políticas e sindicais e as transações entre a coalizão central e os poderes locais.

Chamamos essa constelação de "autoritarismo de desenvolvimento" para marcar as afinidades com os postulados do desenvolvimento político em voga não apenas nas ciências sociais como, igual e correlativamente, entre os credores internacionais. Em uma época em que a ortodoxia ainda não era a *boa governança*, o autoritarismo tunisiano era apresentado como arquétipo do *successful leadership*.[37] Em si, não constituía um caso excepcional. Seu projeto prestava-se a comparações com, por exemplo, o Egito de

Nasser. As configurações autoritárias da Tunísia e do Egito, na década de 1960, assim como, por sinal, as tentativas reformistas do século XIX, podem ser analisadas e comparadas a partir de um mesmo tipo ideal de "desenvolvimento". Aparentemente, a atenção e o prestígio especiais de que o país se beneficiou científica, ideológica e politicamente no palco internacional do "desenvolvimento" devem muito ao modo como soube maximizar seus recursos ao preferir apostar no "mundo livre" em vez do arabismo ou do "não alinhamento".

A crise dessa fórmula autoritária é contemporânea àquela que atingiu o Estado-providência nas poliarquias abertas da Europa Ocidental. Seria no mínimo imprudente inferir daí uma relação de causalidade. Em compensação, essas crises podem ser consideradas gêmeas na medida em que fazem parte de um mesmo ciclo dentro de um sistema internacional de Estados obrigados a ajustes de alcances diferentes, embora ligados entre si.

O malogro do "socialismo específico" deu lugar às políticas ditas de *infitah* ("abertura"), que, em seu estágio inicial, estimularam indústrias exportadoras e, paradoxalmente, a importação-substituição, financiada por recursos de rendas. Em uma conjuntura dominada pela pressão sobre os custos do fator trabalho e a alta dos preços das matérias-primas, essas políticas constituíam o inverso das políticas de deslocalização industrial e de "rigor" conduzidas na Europa. Acabariam, em seguida, conduzindo a impasses financeiros que impunham a adoção de programas de ajuste estrutural e, com eles, uma maior liberalização das trocas com o exterior.

As coalizões dirigentes recompuseram-se, aqui e ali, sob formas significativas de um império crescente da tecnoestrutura: ao mesmo tempo que, na maioria das poliarquias europeias, as diferenças programáticas entre forças políticas rivais se dissipavam, as coalizões autoritárias abriam-se cada vez mais às elites técnicas.

No plano dos *regimes*, as mudanças traduziram-se, nas poliarquias, no desenvolvimento de "novos movimentos sociais" e numa tendência a hostilizar a política instituída. Nas formações autoritárias, expressaram-se principalmente por meio de mobilizações de protesto de grande amplitude, da passagem ao campo político de intelectuais islâmicos e da interferência crescente de seu discurso alternativo de legitimidade.

Na Tunísia, os riscos de ruptura inerentes aos desafios da transição econômica liberal e do islamismo político mostravam-se tão elevados que o grupo dirigente se desagregava sob o efeito de uma luta obstinada pela sucessão do líder. A ruptura, de fato, aconteceu. Não consistiu no abandono do autoritarismo provocado por uma aproximação entre *softliners* da coalizão e representantes da "sociedade civil" nem na busca de um acordo entre forças engajadas em um conflito durável. Graças a uma prova de força com o movimento islâmico e no contexto de um novo ciclo de globalização do comércio, resultou em nova constelação política autoritária, aqui qualificada de "autoritarismo de mercado".

Autoritarismo de mercado

Como a precedente, a nova constelação autoritária adquire sentido em perspectiva tanto nacional quanto internacional. Sua "novidade" deve-se às mudanças que afetaram não só a Tunísia, mas, igual e simultaneamente, a ordem mundial.

O regime passa então a reunir duas características aparentemente tão pouco compatíveis quanto água e fogo. Arvora capacidade e nível de repressão sem equivalente no passado. As mobilizações de protesto do fim dos anos 1970 e do começo dos anos 1980 promoveram a reorganização e a profissionalização das forças de segurança. A nova perícia mostrou toda a sua capacidade quando liquidou a "ameaça" dos *outsiders* políticos islâmicos e fez os recalcitrantes de toda estirpe entrarem na linha. Paradoxalmente, o regime também se distanciou do passado ao se prevalecer do estado de direito, do pluralismo e da democracia. No plano discursivo, ainda se alinhou aos padrões internacionais do politicamente correto. O jogo duplo da democracia e da repressão justifica-se pela defesa de um dispositivo normativo de liberdade contra seus inimigos putativos. Sua lógica é a do Estado de exceção, do qual a "suspensão" do processo eleitoral argelino de 1991 constitui um típico exemplo, meditado e invocado, em seu tempo, pelos dirigentes tunisianos. No momento em que o mundo "luta contra o terrorismo", esses se acomodam numa tendência geral à interpretação restritiva das implicações e coerções do estado de direito.

A coalizão dirigente abrange uma setorização das diferentes agências de poder e suas ramificações. Sustentada pela tecnicidade e pelo profissionalismo, a setorização contrasta com a antiga fórmula de confusão dos poderes e estruturas dominada por uma elite política polivalente. Onde havia confusão, o novo autoritarismo produziu multiplicação e especialização, sem que os poderes perdessem sua coesão. As elites setoriais dominantes constituem interfaces. Zelam pela impermeabilidade de seus respectivos setores e garantem sua interdependência. Não formam um *corpo* dirigente à maneira dos empresários políticos dos anos 1960, mas uma pluralidade de corpos especializados que mantêm relações hierarquizadas e, assim, formam um sistema. Seu conluio produz efeitos de consolidação de um conjunto complexo que se irradia do palácio presidencial segundo um duplo registro: burocrático e patrimonial. O conjunto, a rede de consolidação, mantém-se na medida em que cada corpo tira proveito da margem de ação que lhe é consentida em troca da lealdade ao líder e à sua emanação, o palácio presidencial. As transações conluiadas[38] abarcam um amplo espectro, desde alianças matrimoniais até práticas de corrupção, passando pelo mútuo reconhecimento dos interesses de cada um.

A combinação central da rede, comandada pelo palácio, é formada pelo aparelho de segurança, o Exército e o mundo dos negócios. A tríade reúne os principais recursos de infraestrutura do sistema. "Apolítica", aos olhos dos critérios comumente aceitos, constitui, no entanto, a trama do político, pois faz as vezes das forças dominantes da coalizão. Os outros setores, a saber, o partido (então União Constitucional Democrática), a oposição oficial e a central sindical (UGTT) inscrevem-se numa logística da representação despolitizada dos conflitos e interesses. Confinadas em seus respectivos setores, as elites partidárias e sindicais assumiram o papel de administradores sem poder sobre a determinação das orientações, assunto reservado ao palácio.

A rede de consolidação dos poderes encobre uma fragilidade intrínseca. Sua coesão está exposta ao risco do contágio de ações ou comportamentos indo na contramão das regras rotineiras de cálculo, o que é comprovado pelo temor excessivo sentido pelo centro político diante de toda manifestação de protesto, mesmo que se deva a poucos indivíduos ou a franco-atiradores. Os dirigentes temem a eventualidade de situações de "fluidez política",[39] conjunturas em que os pontos de referência seguros da ação são embaralhados pela "desobjetivação" das coerções que costumam delimitar, para cada indivíduo, o campo do possível e do aceitável. Nesse caso, a fluidez política teria implicações no agenciamento do dispositivo de poderes e na distribuição de papéis em seu interior. Mas nem por isso produziria automaticamente recursos de democratização.

A longevidade do autoritarismo remete, em larga medida, às modalidades de inserção no processo de globalização, na forma de uma nova "governança" centrada concomitantemente na liberalização da economia, na reforma das estruturas jurídicas e na promoção do "setor terciário". As relações com a União Europeia têm papel determinante na arquitetura desse dispositivo de conjunto.

A Tunísia foi o primeiro país mediterrâneo não membro a assinar um acordo de associação com a União Europeia[40] no âmbito da Parceria Euro-Mediterrânea (Processo de Barcelona). Assim como o Marrocos, havia muito tempo que estava engajada na cooperação com a Europa. Beneficiou-se de proteções no mercado europeu que orientaram seu modelo de desenvolvimento, baseado nas indústrias manufatureiras, e consolidou vínculos praticamente irreversíveis com a Europa.[41] A Parceria Euro-Mediterrânea oficializou a situação e reforçou seus traços em novo contexto, o da generalização do livre-comércio que se seguiu à conclusão dos acordos do Gatt (Acordo Geral de Tarifas e Comércio). Procede de uma iniciativa europeia que visa a garantir "paz, estabilidade e prosperidade" na bacia do Mediterrâneo. Aos países não membros da região, o acordo oferece um vetor de inserção na globalização, principalmente pelo estabelecimento de uma zona de livre-comércio em 2010, exceto para produtos agrícolas e a circulação de pessoas. Seu dispositivo, de acordo com o teor dos acordos e suas modalidades de aplicação, adapta-se à ortodoxia liberal do "consenso de Washington" e promove reformas em total harmonia com as intervenções do Banco Mundial. Sua estratégia implícita é: "Os mercados, agora; a democracia, depois."[42]

A parceria insere-se desde então na Política Europeia de Vizinhança (PEV), criada em 2004 como parte da ampliação da União Europeia para

25 países e na perspectiva de estabilizar seu território a médio prazo. A PEV diz respeito, mais precisamente, a dois conjuntos de países parceiros da União: por um lado, antigas repúblicas soviéticas[43] e, por outro, os Estados associados à União pela Parceria Euro-Mediterrânea, a saber, os países árabes do Mediterrâneo e Israel, nações para as quais a União promove uma "europeização" sem adesão, como modo de proteger e estabilizar a própria retaguarda. A ambiguidade da PEV é clara se levarmos em conta a heterogeneidade de situações e aspirações dos países a que se destina. Para uma antiga república soviética como a Ucrânia, que aspira a fazer parte da Europa, com o apoio de alguns Estados-membros (como a Polônia), a PEV aparece tanto como o menor dos males quanto como trampolim para a adesão, a despeito da atual doutrina da União. Em contrapartida, para a Tunísia — e os outros países árabes mediterrâneos — oferece novas oportunidades de cooperação e financiamentos que vêm reforçar o estatuto de parceiro externo. Apoia-se na negociação entre a União e cada um dos países envolvidos em um "plano de ação" que visa a implementar e financiar ações específicas. O plano de ação da Tunísia foi adotado em 2005[44] e entrou em "fase operacional" em 2006. Segundo esse procedimento, a PEV deveria ultrapassar os limites da Parceria Euro-Mediterrânea em matéria de democratização. Ela "estabelece objetivos ambiciosos, baseados na fidelidade, reciprocamente reconhecida, a valores comuns que incluem a democracia, o estado de direito, a boa governança, o respeito aos direitos humanos, os princípios da economia de mercado, o livre-comércio, o desenvolvimento sustentável, assim como a redução da pobreza e o fortalecimento das reformas políticas, econômicas, sociais e institucionais".[45] O "plano de ação" deveria instaurar condições positivas sob a forma de indicadores de desempenho (*benchmarks*). Contudo, as ações assim previstas são essencialmente de ordem econômica e legislativa. Nisso reside a ambiguidade da PEV. Enquanto, por definição, diz respeito a países que devem permanecer fora da União, ela se inspira nos "critérios de Copenhague", padrões estabelecidos pelo Conselho Europeu para a adesão de novos membros:[46] a existência de instituições estáveis que garantam a democracia, o estado de direito, os direitos humanos, o respeito pelas minorias e sua proteção; a existência de uma economia de mercado viável que assegure a capacidade de enfrentar as forças do mercado e a pressão da concorrência no interior da União.

Para a Tunísia, assim como para os outros países árabes mediterrâneos, não pode tratar-se de uma versão açucarada desses critérios, em razão das orientações contraditórias da União a esse respeito. A PEV postula um regime econômico liberal no qual a mobilidade do capital implicaria um rigoroso controle das migrações e um regime de direitos humanos dificilmente compatíveis com a obsessão por segurança. A União preocupa-se especialmente com a estabilidade política, principalmente por sua reticência com relação ao crescimento do islã político, por seus temores em face do terrorismo internacional e pela pressão migratória subsaariana no Magrebe, nova região de trânsito.[47] Preconiza o estado de direito, o respeito aos direitos humanos, o diálogo com a "sociedade civil" e a democracia, enquanto suas expectativas em matéria de segurança levam a reforçar a ideia de um "Estado transnacional de vigilância".[48]

A vinculação com a Europa oferece sem dúvida possibilidades de denunciar violações dos direitos humanos e, de maneira geral, limitações do pluralismo político. As próprias instituições da União Europeia se encarregam de divulgá-las. Mesmo que não se possa esperar uma condicionalidade política efetiva a médio prazo, as relações com a Europa impõem a referência, se não a efetivação da norma democrática; dessa maneira obrigam os governantes, tunisianos e europeus, a um exercício defensivo de justificativa e se prestam a "golpes" que podem perturbar o jogo da coalizão dirigente.

No entanto, é preciso que não se perca de vista as defasagens e contradições entre mercado, democracia e segurança, calcanhar de aquiles de uma grande Europa que clama bem alto seus valores e se propõe a difundi-los entre seus vizinhos. Sua zona de proximidade mediterrânea tende a representar uma espécie de "fronteira" com relação a questões de segurança e controle migratório dificilmente compatíveis com os postulados do livre-comércio e os objetivos da democratização. Seus dispositivos de "europeização *light*" relegam a Tunísia e os outros países da margem sul do Mediterrâneo ao estatuto de periferia, de subúrbio "quente" da Europa. A linha divisória entre democracias reais e autoritarismos está, por assim dizer, materializada, mas de tal modo que a segurança das primeiras implica acomodações propícias à longevidade das segundas. Mais do que nunca, separa o "bem" do "mal". Por ilusão de ótica, sua natureza é a de manter o efeito de um bolsão autoritário "árabe". Uma zona de sombra? Sem dúvida, mas contanto que isso signifique que o autoritarismo perdure na Tunísia e nos outros países árabes mediterrâneos à sombra da Europa.

Notas

1. SANTISO, Javier. "De la condition historique des transitologues en Amérique latine et en Europe Centrale et Orientale". *Revue Internationale de Politique Comparée*, Paris, vol. 3, 1, abril, pp. 41-68, 1996.
2. O vocábulo *Magrebe* designa o conjunto dos países da África do Norte, exceto o Egito. Como, em árabe, *Magrebe* designa apenas o Marrocos, recorre-se a adjetivos, "grande" (Magrebe) e/ou Magrebe "árabe", para marcar a diferença.
3. No sentido de *actually existing democracy*, segundo BOBBIO, Norberto. *The Future of Democracy: A Defense of Rules of the Game.* Ediçõa de Richard Bellamy. Minneapolis: University of Minnesota Press, 1987, p. 26.
4. NEUMANN, Franz L. "Notes on the Theory of Dictatorship". *In*: ——. *The Democratic and Authoritarian State. Essays in Political and Legal Theory.* Edição e prefácio de Herbert Marcuse. Nova York: The Free Press, 1957, pp. 233-256.
5. Abordagem contestável, na medida em que, é bom lembrar, tende a considerar o totalitarismo uma forma particular de autoritarismo.
6. No assunto, a referência incontornável continua sendo LINZ, Juan J. "Totalitarian and Authoritarian Regimes", *In*: GREESTEIN, F.I.; POLSBY, N.W. (orgs.). *Handbook of Political Science.* Vol. 3. Reading: Addison-Wesley, 1975, pp. 175-411; LINZ, Juan J. *Totalitarian and Authoritarian Regimes.* Boulder: Lynne Rienner Publishers, 2000.
7. TSCHIRGI, Dan. "The Arab World and the Rest of the World". *In*: —— (ed.). *The Arab World Today.* Boulder: Lynne Rienner Publishers, 1994, pp. 245-264.
8. SHARABI, Hisham, *Neopatriarchy. A Theory of Distorted Change in Arab Society.* Oxford: Oxford University Press, 1988.
9. HAMMOUDI, Abdellah. *Maîtres et disciples. Genèse et fondements des pouvoirs autoritaires dans les sociétés arabes. Essai d'anthropologie politique.* Paris: Maisonneuve; Larose; Rabat: Éditions Toubkal, 2001.
10. BOUHDIBA, Abdelwalab. "L'enfant et la mère dans la société arabo-musulmane". *In*: ——. *Culture et Société.* Túnis: Publications de l'Université de Tunis, 1978, pp. 53-71.

11. *Idem.*
12. BCHIR, Badra; ZGHAL, Riadh. "Les jeunes et le temps libre: reproduction ou transformation de la Société". *Jeunesse et Changement social, Cahiers du Ceres.* Túnis, série sociologique, 10, pp. 235-254, 1984.
13. BAHRI, Hajer; CAMAU, Michel; ZAÏEM, Hédi. *État de Santé, Besoin médical et enjeux politiques en Tunisie.* Paris: CNRS, 1990.
14. ZGHAL, Abdelkader. *Chronique d'une émeute urbaine*, texto inédito, 1984.
15. A Tunísia figura entre os países árabes mais avançados em matéria de baixa da fecundidade e taxa de escolarização feminina.
16. FARGUES, Philippe. "Explosion démographique ou rupture sociale?". *In*: SALAME, G. (dir.). *Démocraties sans démocrates. Politiques d'ouverture dans le monde arabe et islamique.* Paris: Fayard, *Machrek*, Paris, 171-172, jan.-jun., 2001, pp. 3-11.
17. FARGUES, Philippe. *Op. cit.*, 2001.
18. O islã místico é, em geral, designado pelo termo "sufismo".
19. "Literalmente 'bênção', concebida muitas vezes como uma espécie de fluido, eflúvio mágico benéfico de que dispõem as personalidades especialmente santas ou os lugares e objetos especialmente sagrados" (RODINSON, Máxime. *Mahomet*, Paris, 1961, p. 359).
20. GELLNER, Ernest, *Muslim Society.* Cambridge: Cambridge University Press, 1981.
21. No Magrebe, o vocábulo *marabutismo* tende a designar também o *confrarismo*, embora os dois fenômenos sejam teoricamente distintos, uma vez que, *stricto sensu*, a palavra abrange o culto dos santos. De fato, *marabu*, na origem, denominava o religioso de um convento fortificado e, hoje, designa o santo e seu santuário. A confraria é uma organização cujos adeptos alegam seguir uma via ascético-mística (uma *tariqa*) e cujas múltiplas ramificações transcendem as fronteiras. O termo *zauia*, por sua vez, designa um recinto formado por um mausoléu, uma escola e locais destinados a atividades de caridade. As *zauias* costumam ser afiliadas a uma confraria.
22. *Destour* significa "constituição". A denominação "neo-Destour" designa o partido oriundo de uma cisão, em 1934, do "Partido Liberal-Constitucional", comumente chamado "o Destour".
23. MELLITI, Imed. "Espace liturgique et formes d'autorité chez les femmes Tijaniyya de Tunis". *In*: KERROU, M. (org.). *L'autorité des saints. Perspectives historiques et socio-anthropologiques en Méditerranée occidentale.* Paris: Éditions Recherches sur les Civilisations, 1998, pp. 133-149.
24. KHALSI, Salem. "Pouvoir et société dans le Tiers Monde, la Tunisie bourguibienne". *Esprit,* Paris, 12, dezembro de 1973, pp. 836-859.

25. LECA, Jean; SCHEMEIL, Yves. "Clientélisme et patrimonialisme dans le monde arabe". *International Political Science Review*, Berkeley, 4, outubro de 1983, pp. 455-494.
26. GREEN, Jerrold D. "Are Arab Politics Still Arab?". *World Politics*, Baltimore, 38, 4 de julho de 1986, pp. 611-625.
27. UNDP. *Arab Human Development 2002. Creating Opportunities for Future Generations*, 2002. Acessado em: http://www.undp.org/arabstates/ahdr2002.shtml. UNDP. *Arab Human Development Report 2004*. Acessado em: http://www.undp.org/arabstates/ahdr2004.shtml.
28. ROBERTSON, Graeme B.; STEPAN, Alfred. "An 'Arab' more than 'Muslim' Electoral Gap". *Journal of Democracy*, Washington. 3, julho de 2003, pp. 30-44.
29. PRIPSTEIN POSUSNEY, Marsha, "The Middle East's Democracy Deficit in Comparative Perspective". *In*: PENNER ANGRIST, M.; PRIPSTEIN POSSUSNEY, M. (eds.). *Anthoritarianism in the Middle East. Regimes and Resistance.* Boulder: Lynne Rienner Publishers, 2005, pp. 1-18.
30. LENCLUD, Gerard. "L'universel et le relatif". *Terrain*, Paris, 17, outubro de 1991, pp. 53-62.
31. HODGSON, Marshall G.S. *The Venture of Islam, Conscience and History in a World Civilization*, vol. III. *The Gunpowder Empires and Modern Times.* Chicago: The University of Chicago Press, 1974.
32. *Idem.*
33. HERMASSI, Elbaki. *Leadership and National Development in North Africa. A Comparative Study.* Berkeley: University of California Press, 1972.
34. Sobre o tríptico *regime-coalizão-policies*, cf. COLLIER, David. "Overview of the Bureaucratic-Authoritarian Model". *In*: ——. (ed.) *The New Authoritarianism in Latin America.* Princeton: Princeton University Press, 1979, pp. 19-32.
35. Fórmula usada por A. GRAMSCI para os chefes sindicais "transformados em banqueiros de homens em regime de monopólio" (GRAMSCI, Antonio. *Écrits Politiques.* Tomo II. Paris: Gallimard, 1974, p. 85) e retomada em BOURDIEU, Pierre, "La représentation politique. Éléments pour une théorie du champ politique". *Actes de la recherche en sciences sociales*, Paris, 36-37, fevereiro-março, 1981, pp. 3-24.
36. HENRY MOORE, Clement. "De Bourguiba à Ben Ali: modernisation e dictature éducative". *In:* CAMAU, M.; GEISSER, V. (dir.). *Habib Bourguiba, la trace et l'héritage.* Paris: Karthala, 2004, pp. 193-208.
37. MICAUD, Charles A. "Leadership and Development. The Case of Tunisia". *Comparative Politics,* Nova York, I, julho, 1969, pp. 468-484.
38. DOBRY, Michel. *Sociologie des crises publiques. La dynamique des mobilisations multisectorielles.* Paris: Presses de Sciences Po, 1986.
39. *Idem.*

40. Assinado em julho de 1995, o acordo entrou em vigor em março de 1998.
41. Com relação à estrutura do comércio exterior da Tunísia — e dos outros países do Magrebe — a Europa representa dois terços e três quartos das importações e exportações, respectivamente.
42. HEYDEMANN, Steve. "Middle East Studies After, 9/11. Defending the Discipline". *Journal of Democracy*, Washington, 3, julho, 2002, pp. 102-108.
43. Ucrânia, Moldávia, Geórgia, Armênia e Azerbaijão.
44. Como os de Marrocos, Jordânia, territórios palestinos e Israel, além dos da Ucrânia e da Moldávia.
45. Comissão das Comunidades Europeias, *Proposition de décisions du Conseil, 9/12/04, Annexe — Plan d'action EU/Tunisie*, p. 7. Cf. também Comissão das Comunidades Europeias. *Document de travail des services de la Commission. Politique européenne de voisinage. Rapport sur la Tunisie, 12/05/04;* Comissão das Comunidades Europeias, *Document de travail des services de la Commission. Rapport de suivi P.E.V;* Relatório de acompanhamento. *Tunisie*, Bruxelas, 4/12/06.
46. Conselho Europeu de Copenhague (1993) e Madri (1995).
47. A respeito da questão migratória, a Comissão Europeia adotou, em 2004, o programa Aeneas (assistência financeira e técnica em favor dos países não membros no campo da imigração e do asilo), que dispôs de 120 milhões de euros para os anos de 2004-2006. A quarta parcela dessas verbas foi alocada para a área árabe mediterrânea, sendo o eixo de intervenção do programa "o Magrebe e a Líbia". O Magrebe tornou-se região de trânsito de migrantes vindos da África subsaariana, à razão de cem mil pessoas por ano. Cf. Comissão Europeia, *Programa de trabalho anual 2005 em matéria de subvenções em virtude do artigo 19 02 03 do orçamento da União Europeia; Documento de referência relativo à assistência financeira e técnica em favor dos países não membros no tocante à migração e ao asilo. Programa Aeneas 2004-2006.*
48. BECK, Ulrich. *Pouvoir et contre-pouvoir à l'heure de la mondialisation.* Paris: Flammarion, 2003.

Bibliografia

BAHRI, Hajer; CAMAU, Michel; ZAÏEM, Hédi. *Etat de Santé, Besoin medical et enjeux politiques en Tunisie.* Paris: CNRS, 1990.

BECK, Ulrich. *Pouvoir et contre-pouvoir à l'heure de la mondialisation.* Paris: Flammarion, 2003.

BCHIR, Badra; ZGHAL, Riadh. "Les jeunes et le temps libre: reproduction ou transformation de la société". *Jeunesse et Changement Social, Cahiers du Ceres.* Túnis, série sociologique, 10, pp. 235-254, 1984.

BOBBIO, Norberto. *The Future of Democracy: A Defense of the Rules of the Game.* Edição e introdução Richard Bellamy. Minneapolis: University of Minnesota Press, 1987.

BOUHDIBA, Abdelwahab. "L'enfant et la mère dans la société arabo-musulmane". *In*: ——. *Culture et société.* Túnis: Publications de l'Université de Túnis, 1978, pp. 53-71.

BOURDIEU, Pierre, "La représentation politique. Eléments pour une histoire du champ politique". *Actes de la recherche en sciences sociales,* Paris, 36-37, fev.-mar., 1981, pp. 3-24.

CAMAU, Michel. "La transitologie à l'épreuve du Moyen-Orient et de l'Afrique du Nord". *Annuaire de l'Afrique du Nord*, Paris, XXXVIII, 1999, pp. 3-9.

——. "Remarques sur la consolidation autoritaire et ses limites". *In*: BOUTALEB, A.; FERRIE, J.N.; REY, B. (dirs.). *L'autoritarisme dans le monde árabe.* Le Caire: Cedej, 2005, pp. 9-58.

——. "L'exception autoritaire ou l'improbable point d'Archimède de la politique dans le monde arabe". *In*: PICARD, E. (dir.). *La politique dans le monde arabe.* Paris: Armand Colin, 2006, pp. 29-54.

——. "Globalisation démocratique et exception autoritaire arabe". *Critique Internationale*, Paris, 30, jan.-mar., 2006, pp. 61-81.

——. GEISSER, Vincent. *Le syndrome autoritaire. Politique em Tunisie de Bourguiba à Ben Ali.* Paris: Presses de Sciences Po, 2003.

COLLIER, David. "Overview of Bureaucratic-Authoritarian Model". *In*: ——. (ed.). *The New Authoritarianism in Latin America.* Princeton: Princeton University Press, 1979, pp. 19-32.

DOBRY, Michel. *Sociologie des crises politiques. La dynamique des mobilisations multisectorielles.* Paris: Presses de Sciences Po, 1986.

FARGUES, Philippe. "Explosion démographique ou rupture sociale?". *In*: SALAME, G. (dir.). *Démocraties sans democrates. Politiques d'ouverture dans le monde arabe et islamique.* Paris: Fayard, 1994, pp. 163-197.

FARGUES, Philippe. "La génération du changement". *Monde Arabe Magrebe—Machrek,* Paris, 171-172, jan.-jun., 2001, pp. 3-11.

GELLNER, Ernest, *Muslim Society.* Cambridge: Cambridge University Press, 1981.

GRAMSCI, Antonio. *Ecrits Politiques.* Tomo II. Paris: Gallimard, 1974.

GREEN, Jerrold D. "Are Arab Politics Still Arab?" *World Politics,* Baltimore, 38, 4 de julho de 1986, pp. 611-625.

HAMMOUDI, Abdellah. *Maîtres et disciples. Génèse et fondements des pouvoirs autoritaires dans les sociétés arabes. Essai d'anthropologie politique.* Paris: Maisonneuve; Larose; Rabat: Editions Toubkal, 2001. Version complétée de *Moroccan Authoritarianism.* Chicago: University of Chicago Press, 1997.

HENRY MOORE, Clement. "De Bourguiba à Ben Ali: modernisation et dictature éducative". *In*: CAMAU, M.; GEISSER, V. (dirs.). *Habib Bourguiba, la trace et l'héritage.* Paris: Karthala, 2004, pp. 193-208.

HERMASSI, Elbaki. *Leadership and National Development in North Africa. A Comparative Study.* Berkeley: University of California Press, 1972.

HEYDEMANN, Steve. "Middle East Studies After 9/11. Defending the Discipline". *Journal of Democracy*, Washington, 3, julho, 2002, pp. 102-108.

HODGSON, Marshall G.S. *The Venture of Islam, Conscience, and History in a World Civilization*, vol. III, *The Gunpowder Empires and Modern Times*. Chicago: The University of Chicago Press, 1974.

KHALSI, Salem. "Pouvoir et société dans le Tiers Monde, la Tunisie bourguibienne". *Esprit*, Paris, 12, dezembro, 1973, pp. 836-859.

LECA, Jean; SCHEMEIL, Yves. "Clientélisme et patrimonialisme dans le Monde arabe". *International Political Science Review*, Berkeley, 4, outubro de 1983, pp. 455-494.

LENCLUD, Gérard. "L'universel et le relatif". *Terrain*, Paris, 17, outubro de 1991, pp. 53-62.

LINZ, Juan J. "Totalitarian and Authoritarian Regimes". *In*: GREENSTEIN, F.I.; POLSBY, N.W. (eds.). *Handbook of Political Science.* Vol. 3. Reading: Addison-Wesley, 1975, pp. 175-411. Nova edição com introdução ampliada: LINZ, Juan J. *Totalitarian and Authoritarian Regimes.* BOULDER: Lynne Rienner Publishers, 2000.

MELLITI, Imed. "Espace liturgique et formes d'autorité chez les femmes Tijaniyya de Tunis". *In*: KERROU, M. (ed.). *L'autorité des saints. Perspectives historiques et socio-anthropologiques em Méditerrannée occidentale.* Paris: Editions Recherches sur les Civilisations, 1998, pp. 133-149.

MICAUD, Charles A. "Leadership and Development. The Case of Tunisia". *Comparative Politics*, Nova York, julho de 1969, pp. 468-484.

NEUMANN, Franz L. "Notes on the Theory of Dictatorship". *In* ——. *The Democratic and Authoritarian State. Essays in Political and Legal Theory.* Edição e prefácio de Herbert Marcuse. Nova York: The Free Press, 1957, pp. 233-256.

PRIPSTEIN POSUSNEY, Marsha, "The Middle East's Democracy Deficit in Comparative Perspective". *In*: PENNER ANGRIST, M.; PRIPSTEIN POSUSNEY, M. (eds.). *Authoritarianism in the Middle East. Regimes and Resistance.* Boulder: Lynne Rienner Publishers, 2005, pp. 1-18.

ROBERTSON, Graeme; STEPAN, Alfred. "An 'Arab' more than 'Muslim' Electoral Gap", *Journal of Democracy*, Washington, 3, julho de 2003, pp. 30-44.

——. "Arab not Muslim Exceptionalism". *Journal of Democracy*, Washington, 4, outubro de 2004, pp. 140-146.

RODINSON, Maxime. *Mahomet.* Paris: Seuil, 1961.

SANTISO, Javier. "De la condition historique des transitologies en Amérique latine et en Europe Centrale et Orientale". *Revue Internationale de Politique Comparée*, Paris, vol. 3, 1, abril, pp. 41-68, 1996.

SHARABI, Hisham. *Neopatriarchy. A Theory of Distoed Change in Arab Society.* Oxford: Oxford University Press, 1988.

TSCHIRGI, Dan. *The Arab World Today*. Boulder: Lynne Rienner Publishers, 1994, pp. 245-264.

UNDP. *Arab Human Development Report 2002. Creating opportunities for Future Generations,* 2002. Acessado em http://www.undp.org/arabstates/ahdr2002.shtml.

——. *Arab Human Development Report 2004.* Acessado em http://www.undp.org/arabstates/ahdr2004.shtml.

ZGHAL, Abdelkader. *Chronique d'une émeute urbaine*, note inédite, 1984.

CAPÍTULO 3

Economia política da repressão: o caso da Tunísia*

Béatrice Hibou**

Tradução de Vera Gertel

*Agradecemos à autora e ao editor a autorização para publicação no Brasil do artigo "Économie politique de la répression. Le cas de La Tunise", publicado em *Raisons politiques. Estudes de pensée politique*. Paris, 2005/4 (n. 20). Agradecemos a Jean-François Bayart a indicação do texto de Béatrice Hibou.

**Pesquisadora do CNRS-CERI. Autora de *La force de l'obéissance. Economie politique de la répression en Tunisie*. Paris: La Découverte, 2006, e organizadora de *Privatizing the State*. Londres: Hurst; Nova York: Columbia University Press, 2004 (edição francesa *La privatisation de l'Etat*. Paris: Karthala, 1999).

No cruzamento de duas tradições intelectuais (a economia política weberiana e a análise foucaultiana do exercício do poder e da dominação), o presente artigo pretende sugerir que as engrenagens econômicas instituem também as relações de poder que autorizam a dominação e, às vezes, a repressão. A partir de um lugar determinado (a Tunísia) e de uma situação concreta (a modernização* da indústria), pretende demonstrar que os mecanismos de controle do conjunto da população ancoram-se nas relações de poder mais banais e que tais práticas podem tanto servir à coerção, ou até a repressão, quanto permitir a realização do "milagre econômico".

A Tunísia foi o assunto, nos últimos anos, de muitas avaliações, frequentemente parciais,** mas informativas. A multiplicidade dos textos pode, todavia, se resumir na expressão de duas grandes tradições de interpretação: "A Tunísia de Ben Ali" e "A Tunísia econômica e política".

"A Tunísia de Ben Ali": por essa expressão, gostaria de restituir uma primeira corrente de análises de ciências políticas ou de economia política, assim como obras ou posições partidárias. Esses trabalhos têm três características em comum: 1) o homem forte, o sultão ou ainda o chefe está no centro da análise política; 2) consequentemente, as relações de poder são analisadas como relações do proprietário com seus bens; 3) em uma perspectiva muito global, nunca entra nos detalhes ou na descrição dos mecanismos próprios ao exercício do poder. Trata-se de trabalhos puramente políticos, que centram suas análises no "regime autoritário" como ditadura

*No original, *la mise à niveau*, aqui traduzido por "modernização". (*N. das O.*)
**Refere-se à parcialidade condicionada pela opção político-partidária. (*N. das O.*)

na qual o chefe de Estado controlaria todos os mecanismos policiais e repressivos;[1] de estudos de economia política liberal do autoritarismo desenvolvendo raciocínios relativamente funcionalistas sobre o papel da economia no regime;[2] ou ainda de escritos engajados de militantes dos direitos humanos e de associações humanitárias que destacam a importância da polícia e da repressão institucional, a ausência de liberdade de expressão,[3] ou, ao contrário, de bajuladores do regime que atribuem os desempenhos econômicos, sociais e políticos da Tunísia ao presidente Ben Ali em pessoa.[4]

"A Tunísia econômica e política": essa segunda expressão pretende ressaltar a ruptura, mais ou menos nítida segundo os autores, das esferas econômica, social e política. Esses trabalhos têm igualmente em comum a valorização dos resultados econômicos e, às vezes, políticos ou sociais, geralmente em termos de sucesso ou fracasso, sem se deter nos processos, no funcionamento das relações de poder e nos detalhes das engrenagens que permitem atingir tal ou qual resultado. Essas obras são às vezes trabalhos de cientistas políticos[5] que consideram apenas de maneira marginal as engrenagens econômicas, e mesmo sociais, ou de *political economists*,*[6] que veem o campo político, em geral, como exógeno e só raramente entram nas dinâmicas dos jogos de poder. Mas a maioria desses textos é de observadores mais engajados, cujas posições podem variar do apoio incondicional às críticas mais ácidas.[7]

Não cabe, aqui, deter-se no cenário geral: como bem sabemos, a Tunísia é um regime autoritário caracterizado por violações permanentes dos direitos humanos, o amordaçamento da imprensa e a ausência total de liberdade de expressão, mas simultaneamente, também, por um funcionamento econômico e social que permitiu, até hoje, um crescimento real e um desenvolvimento significativo. Essa constatação, todavia, nada diz, ou quase, sobre o exercício do poder em si na Tunísia.

*No original, em inglês, economistas políticos. (*N. das O.*)

O SONHO POLÍTICO DA PESTE NUMA SITUAÇÃO CONCRETA

O objeto do meu questionamento é exatamente superar esses obstáculos, centrando a pesquisa na seguinte contradição aparente: não computar os erros, as ingenuidades, os preconceitos e as abordagens morais dos trabalhos citados anteriormente, mas, por meio de uma ótica foucaultiana, identificar, a partir de situações concretas localizadas, os mecanismos de exercício do poder, as bases socioeconômicas sobre as quais se fundamenta, evidenciar suas técnicas, seus procedimentos e os processos de saber que caracterizam a política na Tunísia nos dias de hoje. E, numa tradição weberiana, tento estar atenta à plasticidade das formas sociais — que proíbe o prejulgamento das conexões entre variáveis —, bem como à diversidade e à multiplicidade dos agenciamentos.[8] Como foi demonstrado há muito tempo: nenhum governo é exclusivamente fundado na violência e na repressão, pois mesmo as formas mais consumadas de totalitarismo e o sistema autoritário, ou mesmo totalitário, funcionam muito além da mecânica do aparelho policial.[9] Com este trabalho, gostaria de sugerir que as engrenagens econômicas também fundam as relações de poder que autorizam a dominação.

A partir das mesmas constatações sobre a aparente contradição entre "economia" e "política", minhas pesquisas sobre a Tunísia conduzem a outra leitura: os próprios mecanismos ressaltados pelo "regime" ou pelas agências financiadoras para louvar a capacidade de adaptação e de reforma da sociedade tunisiana, assim como a "inteligência econômica e social do regime", constituem, juntos, as engrenagens fundamentais do sistema de dominação. Obviamente, a polícia e suas técnicas de repressão *stricto sensu* (prisões, torturas, proibição de reuniões, perseguição dos oponentes etc.) desempenham um papel indiscutível na vida política tunisiana. Não se trata de subestimar a parte de violência, medo e desconfiança generalizada que acarretam. Mas esses procedimentos apenas atingem os militantes ativos e, no caso dos islamistas, os seus próximos, o que não basta, apesar do impacto que pode provocar nos espíritos, para caracterizar as modalidades de exercício do poder. Por outro lado, as páginas que seguem pretendem demonstrar que os mecanismos de controle do conjunto da população tunisiana ancoram-se nas relações de poder mais banais. A vigilância e a normalização passam antes de tudo por atividades e comportamentos econômicos e sociais inscritos, por sua vez, em relações de força internas à sociedade, no seio de lutas disseminadas nessa. Mas essas práticas podem servir tanto à coerção, e até mesmo à repressão, quanto permitir que o "milagre econômico" se realize. Autorizam o exercício de uma punição e de uma gratificação, mas garantem igualmente uma segurança econômica e social. Participam do paternalismo e do controle social e permitem simultaneamente controle e ascensão social, vigilância e criação de riqueza. É também por isso que não se trata fundamentalmente de repressão e que se há dominação, ela é muitas vezes aceita.

Uma situação concreta reorientou minha pesquisa ao me mostrar ser impossível separar a repressão e o controle político das práticas econômicas e sociais mais banais, pois, de fato, inscrevem-se num *continuum*. Estou falando da repressão contra os islamistas, que cresceu até se tornar feroz, após o relativo sucesso desses últimos nas eleições de 1989. Alguns documentos já revelaram as condições desumanas a que foram submetidos os militantes do MTI,[10] que se tornou mais tarde *Ennahda*,[11] e que alguns deles ainda sofrem:[12] prisões em condições violentas; maus-tratos e torturas que provocaram até falecimento das vítimas; restrição do direito de visita e do direito de *couffin* (alimentos e roupas levados pela família) e isolamento extremo, podendo durar anos; superpopulação carcerária; ausência de cama e de espaço para se deitar e privação de sono; subalimentação e falta de água; higiene insuficiente, propagação de doenças e negligência, e mesmo falta de acompanhamento médico e, às vezes, até privação de cuidados; desenvolvimento de toxicomania, de uso de psicotrópicos e neurolépticos: trabalho em condições de escravidão; impossibilidade de orar; revistas sistemáticas e humilhantes; violências psíquicas e tratamentos cruéis e degradantes, agressões sexuais e estupros... Faz-se de tudo para aniquilar e desumanizar os seres humanos, como atesta o número de greves de fome, suicídios ou tentativas de suicídio.[13] As condições desumanas dos prisioneiros políticos, assim como as dos presos comuns, também submetidos a esses tratamentos degradantes e humilhantes, sugerem que a prisão e o tratamento policial dos problemas sociais fazem parte do modo de governar em si, ao mesmo título que a busca da ordem pública por meio de atentado à vida privada e ao mais íntimo do indivíduo.[14]

Em contrapartida, muito pouco foi escrito sobre as condições de vida dos ex-detentos políticos após saírem do meio carcerário.[15] Na perspectiva deste trabalho, as práticas discriminatórias que sofrem são tão dignas de interesse quanto reveladoras das modalidades disciplinares e normalizadoras do exercício do poder na Tunísia. Mostram, em particular, a mistura do "público" com o "privado", o processo de criminalização de toda atividade política não autorizada pelo poder central[16] e o papel capital das engrenagens econômicas no exercício da dominação e até da repressão. As práticas discriminatórias sofridas são vivenciadas como ainda mais difíceis do que a prisão. O controle administrativo obriga os ex-prisioneiros políticos a se apresentarem a uma delegacia de polícia — que pode ser afastada de seu domicílio — várias vezes ao dia, o que, concretamente, os impede de encontrar um emprego e ter um mínimo de vida social. Quando se veem livres do controle administrativo, encontram as mesmas dificuldades para trabalhar e inserir-se de novo na sociedade; os que eram funcionários públicos são demitidos; os donos das empresas privadas onde eram empregados ou os que se disporiam a empregá-los sofrem pressões e ameaças (chantagem relativa à fiscalização de impostos ou principalmente da Previdência Social) que os dissuadem definitivamente; os ex-detentos que tentam empreender uma atividade independente são assediados pelo Fisco, a polícia municipal ou qualquer outro representante da administração. Além disso, as mulheres dos detentos podem ser obrigadas a se divorciar, e as famílias e os próximos, obrigados a deixar de ajudá-los (pela violência em incursões policiais nas casas ou por uma chantagem envolvendo, por exemplo, seu emprego ou os benefícios sociais). As carteiras de contribuição social dos ex-detentos podem ser destruídas, impedindo assim o acesso ao atendimento médico. Os estudantes não podem se inscrever em universidades nem sair do país para continuar os estudos etc. Após ter conhecido de perto a morte física, conhecem fora da prisão o que eles mesmos chamam de "morte social", ainda mais insuportável. Esse exemplo dramático sugere que, também nesse caso, os mecanismos de controle e de dominação absoluta transitam essencialmente por artifícios econômicos e sociais, e não por intervenções diretas da polícia. A ambição é um efeito de normalização, não uma exclusão definitiva: se consentirem em respeitar as regras e normas do sistema político dominante — isto é, concretamente, renunciar ao islamismo político e a qualquer crítica ao regime —, esses ex-islamistas e ex-detentos políticos são então reintegrados à vida econômica e social.

O exemplo pode ser estudado segundo a configuração clássica da inclusão, que Michel Foucault analisou de maneira tão brilhante quanto expressiva por meio do "modelo da peste". Esse se caracteriza por tecnologias positivas do poder, como a inclusão, a observação, a formação de saber, a multiplicação dos efeitos de poder a partir da soma da observação e do saber:[17] "A peste é o momento em que o enquadramento de uma população é levado ao ponto extremo, em que nada das comunicações perigosas, das comunidades confusas, dos contatos proibidos pode acontecer. O momento da peste é o do enquadramento exaustivo de uma população por um poder político, cujas ramificações capilares atingem sem cessar o próprio âmago dos indivíduos, seu tempo, seu hábitat, sua localização e seu corpo."[18]

MECANISMOS E PROCEDIMENTOS GERAIS DE CONTROLE, DOMINAÇÃO E... REPRESSÃO

Não é possível compreender a especificidade do exercício do poder na Tunísia sem entrar nos detalhes, nas pequenas coisas da vida cotidiana, nos procedimentos e técnicas de poder e sujeição, inclusive e mesmo principalmente, nos campos econômicos e sociais, sem observar o *continuum* das relações de poder que vão das grandes estratégias globais e grandes máquinas do aparelho estatal, a começar pela polícia, até as táticas mais infinitesimais para atingir "o âmago da individualidade".[19]

"O que pesa sobre nós é ao mesmo tempo o que nos protege", me dizia um empresário tunisiano, em uma entrevista, enquanto outro confirmava: "O sistema que controla é o que dá." Essas expressões, como outras ainda mais radicais ("a economia do país é uma renda pública para o regime"), revelam uma concepção voluntarista do "regime Ben Ali" e a representação de um presidente demiurgo e onipotente. O que dizem, por meio dessas fórmulas, os atores econômicos? Incontestavelmente, o empresário sente o peso da restrição do sistema político e, ao menos em alguns momentos, percebe efetivamente esse como um sistema de observação e controle. Entretanto, esse mesmo empresário será o primeiro a afirmar, e não só pela interiorização da coerção e do politicamente correto, que "deve ao 'regime'" a paz social e a estabilidade geopolítica e que as restrições são, por assim dizer, "compensadas" por uma série de benefícios, como a proteção dos mercados ou obtenção de exonerações fiscais, isenções administrativas e vantagens diversas, favoráveis à saúde financeira da empresa... E, mais ainda, à sua. Da mesma maneira, um indivíduo pode considerar que "o 'regime' pode me levar à fome", sugerindo assim a imiscuição — amplamente considerada hostil — do político em sua vida cotidiana. Mas, simultaneamente, vai reconhecer uma legitimidade incontestável do governo e mesmo do "regime" por sua capacidade de "oferecer um modo de vida", um bem-estar relativamente mais elevado do que em outros lugares, um nível de consumo em evolução e uma estabilidade social garantida.[20]

Aderir a essa interpretação em termos de compensação, de contrapartida inelutável e de maquinação governamental conscientemente pensada levaria a reduzir o político ao "regime", a um bem e a uma troca de satisfações. Entretanto, a crítica dessa visão não deve levar a silenciar ou a negligenciar o que dizem os atores. Todos, empresários, funcionários públicos, consumidores, artesãos e comerciantes afirmam assim algo fundamental: os mecanismos administrativos, econômicos e sociais são por natureza ambivalentes e ambíguos, permitindo, simultaneamente, controle e margem de manobra, dominação e resistência, restrições e oportunidades econômicas, custos e vantagens financeiras... Em outras palavras, tanto os atores econômicos quanto os indivíduos suportam o poder disciplinar e policial do sistema político tunisiano, mas o reconduzem, alimentando essa lógica de negociações, a arranjos e acomodações. O exemplo da "modernização" permite que se entre nas minúcias dos meandros de relações econômicas decididamente muito políticas.

O IDEAL PANÓPTICO DA MODERNIZAÇÃO

O programa de "modernização" é o símbolo do voluntarismo estatal, da modernização e da abertura econômica. O projeto se encerrava oficialmente em 2001, mas se perpetua, se reorientando para as Pequena e Média Empresas da Comissão Europeia da União Europeia (PME). Os resultados desse programa estão longe de ser desonrosos e a Tunísia mantém, na região, uma economia relativamente dinâmica. As agências financiadoras ressaltam o voluntarismo e a determinação do governo, enquanto os tunisianos enfatizam a amplitude dos investimentos e da modernização industrial realizada no âmbito do projeto. Porém é surpreendente que esse programa seja considerado um sucesso. Em 2004, falar de modificações dos comportamentos empresariais, de modernização das modalidades de financiamento e melhoria dos desempenhos industriais é abusivo. Desde o início do programa, a economia tunisiana não subiu extraordinariamente na hierarquia internacional das especializações; as principais atividades que geram divisas permanecem sendo o turismo, a indústria têxtil e a mecânica. O país não conseguiu se sobressair em tecnologias modernas, em bens de consumo corrente ou na economia de comunicação.[21]

O setor têxtil — vestuário — encontra-se hoje em grande dificuldade, embora as empresas desse setor representem a maior parte das empresas modernizadas. Todos os relatórios ressaltam a ausência de evolução significativa do modelo de produção desde 1977. E, apesar do programa, o setor não se diversificou, seu nível não se elevou, nem houve intensificação de capital e os nichos selecionados como promissores (mais avançados, *chaîne d'ordre courte*...) foram pouco explorados.[22]

Diante disso, parece que devemos procurar outras razões que justifiquem a apreciação positiva. A sociologia histórica da economia permite compreender esse aparente paradoxo: a modernização é menos uma política econômica, uma estratégia de adaptação ao livre-comércio, do que uma técnica disciplinadora, um procedimento supostamente capaz de inspecionar, registrar e avaliar permanentemente, uma espécie de *Panopticon* (Bentham) da regulamentação industrial e empresarial. As páginas adiante pretendem mostrar que a força do reformismo reside nessa capacidade de sintetizar e incluir por meio do controle.

A racionalidade econômica da modernização

A "modernização" é uma política industrial destinada a ajudar as empresas a enfrentarem a concorrência internacional.[23] Com essa finalidade, o governo implantou um dispositivo muito estruturado, no Ministério da Indústria: o Escritório da Modernização estabelece conceitos e coordena as ações em favor das empresas e a Agência de Promoção da Indústria (API) implementa concretamente os dispositivos de modernização e, principalmente, a adaptação às novas normas europeias. Após um diagnóstico apontando seus pontos fracos, as empresas são cadastradas por uma instância, o Copil (Comitê de Supervisão)*. Os diagnósticos são feitos por escritórios de estudos tunisianos, associados ou não a escritórios europeus. Entre 1996 e 2001, o objetivo do dispositivo era treinar duas mil empresas para a modernização, ou seja, um ritmo anual de 400 por ano: o Estado subvencionava 70% do montante dos diagnósticos e 10% (ou 20% para as empresas instaladas no interior do país) dos investimentos materiais.[24] As modalidades de financiamento evoluíram com o tempo: em 1996, as empresas deviam arcar com a totalidade das despesas de estudos e esperar pelo reembolso do Estado. A partir de 1998, no entanto, diante da reticência dos empresários a se engajar no programa, as empresas conseguiram passar a desembolsar apenas a sua parte, ou seja, 30% do valor do diagnóstico, enquanto os 70% subvencionados pelo Estado eram repassados diretamente ao escritório de estudos selecionado. Entre 1996 e 2001, 1.062 empresas das duas mil previstas foram "atualizadas", isto é, uma taxa de realização de 53%. Segundo as pesquisas de acompanhamento, essas empresas investiram maciçamente dois bilhões de dinares tunisianos — soma significativa do ponto de vista macroeconômico — graças a subvenções também significativas de 275 milhões de dinares tunisianos, ou seja, 13,5% dos investimentos empreendidos. Esse último montante seria equivalente, em média para os anos 1996-2000, a 40% do investimento industrial privado, segundo uma definição ampla do setor "privado", que, nesse caso, inclui empresas públi-

*No original, *Comité de Pilotage*. (*N. das O.*)

cas dos setores competitivos. Em março de 2004, data da última publicação estatística, 2.906 empresas haviam aderido ao programa, 1.729 das quais haviam obtido a aprovação de seu dossiê para um total de investimento previsto (e não realizado) de 2.693 bilhões de dinares tunisianos e subvenções de 384 milhões.

Essa política produziu efeitos econômicos positivos, uma vez que os investimentos contribuíram para o crescimento e permitiram aumentar o emprego, as exportações e os desempenhos econômicos em geral. Em compensação, é mais difícil avaliar a eficiência da alocação dos recursos subvencionados, principalmente na ausência de estudos comparativos.[25] Como indica sua reorientação em 2001 para as PME, o programa de modernização privilegiara primeiramente as grandes empresas e as empresas com participações públicas, certamente porque, do ponto de vista administrativo, a tarefa era mais fácil, mas certamente também — voltarei ao assunto adiante — porque essas empresas podem ser vigiadas sem dificuldades. De todo modo, o programa de modernização criou necessidades para a maioria das empresas. Antes, as normas ISO (Organização Internacional de Padronização), por exemplo, lhes eram desconhecidas, assim como a garantia de qualidade; mesmo se elas não foram verdadeiramente integradas ao funcionamento das empresas, hoje todos falam delas. O relativo fracasso da política em favor dos investimentos imateriais sugere, todavia, que, se existe mesmo, a modernização está apenas começando. O próprio governo reconhece que, apesar das subvenções mais altas para esse tipo de investimentos, está desapontado pelos resultados.[26] A situação delicada na qual se encontram banqueiros e empresários, revelada pela baixa na rentabilidade das empresas[27] e pela necessidade de adotar uma lei sobre empresas em dificuldade,[28] explica sem dúvida a falta de entusiasmo que o dinamismo dos órgãos públicos não conseguiu atenuar. Apesar da mobilização da API, com o apoio das agências financiadoras, o programa de modernização não conseguiu modificar uma situação caracterizada, segundo os próprios termos do Ministério da Indústria, por má administração, insuficiência de pessoal qualificado, agravamento de problemas financeiros (endividamento excessivo, falta de recursos próprios, insuficiência de capital de giro, recurso abusivo ao crédito de curto prazo), despreparo para a abertura exterior (em razão do desenvolvimento do informal mais do que da supressão da proteção), aumento das taxas de juros e política de desvalorização.[29] A modernização não parece permitir, portanto, a avaliação do processo de atualização do tecido industrial tunisiano. O inventário das críticas e loas dirigidas a esse programa permite por outro lado apreciar as modalidades de exercício do poder no campo da economia.

A MODERNIZAÇÃO, "ASSUNTO DE ESTADO"

O programa de nivelamento é uma expressão quase caricatural do voluntarismo estatal tunisiano. Serei breve sobre esse ponto tantas vezes ressaltado por desiludidos, detratores, promotores e partidários, assim como por analistas externos e independentes.[30] Gostaria de ressaltar aqui um aspecto importante: o intervencionismo minucioso é, simultaneamente, uma mobilização mais ou menos forçada, uma adesão mais ou menos real, uma vigilância mais ou menos efetiva. Enquanto as agências financiadoras tecem loas ao voluntarismo tunisiano e contribuem para o financiamento, mesmo parcial, desse tipo de política, dão ao mesmo tempo carta branca às técnicas de controle e a modalidades de exercício de poder que não estão necessariamente de acordo com as regras que pretendem, por outro lado, promover, como, por exemplo, as do estado de direito e da boa governança. Pouco importa, afinal, se estão conscientes disso ou não, na medida em que seu apoio equivale a uma legitimação externa conscienciosamente explorada pelas autoridades tunisianas. Em contrapartida, é evidente que, para os empresários, a modernização é antes de tudo um "assunto de Estado",[31] dentro da lógica de um intervencionismo liberal e autoritário.[32]

Assunto de Estado, em primeiro lugar, porque o programa está nos antípodas do liberalismo e do aprendizado dos mecanismos de mercado e perpetua uma tradição de intervencionismo. O discurso em torno da modernização mantém a ilusão de que os investimentos subvencionados vão proteger o pessoal e a empresa. Essa interpretação é ainda mais crível na medida em que está de acordo com as práticas anteriores e a taxa de proteção efetiva, realmente, aumentou desde o início da abertura — a proteção dos bens produzidos localmente não tendo baixado ou muito pouco —, enquanto os insumos não produzidos localmente e os bens de equipamento tiveram a taxação para importação diminuída. As subvenções constituem, além disso, outra modalidade da proteção e são interpretadas como uma ajuda ao investimento, muitas vezes já previsto, não forçosamente como incitação à modernização. As avaliações quantitativas publicadas com o objetivo de mobilizar os atores econômicos, aliás, não valorizam o raciocínio liberal. Recorrem, essencialmente, a dados de efeito, como, por exemplo, a famosa regra dos três terços (um terço das empresas vai sobreviver, um terço vai morrer e um terço terá dificuldades para resistir), que não se baseia em qualquer estudo sério. As avaliações apostam igualmente nos efeitos de legitimação pela cientificidade, como prova a menção recorrente dos resultados positivos dos modelos de equilíbrio geral calculável,[33] que nunca fazem referência nem à complexidade dos fatores que influem nos resultados da liberalização (investimento externo, capacidade de modernização das empresas, orientação das políticas econômicas, financiamentos estrangeiros, flexibilidade e adaptação da mão de obra, demanda estrangeira),[34] nem à exigência de encadeamentos virtuosos, que, no entanto, não são simples; por exemplo, o impulso positivo da abertura nos sistemas produtivos, nas políticas econômicas e nos comportamentos dos atores econômicos nacionais e estrangeiros...[35] Essa mobilização administrativa deixa transparecer um desconhecimento dos mecanismos de mercado e veicula, implicitamente, uma visão muito estatal de uma inserção internacional competitiva. A retórica paternalista do poder central também consolida a ideia de que as ajudas têm a ambição final de favorecer o conjunto da população ou, em outras palavras, que a modernização faz parte desse dispositivo complexo que analisei anteriormente em termos de pacto de segurança destinado a estabilizar e defender a ordem social tunisiana.

Assunto de Estado, em segundo lugar, porque as autoridades públicas parecem bem mais interessadas no sucesso do programa do que os empresários, que participam timidamente da dinâmica da modernização. A lógica burocrática exprime-se pela vontade de "obter resultados quantitativos": a representação regular dos avanços do processo menciona, por exemplo, o número de dossiês aprovados pelo Escritório, e não o número de empresas envolvidas, o que seria mais pertinente dentro da lógica econômica. Esses números são respectivamente 1.885 e 245, ou seja, uma média de oito dossiês por empresa.[36] Tal tipo de apresentação tem o objetivo evidente de mostrar pela quantificação uma dinâmica em ação, assim como a eficiência do voluntarismo estatal. Seguindo os procedimentos concretos das "atualizações" das empresas, compreendem-se os qualificativos pronunciados para designar esse processo administrativo: "espécie de *gosplan*",* segundo uma agência financiadora, ou "concepção soviética da intervenção pública", segundo um empresário.[37] As modalidades da mobilização forçada dos homens de negócios aumentam muitas vezes a impressão de contraprodutividade. Na imprensa, na televisão, nos partidos e sindicatos patronais, em reuniões associativas e em colóquios, a proliferação das intervenções acaba entediando. A expressão "modernização" é tão repetida, e aplicada tão sistematicamente a situações tão heterogêneas, que se torna vazia para empresários habituados a "campanhas", fórmulas mágicas e inevitáveis defasagens entre discurso e realidade. Durante as entrevistas que consegui fazer com banqueiros e homens de negócios, esses não hesitavam em afirmar, confidencialmente, que "as autoridades exageram", e que assim "não são mais dignas de crédito", e que a modernização "gira sobre si mesma"[38] e não consegue ultrapassar sua dimensão processual e burocrática.[39] Os estudos são feitos porque é preciso fazer estudos; as empresas são forçadas a entrar no programa, a fazer propaganda a seu favor, a participar das delegações no exterior para exaltar os méritos da Tunísia.[40]

*Nome coloquial da política de economia planejada da União Soviética. (*N. das O.*)

De modo que a evolução progressiva dos incentivos para entrar no programa até as pressões que podem rapidamente se intensificar a ponto de se tornar uma quase obrigação constituem a outra face do voluntarismo estatal.[41] A modernização não tem decididamente mais nada a ver com a liberalização. Faz parte do dispositivo disciplinar das autoridades tunisianas. Com a aproximação da data limite de 2001, essa dimensão apareceu de forma mais clara: o objetivo de preparação à concorrência foi ofuscado pela necessidade administrativa e política de cumprir o contrato (duas mil empresas atualizadas) para mostrar um sucesso que só podia funcionar com a mobilização clientelista e das rendas proporcionadas pelas redes de poder. O que não quer dizer que a modernização é pura ficção e não tem consistência burocrática. Muito pelo contrário, como mostra a institucionalização dos mecanismos burocráticos por meio de fundos (por exemplo, o Fundo de Promoção e Domínio da Tecnologia, Fopromat, gerenciado pela API) ou processos financeiros (por exemplo, o bônus para os investidores em pesquisa & desenvolvimento). A pouca procura dessas instituições pelos atores envolvidos sugere, no entanto, a principal dimensão da modernização: "O impulso constitucional e financeiro dado pelo Estado (...) descreve um percurso circular que o traz de volta a si mesmo", a modernização sendo "conduzida pelo e para o Estado".[42] O processo burocrático disciplinar permite, portanto, ao Estado e à administração adiarem os próprios ajustes que poderiam questionar os mecanismos de controle. O mecanismo de formação de um tecido industrial competitivo aparece finalmente como secundário e é assim compreendido, aliás, pelos principais parceiros estrangeiros do Estado tunisiano, isto é, as agências financiadoras. Para o Banco Mundial, por exemplo, a modernização é uma *safety* net*[43] e a Direção Geral de Investimentos o explicita abertamente quando seus responsáveis afirmam que o programa é, antes de tudo, um meio de pôr em prática os critérios estabelecidos nos acordos de parceria com a Europa, destacando a dimensão securitária de Barcelona.[44]

*No original, em inglês, rede de segurança. (*N. das O.*)

A MODERNIZAÇÃO, UMA DISCIPLINA INTEGRADA

Esse tipo de intervenção estatal e autoritária encontra obviamente resistências por parte dos empresários, que são, muitas vezes, reticentes a abrir as contas de suas empresas e multiplicar as relações com a burocracia do Estado. Mas não é menos evidente que, na economia política tunisiana, essas tensões e resistências muito raramente resultam em verdadeiros enfrentamentos. Mais frequentemente, transformam-se em negociações e acordos, facilitados mais ainda pelo fato de os interesses empresariais e estatais estarem misturados e se confundirem. O medo, nesse campo como em tantos outros, jamais está ausente e faz parte desse exercício disciplinar do poder. As empresas interpretam o programa de modernização como um processo de controle e domesticação. A discrição dos empresários, no início do programa, deve ser compreendida nesse contexto historicamente construído de apreensão do político, reatualizado pela proliferação dos discursos oficiais, pela mobilização dos aparelhos burocráticos e partidários, pela invasão do espaço público por slogans repetitivos. Muitos repetiram durante minhas pesquisas que a linguagem oficial costuma provocar medo e levar ao fechamento sobre si mesmo. Mas o medo não basta para explicar a entrada de um número, apesar de tudo, importante de empresas no programa de modernização; alguma forma de adesão existe, se não no modo concreto que assume o estatismo, ao menos nos tipos de relação de poder que esses programas estatais exprimem. Grande número de empresários duvida do sucesso da liberalização e da efetiva abertura da economia tunisiana, mas adere ao programa por razões financeiras, porque, assim, se beneficia de subvenções, mesmo que já tivesse programado esses investimentos; por razões políticas, sobretudo a fim de "ser bem-vistos"; ou, para empregar a expressão oficial, "num gesto cidadão". Outros criticam as modalidades de ajuda, atrasos de pagamento ou dificuldades administrativas para a obtenção das subvenções, mas ressaltam a atenção das autoridades e a preocupação de preservar o tecido industrial tunisiano. Uns e outros consideram antes de tudo a modernização a nova expressão das relações entre empresas e poder central, formalizadas em termos administrativos e financeiros. O programa materializaria, assim, uma nova etapa no fortalecimento dos laços entre Estado e empresários, esses últimos sendo recompensados pela obtenção de "títulos de nobreza", reconhecimento social ou certa visibilidade midiática.[45]

O vocabulário, nesse caso, é significativo: para ser "bem-visto" pelo poder central é preciso "ir" à modernização e "aderir" ao programa, não modernizar a empresa pelos próprios meios. A dimensão política é ilustrada pelas peripécias que acompanharam a escolha das empresas que, em primeiro lugar, entraram para o programa, em 1996 e 1997.[46] A exemplo da entrada na bolsa ou da qualidade dos arranjos com o fisco, esse tipo de cooptação desempenhou o papel de barômetro das relações com as autoridades e constituiu um lugar de negociação com essas. Algumas empresas teriam sido "escolhidas", outras não; alguns empresários teriam se tornado visíveis, na ocasião, o poder central garantindo ou não o sucesso da operação. O papel da superinterpretação talvez seja importante, mas empresários, observadores experientes no mundo dos negócios e a grande maioria dos tunisianos interpretam, antes de tudo, a modernização em termos políticos.

O programa de modernização tem, certamente, por ambição condicionar as empresas à concorrência internacional. Mas, embora as empresas tunisianas vivam protegidas desde sua criação, os mecanismos do mercado não são explicitados. Como no passado, o desenvolvimento do programa e o controle das atividades parecem mais importantes do que sua dimensão pedagógica.[47] Poucas perguntas são feitas quanto à racionalidade econômica última da modernização ou quanto a seu custo em recursos. As autoridades não parecem, de fato, preocupadas com evoluções no mínimo inesperadas, como o desenvolvimento das reexportações, certa especialização em intermediação e armazenamento, a procura de estratégias de cisão de empresas — uma parte produzindo, outra comercializando os produtos importados —, falsos investimentos no imaterial, a inadequação e a subutilização das formações ou ainda a busca de uma maior especialização nos serviços.[48] Em contrapartida, enunciam as qualidades da empresa ideal: a modernização não tem como alvo a empresa realmente existente, mas a normativa, que diz o que ela deve ser, as normas que deve respeitar, os procedimentos que deve seguir e os objetivos que deve atingir.[49] A modernização é uma tentativa, talvez inconsciente, de pôr em prática o ideal panóptico do poder central, uma vigilância contínua dos empresários, a ilustração simbólica de um "imaginário técnico da disciplina social".[50] Quando o poder central define o "bom" — ou o "mau" — empresário, está certamente menos interessado em valorizar a dimensão ética e moral do econômico[51] do que em exercer uma técnica disciplinar. O que diz Foucault a respeito dos mecanismos de normalização disciplinar se aplica perfeitamente à modernização. Essa, de fato:

> consiste em estabelecer, primeiramente, um modelo, um modelo ideal construído em função de certo resultado, e a operação [de modernização] consiste em tornar as pessoas, os gestos, os atos conforme a esse modelo, o normal sendo precisamente quem é capaz de se conformar a essa norma e o anormal quem não é capaz de fazê-lo. Em outras palavras, há um caráter primitivamente prescritivo da disciplina.[52]

Os empresários não se enganam. Aqueles que "aderem" fazem-no, como vimos, para serem "bem-vistos", isto é, para estar dentro da norma. Outros "evitam" o programa porque o julgam inadequado e porque a "confidencialidade não é respeitada"; o que significa que recusam o processo de normalização, que também é um processo de esclarecimento e supressão de outras "zonas obscuras". Outros, ainda, que aderiram ao programa, "saem" logo após a fase de diagnóstico, porque "o processo é extremamente complicado do ponto de vista burocrático" ou "porque já sabemos o que temos que fazer e as subvenções não valem a pena": estimam o "preço a pagar", em termos de controle e vigilância, alto demais. Assim, a modernização é um mecanismo eficiente de vigilância e normalização: bom é quem pode ser registrado no processo, inscrito na lista das empresas atualizadas, classificado como exportador... A obsessão da vigilância e da ordem não deixa de lembrar a obsessão dos inspetores e diferentes corpos técnicos da administração colbertista que Philippe Minard analisou com maestria.

Mesmo se a modernização é racionalmente elaborada e implementada, com objetivos por setores e regiões, com real preocupação de modernização e adaptação à concorrência internacional, com uma vontade, também de responder às inquietações do mundo econômico, o programa está naturalmente inserido no *ethos* difuso do reformismo. A entrada no programa piloto foi interpretada como um gesto da parte do poder central, como um favor. Desde então, os empresários leem a modernização nos termos do léxico que lhes é familiar; compreendem o programa, portanto, em termos de relações de força, controle administrativo e político sobre o mundo das empresas, alinhado com as políticas anteriores, cujos fundamentos eram exatamente o oposto das políticas atuais. Por isso, a modernização não é interpretada como aprendizagem para o livre-comércio mas como subvenção protetora e como vigilância indulgente, muito embora inquiridora. Ao inverso do próprio liberalismo, a "modernização" é uma oportunidade suplementar para obtenção de ajuda, a continuação, sob novas modalidades, de uma política pública economicamente intervencionista e politicamente clientelista. A subvenção sai do seu contexto econômico para se tornar gratificação honorífica, olhar inoportuno, proteção tranquilizadora e, simultaneamente, perigosa.[53] A falta de credibilidade econômica da modernização provém também da aliança entre um discurso liberal e práticas intervencionistas, de um discurso de abertura e de interpretações protecionistas e políticas.[54]

A técnica de vigilância é, portanto, legitimada pelos empresários a partir do momento em que a modernização está integrada às formas de governo e ao *ethos* reformista tunisianos. Mas é igualmente legitimada pelos parceiros estrangeiros, que nela veem voluntarismo de Estado e mobilização das capacidades nacionais. Sem ser dito expressamente, o fato de o Estado aparecer determinado constitui um elemento fundamental da apreciação de "bom aluno". Em entrevistas e discussões informais, pude constatar que, apesar de sua filosofia liberal, as agências financiadoras apreciam o Estado tunisiano devido, precisamente, a esse ativismo, símbolo de modernidade. Adoção da linguagem da abertura, aceitação das regras da concorrência e das normas impostas pelo contexto internacional, realização de projeções, definição de programas... tudo é analisado como prova de que a Tunísia não é nem "arcaica" nem passadista. As reformas e a competitividade encarnam a modernidade econômica, da mesma maneira que o multipartidarismo e a laicidade encarnam a modernidade política. Os financiadores apreciam um país onde "existem políticas econômicas"[55] e onde decisões políticas "têm repercussão".[56] Pouco importa que o programa seja ou não efetivo, desde que exista essa conceitualização em conformidade com os cânones internacionais: "Aqui, sabem o que querem, têm um plano, o que é globalmente positivo", concluiu um funcionário internacional, apesar das nuances que ele mesmo havia apontado ao longo de uma entrevista consagrada aos resultados — que considera moderados — da modernização. E a União Europeia ressalta o quanto a Tunísia "reage bem" e é "imaginativa", propondo "programas evolutivos e diversificados" que "ela mesma concebeu", precisando que a modernização é uma iniciativa tunisiana.[57] Ao contrário de muitos outros países africanos e do Oriente Médio, o discurso tunisiano é tecnocrático, articulado e construído em torno de temas dominantes da comunidade internacional. Assim, as agências financiadoras não se consideram em terreno desconhecido, mesmo se a prática não acompanha. Participam ativamente da modernização, principalmente financiando organismos (como a API), estruturas de consultoria e programas setoriais.[58] O reformismo também é isso, mesmo se as reformas se revelam, finalmente, bastante modestas, para não dizer fictícias: as medidas econômicas são sempre inseridas no discurso geral sobre liberalização, privatização, competitividade ou saneamento financeiro; não aparecem, portanto, nem como contraditórias entre si nem como fruto de decisões politiqueiras e arbitrárias. As autoridades tunisianas entenderam isso muito bem e usam esse argumento e dele abusam, fazendo a União Europeia de refém na perspectiva de uma renegociação do cronograma de abertura, na esperança de conseguir derrogações em nome da estabilidade, do equilíbrio social e da *success story* necessária à Europa.[59] Em nome de um reformismo tunisiano necessariamente positivo e legítimo, "obviamente".

CONCLUSÃO

No âmbito deste artigo não seria possível desenvolver os numerosos exemplos necessários para apoiar essa tese,[60] mas gostaria apenas de mencionar aqui alguns dos principais lugares de infiltração da lógica policial, de controle e de repressão: como a tributação, a previdência social, os programas sociais de ajuda aos necessitados, as políticas de desenvolvimento rural ou urbano, o crédito bancário e, de maneira mais ampla, os mecanismos financeiros, as ajudas e os privilégios diversos para as empresas, as privatizações de empresas e a liberalização dos comércios interior e exterior (em vez das nacionalizações, da proteção e das licenças de antes), a solidariedade e o apelo à sociedade civil, a "gestão" do islã, o controle de práticas ilícitas, ilegais ou informais...

Da mesma maneira, não posso fazer aqui uma análise detalhada do conjunto dos procedimentos e técnicas pelos quais essas lógicas de controle, de dominação e até de repressão se infiltram nos mecanismos econômicos e sociais. Além da imprecisão entre "público" e "privado", é preciso registrar a alimentação permanente dos processos de acordos sociais, de trocas e de negociações, o recurso aos princípios nacionalistas básicos e, paralelamente, a necessidade de uma boa inserção internacional ou ainda a construção do discurso sobre o "milagre econômico" e a "estabilidade e a segurança da Tunísia". Darei uma ideia desse último ponto: a partir de numerosas técnicas, como a escolha de parâmetros comparativos e de períodos, o esquecimento sistemático dos desempenhos passados, a apropriação por parte da administração e do poder central de dinâmicas sociais, a elaboração e a ocultação de dados, o uso do segredo, de rumores, da "transparência" e da "opacidade", a ausência de imprensa e de análise crítica, a seletividade das informações utilizadas e sua encenação, a maquiagem segundo as modas e as retóricas internacionais, as dificuldades de acesso à informação... o "milagre econômico" tornou-se ao mesmo tempo discurso de verdade e técnica de poder — o que não é próprio apenas da Tunísia,[61] mas encontra aqui uma aplicação sistemática e central no dispositivo de produção do saber. O "milagre econômico" constitui, por assim dizer, uma ficção que não suporta nem ataque à sua integridade nem questionamento, mesmo parcial.[62] É a razão pela qual, em certos anos, as estatísticas do desemprego ou do nível de pobreza são propositalmente ocultadas.

Do mesmo modo, é o discurso sobre a estabilidade e a eficácia da opção securitária do regime que levou as autoridades tunisianas a negarem durante quatro dias a tese do terrorismo islamista após o atentado de Djerba (apresentado como acidente). Porém, mais uma vez, não se pode compreender a pregnância e a aceitação da opção securitária sem mencionar que não é tanto a escolha de um homem, o presidente Ben Ali, oriundo da elite e obrigado a adotar a estratégia para "se manter no poder", mas a opção securitária tem suas raízes nas lutas políticas tunisianas: o sucesso relativo dos islamistas em 1989 foi vivido em massa como um sismo e como ameaça às conquistas da sociedade tunisiana. Em outras palavras, as autoridades tunisianas certamente manipularam a opinião para criar o perigo, mas a estratégia só funcionou porque tinha poderosa repercussão na sociedade e se enraizava na forte divisão da sociedade tunisiana sobre a questão do islã político;[63] divisão que remete a outras oposições históricas[64] e se perpetua, hoje, até na oposição, embora o *Ennhada* tenha sido aniquilado por anos de repressão e todos compartilhem seu "ódio" por Ben Ali.[65]

Por meio desta exposição, pretendi mostrar que os mecanismos de repressão não eram em qualquer caso monopólio do presidente, nem mesmo do "regime de Ben Ali", isto é, do seu *entourage* e da instituição policial. Pelo contrário, estão profundamente inseridos na sociedade e nos mecanismos de poder, tanto mais porque se amoldam aos processos da formação do Estado. O controle e o sistema repressivo, inegáveis na Tunísia, resultam de uma

> multiplicidade de processos muitas vezes pouco importantes, de origens diferentes, de localizações esparsas, que se entrecortam, se repetem ou se imitam, se apoiam uns nos outros, se distinguem segundo seu campo de aplicação, entram em convergência e desenham aos poucos o plano de um método geral.[66]

Notas

1. ANDERSON, Lisa. *The State and Social Transformation in Tunisia and Lybia, 1830-1980*. Princeton: Princeton University Press, 1987.
2. Por exemplo, para uma análise da Tunísia como sultanismo, ver: CHEBABI, Houchang E.: LINZ, Juan J. (eds.). *Sultanistic Regimes*. Baltimore; Londres: Johns Hopkins University Press, 1998; ou como exemplo de "bully praetorian states", ver: HENRY, Clement M.; SPRINGBORG, Robert. *Globalization and the Politics of Development in the Middle East*. Cambridge: Cambridge University Press, 2001, pp. 134-167, para os quais o sultanismo se caracteriza por uma forte personalização do poder, pela amplitude das decisões arbitrárias que perturbam o funcionamento administrativo, por um sistema de lealdade baseado no medo e na gratificação do chefe e pela ausência de uma grande penetração do poder na sociedade associada à apatia e à passividade dessa.
3. Cf. Fédération Internationale des Ligues des Droits de l'Homme (FIDH), Conseil National pour les Libertés en Tunisie (CNLT), Human Rights Watch (HRW), Amnesty International (AI) e Reporters sans Frontières.
4. CHAABANE, Sadok. *Ben Ali et la voie pluraliste en Tunisie*. Túnis: Cérès Editions, 1996.
5. BENEDICT, Stephen. "Tunisie, le mirage de l'État fort". *In*: "Le philosophe, la morale et le citoyen". Esprit, março de 1997, pp. 27-42; assim como CAMAU, Michel; GEISSER, Vincent. *Le syndrome autoritaire. Politique en Tunisie de Bourguiba à Ben Ali*. Paris: Presses de Sciences Po., 2003.
6. BELLIN, Eva. *Stalled Democracy. Capital, Labor, and the Paradox of State-Sponsored and Development*. Ithaca; Londres, Nova York: Cornell University Press, 2002; MURPHY, Emma C. *Economic and Political Change in Tunisia. From Bourguiba to Ben Ali*. Londres: McMillan Press; St Martin's Press, 1999; ANDERSON, Lisa. "The Prospects for Democracy in the Arab World", *Middle Eastern Lectures*, nº 1, 1995, pp. 59-71.
7. Para exemplos de apreciações elogiosas ou de autossatisfação que se traduzem na teorização do "milagre tunisiano" — misto de franco sucesso econômico, preocupações sociais e marcha decidida e controlada rumo à democracia —, ver os livros em glória de Ben Ali e sua filosofia de ação e, por exemplo: LOMBARDO, Salvatore. *Un printemps tunisien. Destins croisés d'un peuple et de son président*. Marseille: Éditions Autre Temps, 1998. Ver também as propagandas financiadas diretamente pelo governo tunisiano (*cf.* suplemento *Média France* inserido regularmente no jornal *Le Monde* ou suplementos equivalentes no *The Herald Tribune* e *Financial Times*) ou, indiretamente, os anúncios financiados pelas grandes empresas do país (como, por exemplo, a que foi paga pelo grupo Poulina

no *Le Monde* de 16 de outubro de 1999, pouco antes das eleições, que louvava um país estável e próspero). Para um exemplo do apoio incondicional expresso pela crença no "milagre tunisiano" e a compreensão aprovadora da especificidade da democratização de um país como a Tunísia, ver Philippe Séguin: "Não é a democracia que cria o desenvolvimento, mas o desenvolvimento que cria a democracia" (citado no *Le Monde* de 30 de outubro de 1999); justifica assim a filosofia oficial adotada pela Tunísia quanto ao caráter necessariamente específico da democracia nos países não ocidentais e não desenvolvidos, ou seja, prejudicados com relação à trajetória ocidental enquanto países muçulmanos, em vias de desenvolvimento, descolonizados ou com tradição de chefe. Para um exemplo de apoio circunstancial centrado em preocupações sociais e econômicas, que ignora a dimensão política, ler a citação que segue, tirada de um documento confidencial redigido por uma agência econômica europeia e que enumera de modo quase exaustivo os diferentes ingredientes da aprovação concedida à Tunísia: "A Tunísia continua seu *crescimento* em ritmo anual próximo a 5% há dez anos, *preservando a coerência do seu tecido social* graças a uma *política ativa* em matéria de saúde, educação, habitação e *modernização da sociedade civil*. A *prudência e o rigor* de sua política econômica lhe permitem manter seus grandes equilíbrios fundamentais, o país continua sendo o 'bom aluno' da região no plano econômico" (grifos meus). Para um exemplo de apoio crítico por reconhecer que a realização econômica seria de algum modo "estragada" em caso de fechamento, ou mesmo de crispação política, cujas críticas abertas ressaltam a contradição entre êxito econômico e repressão política feroz: BEAU, Nicolas; TUQUOI, Jean-Pierre. *Notre ami Ben Ali. L'envers du "miracle tunisien"*. Paris: La Découverte, 1999; DAOUD, Zakya. "Tunisie, chronique intérieure". *In*: *L'Islam pluriel au Maghreb*, Paris, CNRS Éditions, coleção. Études de l'Annuaire de l'Afrique du Nord, 1994, 1996; e jornais como *Le Monde*, com reportagens detalhadas e, por sinal, muito interessantes: *cf.* série de artigos de Catherine Simon de 21, 22 e 23 de outubro de 1999; mas também, paradoxalmente, algumas organizações de defesa dos direitos humanos que, em vez de estender suas críticas à economia, retomam as análises correntes nesse campo.

8. Sobre a economia política weberiana, ver, obviamente, a obra de Max Weber e principalmente: WEBER, M. *Essais sur la théorie de la science*. Paris: Press Pocket Plon, 1965; WEBER, M. *Sociologie des religions*. Paris: Gallimard: NRF, 1996; e WEBER, M. *Œuvres Politiques (1895-1919)*. Paris: Albin Michel, 2004. Para entender como uso esse autor, ver: HIBOU, Béatrice. *L'Afrique est-elle protectionniste? Les chemins buissonniers de la libéralisation extérieure*. Paris: Karthala, 1996, introdução, pp. 7-4.
9. ARENDT, Hannah. *Les origines du totalitarisme*. Paris: Gallimard, 2002.

10. Movimento da Tendência Islamista.
11. *Ennahda* ou *Nahdha*: Renascimento.
12. Ver CNLT. *Rapport sur la situation dans les prisons en Tunisie.* Túnis, *mimeo*, 20 de outubro de 1999; CNLT. *Rapport sur l'état des libertés en Tunisie.* Túnis, *mimeo*, 15 de março de 2000; CNLT. *Deuxième rapport sur l'état des libertés en Tunisie. Pour la réhabilitation de l'indépendance de la justice.* Túnis, *mimeo*, 2002; LTDH (Ligue Tunisienne des Droits de l'Homme). *Rapport annuel 2001.* Túnis, *mimeo*, 2001; LTDH (Ligue Tunisienne des Droits de l'Homme). *Rapport annuel 2002.* Túnis, *mimeo*, 2002; assim como os comunicados da Association Internationale de Soutien aux Prisonniers Politiques (AISPP). Para um relato de experiência pessoal, ver o livro de Ahmed Manaï, que foi um dos primeiros, ou o primeiro, a descrever a repressão contra os islamistas: MANAÏ, Ahmed. *Supplice tunisien, le jardin secret du general Ben Ali.* Paris: La Découverte, 1995.
13. Ver CNLT, *op. cit.*, LTDH. *Les murs du silence. Rapport sur les prisons.* Túnis, *mimeo*, 2004; e os diversos relatórios anuais das organizações de defesa dos direitos humanos.
14. O último relatório da LTDH sobre as prisões ressalta essa generalização e a desumanidade do tratamento reservado aos detentos comuns. Ver LTDH, *op. cit.*, 2004. O artigo de BELHASSEN, Souhayr. "Les legs bourguibiens de la répression". *In*: CAMAU, Michel; GEISSER, Vincent (orgs.). *Habib Bourguiba. La trace et l'héritage.* Paris: Karthala-IEP de Aix-en-Provence, 2004, pp. 391-404, também mostra que a tortura não se restringe aos presos políticos, mas atinge os detentos comuns e exerce-se não apenas nas prisões como também nas delegacias, nos prédios da Segurança Nacional e da Guarda Nacional ou nos quartéis.
15. Esse parágrafo baseia-se essencialmente em uma série de entrevistas que fiz com ex-prisioneiros políticos, membros de famílias de detentos, advogados e militantes dos direitos humanos em Túnis, principalmente em dezembro de 2001, dezembro de 2002 e dezembro de 2003, mas também em Paris, principalmente em novembro de 2001 e janeiro de 2002. Ver também algumas evocações em Reporters Sans Frontières (org.). *Tunisie, le livre noir.* Paris: La Découverte, 2002, que retoma os principais relatórios do CNLT, da LTDH, de Human Rights Watch e Amnesty International. Ver, em particular, em LTDH, *op. cit.*, 2001, e na terceira parte do relatório de Amnesty International. *Le cycle de l'injustice.* MDE 30/001/2003, Londres, junho de 2003.
16. Sobre a repressão ao islamismo político pela criminalização do movimento e do político em geral, ver LAMLOUM, Olfa. *La politique étrangère de la France face à la montée de l'islamisme: Algérie, Tunisie, 1987-1995*, tese de doutorado em ciências políticas, Universidade de Paris VIII, dezembro de 2001.

17. FOUCAULT, Michel. *Surveiller et punir*. Paris: Gallimard, 1975.
18. FOUCAULT, Michel. *Les anormaux. Cours au Collège de France 1974-1975*. Paris: Gallimard; Le Seuil, 1999, p. 44.
19. FOUCAULT, Michel, 1999.
20. Todas as expressões são tiradas de entrevistas. Túnis, diversos campos.
21. BENSIDOUN, Isabelle; CHEVALIER, Agnès. *Europe-Méditerranée: le pari de l'ouverture*. Paris: Economica, 1996, coleção do CEPII (e modernização dos dados numéricos nos boletins do CEPII); AOUDIA, Jacques Ould. "Les enjeux économiques de la nouvelle politique méditerranéenne de l'Europe." *Monde Arabe, Maghreb-Machrek*, Paris, La Documentation Française, nº 153, julho-setembro de 1996.
22. CETTEX-GHERZI. *Mise à jour de l'étude stratégique du secteur textile-habillement*, Relatório de síntese, maio de 2004; CHAPONNIÈRE, Jean-Raphaël; CLING, Jean-Pierre; MAROUANI, Mohamed Ali. *Les conséquences pour les pays en développement de la suppression des quotas dans le textile-habillement: le cas de la Tunisie*, Documento de trabalho. Paris: Dial, DT/2004/16; CHAPONNIÈRE, Jean-Raphaël; PERRIN, Serge. *Le textile-habillement tunisien et le défi de la libéralisation. Quel rôle pour l'investissement direct étranger? Notes et documents*. Paris: AFD, março de 2005.
23. Para a descrição e o funcionamento da modernização, baseei-me em entrevistas (Túnis, 1997-2000 principalmente, assim como Bruxelas, maio de 1997 e maio de 2002) e em muita literatura não convencional. Ver principalmente: FILIPIAK, Ewa; MARNIESSE, Sarah. *Compétitivité et mise à niveau des entreprises*. Paris: AFD, Notes et Documents nº 1, novembro de 2003, principalmente pp. 99-123; UTICA. *L'accord de libre-échange Tunisie-Union Européenne: impact sur l'entreprise tunisienne*, Tunis, 1995; assim como Ministère de l'Industrie, Bureau de la Mise à Niveau. *Procédure de mise à niveau*, Túnis, 1995.
24. Todos os dados numéricos mencionados nesse parágrafo provêm, salvo nota em contrário, de fontes oficiais e, sobretudo, do Bureau de la Mise à Niveau (acessíveis na sede, em Túnis, ou na rede internet www.pmn.nat.tn) entre 1996 e 2003 e da API (www.tunisieindustrie.nat.tn).
25. Observação muito liberal de instituições internacionais e, em particular, do FMI quando de inspeções intermediárias; muito mal recebida na Tunísia, a crítica foi eliminada no processo de negociação dos relatórios característico dessas agências. *Cf.* Entretiens, Túnis, 2000.
26. Não representariam mais de 10% do total dos investimentos e sua taxa de realização se elevaria apenas a 29% em vez dos 59% para o total dos investimentos. Esses números são de 2001. Infelizmente, não tive acesso a dados mais recentes e o último Boletim da Modernização não fornece dados quantitativos. Tudo leva

a crer, no entanto, que o problema perdura, uma vez que a publicação oficial de junho de 2004 menciona a "preocupação do presidente Ben Ali" a esse respeito e pede às empresas que concedam "mais interesse aos investimentos imateriais e tentem, em particular, atuar para melhorar a taxa de pessoal qualificado, promover os sistemas de qualidade e consolidar as engrenagens das empresas" (*Bulletin de la mise à niveau*, Túnis, junho de 2004).

27. A rentabilidade das empresas, avaliada pelo Icor (*Incremental Capital Output Ratio* — Relação Incremental Capital-Produto) baixou em todos os setores, embora algumas empresas possam ter aumentado sua competitividade. Ver HIBOU, Béatrice; MARTINEZ, Luis. *L'Afrique du Nord et le partenariat euro-méditerranéen: les ambivalences d'une intégration régionale*, Étude pour le Commissariat général au Plan, Paris, *mimeo*, outubro de 1997.
28. Lei de 1995 modificada em julho de 1999 para estender seu uso.
29. Relatório do Ministério da Indústria citado e resumido por Ministère de l'Industrie, *Marchés tropicaux et méditerranéens*, Túnis, 6 de agosto de 1999, e retomado em entrevistas em 2000.
30. CASARINO Jean-Pierre. *Tunisian New Entrepreneurs and their Past Experiences of Migration in Europe: Resource Mobilisation, Networks, and Hidden Disaffection.* Londres: Ashgate Publishing, 2000; CAMAU, Michel. "D'une République à l'autre. Refondation politique et aléas de la transition libérale". *Monde Arabe, Maghreb-Machreck*, La Documentation Française, nº 157, julho-setembro de 1997, pp. 3-16.
31. Segundo a expressão de CAMAU, M., *op. cit.*, 1997, elaborada a partir do trabalho de CASSARINO, Jean-Pierre, *op. cit.*
32. BELLIN, Eva. "Tunisian industrialists and the State". *In*: ZARTMAN, William (org.). *Tunisia: the Political Economy of Reform.* Boulder: Lynne Rienne Publishers, 1991, em particular, mostra bem que, qualquer que seja o discurso e a denominação da política econômica, essa se traduz, concretamente e de maneira durável, ao mesmo tempo pelo intervencionismo estatal e pela orientação favorável ao setor privado. Suzan Waltz (cf. "Clientelism and reform in Ben Ali's Tunisia". *In*: Zartman, William (org.), *op. cit.*, 1991), por sua vez, ressalta especialmente bem o autoritarismo do regime: no entanto, conclui que há uma oposição inevitável entre reformas e autoritarismo e culto da personalidade, o que as evoluções recentes desmentem.
33. Para a Tunísia, existem ao menos cinco aplicações do modelo de equilíbrio geral calculável no âmbito da criação da zona de livrecomércio: RUSTRÖM, Elisabeth; RUTHERFORD, Thomas F.; TARR, David. *The Free Trade Agreement between Tunisia and the European Union.* Washington: The World Bank, Policy Research Department, 1995; BANCO Mundial. *Republic of Tunisia. Country Economic*

Memorandum. Towards the 21st Century. Washington: Middle East and North Africa Regional Office, 1995; ENDERS, Klaus; JBILI, Abdlali. "L'accord d'association entre la Tunisie et l'Union européenne". *Finance et Développement*, setembro de 1996, pp. 18-21; COMETE Engineering. *Étude perspective de l'impact sur l'économie tunisienne de la mise en place d'une zone de libre-échange entre la Tunisie et l'Union Européenne*. Túnis: Ministério da Economia Nacional, Centro de Promoção das Exportações, novembro de 1994; BROWN, Drusila; DEARDOFF, Alan; STERN, Robert. "Some Economic Effects of the Free Trade Agreement between Tunisia and the European Union", comunicação no Egyptian Center for Economic Studies Conference, *How Can Egypt Benefit from a Free Trade Agreement with the EU*, Cairo, 26-27 de junho de 1996; ROMDHANE, Mahmoud Ben. "L'accord de libre-échange entre la Tunisie et l'Union Européenne: un impératif, des espoirs, des inquiétudes". *Confluences Méditerranée*, nº 21, 1997, pp. 19-64. Segundo essas avaliações, os ganhos em bem-estar esperados, obtidos pela racionalização das compras (supressão dos custos decorrentes da proteção alfandegária e respeito à "verdade dos preços") seriam mais importantes do que as perdas (impossível reconversão da totalidade do capital, em razão de sua especificidade ou obsolescência, e do trabalho, ao menos a curto prazo). Consequentemente, o livre-comércio seria, no pior dos casos, neutro ou muito ligeiramente negativo ou então positivo em termos de crescimento (mas não em termos de emprego). Mais recentemente, aplicação do modelo no fim dos AMF, CHAPONNIÈRE, Jean-Raphaël; CLING, Jean-Pierre; MAROUANI, Mohamed Ali, *op. cit.*, e MAROUANI, Mohamed Ali. *Effets de l'accord d'association avec l'Union Européenne et du démantèlement de l'accord multifibres sur l'emploi en Tunisie: une analyse en équilibre général intertemporel*. Documento de trabalho, Dial, DT/2004/01.

34. JAÏDI, Larabi. "La zone de libre-échange Union Européenne/Maroc: impact du projet sur l'économie marocaine". *Cahiers du Gemdev*, Paris, nº 22, outubro de 1995; HAMDOUCH, Bachir. "Perspectives d'une zone de libre-échange entre le Maroc et l'Union Européenne: enjeux et impacts". *Reflets et perspectives de la vie économique*, t. 35, nº 3, 3º trimestre de 1996, pp. 273-296; GALAL, Khaled A.; HOEKMAN, Bernard. "Egypt and the Partnership Agreement with the EU: the Road to Maximum benefits". *The Egyptian Center for Economic Studies Working Paper*, nº 9.603, junho de 1996.
35. Para uma análise detalhada das condições necessárias, ver HIBOU, Béatrice; MARTINEZ, Luís, *op. cit.*
36. Entrevistas, Túnis. Os números foram fornecidos oralmente pelo Bureau de la Mise à Niveau e também citados na União Geral Tunisiana do Trabalho (*Union Générale Tunisienne du Travail* — UGTT). *Le secteur textile-habillement en Tunisie*

et le défi de la réinsertion professionnelle des salariés licenciés. Túnis: Département des Études et de la Documentation avec le Soutien du BIT, Rapport Final Réalisé par S. Ben Sédrine, S. Aouadi, A. Nciri, M. Anami, abril de 2005.

37. Mas essas características não são específicas da "modernização": encontramos outro exemplo nas agências de incentivo, promoção e ajuda à exportação que são grandes administrações com tarefas imensas. O mesmo vale para as zonas industriais criadas de modo muito burocrático com uma visão de ordenamento do território e permanecem vazias. Ver o estudo FOREIGN Investment Advisory Service (organismo vinculado ao Banco Mundial). *Marchés Tropicaux et Méditerranéens*, diversos números e, em particular, o de 28 de junho de 1996; BANCO Mundial. *Actualisation de l'évaluation du secteur privé*, 2 volumes, Washington: The World Bank, maio de 2000.
38. Entrevistas, Túnis e Sfax, abril-maio de 1997 e janeiro de 1999.
39. Como já foi o caso de outras políticas, como a coletivização das terras (ver: LAHMAR, Mouldi. *Du mouton à l'olivier.* Túnis: Cérès Éditions, collection Hor Maghrebin, 2003; GACHET, Jean-Paul. "L'agriculture: discours et stratégies". *In*: CAMAU, Michel (org.). *Tunisie au présent.* Paris: Éditions du CNRS, 1987, pp. 181-228) ou a reestruturação das empresas públicas, nos anos 1980 (os manuais de modernização dos processos administrativos e de gestão das empresas públicas foram rapidamente postos de lado e esquecidos [ver Entrevistas, Túnis, 1997; 1998]).
40. Entrevistas, Túnis, 1997-2000. Sobre as resistências das empresas a entrar no processo, ver também: CASSARINO, Jean-Pierre, *op. cit.* Sobre o comportamento nos anos recentes, ver UGTT, *op. cit.*
41. CASSARINO, Jean-Pierre. "The EU-Tunisian Association Agreement and Tunisian's Structural Reform Program". *The Middle East Journal*, vol. 53, nº 1, 1999.
42. SIINO, François. *Science et pouvoir dans la Tunisie contemporaine*. Paris: Karthala, 2005, pp. 322-323.
43. Entrevista, Paris, julho de 2004.
44. Entrevistas, Túnis, 2000 e 2005.
45. Esse ponto foi bem desenvolvido por CASSARINO, Jean-Pierre, *op. cit.*, 2000.
46. CASSARINO, Jean-Pierre, *op. cit.*, 1999.
47. Ver, em particular, SIGNOLES, Pierre. "Industrialisation, urbanisation et mutations de l'espace tunisien". *In*: BADUEL, Pierre Robert (org.). *États, territoires et terroirs no Maghreb*. Paris: Éditions du CNRS, 1985, pp. 277-306, que distingue bem o voluntarismo estatal (na industrialização, na urbanização e na transformação do espaço tunisiano) dos resultados, da eficiência e mesmo da efetividade das medidas concretas.

48. Entrevistas, Túnis 1997/2000. Sobre as atividades de armazenamento e intermediação, DAUOD, Zakya. "Tunisie. Chronique intérieure". *Annuaire de l'Afrique du Nord*, t. 33, 1994, pp. 713-745; sobre a estratégia de cisão das empresas nos setores agroalimentar e têxtil. Entrevistas, janeiro de 1999 e julho de 2000. Ver igualmente, BACCOUCHE, Néji. "Les implications de l'accord d'association sur le froit fiscal et douanier". *In*: *Mélanges en l'honneur de Habib Ayadi*. Túnis: Centre de Publication Universitaire, 2000, pp. 5-27.
49. Ver DURAND, Jean-Pierre. *La chaîne invisible. Travailler aujourd'hui: flux tendu et servitude volontaire*. Paris: Éditions du Seuil, collection Économie Humaine, 2004, pp. 255-258.
50. MINARD, Philippe. *La fortune du colbertisme: État et industrie dans la France des Lumières*. Paris: Fayard, 1998, p. 116, a propósito das estatísticas dos inspetores da indústria.
51. Tese desenvolvida por CASSARINO, Jean-Pierre, *op. cit.*, 2000.
52. FOUCAULT, Michel. *Sécurité, territoire, population: cours au Collège de France (1997-1978)*, Paris: Éditions du Seuil, collection Hautes Études, 2004, aula de 25 de janeiro, p. 59.
53. Jean-Yves Grenier mostrou muito bem essa saída do econômico para as ajudas do Estado francês aos industriais no século XVIII. Ver GRENIER, Jean-Yves. *L'économie de l'ancien régime. Un monde de l'échange et de l'incertitude*. Paris: Albin Michel, 1996.
54. CASSARINO, Jean-Pierre, *op. cit.*, 1999, 2000.
55. Entrevista, Túnis, julho de 2004.
56. Entrevista, Paris, julho de 2004, meu interlocutor falando de *sound policies*.
57. Tais procedimentos não existem nos países não membros (da UE) do Mediterrâneo. O Marrocos, por exemplo, adotou uma abordagem muito mais "liberal" ao multiplicar estudos (especialmente sobre grupos de competitividade), mas sem oferecer incentivos financeiros ou fiscais específicos. Entrevistas, Casablanca e Rabat, junho de 1998, fevereiro de 1999, set.-out. de 2000.
58. O Banco Mundial participa principalmente do financiamento dos setores "formação profissional", "assistência técnica financeira" e "auditorias"; a União Europeia privilegia uma ajuda aos investidores adicionais e a assistência (principalmente pelo financiamento do escritório de estudos Europe-Tunisie-Entreprise); finalmente, agências financiadoras bilaterais podem oferecer financiamentos complementares, como a Agência Francesa de Desenvolvimento. Ver os relatórios anuais dessas instituições.
59. HIBOU, Béatrice. "Les marges de manœuvre d'un 'bon élève' économique: la Tunisie de Ben Ali. *Les études du Ceri*. Paris, Ceri-Sciences-Po., nº 60, dezembro de 1999. Um fato revelador e esse respeito: muitos empresários pensam que os acordos de livre-comércio e o desarmamento alfandegário jamais serão

aplicados em sua totalidade, que o empresariado terá condições de pressionar para adaptar e manter a política protecionista tradicional. Além das minhas entrevistas, ver CASSARINO, Jean-Pierre, *op. cit.*, 1999; e *Nord-Sud Export*, 27 de janeiro de 1996.

60. Sobre o assunto, ver HIBOU, Béatrice. *La force de l'obéissance. Économie politique de la répression en Tunisie.* Paris: La Découverte, 2006.
61. Ver, por exemplo: MINARD, Philippe, *op. cit.*
62. Sobre a "ficção" e o mundo fictício, ver ARENDT, Hannah, *op. cit.*; e Pierre Ricœur (que ressalta a impossibilidade de não agir "de acordo com as regras de um mundo fictício", em seu prefácio (p. 11) a ARENDT, Hannah. *Condition de l'homme moderne.* Paris: Calman-Lévy, reedição de 1983, pocket.
63. LAMLOUM, Olfa, *op. cit.*
64. DAKLIA, Jocelyne. *L'oubli de la cité.* Paris: La Découverte, 1990.
65. KHIARI, Sadri. *Tunisie: coertion, consentement, résistence. Le Délitement de la cité.* Paris: Karthala, 2003.
66. FOUCAULT, Michel, *op. cit.*, pp. 162-163.

Bibliografia

AMNESTY INTERNATIONAL. *Le cycle de l'injustice*, MDE 30/001/2003, Londres, junho de 2003.

ANDERSON, Lisa. *The State and Social Transformations in Tunisia and Libya, 1830-1980.* Princeton: Princeton University Press, 1987.

——. "The Prospects for Democracy in the Arab World". *Middle Eastern Lectures*, nº 1, 1995, pp. 59-71.

AOUDIA, Jacques Ould. "Les enjeux économiques de la nouvelle politique méditerranéenne de L'Europe". *Monde Arabe, Maghreb-Machrek*, Paris, La Documentation Française, nº 153, julho-setembro de 1996.

ARENDT, Hannah. *Condition de l'Homme moderne.* Paris: Calman-Lévy, reedição de 1983, pocket.

——. *Les origines du totalitarisme.* Paris: Quarto; Gallimard, 2002.

BACCOUCHE, Néji. "Les implications de l'accord d'association sur le droit fiscal et douanier". *In*: *Mélanges en l'honneur de Habib Ayadi.* Túnis: Centre de Publication Universitaire, 2000, pp. 5-27.

BANQUE Mondiale. *Republic of Tunisia. Country Economic Memorandum. Towards the 21st Century*, Washington: Middle East and North Africa Regional Office, 1995.

——. *Actualisation de l'évaluation du secteur privé*, 2 volumes. Washington: The World Bank, maio de 2000.

BEAU, Nicolas; TUQUOI, Jean-Pierre. *Notre ami Ben Ali. L'envers du miracle tunisien.* Paris: La Découverte, 1999.

BELHASSEN, Souhayr. "Les legs bourguibiens de la répression". *In*: CAMAU, Michel; GEISSER, Vincent (dir.). *Habib Bourguiba. La trace et l'héritage.* Paris: Karthala; IEP de Aix en Provence, 2004, pp. 391-404.

BELLIN, Eva. "Tunisians industrialists and the State". *In*: ZARTAMAN, I. William (dir.). *Tunisia: The Political Economy. Capital, Labor, and the Paradox of State-Sponsored Development*, Ithaca; Londres; Nova York: Cornell University Press, 2002.

BENEDICT, Stephen. "Tunisie, le mirage de l'État fort", *in*: "Le philosophe, la morale et le citoyen". *Esprit*, março de 1997, pp. 27-42.

BENSIDOUN, Isabelle; CHEVALIER, Agnès. *Europe-Méditerranée: le pari de l'ouverture.* Paris: Economica, 1996, coleção do CEPII.

BROWN, Drusila; DEARDOFF, Alan; STERN, Robert. "Some economic effects of the free trade agreement between Tunisia and the European Union", comunicação no Egyptian Center for Economic Studies Conference, *How can Egypt benefit from a free trade agreement with the EU*, Cairo, 26-27 de junho de 1996.

CAMAU, Michel. "D'une République à l'autre. Refondation politique et aléas de la transition libérale". *Monde arabe, Maghreb-Machreck*, La Documentation Française, nº 157, jul. [—] set. de 1997, pp. 3-16.

GEISSER, Vincent. *Le syndrome autoritaire. Politique en Tunisie de Bourguiba à Ben Ali.* Paris: Presses de Sciences Po., 2003.

CASSARINO, Jean-Pierre. "The EU-Tunisian association agreement and Tunisian's structural reform program". *The Middle East Journal*, vol. 53, nº 1, 1999.

——. *Tunisian New Entrepeneurs and their Past Experiences of Migration in Europe: Resource Mobilisation, Networks, and Hidden Disaffection.* Londres: Ahsgate Publishing, 2000.

CETTEX-GHERZI. *Mise à jour de l'étude stratégique du secteur textile-habillement*, relatório de síntese, maio de 2004.

CHAABANE, Sadok. *Ben Ali et la voie pluraliste en Tunisie.* Túnis: Cérès Éditions, 1996.

CHAPONNIÈRE, Jean-Raphael; CLING, Jean-Pierre; MAROUANI, Mohamed Ali. *Les conséquences pour les pays en développement de la suppression des quotas dans le textile-habillement: le cas de la Tunisie*, documento de trabalho, Paris, Dial, DT/2004/16.

CHAPONNIÈRE, Jean-Raphael; PERRIN, Serge. *Le textile-habillement tunisien et le défi de la libéralisation. Quel rôle pour l'investissement direct étranger? Notes et documents.* Paris: AFD, mar. de 2005.

CHEBABI, Houchang E.: LINZ, Juan J. (eds.). *Sultanistic Regimes.* Baltimore; Londres: Johns Hopkins University Press, 1998.

CNLT. *Rapport sur la situation dans les prisons em Tunisie.* Túnis, *mimeo*, 20 de outubro de 1999.

——. *Rapport sur l'état des libertés en Tunisie.* Túnis, *mimeo*, 15 de março de 2000.

——. *Deuxième rapport sur l'état des libertés en Tunisie. Pour la réhabilitation de l'indépendance de la justice.* Túnis, mimeo, 2002.

COMETE Engineering. *Étude perspective de l'impact sur l'économie tunisienne de la mise en place d'une zone de libre-échange entre la Tunisie et l'Union européenne.* Túnis: Ministério da Economia Nacional, Centro de Promoção das Exportações, novembro de 1994.

DAKHLIA, Jocelyne. *L'oubli de la cité.* Paris: La Découverte, 1990. *Annuaire de l'Afrique du Nord*, t. 33, 1994, pp. 713-745.

DAOUD, Zakya. "Tunisie. Chronique intérieure". *Annuaire de l'Afrique du Nord*, t. 33, 1994, pp. 713-745.

——. "Tunisie. Chronique intérieure". *In: L'Islam pluriel au Maghreb.* Paris: CNRS Éditions, 1996 (collection Études de l'Annuaire de l'Afrique du Nord 1994).

DURAND, Jean-Pierre. *La chaîne invisible. Travailler aujourd'hui: flux tendu et servitude volontaire.* Paris: Éditions du Seuil, collection Économie Humaine, 2004.

ENDERS, Klaus; JBILI, Abdelali. "L'accord d'association entre la Tunisie et l'Union Européenne". *Finance et développement*, setembro de 1996, pp. 18-21.

FILIPIAK, Ewa; MARNIESSE, Sarah. *Compétitivité et mise à niveau des enterprises.* Paris: AFD, Notes et Documents, nº 1, novembro de 2003.

FOREIGN Investment Advisory Service. *Marchés Tropicaux et Méditerranéens*, diversos números e, especialmente, o de 28 de junho de 1996.

FOUCAULT, Michel. *Surveiller et punir.* Paris: Gallimard, 1975.

——. *Les anormaux. Cours au Collège de France 1974-1975.* Paris: Gallimard; Le Seuil, 1999.

——. *Sécurité, territoire, population: cours au Collège de France (1977-1978.* Paris: Éditions du Seuil, collection Hautes Études, 2004.

GACHET, Jean-Paul. "L'agriculture: discours et stratégies". *In*: CAMAU, Michel (dir.). *Tunisie au présent.* Paris: Éditions du CNRS, 1987, pp. 181-228.

GALAL, Khaled A.; HOEKMAN, Bernard. "Egypt and the Partnership Agreement with the EUA: the Road to Maximum Benefits". *The Egyptian Center for Economic Studies Working Paper*, nº 9.603, junho de 1996.

GRENIER, Jean-Yves. *L'économie de l'ancien régime. Un monde de l'échange et de l'incertitude.* Paris: Albin Michel, 1996.

HAMDOUCH, Bachir. "Perspectives d'une zone de libre-échange entre le Maroc et l'Union Européenne: enjeux et impacts". *Reflets et perspectives de la vie économique*, t. 35, nº 3, 3º trimestre de 1996, pp. 273-296.

HENRY, Clement M.; SPRINGBORG, Robert. *Globalization and the Politics of Development in the Midle East.* Cambridge: Cambridge University Press, 2001.

HIBOU, Béatrice. *L'Afrique est-elle protecionniste? Les chemins buissoniers de la libéralisation extérieure.* Paris: Khartala, 1996.

——; MARTINEZ, Luis. *L'Afrique du Nord et le partenariat euro-méditerranéen: les ambivalences d'une intégration régionale*, Étude pour le Commissariat général au Plan, Paris, mimeo, outubro de 1997.

——. "Les marges de manoeuvre d'un 'bon élève' économique: la Tunisie de Ben Ali". *Les études du CERI*, Paris, Ceri-Prenes de Sciences Po, nº 60, dezembro de 1999.

——. *La force de l'obéissance. Économie politique de la répression en Tunisie.* Paris: La Découverte, 2006.

JAÏDI, Larabi. "La zone de libre-échange Union Européenne/Maroc: impact du projet sur l'économie marocaine". *Cahiers du Gemdev*, Paris, nº 22, outubro de 1995.

KHIARI, Sadri. *Tunisie: coertion, consentement, résistence. Le délitement de la cité.* Paris: Karthala, 2003.

LAHMAR, Mouldi. *Du mouton à l'olivier.* Túnis: Cérès Éditions, collection Hor Maghrebin, 2003.

LAMLOUM, Olfa. *La politique étrangère de la France face à la montée de l'islamisme: Algérie, Tunisie, 1987-1995*, tese de doutorado em ciências políticas, Universidade de Paris VIII, dezembro de 2001.

LOMBARDO, Salvatore. *Un printemps tunisien. Destins croisés d'un peuple et de son président.* Marseille: Editions Autre Temps, 1998.

LTDH. *Rapport annuel 2001.* Túnis, mimeo, 2001.

——. *Rapport annuel 2002.* Túnis, mimeo, 2001.

——. *Les murs du silence. Rapports sur les prisons.* Túnis, mimeo, 2004.

MANAÏ, Ahmed. *Supplice tunisien, le jardin secret du Général Ben Ali.* Paris: La Découverte, 1995.

MAROUANI, Mohamed Ali. *Effets de l'accord d'association avec l'Union Européenne et du démantèlement de l'Accord multifibres sur l'emploi en Tunisie: une analyse em équilibre général intertemporel*, documento de trabalho, Dial, DT/2004/01.

MINARD, Philippe. *La fortune du colbertisme: État et industrie dans la France des Lumières.* Paris: Fayard, 1998.

MINISTÈRE de l'Industrie, Bureau de la mise à niveau. *Le programme de mise à niveau.* Túnis, 1995.

——. *Procédure de Mise à Niveau.* Túnis, 1995.

——. *Marchés tropicaux et méditerranéens.* Túnis, 6 de agosto de 1999.

MURPHY, Emma C. *Economic and Political Change in Tunisia. From Bourguiba to Ben Ali.* Londres: McMillan Press; St Martin's Press, 1999.

REPORTERS SANS FRONTIÈRES (dir.). *Tunisie, le livre noir*. Paris: La Découverte. 2002.

ROMDHANE, Mahmoud Ben. "L'accord de libre-échange entre la Tunisie et l'Union Européenne: un impératif, des espoirs, des inquietudes". *Confluences Méditerranée*, nº 21, 1997, pp. 49-64.

RUSTRÖM, Elisabeth; RUTHERFORD, Thomas F.; TARR, David. *The free trade agreement between Tunisia and the European Union*. Washington: The World Bank, Policy Research Department, 1995.

SIGNOLES, Pierre. "Industralisation, urbanisation et mutations de l'espace tunisien". *In*: BADUEL, Pierre Robert (dir.). *États, territoires et terroirs no Maghreb*. Paris: Éditions du CNRS, 1985, pp. 277-306.

SIINO, François. *Science et pouvoir dans la Tunisie contemporaine*. Paris: Karthala, 2005.

UGTT. *Le secteur textile-habillement em tunisie et le défi de la réinsertion professionnelle des salariés licenciés*, Túnis, Département des Études et de la Documentation, avec le soutien du BIT, rapport final réalisé par S. Ben Sédrine, S. Aouadi, A. Nciri, M. Anami, abril de 2005.

UTICA. *L'accord de libre-échange Tunisie-Union Européenne: impact sur l'entreprise tunisienne*, Túnis, Centre de Formation des Dirigeants des PME, Projet Utica-FKA,1995.

WALTZ, Suzan. "Clientelism and reform in Ben Ali's Tunisia". *In*: ZARTMAN, William (dir.). *Tunisia: the Political Economy of Reform*. Boulder: Lynne Rienner Publishers, 1991.

WEBER, Max. *Essais sur la théorie de la science*. Paris: Press Pocket Plon, 1965.

——. *Sociologie des religions*. Paris: Gallimard; NRF, 1996.

——. *Oeuvres politiques (1895-1919)*. Paris: Albin Michel, 2004.

Fontes

1) Jornais: *Le Monde; The Herald Tribune; Financial Times; Nord-Sud Export*, 27 de janeiro de 1996.
2) Relatórios anuais de organizações de defesa dos direitos humanos.
3) Série de entrevistas que fiz com ex-prisioneiros políticos, membros de famílias de detentos, advogados e militantes dos direitos humanos em Túnis, principalmente em dezembro de 2001, dezembro de 2002 e dezembro de 2003; assim como em Paris, principalmente em novembro de 2001 e janeiro de 2002.
4) Entrevistas (Túnis, 1997-2000 principalmente, assim como em Bruxelas, em maio de 1997 e maio de 2002) sobre a economia tunisiana e o programa de modernização.

5) Entrevistas, Túnis e Sfax, abril-maio de 1997, abril de 1998 e janeiro de 1999.
6) Entrevista, Paris, julho de 2004.
7) Entrevistas, Túnis, 2000 e 2005.
8) Entrevistas, Casablanca e Rabat, junho de 1998, fevereiro de 1999, setembro-outubro de 1999, outubro de 2000.
9) Dados numéricos oficiais do Escritório da Modernização (disponíveis na sede, em Túnis ou na internet www.pmn.nat.tn), entre 1996 e 2003, e da API (www.tunisieindustrie.nat.tn).
10) Boletins oficiais da modernização.
11) Relatórios anuais do Banco Mundial, do Escritório de Estudos Europa-Tunísia-Empresa (pertencente à União Europeia) e da Agência Francesa de Desenvolvimento.

CAPÍTULO 4

São Tomé e Príncipe: a independência ou o parto do autoritarismo*

Augusto Nascimento**

*O texto foi revisado segundo o Acordo Ortográfico vigente, respeitando a sintaxe e a ortografia preferenciais do autor. Em nota, no texto original, Augusto Nascimento agradece as "leituras atentas e sugestões" de Marcelo Bittencourt e de Francisco Matinho.

**Pesquisador do Instituto de Investigação Científica Tropical, Lisboa. Autor de *Poderes equotidiano nas roças de S. Tomé e Príncipe de finais de Oitocentos a meados de Novecentos*. São Tomé: SPI, 2002, e *O fim do caminhu longi*. Mindelo: Ilhéu, 2007.

INTRODUÇÃO

Composto por duas ilhas situadas no equador, no golfo da Guiné, o arquipélago de São Tomé e Príncipe, antiga colónia portuguesa, tornou-se independente em 12 de julho de 1975. À independência, acordada entre o governo português e o Movimento de Libertação de São Tomé e Príncipe (MLSTP), sobreveio um regime de partido único. Sob a égide do presidente Pinto da Costa, esse regime autoritário[1] duraria até 1990.

A esboçarmos uma periodização do monopartidarismo, realçaríamos uma primeira fase até meados da década de 1980. Assistiu-se, então, ao crescendo do aparato policial e da tensão política e social, à concentração da capacidade decisória na cúpula do MLSTP e, em especial, nas mãos do presidente Pinto da Costa. Essa fase caracterizou-se, ainda, pela progressiva alienação do apoio da população, entrementes desprovida de meios efectivos de representação política. Depois, ao pico das dificuldades económicas em 1983-1984, sucedeu uma fase de menor rigidez política. A partir de 1986-1987 houve lugar a pequenos sinais de distensão, que, no entanto, já não repararam as fissuras na base dos projectos políticos do MLSTP. No fim da década, caminhar-se-ia para o multipartidarismo. O regime monopartidário findou em 1990 com a aprovação em referendo de um projecto de constituição que instituía a democracia representativa ou o multipartidarismo. Alguns são-tomenses orgulham-se do pioneirismo do país na transição para a democracia em África.[2]

De resto, há anos, um político são-tomense reagiu epidermicamente quando, numa amena cavaqueira, se afirmou que, na era de Pinto da Costa, a sua terra vivera em ditadura. A indignação desse político poderia ser interpretada como uma recusa de associação a uma época malquista no passado recente do país, quiçá mais pelo empobrecimento (realçado pela diferenciação económica de um reduzido número de políticos) do que pelos contornos ditatoriais da governação. Essa reacção indignada poderá relacionar-se com a justificação implícita do cariz autoritário do regime como uma necessidade nesse período histórico. Nessa medida, o político são-tomense estaria a rejeitar liminarmente qualquer intenção de opressão dos seus concidadãos. Em boa verdade, à época subsistia alguma compreensão quanto à condução tutelada do destino colectivo são-tomense e, dir-se-á, africano. Por um lado, tratava-se de uma tutela atendível em função de presumidos escolhos políticos legados pelo passado colonial. Diga-se, a coberto dessa remissão para os imaginados escolhos desse passado, o que acabava a um tempo camuflado e tacitamente justificado era o paternalismo dos dirigentes. Malgrado o palavreado revolucionário, esse paternalismo tinha pontos de contacto com o paternalismo colonialista. Por outro, essa tutela suscitava compreensão em razão dos paradigmas ideológicos da época,[3] entre eles o relativo ao papel do Estado na indução do desenvolvimento e na criação da nação e da identidade nacional.[4]

Justamente por causa da controvérsia em torno dos processos de mutação social e política pós-independência e, bem assim, da omnipresença do Estado enquanto actor num tal contexto político, merece a pena sopesar a representatividade social da recusa em apodar a liderança do MLSTP de ditatorial: hoje, quantos são-tomenses classificam o sistema monopartidário erigido após 1975 de ditadura? Independentemente das motivações — também geradas pela cada vez mais frequente distribuição de bens materiais aquando de eleições — vários triunfos eleitorais do MLSTP (hoje MLSTP/PSD) denotam que, ao menos para uma fracção dos são-tomenses, a sua imagem não é a de um partido tão somente responsável por um regime ditatorial.

Ainda assim, no rescaldo das eleições presidenciais de 2001, um dirigente do MLSTP mostrou-se perplexo com o ressentimento remanescente contra o partido e contra Pinto da Costa, então derrotado. Ele considerava o ressentimento vazado nesse resultado eleitoral como algo de inusitado em África, onde em parte alguma persistiria animosidade equiparável contra o fundador da nação. Para esse dirigente, que se apartara aquando da deriva autoritária no pós-independência e que retomara a militância partidária no dealbar do processo de liberalização política, afigurava-se injustificada a sanha popular contra o MLSTP e a sua figura cimeira, Pinto da Costa.[5]

O MLSTP e Pinto de Costa suscitam pulsões afectivas de sinal contrário. Muitos são-tomenses têm aversão ao MLSTP, menos pela avaliação das políticas (reais ou propagandeadas) do que pela responsabilização das suas vidas perdidas (cotejadas, de resto, com a ascensão económica e social dos que monopolizaram o poder após 1975). Em todo o caso, como se referiu, a feição autoritária da liderança do país até 1990 não pesou sempre nos posteriores pleitos eleitorais. Tão pouco as sucessivas derrotas eleitorais do MLSTP ao longo de 2006 brotam forçosamente do desagravo contra um partido responsável pelo sufoco das liberdades e pela perda económica do país. Brotam, por exemplo, das mutações sociais e de alterações na forma de fazer política que nem o MLSTP nem os respectivos líderes lograram acompanhar.[6]

Para tentar compreender o curso histórico após 1975, em face, entre outras circunstâncias, da conversão dos dirigentes independentistas a valores que tão denodadamente repudiavam nos anos da sua hegemonia sobre os seus concidadãos, cabe perguntar a que deveram aqueles dirigentes a preservação do seu poder de que, ao cabo de 15 anos, abdicaram em prol de uma mudança de regime? Para além de factores culturais, os contornos sociais da adesão ao projecto político do MLSTP e, durante alguns anos, aos líderes políticos mereceriam escrutínio exigente. Neste texto — em parte tributário da observação pessoal entre 1981 e 1987 — propomo-nos explorar sucintamente algumas facetas da condução do arquipélago e aventar hipóteses de explicação dos rumos do autoritarismo no pós-independência.

O COLONIALISMO RECENTE NO ARQUIPÉLAGO

Para isso, comecemos por uma resenha histórica. Em fim do Oitocentos, o arquipélago foi considerado uma colónia-plantação, noção que acompanhou a disseminação de plantações (localmente designadas *roças*) pelas duas ilhas. As roças caracterizavam-se por uma clivagem social coincidente com a diferença racial entre roceiros e os seus subalternos, de um lado, e os serviçais importados de outras colónias portuguesas, de outro. A reboque dos proventos aduaneiros, as autoridades cederam aos interesses dos roceiros, apoiando a extroversão económica e, indirectamente, a marginalização dos ilhéus.

Essa marginalização deveu-se, em primeiro lugar, ao crescendo de um pensamento colonialista enformado pela exaltação da *raça lusa* e pela afirmação da superioridade dos europeus, nem sempre comprovada à luz do próprio ideário colonialista. Esse facto não impediu a subalternização dos ilhéus e, daí, o ressentimento pelas práticas administrativas baseadas na discriminação racial. Em segundo lugar, deveu-se à secundarização económica dos ilhéus ditada pela criação das roças por europeus. Deveu-se, ainda, ao empobrecimento das ilhas em resultado do declínio das plantações de cacau nos anos 1920 e, seguidamente, da crise de 1929. A marginalização dos ilhéus acentuou-se na primeira metade do Novecentos.

Tal como em séculos anteriores, ao longo do Novecentos os nativos demarcaram-se dos serviçais, procurando evitar a sujeição nas roças e quedar-se, pelo menos, numa posição intermédia na sociedade colonial pautada por constrangimentos políticos e policiais, particularmente após a instauração da Ditadura em 1926 e da institucionalização do Estado Novo em 1933. Nos derradeiros decénios do colonialismo, para tentar minimizar os ecos da crescente hostilidade ao colonialismo desde a Segunda Guerra nos *fora* internacionais, o poder colonial fez reformas de cariz administrativo, limitou o mando dos roceiros e implementou políticas de promoção do bem-estar público. Em parte devido a essas pequenas reformas, houve lugar a alguma integração social entre os vários segmentos de africanos presentes no arquipélago. Sem um mercado de trabalho significativo nem competição pela mobilidade ascensional, prevaleceu uma relativa paz social, igualmente favorecida pela melhoria das condições de vida nas ilhas nesses anos.

A estruturação económica assente nas roças, a acomodação dos ilhéus à condição de grupo marginalizado mas desobrigado do duro labor nas roças e, ainda, a previsibilidade do quotidiano cristalizaram o ambiente social, naturalmente também contido pela ameaça policial que, mais do reprimir, prevenia manifestações de dissidência. A contestação ao colonialismo nas ilhas era quase inexistente, incutindo nos visitantes a impressão de uma efectiva paz social. A sociedade microinsular apresentava-se como imobilista e algo impermeável à mudança política e social.

Quando o colonialismo chegou ao fim sem uma tradição democrática, nas ilhas esbatera-se a memória do liberalismo e dos despiques políticos do Oitocentos e de inícios do Novecentos, anteriores à Ditadura (1926-1933) e ao Estado Novo (1933-1974). Em contrapartida, sedimentara-se a observância de procedimentos legais e institucionais. A burocracia e a solidez do Estado afiguravam-se um garante da autoridade e, bem assim, de regulação e da paz social, que, malgrado a turbulência política do período de transição para a independência, os são-tomenses poderão ter desejado vislumbrar nas propostas de condução do Estado pelos dirigentes do MLSTP consagrados pelo exílio e creditados pela faceta eurocêntrica das suas mensagens.

Ora, mantendo e ampliando alguns dos hábitos e rituais de inculcação da autoridade, os dirigentes do MLSTP alterariam políticas e rotinas administrativas em prejuízo da regulação social. Os dirigentes usaram da violência do Estado para tentar transformar os cidadãos recalcitrantes e conter as reacções populares, de outro modo porventura desencadeadas pelo uso de ideias e expectativas criadas no período de transição para a independência.

A TRANSIÇÃO PARA A INDEPENDÊNCIA

A independência das ilhas foi em muito tributária da luta de libertação nas outras colónias portuguesas e, em termos mais imediatos, da revolução de 1974 em Portugal. Nos anos 1960, criara-se o Comité de Libertação de São Tomé e Príncipe, cujo desempenho foi estorvado por várias cisões, aparentemente cerzidas em julho de 1972, em Santa Isabel. Criou-se, então, o MLSTP, sendo eleito líder Manuel Pinto da Costa, não conotado com qualquer das facções em luta pela hegemonia entre os independentistas. Nas ilhas, os ecos da actividade dos exilados eram ténues e a militância pela independência era quase nula.[7]

Em parte, a génese e a construção de um poder voluntarista e, depois, autoritário resultaram da conjuntura internacional e, em termos locais, da ocupação do vazio criado pela demissão repentina do poder colonial. No arquipélago, faltavam figuras detentoras de um inequívoco reconhecimento, baseado, por exemplo, na luta pela independência. Ou tão só pela defesa dos são-tomenses no quadro colonial. Ora, a seguir ao golpe de 25 de abril de 1974 em Lisboa, o lema da descolonização tornar-se-ia impetuoso, revelando o cúmulo de um ressentimento calado contra a discriminação racial, que, afinal, a política social dos anos antecedentes não dissipara. Naquela conjuntura politicamente radicalizada no mundo, em Lisboa e nas ilhas, o confronto entre diferentes perspectivas acerca do destino do arquipélago foi desigual e breve. Em maio de 1974, constituiu-se a Frente Popular Livre. De feição conservadora, ela veiculava posições cautelosas de um grupo de *filhos da terra* pertencentes a uma "elite" mais "tradicional". Esse grupo acabou desarmado pela súbita abdicação do poder colonial que, até então, não só não o apoiara em vista de uma possível política neocolonial atinente à preservação de interesses dos proprietários portugueses, como o comprometera irremediavelmente ao demandar a sua acomodação à política colonial nos anos precedentes. De outro quadrante emergiu a Associação Cívica Pró-MLSTP. Apostados na radicalização do ambiente político, os elementos da Cívica — entre eles, estudantes universitários — promoveram alguma agitação social e política para levar a população a aderir ao MLSTP e, supostamente, obrigar o poder colonial a aceitar a independência do arquipélago. À época, era possível e proveitoso apostar na radicalização, de resto favorecida tanto pelo arrastar do colonialismo português quanto pelas circunstâncias políticas na própria metrópole colonial e no mundo. No meio da turbulência política sobrevinda ao derrube da ditadura em abril de 1974, o poder colonial demissionário considerou o MLSTP o legítimo representante do povo são-tomense,[8] em desfavor de outras formações partidárias e de outras soluções políticas entrementes alvitradas no arquipélago.[9] A 26 de novembro de 1974, em Argel, os governantes portugueses acordaram com o MLSTP a composição de um governo de transição e a realização de eleições. Com a vantagem do reconhecimento da sua liderança, o MLSTP absorveu a Frente Popular Livre. Também por causa da turbulência política na metrópole, não se atendeu de forma consequente ao imperativo da auscultação da vontade dos são-tomenses. Prescindiu-se de eleições efectivamente plurais e representativas. O MLSTP não queria ver traduzidas em votos as aspirações da população, conquanto se tenha sujeitado à encenação da eleição de uma assembleia.[10] Independentemente da sua provável vitória, quando das pretensas eleições de 7 de julho, o MLSTP já hegemonizara o tecido político e social, garantindo, de antemão, uma vitória em toda linha.[11]

Num ambiente de exaltação política, a independência teve lugar a 12 de julho de 1975, pondo termo a uma colonização multissecular. No hino, o sentimento anticolonial está vertido no verso "independência total e completa". Na bandeira, com as cores do pan-africanismo, as ilhas estão simbolizadas por duas estrelas negras. O escudo do país comporta o lema — Unidade Disciplina Trabalho — de conotação ideológica convergente com o voluntarismo político dos dirigentes do MLSTP.

O impacto emocional da denúncia da clivagem racial do colonialismo e, a jusante, da invocação da necessidade de justiça social e de resgate da dignidade espezinhada pela opressão colonial[12] ajudou a dissimular a imposição de um caminho no sentido da instauração de um regime ditatorial que adoptaria uma coloração marxista.[13] Ao tempo, a politização da história recente do arquipélago — resumida à opressão colonialista — abriu caminho à implantação de um regime autoritário. A Associação Cívica criara uma "luta" contra um poder colonial demissionário, cujos delegados queriam tão somente manter a estabilidade social possível até a transferência do poder. No imediato, o alvo dessa "luta" foram os proprietários, desamparados pelas autoridades coloniais e empurrados para fora das roças, e os restantes colonos, aviltados na cidade. Uns e outros foram "varridos" para fora do arquipélago. A prazo, essa "luta" pela independência teria repercussões de vulto para a população são-tomense. A criação de uma "luta", que supostamente colocava o arquipélago no patamar das colónias onde a violência produzira resultados políticos, introduziria uma dinâmica conflitual atinente à criação de "inimigos" políticos externos e, passo subsequente, de "inimigos" internos. Dito de outro modo, o "inimigo" acabaria por verter das fronteiras externas para o interior do universo são-tomense, como que justificando o aparato policial do Estado e as restrições dos direitos humanos.

Concomitantemente, várias circunstâncias políticas induziram uma percepção vinculativa de um destino comum e de uma unidade orgânica dos são-tomenses, assim como desses com os irmãos das outras colónias portuguesas e com os africanos em geral. As colónias portuguesas chegavam juntas à independência sob um discurso político e ideológico semelhante, comportando uma visão teleológica da história. Essa visão contribuiu para a aceitação da mensagem política dos exilados, tida como redentora e, repise-se, excludente de outros desenlaces políticos que não um Estado hegemonizado pelo MLSTP.

Por conseguinte, a independência foi veladamente associada a uma construção política dirigista e centralizadora. O conceito de liberdade acabou referido à emergência da nação ou de um Estado nacional com um território e uma população cultural e socialmente homogénea. Dito de outro modo, a ideia de liberdade acabou amputada e cingida à emancipação do jugo colonial. A dimensão do exercício das liberdades individuais políticas e cívicas foi obliterada por injunção de um ambiente compósito de exaltação política e de conformismo perante a autoridade que substituía a dos europeus.

A 5 de novembro de 1975, a Assembleia, formada dias antes da independência, aprovou por unanimidade uma Constituição. Essa confirmava um regime de partido único, sancionando a hegemonia do Estado e da sociedade pela sua vanguarda política, o MLSTP. Criava-se uma arquitectura política e ideológica similar à dos regimes socialistas de Leste, como o denota a designação de República Democrática de São Tomé e Príncipe. Apesar da liberalização política, essa designação, bem como os demais símbolos nacionais, prevaleceu até hoje.

O APOIO AO PROJECTO POLÍTICO DE RECRIAÇÃO DO CORPO SOCIAL

Para além da adesão ideológica e afectiva que suscitou, o MLSTP respondeu quer aos sentimentos de uma mole de marginalizados pela economia colonial baseada nas roças, quer aos anseios de pequenos comerciantes, pequenos proprietários e, em especial, funcionários subalternos[14] com memória da barragem à sua ascensão por meio da discriminação racial. O poder do MLSTP assentou nas dinâmicas políticas por si induzidas durante o período de transição e nos anos imediatamente posteriores à independência.

A adesão de parte significativa da população ao MLSTP foi lograda com promessas de igualitarização.[15] Ou, noutros termos, por meio da manipulação da ambição social da equidade assente na distribuição da riqueza recuperada aos colonos. Da mensagem de equidade social dos novos governantes podia inferir-se a conveniência da eliminação da competição política e social, assim se validando, embora implicitamente, o desejo de paz e de previsibilidade do quotidiano no meio insular.

A adesão ao MLSTP viveu ainda de duas circunstâncias sociais: a oferta de emprego na administração estatal e, não obstante o projecto igualitário, o (velado) predomínio dos são-tomenses sobre o outro segmento da população, o dos ex-serviçais.

Não obstante o dualismo económico e social imposto pelas roças, devido ao decréscimo da importação de braços nos derradeiros anos e às políticas encetadas nos derradeiros anos do colonialismo, em 1975, São Tomé e Príncipe pautava-se por uma relativa homogeneidade cultural. Embora as identificações étnicas não se resumissem a algo de circunstancial,[16] a independência acabaria por colocar a nu a sua menor valia política. Tal sucederia dadas a aludida integração social, a ideologia de cariz marxista propugnadora da igualdade social e, ainda, o facto de o grupo mais diferenciado, o dos cabo-verdianos, ser estrangeiro.

Animados pelo ideário marxista, aparentemente os dirigentes não favoreciam um grupo étnico em detrimento de outros.[17] Pelo menos assim era dito, conquanto alguns autores frisem a identidade étnica — de *filhos da terra* — dos membros da classe política no pós-independência. Nessa medida, tongas,[18] ex-serviçais e até os angolares[19] acabaram desprovidos de qualquer papel político significativo.[20] Esse processo não se revestiu de aspectos gravosos fosse por causa da relativa integração social, fosse pela coincidência parcial dessa clivagem com uma diferença de nacionalidade, fosse, por fim, pelo facto de tal desapossamento político ter sido, afinal, vivido pelo comum dos são-tomenses.

Hoje, dificilmente se discernirá no regime monopartidário um projecto de classe, que não o de uma classe-Estado constituída a partir da tomada de poder em 1975.[21] Aventar-se-á que esse desiderato se foi desenhando à medida que os projectos igualitários se afiguravam impossíveis e que, a pouco e pouco, se fincava a convicção da possibilidade de acumulação económica como estreitamente associada à ocupação de posições na hierarquia política e, nessa medida, como irrepetível. No tocante à modelação da sociedade, de acordo com o ideário de feição socialista ou marxista,[22] o intento claro foi a da remoção dos colonos e, em particular, dos proprietários das roças. Essa meta parecia escorar os desígnios igualitários. Nalguma medida, tal aspiração igualitária, além de conforme aos ventos da época e creditada pela fraternidade de base racial contra o colono, também radicava na irmandade forjada pela socialização num microespaço de elevada interacção pessoal.

Entretanto, a política de favorecimento dos "nacionais" foi mascarada pela universalização da educação e saúde, pela aparente supressão da competição social e, ainda, pela ideologia de tom igualitário. A atribuição de lugares de gestão e de chefia não equivalia a uma diferenciação social que não a necessária para a prossecução dos fins políticos, económicos e sociais, enquanto o usufruto diferenciado de bens era assacado à necessária dignidade dos cargos. Ou seja, a distinção social não decorria da diferenciação assente na posse e acumulação de bens.[23] Na realidade, estabelecia-se a partir do acesso a bens e a oportunidades por via da ocupação de posições no Estado em muito determinada por lógicas clientelares.

Em São Tomé e Príncipe, a complexificação de procedimentos burocratizantes foi aceita por inevitavelmente associada ao desempenho de um Estado independente e por se imaginar que ela corporizava um instrumento imprescindível para uma distribuição justa dos recursos. Com essa visão, a percepção da possibilidade de ganhos para os que passavam a integrar a burocracia induziu a hipertrofia do Estado. Além de ideologicamente validado, o intento de fazer do Estado um instrumento de modelação social[24] e de crescimento económico ia ao encontro de uma conduta historicamente enraizada, a saber, a da procura pelos são-tomenses de cargos na administração, no tempo colonial uma posição de relativo prestígio e que, de alguma forma, garantia um lugar intermédio na sociedade insular. Em parte, o apoio social à política do MLSTP terá advindo do crescimento das oportunidades oferecidas pelo Estado.[25] À medida que o Estado deixou de proporcionar ganhos ou os foi restringindo aos decisores, cada vez mais distantes do dia a dia do comum da população, essa começaria a sonegar o seu apoio ao MLSTP e a estabelecer comparações com o *tempo do colono* desfavoráveis aos novos dirigentes.

Essa comparação fez-se a propósito das roças, donde saía a exportação do país. Com a nacionalização (ou estatização) das roças, em 30 de setembro de 1975, a terra (alegadamente extorquida pelos colonos em tempos idos) não foi devolvida aos são-tomenses expropriados (em boa verdade, incertos ou inexistentes). Mais relevante, também não foi distribuída a ex-serviçais, muitos dos quais se poderiam ter tornado pequenos agricultores. Certamente, a transferência da posse da terra para os ex-serviçais[26] provocaria uma diferenciação social baseada na posse da terra. Ora, a preservação da estrutura fundiária e, com isso, da posse da terra em mãos são-tomenses — concretamente, no Estado — constituiu, conquanto dissimuladamente, um dos recortes étnicos da política no pós-independência.

A estrutura da propriedade fundiária foi mantida intacta, a despeito do retoque administrativo da fusão de algumas roças, assim transformadas em empresas estatais. Salvaguardado o ordenamento económico herdado do colonialismo, os são-tomenses acederam à condição de chefes dos ex-serviçais, substituindo os colonos nesse papel.[27] Assim se mantinha o controlo social e político e se eliminavam as incógnitas sobre o futuro da sociedade insular. Dito de outro modo, preveniam-se conflitos económicos e sociais, mormente os resultantes da diferenciação económica, por mínima que fosse, do segmento dos ex-serviçais transformados em proprietários.

A preservação da estrutura fundiária e a substituição dos dirigentes europeus por *nacionais* não iriam ocorrer sem crispação e conflitos. Nos derradeiros anos do colonialismo, as roças tinham perdido parte das características que, por algum tempo, as tinham aproximado de uma instituição totalizante. Ora, algumas das rotinas de enquadramento da mão de obra de tempos idos terão sido reactivadas no pós-independência, designadamente as atinentes à extracção de uma jornada de trabalho supostamente consentânea com as metas do desenvolvimento. A tensão daí resultante contribuiria para a perda do desempenho produtivo nas roças.[28] Similarmente, noutros sectores económicos, a inépcia e a discricionariedade dos dirigentes alienariam o apoio da maioria dos trabalhadores.

Dada a economia do arquipélago, esse apoio era crucial, fosse para o desenvolvimento — na perspectiva dos dirigentes, dependente do esforço produtivo — fosse, tão somente, para o funcionamento da sociedade. Ao tempo da independência, o projecto desenvolvimentista, tendencialmente convergente com uma redutora visão economicista — em todo o caso, necessária para sustentar as despesas de um novo Estado — tinha contornos eurocêntricos. Esse dado credenciara os líderes independentistas junto dos seus conterrâneos, para quem aqueles tinham adquirido as capacidades dos *brancos*, a quem tinham posto em debandada, substituindo-os na condução do Estado. Mas a política prosseguida pelo MLSTP alienaria o apoio da população.

Já vimos, o regime monopartidário, de inspiração marxista, pareceu aceite ou, pelo menos tolerado, pela sua estreita ligação com o sentimento anticolonial que irrompeu em 1974. Além disso, à época, o ideário marxista e o regime monopartidário pareciam capacitar o Estado enquanto encarnação da racionalidade, alavanca do desenvolvimento e instância promotora da justiça social. Um ganho imediato respeitava às prestações sociais nos domínios da educação e saúde,[29] por meio das quais o novo poder pretextou concretizar a igualdade e distribuir a riqueza.

A implementação das metas sociais fez-se à custa da hipertrofia do Estado,[30] o qual concedeu emprego a muitos são-tomenses. Mesmo quando as ascensões sociais não eram de monta (o que diz pouco se os ganhos não forem postos em perspectiva), tal envolveu camadas da população que, num primeiro momento e sem antevisão de futuros contornos da evolução política, aceitavam condicionalismos de ordem individual (e colectiva) em troca da concretização dos seus fins económicos e sociais. Aceitavam-no quer pela falta de enraizamento de práticas democráticas — um escolho à elaboração de soluções políticas alternativas — quer pela ideia de um vínculo orgânico entre os são-tomenses contra os inimigos da sua independência.

Em troca de emprego, das prestações sociais e das promessas de bem-aventuranças futuras, os dirigentes do MLSTP demandavam amiúde engajamento na produção, aludindo à necessidade de recursos para catapultar o desenvolvimento. Ora, perante o recuo dos indicadores económicos, os governantes rapidamente chegaram a enunciações similares às dos colonos sobre o desapego dos seus conterrâneos relativamente ao trabalho.[31] Os indicadores económicos prenunciavam que, a despeito das predições de base ideológica, o protagonismo do Estado se revelaria um fracasso,[32] do que indirectamente resultou um aumento das tensões sociais e políticas. A pouco e pouco a coerção ao trabalho tornou-se inconsequente. Até pela desarticulação das estruturas produtivas e de serviços, a capacidade de coerção atinente a uma prestação laboral a contento foi decrescendo. Afora isso, a observação de favoritismos e de desigualdades relacionadas com laços familiares e lógicas clientelares fez esboroar qualquer propensão para maior empenho laboral. Esvanecida a coerção económica, a corrosão do ambiente social e uma surda, mas crescente, contestação de tom político demandaram o reforço dos meios de contenção social e política.

Sobrevieram diferentes tipos de resistência e, acima de tudo, um progressivo alheamento, patente na descrença e, quando viável, na emigração. A par da crescente desmobilização do grosso da população — proporcional à desmoralização induzida pela conduta das chefias — a rala resistência proviria de indivíduos que tinham logrado alguma ascensão social no período final do colonialismo e que a viam interrompida ou condicionada pela discricionariedade política. Viria também de indivíduos que, senhores de outra lida do mundo, adivinhavam o impasse da aplicação das políticas do MLSTP sem, contudo, ser capazes de tornar politicamente operantes as suas intuições e convicções. O seu protagonismo foi sustido pelos mecanismos de cariz policial e político implementados pelo MLSTP.

A FEIÇÃO AUTORITÁRIA: ENTRE A RUPTURA E A CONTINUIDADE COM O PASSADO COLONIAL

Em 1974-1975, na esteira do imparável radicalismo ideológico e político contra o odioso do colonialismo, pretendeu edificar-se uma sociedade que negava absolutamente o passado e se pretendia imune a qualquer contaminação pelo neocolonialismo. A construção da autoridade fez-se de aparente ruptura de referentes e símbolos, mas valeu-se da continuidade de certas predisposições culturais e dos vínculos de autoridade construídos durante o colonialismo, os quais aproveitaram ao novel Estado e aos seus dirigentes. Ao arrepio da vertigem revolucionária, o Estado são-tomense tornou-se, ao menos por algum tempo, um Estado pós-colonial, cujos dirigentes se beneficiavam de uma cultura de reverência e do arraigado acatamento da ordem social e da autoridade herdados do passado colonial.

Acentuaram-se os rituais de reconhecimento da autoridade num sentido que, não obstante a laicização do ideário, adquiria contornos de sacralização. Por exemplo, a obrigatoriedade do preito de homenagem à bandeira nacional, que remontava ao tempo colonial, foi solenizada e estendida a todo o território.[33] O preito à bandeira era uma instituição a um tempo enraizada e primacial, adoptada que fora pelas autoridades coloniais. Tal legado não podia ser alijado pelos dirigentes credenciados — relembre-se, também pelo poder colonial demissionário — para governar o país. Mas com isso vincaram o seu poder e enquistaram as relações hierárquicas.

Os dirigentes proclamaram a sua legitimidade fundada na vontade popular contra o colonialismo, em consonância com a sua missão redentora. Num certo sentido, a sua legitimidade decorria da dívida contraída pela libertação do país. Logo, eles estavam no poder por direito próprio e incumbidos, como vanguarda, de prosseguir tarefas como a da erradicação dos resquícios coloniais. Antecipe-se, o invólucro de sacralidade dos desígnios nacionais, aparentemente firmado pela observância popular dos ritos do poder, como o da bandeira, não deteria a perda de legitimidade dos governantes.

A consolidação do regime autoritário socorreu-se de outros mecanismos psicossociais indutores do conformismo e da aceitação da subalternidade. Entre eles, esteve a inscrição de uma nova memória numa colectividade refundada.[34] Com efeito, do desígnio de modelação da sociedade fez parte a reescrita da história, mais concretamente o apagar da história. Tal providência visava a uma uniformização do colonialismo (eliminando diferentes experiências históricas e políticas de são-tomenses de gerações passadas, de que já não restava memória) e, daí, a afirmação de uma única possibilidade de governo, a proposta pelos líderes regressados do exílio.[35] Contra eventuais tentações de reversibilidade ou saudosismos, criou-se um tempo novo.

Recusou-se o passado por obscuro, com o que se pretendia obter, por ausência de qualquer crivo de comparação, livre-arbítrio para facetar o presente e, pensava-se, o futuro.

Não obstante a condenação do atraso colonial, os mecanismos de poder replicavam o relativo imobilismo social do período final do colonialismo. Os dirigentes apostavam num apertado controlo das mudanças sociais e na prevenção da competição social e política (tal como no colonialismo, da ausência de competição política deduzia-se a inexistência de dissidências que se queriam crer erradicadas ou, quando muito, isolados). Os líderes induziram a mobilização política e o envolvimento do povo nos simulacros de processos decisórios. Na realidade, o ambiente político convidava ao engajamento político. Depois, as demandas de envolvimento pessoal impediam o distanciamento face ao regime, até por as oportunidades de vida dependerem dessa militância. Mas não só.

Como se disse, o MLSTP hegemonizou os órgãos do Estado, anulando a respectiva independência e a separação de poderes. Os esquemas de representação política das populações foram distorcidos. De acordo com a incumbência inerente à condição de vanguarda, os dirigentes apostaram na realização de assembleias em vários colectivos partidários e sociais, em que as votações eram de braço no ar.[36] Alegadamente, tais assembleias eram um meio de facultar a participação popular nos processos decisórios. Manipuladas, as assembleias tinham, dentre os vários efeitos políticos, o de preservação do apoio ao MLSTP por meio de "consciencialização" e da doutrinação (aspecto em que as assembleias se revestiram de eficácia decrescente). Embora ocasionalmente transformadas num fórum de catarse e de desagravo popular perante as crescentes dificuldades no dia a dia, as assembleias eram ocasião azada para suscitar o acato das directivas da vanguarda. Em suma, a participação ritualizada em celebrações e em assembleias políticas resultou num meio de controlo político da população.[37]

Portanto, pese embora a exaltação nacionalista, a ritualização da política e a encenação da participação popular eram indicadores da marginalização política e social do grosso da população, despojada de qualquer capacidade decisória. A participação nessas assembleias para tomadas de decisão foi decaindo, para o que contribuíram quer o enquistamento dos mecanismos de poder, quer o alheamento da população descrente dos ganhos do engajamento político e, no limite, até do empenho patriótico.

Sem embargo dos (posteriores) pronunciamentos em contrário, o regime era de inspiração marxista-leninista. Malquisto, o pluralismo político foi proibido. Na esteira do paternalismo colonialista — herança que indubitavelmente os políticos são-tomenses enjeitarão — aduzia-se o argumento de que a população, em vias de consciencialização política, carecia mais da satisfação de necessidades básicas do que de democracia.

A iniciativa nos planos cultural e social era indesejada e, a dado passo, actividades independentes foram banidas ou inviabilizadas. Os interesses particulares, individuais ou grupais, não eram reconhecidos, tudo se devendo subsumir aos desígnios nacionais[38] e ser enquadrado no associativismo tutelado pelo MLSTP, casos da Organização das Mulheres de São Tomé e Príncipe e da Juventude do MLSTP.

Em busca da unanimidade política, os dirigentes manipularam os sentimentos nacionalistas[38] com vista a sustentar propósitos de controlo social e de transformismo que, com raríssimas excepções, demandavam a todos os habitantes algum ajustamento, mais ou menos forçado, de suas vidas aos objectivos políticos definidos pelo MLSTP. A meta era a criação de um *homem novo* liberto da alienação colonialista. Inicialmente, esse desiderato foi aceite por surgir tacitamente ligado à independência e à visão teleológica da história da humanidade.

O voluntarismo transformista, concretamente no domínio ideológico, permitia aos dirigentes verem-se como líderes espirituais.[40] Porém, no tocante à doutrinação política e ideológica, passada a fase inicial de absorção de lemas de matiz anticolonial, sobreveio um relativo fracasso. Enquanto cimento da coesão política, a doutrinação ideológica seria substituída pela fidelidade devida aos fundadores da nação.

Apesar de implicitamente solicitar a afectividade dos seus concidadãos,[41] o presidente Pinto da Costa não tinha o dom da galvanização das "massas". Num certo sentido, a distância que foi cultivando de forma de realçar a sua condição de líder poderá também dever-se à ausência de carisma. Fosse como fosse, alguma da construção da política e do ser social são-tomense assentou na glorificação da liderança de Pinto da Costa, cujo poder, a dado passo, pareceu roçar o absoluto. Como comummente sucede em situações de monopólio de poder e, na circunstância, por causa da microinsularidade, Pinto da Costa decidia sobre assuntos menores, aparecendo, em última instância, como fiel da balança e factor de equilíbrio num contexto político e social para o qual, durante anos, pareceu inexistir opção.

Decerto, nem a cada vez mais difícil acomodação no meio insular das privações económicas do dia a dia, nem os processos de composição de interesses no seio do MLSTP deixariam de condicionar Pinto da Costa. Não obstante, para o comum da população, ele passou a ser olhado como o detentor do poder. Um dos traços da cultura (política) local era o da deferência para com a autoridade ou o chefe, como era apanágio dos regimes socialistas e como, num certo sentido, sucedera com os governadores coloniais. Em todo o caso, com o passar do tempo, a reverência e o receio caminharam a par com o estreitamento da base social de Pinto da Costa e do MLSTP.

O PROGRESSIVO ALHEAMENTO DA POPULAÇÃO

A alienação do apoio popular foi-se evidenciando na progressivamente menor adesão a eventos de massas, fossem os serviços cívicos nas roças, fossem os comícios nas praças da cidade de São Tomé. Sendo certo que a mobilização estatal para o 1º de maio e, sobretudo, para a festa da independência mantiveram uma afluência popular razoável, a substituição das festas religiosas por datas politizadas — por exemplo, a do dia de São Tomé, 21 de dezembro, pelo dia do Poder Popular — desembocaria num fiasco. Sem disputa política e simbólica declarada, uma menor afluência não constituía uma derrota dos governantes, mas sobrevinha a percepção de que certas crenças eram inamovíveis (afinal de contas, mesmo entre os mais fervorosos adeptos do MLSTP que, se não as ostentavam, as conservaram de forma mais ou menos oculta). Com isso, como que se sustinham alguns dos ímpetos políticos mais voluntaristas dos líderes políticos e que, de resto, iam numa direcção não adivinhada em 1974-1975.

Aliás, cobrando simbolicamente a sua adesão ao MLSTP, os são-tomenses recorreram à comparação com o *tempo do colono*. Possivelmente, os motivos de desafeição da população não se atinham apenas às condições materiais, quanto também à derrogação dos seus padrões de vida e à perturbação das suas crenças (tais questões não eram abertamente faladas por força da imposição de uma nova concepção do mundo que, *a priori*, desqualificava os gostos e os hábitos remanescentes da era colonial).[42] Se no tempo colonial os ressentimentos brotavam da discriminação racial, no pós-independência a vazão política de um ressentimento similar foi contida policialmente. Os são-tomenses sentiam o facto de terem sido levados a trocar o seu modo de vida por uma ideologia que, a cada dia, se lhes revelava fonte de opressão e de empobrecimento. Ademais, o crescente fosso entre dirigentes e dirigidos desmentia a propaganda e o propalado futuro de equidade social. Porventura, a mágoa terá sido proporcional à desilusão de uma nação prometida pelos outrora companheiros de vida e de condição, gerando asserções reactivas como, por exemplo, as que qualificavam a vida de melhor no *tempo do colono*.[43] E se essa menção não se tornou mais operativa e acutilante foi por se reportar a um tempo irremediavelmente perdido.

Note-se, após a independência, as diferenças económicas entre dirigentes e governados não eram mais passíveis de naturalização, como ocorrera com as dedutíveis da diferente condição racial durante o colonialismo. Nessa época, em razão do imobilismo, do paternalismo e, ainda, do difuso ideário colonialista, muita da população colonizada sentir-se-ia menos afrontada pelas diferenças sociais do que viria a suceder após 1975. Para tal concorria uma visão do mundo pautada pela socialização nesse meio colonial relativamente fechado e pela racialização das diferenças sociais.

Ora, com a independência, as mutações políticas não só se tinham anunciado pela difusão de expectativas de um bem-estar vindouro como vieram acompanhadas de instrumentação ideológica com que a população avaliaria *a posteriori* o cumprimento das promessas de crescimento económico e, sobretudo, de justiça social. A negação dessas promessas — de cujo cumprimento não se duvidara em 1974-1975 porquanto se tratava tão somente de dividir a riqueza embolsada pelos colonos — não só se tornou gravosa em razão de ascensões que pareciam injustificadas como desembocaria numa reelaboração da racialização das condutas políticas e sociais, dessa feita associando as irremediáveis dificuldades da vida à *condição* ou *natureza* dos são-tomenses.

A feição da arquitectura do poder — com destaque para a falta de comunicação entre os dirigentes e a população gradualmente arredada das decisões políticas — não fazia senão sedimentar essas convicções aparentemente reiteradas pelo quotidiano cada vez mais penoso. Dito de outro modo, depois de *varrer* com alarde o colono, os dirigentes tenderam a denotar uma incapacidade crescente de atender às demandas, mesmo se já rebaixadas, da população. Por exemplo, essa teve de se habituar a esperar horas em filas por um punhado de bens insuficiente. Em resposta, o alheamento constituiria uma das fugas perante uma configuração política e social sobre a qual tinha perdido capacidade de determinação.

O ENQUISTAMENTO DO REGIME E O CURSO DO AUTORITARISMO

A crer nalguns relatos, no imediatamente pós-independência prevaleceu um exercício não rígido da autoridade, qual réplica das cumplicidades do exílio ou da juventude.[44] A ter sido assim, tal não era sustentável por muito tempo. O exercício e a aceitação da autoridade dificilmente medrariam dadas a elevada interacção pessoal e a proximidade familiar, as dificuldades econômicas (impensadas em 1974-1975) e, em contraponto ao discurso igualitário, a desilusão que paulatinamente se apoderou dos são-tomenses. Essas circunstâncias sugeriram a edificação de uma distância entre governantes e governados. Também a matriz ideológica do MLSTP e, nalguma medida, a concepção que os dirigentes teriam do seu papel impeliam a um exercício do poder impregnado de autoritarismo.

À medida que a exaltação política refluía e as dificuldades se insinuavam, as alegadas ameaças à independência nacional justificariam um regime autoritário contra os *inimigos do povo são-tomense*. A coberto da enfática reafirmação de soberania nacional contra o colonialismo e contra alegadas ameaças neocolonialistas e imperialistas, os dirigentes forjariam meios de controlo social e de repressão política, dirigidos contra os supostos degenerados ou traidores, mas que, na prática, serviriam para deter toda e qualquer divergência de opinião. Com efeito, apesar da feição inclusiva da noção de *povo são-tomense*, rapidamente a demarcação entre aliados e inimigos se aplicou a são-tomenses. Noutros termos, embora pretextando defender o país dos inimigos externos e de traidores da causa popular, os dirigentes do MLSTP edificaram um Estado na perspectiva da contenção das reacções dos são-tomenses, de alguma forma coagidos à fidelidade a princípios imprecisos e, acima de tudo, manipuláveis.

Assim, o MLSTP alicerçou a estrutura de poder na conjugação dos efeitos ideológicos da exaltação política, baseada na conquista da independência e no louvor do *povo*, com os da manipulação do medo, incutido pela capacidade da nomeação dos traidores e mais culpados de minar a harmonia social. A unidade orgânica dos são-tomenses inferida da independência eliminava outras hipóteses de arranjo político e qualquer dissidência era considerada uma traição, isto é, remetida para o domínio do delito comum contra o *povo* são-tomense.

Estribado nesse novelo de justificações sub-reptícias, o regime muniu-se rapidamente de instrumentos repressivos, caso, por exemplo, do decreto de 9 de agosto de 1975 que punia eventuais propagadores de boatos de cariz político.[45] Em dezembro desse ano, criou-se o Tribunal Especial para Actos Contrarrevolucionários.

Concomitantemente à concentração de poderes na cúpula do MLSTP[46] encabeçada por Pinto da Costa, sucederam-se as clivagens que arredaram elementos históricos, de permeio com processos judiciais com intuitos políticos e, por conseguinte, com tramitações arbitrárias. Em 1977, nove cidadãos acusados de tentativa de golpe de Estado foram sentenciados a 16 anos de prisão pelo referido Tribunal. Um deles, Lereno da Mata, morreria em setembro de 1978, ao que se narra, assassinado. Seria o único preso político a falecer na prisão durante o regime monopartidário. É possível que essa morte tenha contribuído para conter a violência extrema, mas vincou os intentos de intimidação e de controlo social total, desígnios que, tal como na era colonial, andavam entrelaçados.

Por via da assessoria política, policial e militar de soviéticos e cubanos[47] e, em menor grau, da presença de um contingente das Forças Armadas Populares de Libertação de Angola (Fapla), o regime foi-se ensimesmando. Ao mesmo tempo que o MLSTP se definia como uma frente nacionalista de forças revolucionárias anti-imperialistas e antineocolonialistas, a polícia política fomentava o medo, tornado um instrumento do poder. Em março de 1979, o dito Tribunal sentenciou Albertino Neto, Maria do Carmo e Orlando Graça a 21, 15 e 4 anos de prisão, respectivamente, por alegada tentativa de assassínio do chefe de Estado.[48]

Em 16 de agosto de 1979, o poder enfrentou uma revolta popular, na sequência da qual se empolou o litígio entre Pinto da Costa e Miguel Trovoada, primeiro-ministro até poucos meses antes. Na senda das costumeiras resoluções de conflitos nos partidos hegemónicos nesses regimes, Trovoada seria acusado de secundar supostas intenções de assassínio de Pinto da Costa.[49] Sentindo-se ameaçado, tentou obter refúgio no estrangeiro, com o que, aparentemente, validou as acusações. Acabaria detido e assim permaneceria sem julgamento até julho de 1981, quando embarcou para o exílio que se estenderia até ao fim do regime de partido único.

Até meados dos anos 1980 acentuou-se o pendor autoritário do Estado, completamente hegemonizado pelo MLSTP. Típico de situações de fechamento político e social, ao mesmo tempo que progressivamente alienavam o apoio popular, os dirigentes tendiam a criminalizar a mera dissensão política. Esse pendor autoritário — e, nalguma medida, autista — também pode ser interpretado como uma reacção à violenta rejeição popular do recenseamento em agosto de 1979. Na falta de uma memória de lutas sociais, sem opções políticas e contra o apertado controlo policial e social, a acção popular, embora violenta, revelou-se desarticulada. Algo espontânea, essa revolta refluiria rapidamente. Mas ela constituiu um sinal iniludível da dissociação entre governantes e populares, impossibilitados de se manifestar politicamente. Essa reacção — inexplicável em vista dos propalados propósitos de igualitarismo entre os são-tomenses — obrigou os dirigentes a compor uma justificação assente na aversão ainda remanescente a tudo o que lembrasse o *contrato* da era colonial.[50] Desse modo, os governantes escusaram-se a interpretar esses eventos de 1979 como uma reprovação da sua liderança política e económica do país e como um sintoma de um mal-estar imparável entre a população.

No geral, o regime não se deparou com uma séria resistência popular. Outra excepção, ainda mais débil, ocorreu no Príncipe. Aqui, as dificuldades económicas, redobradas pela descontinuidade territorial e pela sua exiguidade, levaram a um motim em dezembro de 1981. Embora expressão do crescendo de mal-estar, esse motim, prontamente anulado pelo poder, não teve consequências políticas no imediato. O regime de partido único não enfrentou mais percalços.

Afora a resistência passiva, a abordar adiante, restou a contestação política no exterior, sempre algo rala e fragmentária.[51] Muitos são-tomenses saíram a procurar uma vida melhor, mas alguns emigraram devido a discordâncias com o rumo do país.[52] Esses eram retratados como renegados. Alguns emigrantes ou exilados formaram organizações políticas para lutar contra a ditadura do MLSTP, mas pouco fizeram. Em 1981, criou-se a Frente Nacional de Resistência de São Tomé e Príncipe (FNRSTP), dirigida a partir de 1983 por Carlos Graça. Porém, após um encontro com Pinto da Costa em 1985,[53] no qual terá sido tratada a futura abertura política, Carlos Graça deixou a presidência da FNRSTP em 1986 e regressou ao arquipélago em janeiro de 1988 para assumir a pasta dos Negócios Estrangeiros. Em março desse ano, elementos da Frente da Resistência Nacional de São Tomé e Príncipe-Renovada tentaram o "golpe das pirogas". Pateticamente preparado, esse golpe ocorria a destempo, porquanto eram perceptíveis os sinais — entre eles, o crescendo da contestação em surdina — de abertura política e, sabemo-lo hoje, do fim do regime monopartidário.

CONTROLO SOCIAL, ATENUAÇÃO DO AUTORITARISMO E RESISTÊNCIA PASSIVA

Mais do que traduzida em privação ou agressão física, a violência exerceu-se quotidianamente por meio do controlo da vida social, a um tempo um móbil e um imperativo das cada vez mais insuportáveis carências do dia a dia. Os governantes apostaram na prevenção de eventuais contestações, desse modo remetidas para a vida pessoal, que, mercê da microinsularidade, continuava sujeita ao escrutínio das autoridades.

Aparentemente, nenhum foco ou embrião de potencial violência justificava o aparato de controlo por parte do Estado, que, como se disse, operando a montante da repressão propriamente dita, preservava a impressão de uma sociedade pacífica. A principal razão desse controlo era a imposição de uma dada linha política com repercussões (não só económicas) na vida dos *nacionais*, a partir dos anos 1980 crescentemente relutantes ao voluntarismo transformista dos dirigentes. De resto, esses viriam a prescindir de mudar os seus conterrâneos, contentando-se em contê-los de forma a preservar o regime político.

Adoptaram-se medidas de defesa do *status quo* revolucionário. Por exemplo, a pretexto da ameaça externa, os dirigentes apostaram no enquadramento político do quotidiano e na militarização dos civis por meio da criação de milícias para a defesa da independência nacional contra hipotéticas agressões estrangeiras. Na prática, o fito de tais missões resumia-se ao controlo da população. A possibilidade de fechamento da sociedade — não havia jornais além do oficial *Revolução*, as emissões radiofónicas resumiam-se às da Rádio Nacional e não existia televisão — facilitava o controlo político. Por seu turno, com os laços de parentesco e outras afinidades, essa possibilidade de controlo da população pesaria nalguma contenção da violência política.

Dada essa autocontenção da arbitrariedade — particularmente visível a partir de meados dos anos 1980 — a violência não foi equiparável à de outros regimes ditatoriais, também por praticamente não ter havido resistência. Expectavelmente, recorrendo ao que era hábito na terra, a população forjou expedientes, se não para mudar a política, ao menos para lhe atenuar os efeitos malfazejos. Os são-tomenses recorreram ao empenho familiar ou à solidariedade clientelar tanto para amenizar os ímpetos voluntaristas dos governantes, em especial na primeira fase, quanto, depois, para lograr a sobrevivência.

Outros freios à violência poderão ter resultado de padrões culturais locais. Segundo rumores, alguns governantes teriam, apesar da educação ocidental e do tirocínio político, receios do feitiço.[54] Sendo embora um domínio algo esquivo, as menções de políticos ao receio do feitiço, também as alusões na rua à *natureza do negro* — por exemplo, supostamente impeditiva de projectos de transformação social e, por maioria de razão, de edificação de uma sociedade socialista nos termos aventados pelos dirigentes do MLSTP — sugerem a existência de liames inconfessados que podiam condicionar governantes e responsáveis a vários níveis da hierarquia política e administrativa.

Ainda assim, a solidariedade (ou, de outro ângulo, a obrigação) familiar e clientelar poderá ter sido mais operante do que o eventual receio do feitiço. Embora redundando em acrescidos motivos de descrença no poder, o favoritismo, o paternalismo e o clientelismo constituíam expedientes para pequenos mas decisivos ganhos na resolução de problemas diários. Na medida em que enviesadamente eram encarados como uma prática costumeira e natural, relacionada com a perenidade da desigualdade e da iniquidade sociais, tais expedientes também inibiam a acção política organizada, que não a resistência passiva.

A resistência passiva cresceu, por um lado, induzida pelo medo e, por outro, justificada pelo juízo moral sobre as crescentes assimetrias entre dirigentes e governados e o agravamento das dificuldades do dia a dia. Por exemplo, denotando uma intuição preclara da falência da política económica e de integração social, os ex-serviçais e outros desapossados foram os primeiros a alhear-se das incumbências do Estado, representado pelos directores e chefes. Traduzida na abdicação de um desempenho produtivo a contento, a resistência passiva teve consequências económicas e sociais poderosas, porquanto vincou o desmantelamento das capacidades produtivas, precipitando o empobrecimento do país. Não obstante, tal resistência subterrânea nunca se afigurou politicamente ameaçadora.

Diferentemente, contra o medo da *segurança*, a resistência espelhada nos rumores e, nos anos finais do regime de partido único, em panfletos revelou-se mais profícua do que a oposição aberta ao regime, designadamente por revelar a impotência dos dirigentes e, de certo modo, configurar uma espécie de micropoder contra o MLSTP. Assentes no conhecimento interpessoal, os rumores configuravam uma espécie de contrapoder. De resto, assim terá sido perspectivado logo em 1975 quando se criminalizaram os rumores e os boatos. A esse propósito, uma abordagem que privilegiasse a capacidade de reacção popular enfatizaria um velado temor dos governantes perante um tal contrapoder. Contudo, talvez valha a pena encarar a lei de

1975 como um meio de intimidar e, adicionalmente, de quebrar veleidades de reivindicação da liberdade de expressão.

Previsivelmente, a criminalização não deteve os boatos. Além de desafio ao monopólio da palavra (e do poder) dos dirigentes, os boatos e os rumores veicularam críticas à classe dirigente, mormente em torno da corrupção e do enriquecimento indevido.[55] Em consequência do sufoco da conflitualidade desde a independência, os boatos (e os panfletos) devem ser entendidos à luz do ambiente de um pequeno país fechado, onde a liberdade de expressão era "sufocada pelo medo".[56] Num contexto de rala participação cívica e política, a *rádio boca a boca* tornou-se sintoma de descrença nos líderes políticos, de desmotivação social e, note-se, sintoma da incapacidade de mobilização para projectos colectivos.

Já se disse, a mobilização política e social subsequente à independência foi substituída pelo alheamento e pela resistência passiva, sendo essa determinada pelos condicionalismos políticos e pelo temor difuso face à deriva autoritária. A partir de um dado momento, a passividade — que, dadas as metas dos governantes, foi ganhando foros de resistência esconsa — pareceu avalizada pela noção (inconfessada) da transitoriedade do regime. Com efeito, a intuição acerca da evolução política provável terá sugerido paciência.[57] É difícil afirmar, mas aventaríamos a ideia de que, decorridos os primeiros anos, grassou a percepção de que, mais ou tarde ou mais cedo, haveria lugar a uma contemporização e de que o regime de partido único correspondia a uma tormenta forçosamente transitória. Em termos hipotéticos, diríamos que essa intuição decorreria também da observação da conduta dúplice dos dirigentes, assim como das suas dificuldades face à resiliência de um arrogado modo de ser dos são-tomenses.[58]

Pragmático, o conformismo da população devia-se, então, ao receio e, apesar do empobrecimento, à capacidade de sobrevivência com base numa economia de subsistência, entrelaçada, nalguns casos, com os réditos da solidariedade familiar e, noutros, com os da canibalização do Estado, isto é, da possibilidade de extorsão dos réditos do Estado por via de múltiplas, conquanto hierarquizadas, redes de redistribuição dos bens.[59]

O IMPASSE

As dificuldades económicas — que só não comprometeram a sobrevivência dos indivíduos dada a possibilidade de tirar o sustento da terra — cimentaram a convicção da necessidade de uma inflexão no rumo apontado pelo MLSTP, a dado passo percebido como causa do irremediável abaixamento dos padrões de vida.

Em face da degradação económica (para que contribuíam a corrosão das relações laborais e a deterioração da capacidade produtiva instalada) e das privações extremas de 1983-1984, causadoras de subnutrição e de fome,[60] o MLSTP ensaiou pequenos passos no sentido da abertura económica. Até meados dos anos 1980, não subsistia a memória de fomes. Relativamente ao tempo colonial, as queixas respeitariam à dominação, mas não a fomes. Aliás, tal configurava uma impossibilidade em ilhas tão férteis e abundantes em água. Inevitavelmente, as carências de 1983-1984 — inesperadas por radicalmente contrárias às promessas da independência e às condições do país — sugeriram interpretações políticas[61] adversas ao MLSTP. De outra perspectiva, as ideias relativas à necessidade de mudança de rumo ganharam fôlego por a fome de 1983-84, qual espécie de castigo bíblico, ter culminado um crescendo de dificuldades no acesso a bens de primeira necessidade.

Em meados da década de 1980, a inércia, a remanescente coesão política em torno dos objectivos patrióticos de *independência total* e do MLSTP e o medo ainda laboraram no sentido de não se relacionar a necessidade de inflexão de rumo económico com a mudança do regime político. Apenas se rejuvenesceu algum pessoal político. O MLSTP parecia preservar capacidade de iniciativa e ainda se arrogava a condição de vanguarda da sociedade.

No rescaldo da crise de 1983-84, os dirigentes anuíram a encarecer a iniciativa individual, mormente na agricultura. Ao tempo, ainda não se abria explicitamente espaço para a diferenciação económica (pensava-se, sobretudo, no fornecimento de produtos agrícolas ao mercado urbano). Nesse tactear da liberalização económica (não necessariamente precursora da liberalização política, que não estaria nas cogitações dos dirigentes do MLSTP) procuraram-se parcerias para rentabilizar as roças nacionalizadas. A gestão de algumas delas foi entregue a antigos proprietários ou a entidades privadas supostamente credenciadas. Afora os desideratos económicos de uma tal medida, mantinha-se a estrutura social. Em todo o caso, a abdicação do Estado da tutela das roças configurava uma espécie de mensagem sobre a procura pelos dirigentes do bem-estar para os seus concidadãos. Aqui e além, o desempenho dos novos titulares das roças foi aventureiro ou, no mínimo, irrealista, evidenciando ignorância da história da acumulação numa actividade precária como a agricultura num contexto social tributário da memória do colonialismo.[62] Essa memória colonial influiria na gestação de diferentes sentimentos, a saber, desde a rejeição de demandas de trabalho identificadas com a opressão de outrora até a expectativa de um paternalismo do *branco* atinente à reposição de um padrão de vida seguro. Num contexto social marcado pela progressiva entropia, ambos os sentimentos potenciavam as dificuldades nas relações laborais e, concretamente, num esforçado desempenho produtivo.

Os passos no sentido da liberalização económica não bastaram para a recomposição do tecido social. Porém, algumas repercussões mais imediatas — abastecimento do mercado local com géneros importados de consumo corrente no tempo colonial — acenaram com as virtudes do mercado, afinal de contas, compatível com a autenticidade são-tomense demandada pelos dirigentes do regime.[63]

Num certo sentido, a crise alimentar de meados dos anos 1980 desarmou politicamente os dirigentes. Esse desarme político advinha do fosso económico entre os dirigentes e a população, bem como do aparente beco causado pelas opções económicas do pós-independência. Desse modo, depois de refreados os ímpetos de criação do *homem novo*, abrandou a propensão para condicionar política e socialmente a população que, veladamente embora, ia expressando a sua dissonância.

Ao mesmo tempo que deslocava o eixo do relacionamento diplomático para os países ocidentais, dava pequenos sinais de abertura. O regime inaugurou as emissões de televisão. Na década de 1980, a facilidade de circulação para e do exterior também aumentou. O número de quadros que não regressava e que, pretextando impossibilidade de sobrevivência, reivindicava mudanças políticas não cessava de crescer. Chegava-se a um impasse entre a percepção da necessidade de mudanças, por um lado, e os vários óbices a tais mudanças (na verdade, algumas delas resultariam tão somente do colapso dos procedimentos burocráticos preconizados nos anos pós-independência para a gestão económica e a administração de pessoas). Por exemplo, o afrouxamento do controlo político e policial dos cidadãos não deu espaço para discussão aberta do futuro do país.

O regime concitara um crescente cepticismo e tornara-se alvo de contestação latente. Para além do controlo político e do conformismo, três factores laboraram no sentido de conter a emergência de revoltas: a prevalência de uma resistência passiva ou de baixa intensidade, concretizada, por exemplo, na desobediência contumaz que floresceu proporcionalmente à frouxidão dos laços sociais e laborais; a intuição da evolução política no sentido liberalizante (inferida da mudança do eixo de relacionamento diplomático); e, por fim, a atitude mista de dependência clientelar e da referida desobediência ou omissão, atitude derivada do pragmatismo aprendido na luta pela sobrevivência no dia a dia.

A população apercebeu-se do esboroamento dos esquemas policiais e do autoritarismo. A pouco e pouco, como que se firmou um pacto tácito: não se questionava o poder em troca da abstenção de interferência na vida dos cidadãos *nacionais*, corriqueira nos primeiros anos de independência. As cambiantes desse pacto eram várias: aos apostados numa carreira política, reclamavam-se provas de fidelidade. Para os empenhados numa ascensão social, a negociação de pequenos favores e a invocação da afinidade familiar ou da proximidade social pareciam caminhos azados para essa ascensão. Já os indivíduos situados na margem das políticas de inclusão económica e social terão antevisto a progressiva miséria, fundando na lassidão da coerção económica a predisposição para ignorar os apelos e os ditames da hierarquia política, vivendo, tal como no regime colonial, pobres mas desobrigados.

Não ocorreram levantamentos sérios também por falta de alternativas. Dada a desarticulação política, a maioria denotou receio de represálias ou passividade face a um destino que, tendo contornos de um logro, parecia, a dado passo, inelutável.[64] Depois, refluiria a necessidade de desagravo na medida em que, em vista da consolidação da condição de cidadão são-tomense e da falta de opções políticas, o tempo relativizava o incumprimento das promessas da independência e o arbítrio dos primeiros anos de independência.

Entre os dirigentes, um hipotético receio de uma revolta violenta pareceu afastado. Mas, na mesma medida, a capacidade de uma efectiva liderança também quedou coarctada, até pelo reconhecimento (calado) da falência do projecto político e social em nome do qual se tinham exigido adaptações mais ou menos esforçadas aos são-tomenses.

A CAMINHO DO MULTIPARTIDARISMO

Ao cabo de anos de impasse,[65] o caminho da reforma do regime foi iniciado pelo presidente Pinto da Costa. Depois, a exemplo de outras transições políticas, uma vez aberta a primeira brecha, outros actores tiveram uma palavra a dizer. Entre eles, os militantes renovadores do MLSTP, para quem, a pouco e pouco, o patriotismo terá deixado de estar forçosamente imbricado com a edificação de uma sociedade socialista. Também os dissidentes do MLSTP de sucessivas épocas engrossariam a oposição e viriam a reclamar a mudança do regime político.

Até hoje, a transição para o multipartidarismo provoca interpretações discordantes: uma, a oposição interna e a contestação dos militantes renovadores do MLSTP tiveram consequências limitadas, quando não despiciendas, na lenta mutação política. A transição teria sido consequência de imperativos económicos[66] e da influência dos países ocidentais. Previsivelmente, no arquipélago, os actores ligados ao MLSTP defendem a tese de que a transição democrática "não foi imposta do exterior, resultando substancialmente da evolução do regime instaurado".[67] Logo, as mudanças teriam brotado da acção da minoria renovadora no seio do MLSTP.[68] Diferentemente de outras crises de regimes autoritários, o MLSTP teria organizado a transição para um regime democrático.[69] Outra explicação aponta para o perigo de implosão derivado da paralisia a que chegaram o MLSTP e Pinto da Costa em razão quer da linha radical adoptada até meados da década de 1980, quer da subsequente viragem económica liberal. Esse perigo de implosão teria empurrado para o multipartidarismo que, inicialmente, não constaria das soluções com que se tentou reparar o fracasso económico.[70]

Em 1987, aceitou-se a existência de tendências no seio do MLSTP e, com isso, a institucionalização da tensão entre *statu quo* e a mudança. Continuando a tactear a abertura política, o MLSTP organizou em dezembro de 1989 uma conferência nacional aberta a independentes. Em fevereiro de 1990, o denominado Grupo de Reflexão realizou uma reunião política. Em maio de 1990, Miguel Trovoada regressou, sendo triunfalmente acolhido pela população desejosa de *mudança*, lema que, volvidos 15 anos, sucedia ao da *independência*. A abertura política culminou no referendo, em agosto de 1990, de uma constituição semipresidencialista. Com a aprovação do projecto de nova constituição, inaugurou-se o regime multipartidário, igualmente denominado de II República.

A Constituição de 1990 consagrou os direitos políticos e cívicos e designou como fonte de poder a vontade do povo expressa em sufrágio directo e universal. As primeiras eleições legislativas realizaram-se em janeiro de 1991, sendo ganhas pelo Partido da Convergência Democrática — Grupo de Reflexão (PCD-GR). Seguiram-se as presidenciais, em março desse ano, das quais Miguel Trovoada saiu eleito com 82% dos votos. Ao menos nas urnas, a *mudança* triunfava de forma esmagadora.

É difícil aventar quais seriam inicialmente os desígnios de Pinto da Costa. Em vez de tentar (ou aparentar tentar) salvar o regime, por meio da designação de um sucessor, terá julgado possível preservar o poder,[71] mudando o regime, indo, assim, ao encontro das aspirações populares, entrementes reformuladas com a abertura do país a mais contactos com países ocidentais. Dito de outra forma, apostou na mudança de legalidade para renovar a legitimidade do seu poder. Sabendo-se não carismático, terá querido ser um líder em consonância com os anseios populares. Com efeito, as emendas no projecto de constituição[72] fundam a suspeita de ter julgado possível controlar a transição política. A ter sido assim, apercebeu-se atempadamente de que perderia as eleições presidenciais de 1991. Já em 2001, achando-se porventura credor do tributo dos são-tomenses enquanto fundador da pátria, concorreu às eleições presidenciais. O MLSTP e ele próprio mostraram-se incapazes de renovar a sua imagem e, concretamente, de emendar os tiques da performance do regime de partido único, patentes, por exemplo, na cenografia do comício de encerramento da campanha presidencial na Praça da Independência. O apego afectivo de parte dos seus correligionários não bastou e Pinto da Costa perdeu as eleições para Fradique de Menezes. Essa personalidade representava uma outra ordem moral que, aparentemente desvinculada de ideologias e norteada pelo pragmatismo, triunfara no mundo. E, por via das mudanças sociais, também nas ilhas.

OS RASTOS DO AUTORITARISMO...

Porém, a história das ilhas tece-se igualmente de aparentes continuidades. Sem embargo de indicações inequivocamente positivas no tocante aos direitos individuais — mormente o da liberdade de expressão e de associação — persistem rastos de autoritarismo. Assim como o regime de partido único se edificou por entre a herança da tutela colonial, assim certos rastos do autoritarismo firmado durante o regime de partido único operam até hoje, contaminando tanto condutas de ocupantes de cargos institucionais como difusos sentimentos populares sobre a governação do arquipélago.

Por exemplo, no que toca ao desempenho técnico e institucional no Estado, os dirigentes parecem não alcançar outro padrão de entendimento de suas funções que não o da identificação estrita de sua vontade com o desempenho institucional, tendendo a exorbitar nas demandas aos subordinados. Portanto, no regime multipartidário, as práticas políticas parecem reféns de atavismos ou de padrões culturais locais, por alguns qualificados de africanos.[73] Além dos expedientes clientelares, destaquem-se o revanchismo político, a arbitrariedade, a menor tolerância democrática e, no dizer de são-tomenses, até a falta de civismo.[74]

A par da contínua perda económica, esses dados explicam o desalento ou, em alternativa, alguma receptividade, ao menos retórica, perante soluções musculadas que, com justiça aparentemente mais expedita, tornem o quotidiano mais tolerável. Com efeito, alguma relutância à mudança social ou o apego a um mundo mais previsível tornam certas franjas sociais saudosas do regime de partido único,[75] como, num certo sentido, alguns são-tomenses foram saudosos do tempo colonial ou, pelo menos, de certas facetas da vida nesse tempo. Assim sendo, o afloramento de sentimentos democráticos ou, em contraponto, de maior conformismo perante soluções mais autoritárias atém-se menos a uma suposta idiossincrasia são-tomense do que à percepção da capacidade de determinação de suas vidas ou da previsibilidade do quotidiano.

Desde 1974, por duas vezes os são-tomenses acreditaram na ventura das mudanças políticas, em ambos os casos de certo modo associadas a uma pessoa. Em 1974, sem experiência política, a redenção do pecado colonial — fosse o da condição colonizada do são-tomense, cuja humanidade se resgatava com a independência, fosse, mais prosaicamente, o da passividade até ao cair do pano do colonialismo — empurrou os são-tomenses para a entrega do poder a um grupo de conterrâneos exilados e, concretamente, a Pinto da Costa. Em 1990, a expectativa posta na *mudança*, um lema replicado nas ruas, levou à vitória arrasadora de um exilado, Miguel Trovoada. A conflituosidade política advinda com o multipartidarismo e, sobretudo, as crescentes assimetrias contrastantes com um persistente empobrecimento desiludiram a população esperançada no fim das carências da era do monopartidarismo. Não é difícil aceitar que, para parte dos são-tomenses, essa motivação material sobrepujaria a questão da fórmula do exercício do poder. Entre outras consequências, a desilusão com a *mudança* preparou o terreno para a crença na regeneração do regime político pela acção de alguém com créditos no mundo empresarial e, até então, algo apartado da política na terra. Apesar de elementos dos MLSTP terem acusado Fradique de Menezes de atitudes de cariz racista, ele triunfou.

Assim, após 1974, as soluções têm chegado de fora, o que denota a dificuldade de construção de opções políticas a partir do meio local. Também por aqui chegamos à questão, aliás, também sugerida por identificações com sucessivas personalidades: a fulanização da política e as recentes votações numa figura tutelar indicam a persistência de uma inclinação para regimes fortes contra a propensão democrática alegadamente inscrita na índole são-tomense?

Eventualmente, a resposta encontra-se na sociedade insular. A pobreza e o acesso rateado a bens cresceram com a corrupção, o desregramento moral e o acentuar do clientelismo.[76] Com isso, cresceu a incredulidade no tocante à possibilidade de o país ultrapassar os crescentes fossos sociais. Independentemente das clivagens políticas nas ilhas, podemos considerar, por exemplo, a reivindicação popular de um pulso forte supostamente preciso para endireitar o país[77] como um sintoma de um possível rasto de um decénio e meio de regime de partido único e, se quisermos, de décadas de dominação colonial. Num certo sentido, tal também explicará a remanescente exigência de soberania nacional fundada num Estado forte[78] com algo de orgânico ou étnico e, por conseguinte, como instituição incontornável.[79]

Mas a pobreza e, no limite, a sobrevivência também colocam em jogo a questão do governo. Na sociedade insular, não está adquirida a correlação entre o desempenho económico e o tipo regime político — de feição ditatorial ou, ao invés, democrático — seja porque certas dinâmicas de perda económica não deixaram de se perpetuar após a implantação do multipartidarismo, seja porque os resultados económicos da participação mais activa geralmente associados à democracia — na verdade, expectáveis de outro tipo de sociedade, que não de uma economicamente escorada no trabalho braçal, como é a insular — nem sempre são verificáveis no breve prazo. Ou podem mesmo não se verificar. Dito de outro modo, embora se pretexte que a democracia favorece a participação social e cívica e, nessa medida, o desenvolvimento, não só isso pareceu infirmado pelos primeiros anos do regime multipartidário como não se pode arredar a ideia de, no futuro, algum crescimento se acompanhar de uma diferenciação crescente entre a elite (ou os grupos social e politicamente dominantes) e a maioria da população. Atento o percurso histórico, a elevada componente humana do desempenho produtivo parece, nesse contexto de perda económica e de desregulação política e social, tornar atractivas as soluções musculadas.

Ao arrepio da profissão de fé de estudiosos e políticos são-tomenses na democracia, e embora sem ser assertivo, alvitraria a hipótese de o autoritarismo permear a cultura política são-tomense, explicando, nalguma medida, a ditadura que sobreveio à independência. Tal significaria não só que a implantação da ditadura não seria completamente imputável ao contexto político da guerra fria, como também que laivos de autoritarismo permaneceriam (como parece suceder) no regime multipartidário ou democrático.

Notas

1. Michel Cahen qualifica a ditadura no arquipélago em São Tomé e Príncipe de "violenta mas fraca", o que teria permitido a sobrevivência de uma "sociedade" (cf. CAHEN, Michel. "Arquipélagos da alternância: a vitória da oposição nas ilhas de Cabo Verde e de São Tomé e Príncipe". *Revista Internacional de Estudos Africanos*, Lisboa, 1991, nº 14-15, p. 114). Sem o acompanhar na ilação sobre a sociedade civil, a qualificação do regime político afigura-se certeira, sobretudo se "violenta" aludir ao receio infundido pela segurança e "fraca" à inconsequência da liderança política e económica, a que se somou a deliquescência ideológica. Essas fragilidades autorizavam a adivinhar o colapso de um regime, desde dado momento apenas amparado pelas práticas autoritárias que continham a reacção popular.
2. Também Michel Cahen considera os processos de São Tomé e Príncipe e de Cabo Verde como um caso exemplar, salientando que pela primeira vez na África negra se verificou alternância no poder por meio de um processo eleitoral, cf. *Idem*, pp. 113-114.
3. Após as independências, as trajectórias autoritárias beneficiaram da difusão de ideias mais ou menos desculpabilizantes. Alguns intelectuais abstiveram-se de questionar as práticas de dominação nos países recém-chegados à independência, como se a mera remoção do colonizador as tivesse eliminado. Uma das explicações filia a apertada tutela política no pós-independência na ausência de tradições democráticas na era colonial. Ora, apesar de verdadeiro, aquele facto não estabelecia uma inevitabilidade histórica nem, por si só, explica como e por que se sonegaram as promessas de libertação associadas à independência. Além disso, esteve em voga a ideia de que o atingir rapidamente a modernidade implicava a concentração da autoridade, e a não dissipação de forças, quer no debate político quer em conflitos, mormente de recorte étnico; a esse respeito, veja-se YOUNG, Crawford. "The End of the Post-Colonial State in Africa? Reflections on Changing Africa Political Dynamics". *African Affairs*, Londres, vol. 103, nº 410, 2004, pp. 33-34. No arquipélago, durante anos, o regime não democrático foi aceite enquanto uma moeda de troca do esperado desenvolvimento promovido pelo Estado, cf. SEIBERT, Gerhard. *A problemática do Estado pós-colonial em África e o caso de São Tomé e Príncipe*, *mimeo*, 1993, p. 2.
4. Lembrado por estudiosos estrangeiros que realçaram o impulso na criação da consciência nacional (por exemplo, MAINO, Elisabetta. "A identidade santomense em gestão: desde a heterogeneidade do estatuto de trabalhador até a homogeneidade do estatuto de cidadão". *Africana Studia*, Porto, nº 2, 1999, pp. 135; 137). Mesmo

quando não se problematize a violência subjacente à alteração do quotidiano e de traços comportamentais no arquipélago, aceitar a indução pelo Estado de uma consciência nacional significa admitir a bondade de um tal projecto político e, daí, o exercício de incrustação de uma consciência de contornos definidos desde cima e impostos aos cidadãos.

5. Esse aspecto mereceria uma investigação aprofundada, impossível no âmbito deste texto. Registemos, todavia, um apontamento de Cahen a propósito das primeiras eleições democráticas. Para ele, o castigo do MLSTP nessas eleições teria pouco a ver com o marxismo-leninismo mimado pelos fundadores da nação (Cf. CAHEN, Miche, *op. cit.*, p. 131). Na realidade, num meio social de elevada interacção pessoal, pesaram bem mais as implicações danosas na vida dos são-tomenses, decorrentes do voluntarismo dos dirigentes, entrementes guindados a posições economicamente vantajosas. Ora, nessa comparação das trajectórias divergentes de governantes e governados terão pesado o defraudar das intenções igualitárias propaladas em 1975 e a tentativa de imposição de uma ideologia e de um modo de vida, já ao tempo lida como uma violência.
6. Aludo, por exemplo, aos moldes de animação lúdica nos comícios da refrega eleitoral de 2001. A par da dificuldade de renovar o seu discurso, o MLSTP também não inovou na sua *mise-en-scène* nos comícios de apoio a Pinto da Costa. A par disso, importará não esquecer a diminuição da capacidade de manutenção da sua base clientelar, fosse pelos falhanços económicos da sua governação, fosse pelas promessas de venturas económicas oriundas de outros quadrantes sociais e políticos.
7. A justificação deste facto remete para a falta de condições para a luta pela independência nas ilhas. É forçoso convir na facilidade do controlo pela polícia política dos militantes independentistas, dados o isolamento e a exiguidade do território (por exemplo, HODGES, Tony; NEWITT, Malyn. *São Tomé and Príncipe. From Plantation Colony to Microstate.* Londres, Westview Press, 1988, p. 91). Mas não foi apenas essa a circunstância que tornou o tecido social são-tomense algo indemne à difusão das ideias independentistas e, sobretudo, à militância pró-independência. Para além das várias inércias da sociedade insular, os militantes independentistas foram escassos e particularmente comedidos, tendo sido, também por isso, facilmente neutralizados pelas autoridades coloniais.
8. A legitimidade advinda da participação do CLSTP na CONCP e da concessão do estatuto de observador da OUA em 1963, a que sucederia o reconhecimento dez anos depois, em 1973, do MLSTP como legítimo representante do povo são-tomense (HODGES, Tony; NEWITT, Malyn, *op. cit.*, pp. 92-93). Tratava-se de uma legitimidade granjeada nos *fora* internacionais, que não tinha tradução no terreno.

9. Lembre-se, as reticências dos trabalhadores estrangeiros das roças não se podiam transmudar em oposição política às propostas do MLSTP. Além de pobremente articuladas, essas reticências também foram esvaziadas pelo curso da política nas colónias portuguesas, a qual irmanava os respectivos povos contra o colonialismo. Assim, no arquipélago, uma espécie de laço que supostamente unia todos os africanos tendia a apagar eventuais dissonâncias entre são-tomenses e serviçais. Na verdade, os cabo-verdianos acabariam punidos pela opção de ficar, em parte devida à imaginada irmandade política africana deduzida da posição contra o colonialismo português. Cf. NASCIMENTO, Augusto. *O fim do caminhu longi*. Mindelo. Ilhéu Editora, 2007.
10. Macqueen refere que, por suposta indução ou a coberto da posição do Gabão, Pinto da Costa tentou até evitar a supracitada consulta substitutiva das eleições. Cf. MACQUEEN, Norrie. *A descolonização da África portuguesa. A revolução metropolitana e a dissolução do Império*. Lisboa: Editorial Inquérito, 1998, p. 150.
11. O acordo quanto aos termos da consulta sobre uma lista de candidatos elaborada pelo MLSTP equivalia à "aceitação de um São Tomé e Príncipe independente sob um regime de partido único" (*Idem*, p. 150). A consulta fez-se a partir da indicação de uma lista dos candidatos à futura assembleia constituinte. Hodges e Newitt referem ter havido cerca de 50 candidatos a disputar os 16 assentos. Porém, todos os vencedores eram activistas do MLSTP. Cf. HODGES, Tony; NEWITT, Malyn, *op. cit.*, p. 98.
12. Em São Tomé e Príncipe, avivaram-se sentimentos contra o *branco*. Esses sentimentos provinham de décadas de discriminação racial e, por certo, da antevisão da apropriação da riqueza pelos europeus.
13. Sem deixar de referir a valia instrumental do marxismo, Cahen prefere caracterizar o regime pelo seu centralismo tecno-burocrático. Cf. CAHEN, Michel, *op. cit.*; CAHEN, Michel. "Correspondência". *Revista Internacional de Estudos Africanos*, Lisboa, nº 16-17, 1992.
14. Alguns deles eram parentes de elementos da elite são-tomense destroçada pelo Estado Novo; sobre o associativismo são-tomense nos primórdios de Novecentos, veja-se NASCIMENTO, Augusto. *Entre o mundo e as ilhas. O associativismo são-tomense nos primeiros decénios de Novecentos*. São Tomé, UNEAS, 2005.
15. Apesar da memória dos maus-tratos e, sobretudo, da discriminação racial enquanto barreira à ascensão social de são-tomenses que ocupavam postos subalternos da administração (e que, diga-se, após 1975 se veriam ultrapassados por comissários políticos considerados incompetentes), possivelmente o que mais terá pesado na adesão ao MLSTP foi o horizonte de igualdade e de repartição da riqueza a partir da destruição do poder económico dos roceiros.

16. As denominações de recorte étnico eram tributárias de categorizações colonialistas que, ao tempo, vinham perdendo valor interpretativo, político e social, adquirindo uma faceta como que folclórica. Seriam remetidas para o quotidiano e para os domínios esconsos da política.
17. A remanescente disjunção étnica — sapientemente contornada pelo MLSTP quer no plano ideológico, quer pela implementação tendencialmente universal de políticas de educação e de saúde — nunca foi um problema político e, menos ainda, um óbice ao funcionamento do Estado independente.
18. Designação dos descendentes de ex-serviçais nascidos nas roças.
19. Os angolares constituem uma comunidade que até há anos se manteve relativamente separada na ilha de São Tomé. À margem da valia dos argumentos acerca das suas origem e independência face ao poder colonial — argumentos atinentes a infirmar leituras supostamente colonialistas da história são-tomense — trata-se de um grupo ao qual, agora, se atribui uma valia simbólica incomensuravelmente maior do que a que teve quer durante o colonialismo moderno, quer imediatamente após a independência.
20. Por exemplo, SEIBERT, Gerhard. *São Tomé and Príncipe after Independence From One-Party-State to Parliamentary Democracy*. Utrecht, Universidade de Utrecht, 1991, p. 57.
21. Não terá sido um aspecto politicamente decisivo, mas o projecto de matiz socialista propunha uma diferença relativamente às práticas de enriquecimento indevido de líderes africanos que, acobertadas por interesses neocoloniais, tinham defraudado as esperanças associadas às independências. Logo, quando não tenha configurado uma estratégia premeditada, a apropriação do Estado para fins diferentes dos proclamados não foi devidamente acautelada. A diferença moral relativamente a outros líderes africanos foi desmentida pela crescente e imparável diferenciação económica entre ricos e pobres no arquipélago. A pertença à camada dirigente foi o principal meio de ascensão social.
22. Como se disse, Cahen questiona o marxismo do projecto do MLSTP. Prefere falar de um "modelo tecnocrático de desenvolvimento" assente na modernização apoiada pela ajuda exterior (CAHEN, Michel, *op. cit.*, 1991, pp. 126-127; 131-132). Sem problematizar essa caracterização e a respectiva fundamentação (por exemplo, as convenções económicas subscritas pelos governantes são-tomenses), importa-nos ressaltar o recurso à ideologia marxista — mesmo se pobre e inconsequentemente formulada e difundida — e o decalque dos modelos de Leste para delimitar horizontes aos indivíduos e construir um aparato político e policial de enquadramento e de contenção da população (nalguma medida em consonância com a ideia do uso instrumental do marxismo para a criação célere de um facto nacional. Cf. CAHEN, Michel, *op. cit.*, 1992, p. 362). A delimitação e o fechamento

de horizontes tornou-se o facto perceptível para os são-tomenses. Gerhard Seibert salienta a proximidade da construção política e da ideologia com a do modelo soviético (SEIBERT, Gerhard. "Correspondência". *Revista Internacional de Estudos Africanos*, Lisboa, nº 16-17, 1992, p. 354). Em resposta, Cahen realçou a valia conjuntural do marxismo para a construção nacional, decalcada do modelo europeu e baseada num sonho modernista de desenvolvimento tecnocrático. Cf. CAHEN, Michel, *op. cit.*, 1992, pp. 362, 365.

23. A desigualdade de posse e ostentação de bens cresceu imenso após a liberalização política, o que obnubilou a memória das diferenças no regime monopartidário. Tal dado parece esquecido, mormente pelos saudosos de algum igualitarismo social e de alguma previsibilidade do dia a dia.
24. Associava-se a distribuição justa de recursos a uma renovada camaradagem entre os são-tomenses, o que também passava pela indução de novas formas de consciência pelos novos agentes do Estado, entre os quais os dirigentes políticos, os professores e os poucos jornalistas dos órgãos oficiais.
25. Para muitos, uma ocupação no aparelho de Estado correspondia a uma ascensão social anos antes inimaginável e muito desejada, mesmo quando a situação económica do país se deteriorava e rapidamente anulava os ganhos económicos de uma tal promoção.
26. Segundo Cahen, tal passo político era impensável para o MLSTP. Cf. CAHEN, Michel, *op. cit.*, 1991, p. 126. Sobre os contornos sociais e políticos dessa decisão de preservação da estrutura da propriedade fundiária herdada do colonialismo, veja-se EYZAGUIRRE, Pablo. *Small Farmers and Estates in São Tome, West Africa*. Ph.D. Dissertation, Universidade de Yale, 1986.
27. Tal medida não terá sido questionada por várias razões, dentre elas a incapacidade política dos ex-serviçais de reivindicação de tratos de terra e a credibilidade das roças enquanto estrutura produtiva adoptada pelos europeus. Foi com base nesse dado e na sua arrogada capacidade de substituir os europeus que os dirigentes independentistas pretenderam dirigir as roças. Porém, essa opção viria sugerir a comparação da performance das roças antes e depois da independência.
28. Seibert alude a punições de trabalhadores das roças que não participassem em trabalhos voluntários (SEIBERT, Gerhard. *Comrades, Clients and Cousins. Colonialism, Socialism and Democratization in São Tomé and Príncipe*. Leiden, Universidade de Leiden, 1999, p. 104). Na verdade, durante algum tempo a abstenção de participar de jornadas de trabalho voluntário ou cívico deveria ser quase impossível, dada a forte censura social e política. Passados anos, os trabalhos cívicos, supostamente voluntários, acabariam face à percepção popular das crescentes assimetrias sociais e à deterioração das condições de liderança política do MLSTP.

29. As propostas sociais do MLSTP continham uma promessa de regeneração moral pela promoção de todos à cidadania, isto é, ao usufruto de educação e de cuidados de saúde. Essa promessa foi cumprida, sem embargo da progressiva degradação da qualidade das prestações sociais.
30. No clímax da crença na liderança do Estado no desenvolvimento, os líderes pós-coloniais ambicionavam alargar a missão e os meios do Estado. Nalguns casos, essa crença ligava-se ao apego às doutrinas socialistas ou marxistas, embora essa afectação ideológica não fosse um requisito da crença na liderança do Estado na senda do desenvolvimento. Cf. YOUNG, Crawford, *op. cit.*, pp. 29-30. Ainda segundo Young, outros factores potenciaram o crescimento do Estado pós-colonial, entre eles a procura de emprego pela elite local e a tentativa de contraposição à letargia do colonialismo em matéria de oferta de infraestruturas básicas atinentes a prover educação, saúde, estradas e água. Cf. *Idem*, p. 31.
31. Os termos em que os políticos do MLSTP equacionavam o desempenho económico não eram radicalmente distintos da vulgata colonialista, porquanto punham a tónica no maior ou menor esforço do trabalhador braçal. Em surdina, eles lamentavam a pouca inclinação dos *patrícios* para uma atitude esforçada no aumento da produção, de que dependiam as receitas do país.
32. Esta afirmação não radica num posicionamento ideológico e político acerca das virtudes ou dos defeitos do desempenho do Estado — ou, em contrapartida, do mercado — na indução do crescimento económico e na redução da pobreza. Cinge-se tão somente à performance dos empreendimentos económicos tutelados pelo Estado são-tomense.
33. As dimensões culturais da interiorização dos vínculos de poder estão por estudar. Porém, aventaríamos que os governantes quiseram a homenagem à bandeira revestida de facetas quase religiosas, como se, por exemplo, na bandeira concorresse toda a razão da existência dos são-tomenses. O impulso hegemónico do MLSTP concretizava-se na imposição de uma fidelidade insusceptível de questionamento, que implicava a eliminação de outros polos de identidade e de fidelidade (com o que se confinava, por exemplo, eventuais atitudes de inspiração religiosa porventura negadoras do reconhecimento da autoridade dos governantes). É preciso dizer que a homenagem à bandeira — traduzida na paragem da circulação pedonal e automóvel e na cessação de toda e qualquer actividade durante o içar e o arriar da bandeira — era das instituições menos contestadas, parecendo constituir uma espécie de mínimo denominador comum da exteriorização da pertença são-tomense, no caso dos *nacionais*, e de reconhecimento da soberania, no caso dos estrangeiros. Afora isso, o preito de homenagem à bandeira colocava qualquer indivíduo sob escrutínio alheio, sempre justificado pela imaginada unidade orgânica dos são-tomenses. A exteriorização forçada do

ser são-tomense no preito à bandeira e o escrutínio público das condutas quebravam a disposição para a rebeldia.

34. Num certo sentido, a subjugação política dependia da subjugação mental, nos regimes totalitários iniciada com a amputação da memória. Sem dúvida, tal processo ocorreu no regime colonial, mas foi igualmente tentado no pós-independência; em termos comparativos, veja-se CONNERTON, Paul. *Como as sociedades recordam*. Oeiras, Celta Editora, 1999, p. 17.

35. Apesar de um discurso histórico finalista para legitimação dos dirigentes do MLSTP, a agenda nacionalista baseava-se pouco na história. Para o MLSTP, o passado anterior ao massacre de 1953 era negligenciável. Exceptuavam-se as revoltas do Quinhentos de recorte antiescravagista e, supostamente, anticolonial de Amador e de Yon Gato, acerca das quais o conhecimento era deveras impreciso, enfatizando-se o recorte racial dessas revoltas de tempos mais remotos. Já do século XX e da militância pela autonomia e pela valorização da *raça negra*, lema tão caro aos movimentos emancipacionistas, o MLSTP fez tábua rasa. Diga-se, ao tempo era praticamente nulo o conhecimento da história. Todavia, existia memória da distinção cultural e social da elite nativa e, bem assim, de figuras são-tomenses de inícios do Novecentos. Logo, o MLSTP procurou estabelecer um corte entre gerações em São Tomé. Poderá estranhar-se esse corte e o consequente esquecimento das lutas políticas de gerações anteriores, porquanto ele andou ao arrepio da memória de antepassados proeminentes dos são-tomenses. Na realidade, esse corte explicar-se-á pelo triunfo dos exilados que, em 1974, se julgavam imaculados em contraste com as "elites tradicionais", nalguma medida vergadas pelo poder colonial. Actualmente, há quem defenda a ideia da inexistência de vínculo significativo entre as lutas emancipatórias dos protonacionalistas de inícios do século XX e dos independentistas a partir da década de 1950 (FERNANDES, Gabriel. *Em busca da nação. Notas para uma reinterpretação do Cabo Verde crioulo*. Praia, IBNLivro, 2006, p. 46). Essa perspectiva teoricamente inovadora não explica a amnésia em São Tomé. Embora de difícil demonstração, o propósito dos governantes terá sido o de refundar a história e os homens, apagando o colonialismo vil e a oposição, reforçando, de caminho, o seu poder. O fito era o de refazer a memória dos são-tomenses, levados a integrar uma nova terra e uma nova pátria.

36. Na sequência da reorganização administrativa de 1978, estabelecer-se-ia um sistema indirecto de eleição dos órgãos colegiais de cúpula e do presidente da República. As Assembleias Distritais, eleitas por braço no ar, escolhiam os elementos da Assembleia Nacional Popular, a quem competia a eleição do presidente da República. Cf. HODGES, Tony; NEWITT, Malyn, *op. cit.*, pp. 100-101.

37. Embora se devam ponderar os condicionalismos históricos, culturais e políticos — e, em particular, o peso do colonialismo — não se perfilha uma teoria da vitimização do "povo". Tal equivale a dizer que parte da população aceitou o regime que se perfilava e que ela própria participou, ao menos por algum tempo, desse controlo.
38. Um ou outro elemento da "aristocracia local" e dos círculos familiares próximos dos agentes de poder logrou viver à margem dos condicionalismos impostos ao grosso da população. De forma idêntica, os dirigentes foram desfrutando de condições económicas contrárias às dedutíveis das propostas políticas e sociais para o país e para os seus conterrâneos.
39. Não se adopta a ideia de uma manipulação infrene pelos dirigentes são-tomenses. Porém a manipulação fez parte da condução política do país. Concretamente, os sentimentos nacionalistas foram um instrumento de manipulação com forte impacto nos anos pós-independência. A pouco e pouco, começariam a perder eficácia enquanto alavanca da coesão política em torno da liderança do MLSTP.
40. As veleidades transformistas e de liderança espiritual passaram pela humilhação dos representantes da Igreja Católica e pela tentativa velada de banimento das formas de consciência religiosa, mormente as institucionalizadas. As igrejas eram encaradas como sedes de impulsos hegemónicos concorrentes e como supostos entraves à liderança do MLSTP.
41. Durante décadas, o Estado colonial pedira apenas obediência. Porém os dirigentes do pós-independência demandaram afeição. A mera submissão não bastava: a população deveria participar dos rituais de lealdade como as manifestações para aplaudir os líderes. Além disso, institucionalizou-se a exposição do retrato do presidente Pinto da Costa em todos os locais públicos, mesmo se particulares.

    A respeito dessa dinâmica no pós-independência em África, veja-se, por exemplo, YOUNG, Crawford, *op. cit.*, p. 34.
42. Sobretudo por meio da atemorização e da violência simbólica imanente à pretensa erradicação da alienação colonialista, firmou-se uma imbricação entre o controlo social e o autocontrolo que favoreceu a emergência de uma sorte de ascetismo moral, cujos contornos e significado político nunca foram objecto de discussão em São Tomé. Embora se trate de matéria a aprofundar, sem dúvida que, nessa acomodação, pesava a noção de autoridade e de ordem social herdada do colonialismo.
43. A alusão era pobremente reactiva. O *tempo do colono* esgotara-se nas convulsões políticas de 1974 e 1975, em que os são-tomenses tinham participado e tinham responsabilidade individual e colectiva.
44. Em todo o caso, vários testemunhos contrariam essa ideia e dão conta de que, desde os primórdios, os dirigentes se arrogaram uma diferença de estatuto em nome do qual buscaram a proeminência e a diferenciação económica e social.

45. Conforme SANTO, Carlos Espírito. *Enciclopédia fundamental de São Tomé e Príncipe*. Lisboa, Cooperação, 2001, p. 97.
46. Afora o já exposto nos trabalhos de Seibert (por exemplo, SEIBERT, Gerhard, *op. cit.*, 1999), futuras investigações poderão aprofundar o conhecimento dos processos de decisão, de ruptura e de composição de interesses na cúpula do MLSTP.
47. Essa assessoria parecia justificada pelos presumidos progressos económicos e sociais alcançados nos países donde eram oriundos os assessores. Porém, tal assessoria — sobretudo política — transmudou-se numa dupla cadeia de comando, cuja cúpula acedia aos responsáveis políticos com mais facilidade do que os são-tomenses ocupantes de postos subalternos na administração. A assessoria transformou-se num mecanismo de controlo dos são-tomenses e da sua fidelidade política ao MLSTP.
48. Segundo Branco e Varela, José Fret teria cumprido pena por alegada participação numa tentativa de golpe de Estado. Cf. BRANCO, Rafael; VARELA, Afonso. *Os caminhos da democracia*. Amadora: Francisco, 1998, p. 40.
49. A descrição da implicação de Miguel Trovoada nos eventos de agosto de 1979 no decurso da reunião dos órgãos de cúpula do MLSTP feita por HODGES, Tony; NEWITT, Malyn, *op. cit.*, pp. 108-109 é assaz sugestiva por deixar indiciadas as dinâmicas de medo e de intolerância que, ao tempo, atravessam a sociedade insular.
50. Seibert fala de uma maciça reacção popular ao censo de 1979, percebido como tentativa de introduzir o trabalho forçado (cf. SEIBERT, Gerhard, *op. cit.*, 1991, p. 35). Discordo dessa leitura, que reproduz, ao menos parcialmente, as explicações oficiais. Cf. NASCIMENTO, Augusto. "Escravatura, trabalho forçado e contrato em S. Tomé e Príncipe nos séculos XIX-XX: sujeição e ética laboral". *Africana Studia*, Porto, nº 7, 2004, pp. 212-213. Veja-se a explicação de Hodges e Newitt acerca do simbolismo do recenseamento que o tornou azado para um protesto popular movido pelo ressentimento resultante das privações atribuídas à política do MLSTP. Cf. HODGES, Tony; NEWITT, Malyn, *op. cit.*, p. 109.
51. Romana refere a criação pelos expatriados da União Democrática Independente de São Tomé e Príncipe (UDISTP), que, em 1986, se fundiria com a FNRSTP, dando origem à Coligação Democrática de Oposição. Cf. ROMANA, Heitor Alberto Coelho Barras. *São Tomé e Príncipe. Elementos para uma análise antropológica das suas vulnerabilidades e potencialidades*. Lisboa, ISCSP-UTL, 1996, p. 173.
52. Michel Cahen considera que, por volta de 1985, o arquipélago era o país africano lusófono com mais "figuras importantes do regime na situação de dissidentes e vivendo no estrangeiro" (Cf. CAHEN, Michel, *op. cit.*, 1991, p. 134); a esse respeito, consulte-se também HODGES, Tony; NEWITT, Malyn, *op. cit.*, p. 105.

53. Carlos Graça fora amnistiado por Pinto da Costa em janeiro de 1985. Cf. HODGES, Tony; NEWITT, Malyn, *op. cit.*, p. 111.
54. Estão por estudar os mecanismos psicossociais e culturais prevalecentes no meio insular com impacto no exercício da autoridade. A vários níveis da sociedade, a ameaça de recurso ao feitiço pode ter perturbado o exercício do poder, vincando, assim, a eficácia de uma resistência subterrânea. Sintoma dessa dificuldade, as críticas veladas ao "atraso" dos factos culturais locais podem entender-se como tentativas vãs de exorcizar um domínio adverso aos propósitos dos dirigentes políticos. Registe-se o paralelismo com diligências voluntaristas e, sobretudo, com percepções similares da parte dos europeus relativamente a hábitos da terra no período colonial.
55. Sobre o fenómeno dos boatos, consulte-se SEIBERT, Gerhard, *op. cit.*, 1999.
56. Acerca da eficácia dos panfletos enviados de fora do país, veja-se BRANCO, Rafael; VARELA, Afonso, *op. cit.*, pp. 28-29.
57. Algo de semelhante sucedera na era colonial, quando, na impossibilidade de acções eficazes contra o colonialismo, a percepção da evolução política sugerira a alguns são-tomenses a necessidade de paciência para aguardar pelos desenlaces dos conflitos nas outras colónias portuguesas.
58. Num certo sentido, a intuição popular — baseada quer nos sinais da evolução política, quer no conhecimento pessoal dos governantes — revelou-se mais certeira do que a abordagem de intelectuais que se debruçaram sobre o pós-independência e, concretamente, sobre a exequibilidade da construção do socialismo no arquipélago e, bem assim, nas restantes ex-colónias portuguesas. Segundo Chabal, por causa da ideologia política que sustentara as lutas de libertação, a construção do socialismo terá erroneamente constituído o foco das análises sobre o pós-independência nas ex-colónias portuguesas. Cf. CHABAL, Patrick. "O Estado pós-colonial na África de expressão portuguesa". *Soronda. Revista de Estudos Guineenses*, Bissau, nº 15, 1993, pp. 42-44.
59. Acerca da sobrevivência do Estado enquanto instância apropriada pela sociedade, veja-se *idem*, pp. 53-54.
60. Segundo alusões então em voga em São Tomé, a fome causou a morte de algumas pessoas (testemunho pessoal). Veja-se João Bonfim, que situa o pico das dificuldades entre 1983 e 1985. Cf. BONFIM, João do Sacramento. *Os processos migratórios em S. Tomé e Príncipe e a corrente portuguesa*. Dissertação de Mestrado, Feuc, 2000, p. 66.
61. Ou outras que, brotando, por exemplo, da consciência religiosa, minavam seriamente o apoio à construção política e social desenhada após 1975.
62. Para além da concatenação de meios de trocas que majoravam a acumulação de riqueza em Lisboa, o esteio da ventura do cacau e da riqueza dos roceiros fora o

suporte político à mobilização da mão de obra africana a troco de baixas remunerações. A isso somara-se a retracção nos dispêndios no arquipélago, votando-o ao imobilismo quase até ao fim do período colonial. Tais premissas eram irrepetíveis. Com efeito, uma prestação produtiva a contento já não era possível, tanto pela perda da reverência de outrora para com o *patrão* como pela fraca indução ao trabalho resultante de salários necessariamente baixos.

63. Como, afinal, o provava o caso de Cabo Verde — terra pobre, por contraste com São Tomé e Príncipe — onde o regime monopartidário não significava falta crónica de bens de primeira necessidade.

64. Da mesma forma que no tempo colonial muitos terão julgado o colonialismo uma realização duradoura, assim durante anos muitos são-tomenses se convenceram da irreversibilidade da nova condição política a que apenas se podiam furtar individualmente se escolhessem e pudessem emigrar.

65. Conforme Cahen, tal situação levou ao bloqueio político que poderia ter desencadeado uma crise violenta, justamente evitada pela transição para a democracia (CAHEN, Michel, *op. cit.*, 1991, pp. 130-131). A ser assim, menos por convicção do que por intuição política e pela força das circunstâncias, Pinto da Costa teria sido um fautor da mudança para a democracia.

66. Essa é a tónica dominante de vários trabalhos de Gerhard Seibert, por exemplo, SEIBERT, Gerhard, *op. cit.*, 1999, pp. 152-153. A tese de que a instauração da democracia resultou da constatação da ruína económica, assim como das pressões de governos e instituições internacionais, é perfilhada, entre outros, por FERREIRA, Manuel Ennes. "Pobreza absoluta e desigualdades sociais, ajustamento estrutural e democracia na R.D. São Tomé e Príncipe". *Revista Internacional de Estudos Africanos*, Lisboa, 1990, p. 164.

67. BRANCO, Rafael; VARELA, Afonso, *op. cit.*, pp. 11-12. Branco e Varela contestam a visão de Seibert. Baseiam-se na inflexão no sentido da liberalização da economia, ditada pelo instinto de sobrevivência, como anterior à aposição de condicionalismos nas relações entre São Tomé e Príncipe e os seus parceiros alegadamente conducente à implantação da democracia. Aduzem que nada fazia prever a queda do comunismo nem o respectivo impacto na política internacional (*idem*, p. 36). É possível sustentar essa tese dada a relativa opacidade da política no arquipélago (aliás, vários dirigentes políticos vêm agora a negar o matiz marxista do MLSTP, querendo com isso relativizar o uso instrumental de lemas marxistas para imposição da sua liderança), mas não é líquido que o diálogo com os parceiros não contemplasse a democratização, tema decerto também presente nas conversas entre os dirigentes são-tomenses e alguns dos seus conterrâneos exilados.

68. Alguns políticos do MLSTP argumentam, com algum fundamento, terem sido obreiros da transição democrática, recusando terem sido empurrados para essa

transição. Certamente, os "renovadores" digladiaram-se com os "ortodoxos", ao sabor, quiçá, de incentivos implícitos de Pinto da Costa, o qual poderá ter tentado tutelar a discussão no MLSTP acerca da mudança de regime e do seu futuro político. Sendo de aceitar o seu protagonismo, daí não se infere que ele não tenha nascido das peias e dos condicionalismos do fracasso económico.

69. BRANCO, Rafael; VARELA, Afonso, *op. cit.*, pp. 51-52.
70. CAHEN, Michel, *op. cit.*, 1991, p. 132.
71. Seibert defende a ideia de que as mudanças foram iniciadas sem a antevisão da possibilidade de perda do poder. Segundo ele, os dirigentes do MLSTP, apostados em preservar o poder independentemente das mudanças políticas e económicas, seriam surpreendidos pelo curso dos acontecimentos. Ele sustenta que Pinto da Costa julgava possível ser eleito. Cf. SEIBERT, Gerhard, *op. cit.*, 1999, pp. 153; 177. Cahen, para quem não existe qualquer conexão causal entre medidas económicas liberais e liberalização política, sustenta que as primeiras medidas económicas foram adoptadas quando os seus decisores políticos não tinham a intenção de abdicar do sistema de partido único. Cf. CAHEN, Michel, *op. cit.*, 1991, p. 131.
72. Redigido pelo constitucionalista português Jorge Miranda, o projecto de constituição foi emendado ainda antes do referendo de 1990, aumentando-se os poderes presidenciais, mormente nas áreas da defesa e dos negócios estrangeiros.
73. Teria dificuldade em considerar tais padrões como africanos porquanto eles são observáveis noutras sociedades. Em todo o caso, são-tomenses salientam, por exemplo, a propensão para o extravasar da autoridade para além dos seus limites legais e institucionais (de que quase todos poderão citar exemplos) ou a instrumentalização dos cargos institucionais como tipicamente africanos. Poderemos admitir que com isso os são-tomenses referem a circunstância de tais condutas serem mais comuns e persistentes nas sociedades africanas e, concretamente, no seu arquipélago.
74. Vejam-se os textos de MATA, Inocência. *A suave pátria. Reflexões político-culturais sobre a sociedade são-tomense*. Lisboa, Edições Colibri, 2004; também BONFIM, João do Sacramento, *op. cit.*, p. 90.
75. Tais dados contradizem as asserções relativas à inscrição do veio democrático no âmago da alma dos ilhéus. Não deixa de ser curioso que tal afirmação conviva com a reivindicação de uma fórmula democrática adaptada à idiossincrasia são-tomense. Seja como for, quer os contornos desse veio democrático, quer a sua tradução política e institucional, nunca são especificados.
76. Por exemplo, BONFIM, João do Sacramento, *op. cit.*, p. 65.
77. Essa reivindicação popular explica-se pela (velada) promessa dos regimes totalitários (em que podem vigorar lealdades orgânicas) de serem avessos à imoralidade subliminarmente associada à diferenciação social abrupta e à pobreza

irremediável. Em última instância, tal reivindicação remete para a contenção das mudanças e para a promessa da previsibilidade da vida (por exemplo, característica do colonialismo nos seus derradeiros anos e que terá sido associada às intenções dos novos governantes em 1975).

78. Alega-se a necessidade de um Estado capaz de consolidar a soberania nacional contra a tendência de esfacelamento gerada pela ingerência dos múltiplos agentes internacionais na vida colectiva são-tomense.

79. Em última análise, pode pensar-se que os que tal reclamam querem ver o Estado a regular a vida colectiva e denotam desconfiança nas condutas individuais contidas pelo mero quadro jurídico ou por eventuais padrões éticos.

Bibliografia

ABREU, Paradela de (coord.). *Os últimos governadores do império*. Lisboa: Edições Neptuno, 1994.

BONFIM, João do Sacramento. *Os processos migratórios em S. Tomé e Príncipe e a corrente portuguesa*. Dissertação de Mestrado, Feuc, 2000.

BRANCO, Rafael; VARELA, Afonso. *Os caminhos da democracia*. Amadora: Francisco, 1998.

CAHEN, Michel. "Arquipélagos da alternância: a vitória da oposição nas ilhas de Cabo Verde e de São Tomé e Príncipe". *Revista Internacional de Estudos Africanos*, Lisboa, nº 14-15, 1991.

——. "Correspondência". *Revista Internacional de Estudos Africanos*, Lisboa, nº 16-17, 1992.

CHABAL, Patrick. "O Estado pós-colonial na África de expressão portuguesa". *Soronda. Revista de Estudos Guineenses*, Bissau, nº 15, 1993.

——. *A History of Postcolonial Lusophone Africa*. Londres: Hurst & Co., 2002.

CHATTERJEE. Partha. *Colonialismo, modernidade e política*. Salvador: Edufba; Ceao, 2004.

CONNERTON, Paul. *Como as sociedades recordam*. Oeiras: Celta Editora, 1999.

DIOP, Momar Coumba; DIOUF, Mamadou. "As sucessões legais: mecanismos de transferência do poder em África". *Ciências sociais em África*. Lisboa: Edições Cotovia, 1991.

EYZAGUIRRE, Pablo. *Small Farmers and Estates in Sao Tome, West Africa*. Ph.D. Dissertation, Universidade de Yale, 1986.

FALOLA, Toyin. *The Power of African Cultures*. Rochester: University of Rochester Press, 2003.

FERNANDES, Gabriel. *Em busca da nação. Notas para uma reinterpretação do Cabo Verde crioulo*. Praia: IBNLivro, 2006.

FERREIRA, Manuel Ennes. "Pobreza absoluta e desigualdades sociais, ajustamento estrutural e democracia na R.D. São Tomé e Príncipe". *Revista Internacional de Estudos Africanos*, Lisboa, 1990.

GELLNER, Ernest. *As condições da liberdade*. Lisboa: Gradiva, 1995.

HODGES, Tony; NEWITT, Malyn. *São Tomé and Príncipe. From Plantation Colony to Microstate*. Londres: Westview Press, 1988.

MACQUEEN, Norrie. *A descolonização da África portuguesa. A revolução metropolitana e a dissolução do Império*. Lisboa: Editorial Inquérito, 1998.

MAINO, Elisabetta. "A identidade santomense em gestão: desde a heterogeneidade do estatuto de trabalhador até a homogeneidade do estatuto de cidadão". *Africana Studia*, Porto, nº 2, 1999.

MATA, Inocência. *A suave pátria. Reflexões político-culturais sobre a sociedade são-tomense*. Lisboa: Edições Colibri, 2004.

NASCIMENTO, Augusto. "Identidades e saberes na encruzilhada do nacionalismo são-tomense". *Política Internacional*, Lisboa, nº 24, vol. 3, 2001.

——. "Os são-tomenses e as mutações sociais na sua história recente". *Africana Studia*, Porto, nº 6, 2003.

——. "Escravatura, trabalho forçado e contrato em S. Tomé e Príncipe nos séculos XIX-XX: sujeição e ética laboral". *Africana Studia*, Porto, nº 7, 2004.

——. *Entre o mundo e as ilhas. O associativismo são-tomense nos primeiros decénios do Novecentos*. São Tomé: Uneas, 2005.

——. *O fim do caminhu longi*. Mindelo: Ilhéu Editora, 2007.

ROMANA, Heitor Alberto Coelho Barras. *São Tomé e Príncipe. Elementos para uma análise antropológica das suas vulnerabilidades e potencialidades*. Lisboa: ISCSP-UTL, 1996.

SANTO, Carlos Espírito. *Enciclopédia fundamental de São Tomé e Príncipe*. Lisboa: Cooperação, 2001.

SEIBERT, Gerhard. *São Tomé and Príncipe after Independence From One-Party-State to Parliamentary Democracy*. Utrecht: Universidade de Utrecht, 1991.

——. "Correspondência". *Revista Internacional de Estudos Africanos*, Lisboa, nº 16-17, 1992.

——. *A Problemática do Estado Pós-Colonial em África e o Caso de São Tomé e Príncipe, mimeo*, 1993.

——. *Comrades, Clients, and Cousins. Colonialism, Socialism, and Democratization in São Tomé and Príncipe*. Leiden: Universidade de Leiden, 1999.

SILVA, António Leão Correia e. "O nascimento do Leviatã crioulo. Esboços de uma sociologia política". *Cadernos de Estudos Africanos*, Lisboa, nº 1, 2001.

YOUNG, Crawford. "The End of the Post-Colonial State in Africa? Reflections on Changing Africa Political Dynamics". *African Affairs*, Londres, vol. 103, nº 410, 2004.

CAPÍTULO 5

Legitimidade e estabilidade na África Central do imperador Bokassa, 1966-1979

Brian Titley*

Tradução de Beatriz Medina

*Professor de Educação na Universidade de Lethbridge, Alberta, Canadá. Autor de *Dark Age. The Political Odyssey of Emperor Bokassa.* Montreal e Kingston: McGill-Queen's University Press, 1997, e *The Frontier World of Edgar Dewney.* Vancouver: University of British Columbia Press, 1999.

Poucas carreiras políticas comparam-se à de Jean-Bedel Bokassa em teatralidade surrealista. Presidente/imperador da República/Império Centro-Africano entre 1966 e 1979, é um personagem controvertido, cujos excessos e exuberância provocaram avaliações desfavoráveis, interesse lúbrico e bom volume de exagero e invencionices. Não se questiona que seu regime era autoritário e, sem dúvida, muitas críticas que suscitou eram justificadas. Mas foi um regime que surgiu numa configuração específica de circunstâncias históricas e que podia arrogar-se aceitação nacional ou até apoio. Pode-se creditar-lhe a instauração da estabilidade política, a construção de alguma infraestrutura moderna e a promoção do desenvolvimento econômico com controle local. Bokassa podia ser dado a caprichos e ilusões de grandeza, mas suas ações nunca foram irracionais e destrutivas. Hoje, uma década depois de sua morte, não é difícil encontrar centro-africanos que recordam seus dias no poder como uma época de otimismo no país.

Jean-Bedel Bokassa nasceu em 22 de fevereiro de 1921 em Boubangui, aldeia no distrito de Lobaye, na colônia da África Equatorial francesa de Oubangui-Chari. Órfão em tenra idade, foi criado por missionários católicos que lhe deram sólida educação. Em 1939, concluída a escola, entrou para o Exército francês e participou de combates durante a Segunda Guerra Mundial, nas tropas leais ao general Charles de Gaulle. Seguiu a carreira militar depois da guerra, lutou na Indochina e acabou chegando ao posto de capitão. Em 1959, foi mais uma vez transferido para a terra natal, agora prestes a tornar-se independente como República Centro-Africana (RCA).[1]

Com a independência, a RCA passou a ser governada por David Dacko, professor e parente distante de Bokassa. O regime de Dacko era venal, corrupto e impopular. O presidente suprimiu todos os partidos políticos, menos o seu, o Movimento de Evolução Social da África Negra (Mouvement d'Évolution Sociale d'Afrique Noire, Mesan), e usou uma combinação de medidas duras e tortuosas para subjugar os oponentes. Sua segurança pessoal era feita pela polícia militar, além da guarda presidencial.[2]

Enquanto isso, uma terceira força militar, o Exército, foi criada e treinada por Bokassa, que se tornou seu comandante em 1963 quando deu baixa das tropas francesas. Apesar de ser do mesmo distrito (Lobaye) e etnia (M'Baka), o presidente e o comandante do Exército nunca tiveram boas relações. A desconfiança mútua era bem fundamentada. Na noite de 31 de dezembro de 1965, o coronel Bokassa (seu posto havia um ano) derrubou o governo civil de Dacko e tomou o poder num golpe militar.[3]

Em parte, pode-se explicar o golpe pelas condições estruturais. O Exército centro-africano era uma tropa mal disciplinada, sem o espírito profissional que talvez o mantivesse longe da política. Sem ter desempenhado papel na luta pela independência, sua situação no novo Estado era ambígua. Mal passava de um acampamento armado nos arredores da capital, Bangui, e devia lealdade principalmente ao comandante. Os motivos pessoais de Bokassa também foram decisivos. O serviço nas guarnições nunca fora suficiente para satisfazer seu desejo de reconhecimento e dava poucas oportunidades de enriquecimento pessoal. Foi a combinação de vaidade e ambição que o levou a dar o golpe, somada ao medo de que Dacko o eliminasse como fizera com outros.[4]

Embora previsivelmente visto com horror no estrangeiro, o golpe foi bem recebido, apesar da cautela, por muitos setores da população. Dacko nunca fora aceito como verdadeiro líder; era evasivo, vacilante e considerado, na língua local, um *munzo vucko*, negro com mentalidade de branco. Bokassa projetava uma imagem mais atraente. Quando falou à imprensa no dia seguinte ao golpe, chamou atenção para a longa carreira militar, as condecorações recebidas e as promoções. Na mente do público, o contraste entre os dois foi comparado a dois personagens míticos: Tere e Ngakola. Tere era fraco e ardiloso e Dacko era sua reencarnação. Ngakola era forte e cruel, o que combinava com a personalidade rígida exibida por

Bokassa. Houve amplo apoio à ideia de que o país precisava de um governo forte para combater a corrupção, estimular o crescimento econômico e proteger de saqueadores as fronteiras.[5]

A princípio, o novo regime parecia disposto a impor reformas e afirmou-se que o poder autocrático era um expediente temporário até que se fizessem mudanças fundamentais. Em 2 de janeiro de 1966, o presidente Bokassa formou um governo chamado Conselho Revolucionário — na verdade, uma junta militar à qual mais tarde foram acrescentados ministros civis. Aboliu a Assembleia Nacional e a Constituição, prometendo o restabelecimento de ambas assim que a corrupção fosse eliminada. Permitiu que o Mesan, único partido político, continuasse a existir, mas expurgou os partidários de Dacko e o transformou em porta-voz letárgico do regime. Um jorro de decretos presidenciais deu credibilidade à promessa de reforma. As novas regras proibiram que ministros do governo e altos funcionários públicos frequentassem bares e boates e criou-se em Bangui uma brigada da moralidade para limpar esses locais de "prazer público". Deram-se passos para melhorar a situação das mulheres, aprovados pela poderosa Union des Femmes Centrafricaines (União das Mulheres Centro-Africanas). A poligamia, os dotes e a circuncisão feminina foram vetados, por exemplo, e os pais foram proibidos de restringir a educação das filhas.[6]

À primeira vista, o Conselho Revolucionário era melhor do que aquilo que o precedera. O capitão Alexandre Banza, um dos líderes do golpe, dedicou considerável energia a restaurar as finanças do país. Dois membros do gabinete que estudaram na França, Ange Patassé e Antoine Kezza, eram responsáveis pelo Desenvolvimento, pelo Serviço Público e pelo Trabalho e suas pastas tiveram progresso constante com o passar dos meses. Mas o entusiasmo inicial de Bokassa pela reforma logo cedeu. E a promessa de restaurar a democracia foi ouvida com frequência e convicção cada vez menores. Em outubro de 1966, anunciou que permaneceria indefinidamente como "guia da nação". Além disso, começou a concentrar em suas mãos as pastas ministeriais, em vez de dividir o poder com outros. Desde o princípio, guardou para si as de Defesa Nacional, Justiça e Interior, fazendo com que o Exército, os tribunais e a polícia respondessem diretamente a ele. Mais tarde, acrescentou as de Informações, Agricultura, Saúde, População, Aviação, Serviço Público e Previdência Social. Cada vez mais, o governo se tornava personalista, funcionava com dificuldade e pior ainda quando o presidente estava no exterior.

Quando Bokassa consolidou o poder, seu governo ficou visivelmente mais caprichoso e arbitrário. Em certa ocasião, por exemplo, promoveu François Bozizé de segundo-tenente a general por atirar num francês que demonstrara desrespeito pelo presidente. Governar por decreto criou um clima de incerteza. As leis eram anunciadas pelo rádio, e a notícia se espalhava pela população por meio das redes de boatos. A confiança no que se ouvia dizer fez com que sempre houvesse histórias fantásticas em circulação, nas quais muitos acreditavam.[7]

O autoritarismo era mantido e reforçado pelo controle do fluxo de informações. A princípio, jornais e revistas franceses foram tolerados, mas só até começarem a publicar reportagens que criticavam o regime. Previsivelmente, *Terre africaine*, o jornal oficial do governo, era constante nos elogios ao governante. E a emissora de televisão criada em 1970 com ajuda israelense tinha tom parecido. Com um único partido político, sem assembleia e com meios de comunicação obsequiosos, não havia canais para a discordância nem para a oposição.

A preocupação da mídia controlada pelo Estado com as palavras e os feitos de Bokassa pressagiava o surgimento de um culto à personalidade cuidadosamente organizado. Outras manifestações do fenômeno logo ficaram evidentes. A imagem presidencial começou a aparecer em paredes de repartições, outdoors, camisetas, selos e na capa de cadernos escolares. Um liceu, uma universidade, um estádio esportivo e um mercado foram algumas dentre muitas instituições batizadas com seu nome. Foram-lhe conferidos títulos e condecorações em rápida sucessão, criando uma mística em torno dele e destacando-o da gente comum. Em 4 de março de 1972, Bokassa foi declarado "presidente vitalício da República". Em 15 de maio de 1974, tornou-se "marechal da República", título que mereceu uma farda militar azul copiada do uniforme dos oficiais napoleônicos. Enquanto isso, sua coleção de medalhas, militares ou não, cresceu enormemente e muitos se divertiam com sua tendência a usá-las todas ao mesmo tempo, na frente da jaqueta especialmente reforçada.[8]

Sem dúvida, o estilo de Bokassa era inigualável e assumiu dimensões novas e mais exóticas com o passar do tempo. As relações do presidente com as mulheres são um bom exemplo. As aventuras com o sexo oposto começaram durante seus dias no Exército francês. Teve numerosos casos e vários casamentos curtos com cidadãs do país onde servia. Nos anos que se seguiram ao golpe de 1965-66, manteve pelo menos meia dúzia de mulheres em vilas luxuosas, em Bangui e nas redondezas. As mulheres eram de várias nacionalidades e frequentemente obtidas em visitas oficiais ao exterior. Os centro-africanos referiam-se a elas simplesmente pelo país de origem. Portanto, havia a camaronense, a chinesa, a alemã, a romena, a libanesa e assim por diante. Essas relações produziram prole numerosa. Os filhos contavam-se às centenas, embora só uns 30 tenham sido reconhecidos oficialmente.[9]

Ser um grande *pater familias* e amante de muitas mulheres passou a fazer parte da mística de Bokassa. A poligamia assumida e a composição internacional das mulheres e amantes intensificaram o interesse da mídia pela RCA e por seu governante, ainda mais numa época em que o casamento entre pessoas de etnias diferentes não era universalmente aprovado. No país, a posse de mulheres de todos os continentes aumentou a estatura de Bokassa junto ao povo. As mulheres eram troféus de suas viagens e prova de sua aceitação como igual em todos os cantos do globo. Os numerosos filhos atestavam sua virilidade, em si mesma altamente simbólica do poder.

A família extensa era importante também noutro aspecto. Em muitas regiões da África, os laços de parentesco são fundamentais e geram um sentimento profundo de identidade e de pertencimento à comunidade. O grupo de parentesco, que pode incluir centenas de pessoas, traz consigo uma ligação especial, reforçada por sanções, tradições e obrigações. Bokassa cumpriu seus deveres nomeando parentes para cargos importantes e envolvendo-os em empreendimentos comerciais. Por exemplo, Georges, o filho mais velho, foi durante algum tempo ministro da Defesa, enquanto a irmã de Bokassa, Catherine M'Balanga, tornou-se prefeita de Bimbo, município vizinho a Bangui. Ao ampliar e preferir o grupo de parentesco, Bokassa construiu importantes redes de apoio no país inteiro e manteve em crescimento a fortuna familiar.[10]

A referência a Catherine M'Balanga nos leva a outro fenômeno que tendia ao autoritarismo. A irmã de Bokassa era considerada uma das bruxas mais poderosas da República Centro-Africana e pertencia a uma sociedade secreta de mulheres M'Baka que praticavam rituais mágicos. Leal confidente do irmão, fez a ligação entre ele e a rede oculta de mulheres e era muito temida. Bokassa, acreditasse ou não no ocultismo, achou que poderia usá-lo em proveito próprio. Encorajou a ideia de que era um feiticeiro formidável, que as sociedades de mulheres estavam atrás dele e que rituais secretos, talvez envolvendo canibalismo, tinham lhe dado poderes extraordinários. Acreditava-se que conseguia estar em vários lugares ao mesmo tempo, ideia que causou inquietação compreensível. A capacidade de ler mentes era outro de seus supostos poderes. Às vezes, acontecia de crianças que cometiam travessuras caírem espontaneamente de joelhos diante dele, confessando seus crimes; estavam convencidas de que ele podia ler seus pensamentos. Talvez a crença mais útil fosse a de que era invulnerável aos tiros. Diziam que a bala atirada na cabeça do presidente daria meia-volta no ar e mataria o candidato a assassino.[11]

De acordo com o tema do *pater familias*, o presidente vitalício e marechal preferia pensar em si como pai da nação, em vez de chefe de Estado no sentido convencional. Como pai, podia ser severo ou misericordioso, e até indulgente, conforme ditasse seu estado de espírito. Encorajava os ministros a chamá-lo de "Papá", e eles obedeciam. Na preferência pelo governo baseado em caprichos e impulsos arbitrários, tinha muito em comum com Papa Doc Duvalier, seu contemporâneo haitiano. As medalhas, os títulos, as imagens onipresentes, a família extensa e as pretensões de ter poderes ocultos promoveram o culto à personalidade e à identificação semidivina entre Estado e governante. Bokassa era o pai da nação, severo mas benevolente, cuja vontade tinha de ser obedecida. Era o Papa Bok.

Apesar da crescente aura mística e grandiosa que o cercava, Bokassa sabia muito bem que sua supremacia descansava sobre alicerces frágeis. Os que tomam o poder pelas armas precisam estar sempre vigilantes para o caso de perdê-lo da mesma maneira. Não há descanso no temor do ataque súbito ou do tiro assassino. A ameaça mais imediata vinha dos partidários do ex-presidente Dacko. Os comandantes da polícia militar e os guardas presidenciais eram leais a Dacko e foram presos e logo executados pouco depois do golpe. A vida do ex-presidente foi poupada, mas só por causa da intervenção francesa. No entanto, ficou preso até 1969, com muitos de seus auxiliares mais próximos.[12]

Logo Bokassa percebeu que Alexandre Banza, seu irmão de armas durante o golpe, representava a ameaça mais séria. Banza não escondia a ambição e era o único no Conselho de Ministros que tinha coragem de discordar do presidente. Bokassa tomou a precaução de cercar-se de soldados leais enquanto transferia para postos distantes, em pequenos destacamentos isolados da fronteira, os que apoiavam o rival. Sentindo que sua base de poder se esvaía e que sua posição no gabinete enfraquecia, Banza decidiu dar o golpe em abril de 1969. Mas foi traído pelos outros conspiradores, preso e, depois de rápido julgamento por um tribunal militar, fuzilado. Em seguida, a mulher e os filhos foram postos em prisão domiciliar, bem longe no norte do país, e os dois irmãos foram presos e desapareceram logo depois.[13] O caso Banza mostrou que Bokassa estava disposto não só a eliminar rivais perigosos como a tratar com dureza sua família e seus amigos. A criação de uma grande rede de terror tornava a vingança menos provável e servia de alerta aos candidatos a conspiradores e assassinos.

Os cargos mais elevados do governo e das Forças Armadas traziam consigo riscos e privilégios. Não valia a pena tornar-se demasiadamente popular, destacado ou ambicioso, pois não era somente o temperamento volúvel de Bokassa que dava razões para preocupação; havia também o medo de ser derrubado. Ele tinha informantes por toda parte, de olho nos que pudessem aspirar a substituí-lo, e encorajava os auxiliares a trair os colegas caso ouvissem falar de conspiração. Uma observação ao acaso aqui, uma ação suspeita ali levaram muitas carreiras promissoras ao fim inesperado. O favorito de ontem, coberto de honrarias e muito festejado, podia de repente tornar-se o pária de hoje e o cadáver horrivelmente mutilado de amanhã.

Servir no Conselho de Ministros, frequentemente renovado, era especialmente arriscado. Os mais sortudos fugiam do país quando parecia iminente a queda em desgraça; os temerários esperavam até que fosse tarde demais. Só dois ministros se mantiveram no cargo durante todo o regime: Louis Alazoula e André Magalé, embora no caso de Magalé houvesse interrupções quando ocupou outros cargos. Ange Patassé também teve uma carreira ministerial prolongada, do golpe de 1965-66 até 29 de março de 1978, quando foi para a França cuidar da saúde. A maioria das outras nomeações foi rápida e muitas terminaram em tragédia.

Auguste M'Bongo foi ministro de Obras Públicas no início da década de 1970. Também da etnia M'Baka, já fora íntimo do presidente. Mas sua arrogância e a tendência a dizer o que pensava incomodaram Bokassa. Depois de algumas observações insultuosas e indiscretas sobre o chefão, teve seus dias contados. Foi preso em 12 de abril de 1973. A saúde deteriorou com os maus-tratos na prisão de Ngaragba e ele morreu em fevereiro de 1974.[14]

Como no caso de M'Bongo, ser preso costumava significar encarceramento na penitenciária de Ngaragba, lugar de confinamento no extremo leste de Bangui, conhecida localmente como *le tron du diable* (o buraco do diabo) que se destacou como um dos instrumentos mais sinistros do regime de Bokassa. Os que iam para lá tinham boas razões para perder a esperança. Lá ficavam detidos criminosos comuns e presos políticos, e os que pertenciam a essa última categoria costumavam ser alvo do pior tratamento, que incluía surras e torturas. A desnutrição e as doenças causadas por ela eram riscos para todos. E os presos políticos corriam o perigo adicional de ser levados repentinamente para o pelotão de fuzilamento. Ngaragba fazia parte do aparelho de intimidação com o qual Bokassa consolidou seu poder. Ampliava a desejada imagem de pai severo que exigia obediência.[15]

Às vezes, a intimidação como tática política manifestava-se de maneira incomum. Gabriella Drimba, mulher romena do presidente, morava na Villa Kolongo, nos arredores a oeste de Bangui. Havia um pequeno zoológico no grande terreno da vila, com uma jaula de leões e um lago com crocodilos. Em 1977, quando Bokassa soube que os guardas que ali serviam faziam grandes festas com Gabriella, mandou prendê-los. Mais tarde, a maioria deles sumiu e surgiram rumores de que tinham virado comida de leões e crocodilos. A história não tinha fundamento, mas Bokassa não viu razão para desmenti-la, já que servia para assustar a população e desencorajar os que pudessem se opor a ele ou mesmo desagradar-lhe.[16]

Embora estar próximo do centro do poder pudesse ser arriscado, como vimos, não há dúvida de que o risco valia a pena e de que as vantagens eram imensas. Pertencer à burguesia estatal, como dizem alguns, abria largas avenidas para o enriquecimento pessoal, desconhecidas dos africanos durante o domínio colonial. A boa instrução formal e o domínio do idioma francês eram requisitos na nomeação para o gabinete ou para cargos importantes do serviço público. E essas nomeações, por sua vez, davam acesso a recursos do Estado, que podiam ser explorados para o ganho pessoal. Ao garantir esse acesso, Bokassa conseguiu forjar vínculos de lealdade dentro da elite, que, embora pouco numerosa, tinha influência e ligações nas várias regiões do país.

Não surpreende que o presidente estivesse decidido a não deixar que alguém o superasse no acúmulo de riqueza pessoal, e ninguém o fez. Gostava de descrever-se como o maior camponês e o maior empresário do país. Havia certa verdade nessa afirmativa, pois passou a controlar uma série espantosa de empresas. Em Berengo, 80 quilômetros a sudeste de Bangui e não muito longe de sua aldeia natal, construiu uma casa numa fazenda particular. Com o passar dos anos, Berengo evoluiu para aldeia-modelo de casas e fábricas modernas, cercadas por uma paliçada. No complexo, havia fábricas de processamento de café e cacau, um matadouro, uma serraria, uma fábrica de roupas, um restaurante chamado Le Paysan e a sede das duas empresas aéreas de Bokassa, Paysan Air e Centrafrique Charter Airlines. Berengo acabou abrigando uma população de quase três mil agricultores, operários, criados, mulheres, amantes, filhos e seguranças. Em Bangui, Bokassa construiu dois grandes prédios de apartamentos: Pacifique 1, concluído em 1969, e Pacifique 2, que ainda estava incompleto quando o regime chegou ao fim. No andar térreo do Pacifique 1, possuía uma loja chamada Paysan 1, que vendia as roupas de uma fábrica pertencente à mulher centro-africana, Catherine Denguiade; e havia um pequeno shopping center vizinho a Pacifique 2 onde se vendiam móveis, equipamentos de som e itens de luxo. Além disso tudo, Bokassa criou uma empresa de obras públicas semiprivada, a Secip, que, com recursos estatais, assumiu a construção de instalações para seu uso particular, como pistas de pouso em reservas de caça, vilas em volta de Bangui e o complexo de Berengo.[17]

Conforme cresciam as posses de Bokassa, crescia também o saldo de sua conta bancária na Suíça. Mas ele não se contentava em esconder a fortuna em contas numeradas para o caso de ser derrubado; estava decidido a gozá-la e, com esse fim, comprou nada menos de que cinco castelos na França. Os lares palacianos eram um meio de obter dos franceses, ex-senhores coloniais de seu país, a dignidade e o reconhecimento que buscava. Na verdade, as relações com a França continuaram a ser importantíssimas para o regime, seja na manutenção da estabilidade política, seja na modernização da economia. As principais exportações da RCA eram diamantes, algodão, café e madeiras nobres, com quantidade menor de fumo, marfim, couro, pimenta, borracha, amendoim e plantas medicinais. Entre 1970 e 1975, a França comprou por ano uma média de 48% dessas mercadorias. Durante o mesmo período, a RCA recebeu anualmente da França uma média de 58% de suas importações, na maioria bens manufaturados.

A França considerava as ex-colônias mercados para seus produtos industriais e fonte de mercadorias tropicais e material estratégico relativamente baratos. Portanto, dispunha-se a oferecer assistência técnica e financeira para promover o desenvolvimento. A maior parte da ajuda era prestada pelo Ministério da Cooperação. Os seguintes números (em francos franceses) mostram as quantias remetidas a Bangui durante um período típico de quatro anos:[18]

1973	49.888.000
1974	67.444.000
1975	71.454.000
1976	83.179.000

Bokassa sabia muito bem que dependia da ajuda francesa. Era isso que impedia a falência de seu governo, além de dar a ele e a seus colaboradores na burguesia estatal oportunidades numerosas de lucrar. Entretanto, ele nunca achava que os subsídios de Paris fossem adequados e buscava avidamente fontes de apoio opcionais, onde quer que se achassem. O Bloco Oriental era uma das possibilidades, e cortejou abertamente países como União Soviética, Romênia e Iugoslávia. Não via contradição em manter relações amistosas tanto com Taiwan quanto com a República Popular da China e dispunha-se a abraçar igualmente Israel e Líbia, conforme a situação exigisse. Nem a África do Sul escapou de suas abordagens.[19]

Ainda que faltasse coerência ideológica à política externa de Bokassa, ela seguia uma certa lógica. Ele queria dinheiro e não parecia se importar com a cor política nem com a motivação dos doadores. Não se sabe se tinha esperanças de, a longo prazo, romper a dependência do país em relação à França. Algumas de suas manobras diplomáticas pareciam jogar principalmente com os temores franceses para assim obter mais ajuda de Paris. Na época, a França continuava a ser o ator principal. Às vezes as relações entre Paris e Bangui eram calorosas, às vezes, tensas. Muita coisa dependia de quem estivesse no poder na França e do capricho mais recente de Bokassa.

Durante a presidência de Georges Pompidou (1969-1974), os dois países desentenderam-se bastante, principalmente quando a mídia francesa publicou reportagens com críticas a Bokassa. Esse reagiu acusando a França de explorar seu país e começou a se aproximar mais do Bloco Oriental. Em setembro de 1970, expulsou dezenas de consultores agrícolas franceses. Isso foi seguido pela criação de um plano de reforma agrária conhecido como Operação Bokassa. O plano envolvia a criação de grandes fazendas coletivas pertencentes ao Estado, dedicadas ao cultivo de produtos comerciais com equipamento e fertilizantes moderníssimos. Ligado à reforma estava o recém-criado Office de Commercialization des Produits Agricoles — ONCPA (Escritório de Venda de Produtos Agrícolas), que detinha o monopólio desse comércio. O objetivo do ONCPA logo ficou claro: encomendar o melhor equipamento agrícola para ser usado nas fazendas e grandes plantações de Bokassa e seus amigos.[20] Foi uma tentativa da elite dominante de reivindicar para si uma fatia do lucro da produção agrícola comercial, em sua maior parte ainda nas mãos de empresas concessionárias que lá estavam desde a época colonial.

A desconfiança dos camponeses da incompetência e da má administração fez com que as reformas da Operação Bokassa nunca fossem um grande sucesso. Na mente popular, o cultivo de algodão e café ainda estava associado ao antigo sistema de trabalho forçado, e os camponeses nunca se dedicaram com entusiasmo a esses produtos. A ausência dos especialistas franceses foi infeliz, porque as autoridades encarregadas de implementar o plano não tinham muito conhecimento do que seria necessário. Em 1975, a produção de algodão, que deveria aumentar três vezes, caiu 19%. A colheita de café foi 10% menor.[21] Os únicos empreendimentos que tiveram bons resultados com o plano foram as fazendas particulares do presidente e de seus amigos íntimos, que receberam todas as vantagens possíveis.

A mídia francesa continuou com as críticas, chegando às vezes ao ridículo. Em 1974, Bokassa, zangado, nacionalizou a Imprimerie Centrale d'Afrique e a Librairie Hachette, empresas de propriedade francesa que imprimiam e distribuíam livros e revistas. Também proibiu a importação de jornais franceses e assumiu a propriedade da Agência France Presse. As nacionalizações atingiram as empresas petrolíferas e Total, Shell, Purfina, Texaco e Agip perderam suas instalações para o Estado. Daí para a frente, a estatal CentraHydro monopolizou a distribuição de derivados de petróleo.[22]

Em maio de 1974, com a chegada ao poder de Valéry Giscard d'Estaing, sucessor de Pompidou, as relações dos dois países melhoraram visivelmente. A família Giscard tinha grandes investimentos na África e o novo presidente era um caçador entusiasmado que passou a fazer visitas regulares à RCA para dar vazão a sua paixão.[23] Quando a amizade dos presidentes se desenvolveu, Bokassa começou a pressionar Giscard para aumentar a ajuda e os investimentos no país. Embora a posição da RCA na estratégia global da França fosse relativamente pequena, Giscard conhecia o potencial das jazidas de urânio de Bakouma, 800 quilômetros a leste de Bangui, e a determinação de Bokassa de explorar o recurso mineral. Em fevereiro de 1975, houve um acordo sobre isso e criou-se um consórcio, Uranium de Centrafrique (Urca), para dirigir o projeto. O Urca foi parcialmente financiado pelo Comissariado de Energia Atômica (CEA) da França, instituição cujo diretor financeiro era Jacques Giscard d'Estaing, industrial de destaque e primo do presidente. Em 1977, o estudo de viabilidade do projeto Bakouma foi otimista, mas não havia obra em andamento quando o regime de Bokassa desmoronou.[24]

Apesar dos confiscos, das flutuações políticas e da busca de fontes opcionais de ajuda e investimento, a economia centro-africana permaneceu sob o domínio firme dos interesses franceses. O setor madeireiro é um ótimo exemplo. A exportação de madeiras nobres aumentou muito durante os anos de Bokassa. Até então as florestas, localizadas principalmente em Lobaye, eram relativamente inexploradas se comparadas às do Gabão e do Congo-Brazzaville. Os principais atores desse negócio lucrativo eram a Société d'Exploitation Forestière et Industrielle (Sefi), controlada pelo grupo francês Dujardin, e a Société Africaine Forestière et Agricole (Safa), controlada pelo grupo Rivaud e pela Compagnie du Cambodge.[25]

A maioria das grandes empresas, fossem ligadas ao urânio, à madeira, aos diamantes ou aos produtos agrícolas comerciais, tinha capital estrangeiro. As empresas e os bancos franceses eram os maiores investidores, mas havia muitas *joint ventures* nas quais várias empresas dividiam riscos e lucros. Com frequência o governo centro-africano era acionista minoritário e investia recursos fornecidos para o desenvolvimento por agências do governo francês, como os Fundos de Ajuda e Cooperação (FAC). Isso fazia com que houvesse poucas áreas econômicas que não dessem lucro ao Estado e, indiretamente, a Bokassa e seu séquito.[26]

Apesar desse sistema, no verão de 1975 o regime enfrentou graves dificuldades financeiras. Nada havia de novo nisso, mas uma configuração infeliz de circunstâncias deixou a situação pior do que de costume. A queda do preço do café e do algodão, a elevação do preço dos derivados de petróleo importados e a corrupção persistente levavam o Estado à falência. A seca que vinha desde o início da década de 1970 e reduzira o nível do rio Oubangui, tornando-o navegável somente durante seis meses do ano, em nada ajudou. Cerca de 95% das exportações e importações da República Centro-Africana usavam essa rota fluvial, que se ligava ao oceano pela ferrovia Brazzaville-Pointe Noire.[27]

A investigação feita por especialistas franceses demonstrou que a administração financeira era caótica e esbanjadora, e Giscard sentiu-se obrigado a restringir a ajuda à RCA. Em desespero, Bokassa pediu ajuda a Muamar Kadafi. O homem forte da Líbia foi a Bangui em outubro de 1976, disposto a dar aos novos amigos ajuda, investimento e presentes. Obsequiosos, Bokassa e vários integrantes de seu séquito se converteram ao islamismo. A "Revolução Islâmica" foi um ato cínico para garantir mais verbas e provocar o aumento da generosidade dos franceses. Funcionou. Não demorou para que houvesse a reaproximação com Paris; a ajuda voltou a fluir, e Bokassa converteu-se de novo ao catolicismo.[28] Essa reviravolta abriu caminho para um fato extraordinário que despertou a atenção mundial para o caprichoso governante.

Mais adiante, em 1976, o congresso do Mesan aprovou a decisão de transformar a república em império. Em 4 de dezembro, a existência do Império Centro-Africano foi solenemente declarada, com Bokassa I como imperador. A nova Constituição proclamava que o império baseava-se em princípios democráticos. Haveria uma Assembleia Nacional para permitir ao povo dividir o poder com o imperador. Havia referências encorajadoras à liberdade individual e política, ao estatuto das Nações Unidas e à Declaração Universal dos Direitos Humanos. Era menos encorajadora a declaração de que o próprio imperador seria o fiador desses direitos e dessas liberdades.[29]

Um ano depois, em 4 de dezembro de 1977, Bokassa coroou-se imperador num estádio de Bangui, em cerimônia que seguiu o modelo da coroação de Napoleão Bonaparte. A pródiga cobertura do evento pelos meios de comunicação globais mostrou a imagem duradoura de Sua Majestade Imperial nos trajes de gala da coroação, sentado num trono dourado em forma de águia com asas abertas. A França pagou em silêncio a conta de 22 milhões de dólares, para manter sua influência no país. Bokassa obtivera a aquiescência relutante de Giscard ao argumentar que o império era necessário para preservar a unidade nacional e a estabilidade política.[30]

O Império Centro-Africano não durou. As finanças do Estado continuaram desorganizadas e os funcionários públicos costumavam passar meses sem receber, situação que fracionou a elite. Os recursos cada vez menores paralisaram o sistema clientelista e causaram agitação em todos os níveis sociais, principalmente nos escalões médio e baixo da burocracia estatal e do setor moderno. Vários integrantes importantes do governo exilaram-se na França e em outros países e começaram a organizar uma ruidosa oposição ao regime.[31]

Em 1978, o Ministério da Educação baixou a mal pensada norma de que todos os alunos primários e secundários teriam de usar uniformes fabricados e vendidos por empresas controladas pela família de Bokassa. Quando os estudantes que não estavam vestidos a caráter foram proibidos de entrar na escola, causaram uma série de fatos que levaram à derrubada do império. A seguir, um breve resumo desses fatos.

Em janeiro de 1979, os *lycéens* (estudantes secundários) começaram uma manifestação em Bangui contra a regra do uniforme. Conseguiram o apoio dos universitários e seus protestos tiveram ímpeto suficiente para ameaçar o governo. Seguiu-se a repressão violenta pelas Forças Armadas, que resultou na morte de muitos estudantes. Veio a grita internacional e, na cúpula franco-africana de maio, em Kigali, Bokassa foi convencido, com muita relutância, a permitir um inquérito independente sobre a questão. O inquérito, feito por uma comissão internacional de juristas africanos, descobriu que, entre janeiro e abril, em torno de 300 jovens centro-africanos teriam sido mortos, nas ruas ou na prisão, por ordem do imperador Bokassa.[32]

O imperador era agora um pária, e quando os franceses cortaram a ajuda, seu regime enfrentou o colapso. Desesperado, recorreu mais uma vez a Kadafi. Entretanto, quando estava em visita a Trípoli, em setembro de 1979, onde eram negociados os termos de novo acordo, paraquedistas franceses saltaram em Bangui e deram fim ao império. Os invasores levavam consigo David Dacko, até então exilado em Paris, e o homem que fora derrubado no golpe de 1965-66 declarou-se presidente da República restaurada.[33]

Começou então o longo exílio de Bokassa, primeiro na Costa do Marfim e depois na França. Em outubro de 1986, conseguiu embarcar num voo de Paris a Bangui, com esperanças de ao chegar ser aclamado governante pelo povo. Em vez disso, foi preso e acusado de uma longa série de crimes. Quando o julgamento terminou, em junho de 1987, foi considerado culpado de assassinato e peculato e condenado à morte. Depois a pena foi comutada e Bokassa passou o resto da vida na cadeia ou sob prisão domiciliar, até morrer em 3 de novembro de 1996.[34]

CONCLUSÃO

O domínio colonial impôs à África formas de governo arbitrárias e estrangeiras. Ao se tornarem independentes, os novos Estados tinham estruturas políticas divorciadas das ideias tradicionais de autoridade e legitimidade. Essas estruturas não eram apenas estrangeiras em sua origem; tinham lançado raízes frágeis. A descentralização cautelosa do poder nos últimos anos de controle europeu tivera vida demasiadamente curta e superficial para causar impacto permanente. Ideologias como socialismo e democracia liberal nunca se firmaram e não puderam constituir a base da cultura política depois da independência. O autoritarismo do sistema colonial foi o único legado importante.[35]

Em certos casos, o domínio europeu teve vida suficientemente curta ou não destrutiva para permitir a sobrevivência de estruturas políticas nativas. A Etiópia, onde o imperador Hailé Selassié restabeleceu-se depois de seis anos de ocupação italiana, é o melhor exemplo. A legitimidade da monarquia feudal de Selassié tinha antiga linhagem e se perpetuou por meio de rituais complexos. Em termos weberianos, era um Estado patrimonial tradicionalista mantido pela autoridade patriarcal do governante e pela lealdade do conjunto dos cidadãos à sua pessoa.

A maioria dos líderes africanos pós-coloniais não podia alegar legitimidade tradicional autêntica como justificativa do governo autocrático. Ainda assim, alguns tentaram apropriar-se dela. Kwame Nkrumah, por exemplo, adotou o manto *kente* e o trono e o cetro reais para legitimar sua autoridade; e Sékou Touré, apesar do socialismo que professava, costumava gabar-se de ser neto de Samori Touré, fundador do Império Mande. É melhor, portanto, descrever os regimes de Gana e da Guiné como neopatrimoniais, já que sua autoridade baseava-se mais na liderança revolucionária carismática e no clientelismo do que em apelos genuínos à tradição.[36]

A glorificação dos antigos reinos refletia a crise de identidade paradoxal enfrentada pela África recém-independente. Havia o desejo de modernizar-se, ao mesmo tempo que se fabricava uma identidade que dava ouvidos a precedentes históricos.[37] A República/Império Centro-Africano, na medida em que se pode classificá-lo, tem muitas características do neopatrimonialismo. Bokassa estava igualmente preocupado com a legitimidade de seu regime, assim como todos os homens fortes contemporâneos, mas, ao contrário de Nkrumah e Touré, não liderara seu povo na independência e, portanto, faltavam-lhe credenciais revolucionárias. Como usurpador, sua pretensão ao poder sempre foi suspeita. Nessas circunstâncias, pode-se compreender o fato de ter ido a extremos na apropriação de símbolos e rituais para dar respeitabilidade ao regime. A escolha de modelos franceses em vez de africanos foi, no mínimo, excêntrica e traía certa vaidade ou mesmo megalomania, mas o objetivo da apropriação foi o mesmo dos outros regimes personalistas: a busca de legitimidade.

A tentativa de Bokassa de criar a monarquia hereditária também foi prática em outro sentido. Se os fatos se desenrolassem de forma favorável, a riqueza e o poder que acumulara permaneceriam na família durante gerações. Em suas ambições dinásticas, não foi o único de seus contemporâneos. Em regimes tão diferentes quanto o de Papa Doc Duvalier, no Haiti, e o de Kim Il Sung, na Coreia do Norte, para citar exemplos não africanos, os governantes escolheram os filhos como sucessores.

A centralização e a personalização do poder são características fundamentais dos regimes neopatrimoniais africanos. Sejam eles militares ou civis monopartidários, o Executivo detém o poder supremo, enquanto os braços Legislativo e Judiciário do governo, quando existem, servem-no docilmente. O domínio pessoal está ligado à noção de liderança carismática, que envolve um laço emocional entre governante e governado. O governante, por carisma natural ou pelo culto à personalidade, torna-se a personificação humana do Estado e, por sua vez, trata seus recursos como propriedade pessoal. Num sistema assim, não são as instituições com regras e procedimentos claros que governam a vida pública; em vez delas, são as relações pessoais que interligam governantes, partidários, dependentes e rivais. O governante, que precisa de partidários, cultiva a lealdade distribuindo benesses paternalistas, em geral na forma de empregos. As relações clientelistas se expandem a partir do centro e criam uma rede de obrigações que liga os participantes ao governante. Nenhum código moral regulamenta a distribuição de empregos e serviços; não há ética na alocação pública. Tudo depende das relações pessoais.[38]

Em suas fases republicana e imperial, o poder de Bokassa foi supremo. Um de seus primeiros atos foi suspender a Constituição e governar por decretos. Ele também aboliu a Assembleia Nacional e nunca a recriou, apesar das promessas. Em consequência, em todo o seu regime o ramo legislativo do governo não existiu. Isso fez com que não houvesse caminhos institucionais para que se pudessem exprimir até as críticas mais leves ao governo. Embora o Judiciário continuasse existindo, nunca foi independente da vontade do presidente/imperador. No caso da maioria dos julgamentos, fossem criminais ou políticos, o devido processo legal era a exceção, não a regra. No caso de conspirações contra o governante, como a de Alexandre Banza, tribunais militares encarregavam-se do julgamento e suas decisões nunca eram questionadas.

O poder absoluto de Bokassa foi reforçado pelo estilo heroico de liderança. As instituições que receberam seu nome, o louvor irrestrito da mídia, as estátuas de bronze, as medalhas, os uniformes, os títulos cada vez mais grandiloquentes e a autoafirmação em geral extravagante deram à sua autoridade uma legitimidade surrealista. Ele era o pai da nação, o Papa Bok, a personificação do Estado. O domínio de Bokassa também era pessoal, pois tratava os recursos do Estado como propriedade sua. O Estado tornou-se fonte de riqueza e clientelismo. Mesmo o funcionário mais reles estava preso a uma rede de obrigações que ia até o topo. As nomeações, promoções e demissões não costumavam ter relação com critérios como mérito ou credenciais. A tendência arbitrária do governante e de seus subordinados imediatos era o que importava.

Em circunstâncias de monopólio político nas quais não há caminhos reconhecidos de oposição, é costume surgir, dentro da oligarquia dominante, a rivalidade entre facções, que tem de ser contida para não levar a conspirações, golpes e guerra civil. Governantes pessoais astutos expurgam os possíveis rivais antes que fiquem poderosos demais e exilam-nos, prendem-nos ou ordenam sua execução.[39] O encarceramento de Dacko e seus partidários por Bokassa depois do golpe de 1965-66 e a eliminação de Banza e M'Bongo foram expurgos desse tipo.

A importância de expurgar adversários vai além de impedir ameaças iminentes. No caso de Bokassa, os expurgos promoveram a imagem de líder poderoso e implacável, quase impossível de enfrentar. Encorajaram a aquiescência e até certa lealdade pragmática, já que, na política, os partidários se unem em torno dos sobreviventes, e não dos efêmeros e de vontade fraca — e Bokassa era, acima de tudo, um sobrevivente. A imagem de homem forte também foi promovida por sua riqueza, que no contexto africano nem sempre é vista sob luz negativa. Os poderosos que obtêm riqueza e a fazem circular na sociedade são respeitados. Por exemplo, Félix Houphouet-Boigny, líder da Costa do Marfim, já expôs ao ridículo um adversário político por nada ter, sequer uma bicicleta. Assim, o dinheiro de Bokassa era mais do que mero produto de avareza; era acessório esperado do poder.[40]

A simbiose entre os mundos da política e dos negócios na RCA não surpreende, já que se baseava em práticas bem estabelecidas na época das empresas concessionárias coloniais. A política e os lucros excessivos sempre andaram de mãos dadas. A independência deu à elite nativa acesso à máquina do Estado, que por sua vez permitiu-lhes regulamentar a economia. Por meio da nacionalização, da apropriação da ajuda estrangeira e de outros mecanismos, a burguesia estatal local conseguiu acumular capital para sua própria expansão.[41] Isso foi feito em colaboração ou competição com o setor empresarial expatriado. A criação do Escritório Nacional de Venda de Produtos Agrícolas e o confisco das instalações de empresas petrolíferas e meios de comunicação franceses no início da década de 1970 foram tentativas da elite centro-africana de pôr sob seu controle uma fatia maior da economia do país. Isso correspondeu a passos semelhantes dados em outros países da África, quando o clima nacionalista varreu o continente.

Apesar das conspirações ocasionais contra o presidente/imperador, a elite centro-africana era um grupo razoavelmente coeso, cada vez mais unido pela vivência e pelos interesses comuns. Pouco numerosa e caracterizada pela instrução francesa, conhecia-se bem. O histórico semelhante, seja na universidade, seja na escola militar, e a socialização nos rituais do setor moderno deram-lhe uma unidade e um objetivo comum que transcendiam outros elementos de sua origem. Os vários levantes e expurgos no decorrer dos anos podem ser explicados como parte da luta pela formação da classe, mais do que como prova de clivagens insuperáveis. Depois da derrubada de Bokassa em 1979, seus sucessores foram todos nomes conhecidos da época do império ou anterior. Na época em que se escreve este artigo, o presidente da RCA é François Bozizé, o segundo tenente que Bokassa promoveu ao posto de general. Bozizé tomou o poder em março de 2003, num golpe militar que derrubou o presidente Ange Patassé, que durante muitos anos pertenceu ao Gabinete de Bokassa.[42]

Jean-Bedel Bokassa continua a ser um personagem enigmático. Alguns escritores colocaram-no numa categoria desonrosa especial, ao lado de Macias Nguema, da Guiné Equatorial, e de Idi Amin, de Uganda, como homens que arruinaram seus respectivos países.[43] Embora a mídia francesa tivesse papel importante na denúncia dos abusos do império, foi também responsável por fabricar a imagem de Bokassa como bufão sujo de sangue, dado a excessos do tipo mais extravagante. Pouco depois de ser derrubado, os jornais encheram-se de notícias de descobertas horrendas na Villa Kolongo — ossos de vítimas no fundo do lago dos crocodilos e cadáveres no *freezer* aguardando as atenções dos cozinheiros do imperador. Essas notícias, com muita probabilidade, originaram-se na campanha de difamação do Service de Documentation Extérieure et de Contre-Espionnage (Serviço de Documentação Exterior e Contraespionagem — Sdece), o serviço secreto francês. Só destruindo a reputação de Bokassa seria possível justificar a invasão que o derrubou. Ainda assim, Alexandre de Marenches, diretor do serviço na época, admitiu, muitos anos depois, que as notícias não tinham fundamento. "Foram contadas as histórias mais improváveis sobre ele (Bokassa). Chegamos a examinar o refrigerador do palácio presidencial para ver se continha carne humana, mas nada havia disso."[44] E durante o julgamento de 1986-87 não surgiu qualquer testemunha digna de crédito para confirmar a acusação de canibalismo e o veredito do tribunal foi de inocência, no caso dessa acusação.

O autoritarismo vigoroso de Bokassa estava longe de ser perfeito mas serviu para manter o país unido e poupou-o da violência étnica e da guerra civil que devastaram muitos países africanos na época pós-colonial. Na verdade, o imperador poderia mostrar uma longa lista de realizações positivas no rumo da modernização: aeroporto, escolas, universidade, emissora de televisão, fazendas, fábricas e a proteção dos direitos das mulheres. Houve, reconhecidamente, má gestão, esbanjamento e lucro excessivo por parte da burguesia estatal e das empresas estrangeiras, mas os centro-africanos recordam a primeira década do governo de Bokassa como a mais próspera e estável da história moderna; isso explica a prolongada saudade do imperador nos anos que se seguiram à sua derrubada.

Notas

1. Bokassa, Jean-Bedel, *Ma Verité*, Paris, Carrère-Lefon, 1985, p. 18 ; Delpey, Roger, *La Manipulation*, Paris, Jacques Grancher, 1981, pp. 166-67; Kalck, Pierre, *The Central African Republic: A Failure in Decolonization*, Nova York, Praeger, 1971, p. 75.
2. Serre, Jacques. "Six ans de gouvernement Dacko (1960-1966)". *Revue française d'études politiques africaines*, Paris, nº 117 (1975), pp. 73-104. Entrevista, Theodore Ngoulé, Paris, abril de 1990.
3. Baccard, André, *Les martyrs de Bokassa*, Paris, Editions du Seuil, 1987, pp. 15-32. Bigo, Didier, *Pouvoir et obéissance en Centrafrique*, Paris, Karthala, 1988, pp. 48-53.
4. Decalo, Samuel, *Coups and Army Rule in Africa: Studies in Military Style*, New Haven, Yale University Press, 1976, pp. 3-21.
5. Bigo, D., *op. cit.*, p. 9.
6. Bayart, Jean-Francois, *The State in Africa: The Politics of the Belly*, Londres e Nova York, Longman, 1993, pp. 226-27. "Dacko and Bokassa", *West Africa*, nº 12, fevereiro de 1966, 186.
7. Péan, Pierre, *Bokassa Ier*, Paris, Editions Alain Moreau, 1977, pp. 60-70.
8. Kalck, *op. cit.*, pp. 159-64.
9. "Bokassades", *Jeune Afrique*, 3 de outubro de 1979, pp. 38-9 ; "Le Président Bokassa maréchal", *L'année politique africaine*, 1974, pp. 18-20; Péan, P., *op. cit.*, pp. 25, 28, 36. Entrevista, Georges Bokassa, Paris, abril de 1990.
10. Médard, Jean-François. "The Undeveloped State in Tropical Africa: Political Clientelism or Neo-patrimonialism?", em Clapham, Christopher (org.), *Private*

Patronage and Public Power, Nova York, St. Martin's Press, 1982, p. 172. Entrevista, Georges Bokassa, Paris, abril de 1990.

11. Entrevista, David Dacko, Bangui, março de 1990.
12. Entrevista, David Dacko, Bangui, março de 1990.
13. Baccard, André, *op. cit.*, pp. 69-89.
14. Bigo, D., *op. cit.*, p. 112.
15. Há uma descrição da penitenciária em primeira mão em Gallo, Thierry-Jacques, *N'Garagba, maison des morts: Un prisonnier sous Bokassa*, Paris, L'Harmattan, 1988, e uma análise excelente em Bigo, Didier. "Ngaragba, l'impossible prison", *Revue française de science politique*, Paris, ano 39, nº 6 (1989), pp. 867-86.
16. Baccard, André, *op. cit.*, pp. 238-47.
17. Bigo, D., *op. cit.*, 1988, p. 122.
18. Zoctizoum, Yarisse, *Histoire de la Centrafrique*, Paris, L'Harmattan, 1984, pp. 35-9.
19. Cornevin, Robert, "La politique étrangère du gouvernement de Bangui", *Revue française d'études politiques africaines*, Paris, nº 117 (setembro de 1975), pp. 71-80.
20. Zoctizoum, Yarisse, *op. cit.*, pp. 252-79.
21. Maidou, Henri *et al.*, *Philosophie de l'Opération Bokassa*, vol. 2, Paris, Presses de Bernard Neyrolles, 1976, pp. 96-98.
22. "Le Président Bokassa maréchal", *L'année politique africaine*, 1974, pp. 18-20.
23. Bruno, Pol, *La saga des Giscard*, Paris, Editions Ramsay, 1980, pp. 15-18; Frears, J. R., *France in the Giscard Presidency*, Londres, Allen and Unwin, 1981, p. 39; Giscard d'Estaing, Valéry, *Le pouvoir et la vie*, vol. 2, Paris, Compagnie Douze, 1991, pp. 295-97.
24. Péan, P., *op. cit.*, pp. 127-32; Zoctizoum, Y., *op. cit.*, pp. 216-18.
25. Zoctizoum, Y., *op. cit.*, pp. 220-30.
26. Prioul, C., "Industrie et commerce en RCA", *Cahiers d'outre-mer*, Bordéus, nº 88 (1969), p. 413.
27. Maidou, H. *et al.*, *op. cit.*, p. 140.
28. Baccard, A., *op. cit.*, pp. 219-23; "S. M. Bokassa Ier", *L'année politique africaine*, 1976, pp. 16-20.
29. "Premières pages d'une chronique impériale", *Jeune Afrique*, 24 de dezembro de 1976, p. 30.
30. Os seguintes textos trazem descrições detalhadas da cerimônia de coroação: Crabb, John, "The Coronation of Emperor Bokassa", *Africa Today*, Londres, ano 25, nº 3 (julho-setembro de 1978), pp. 25-44; Harmon, Jeff B., "His Former Majesty, Bokassa", *Harper's Magazine*, Nova York, maio de 1980, pp. 34-39. Ver também Giscard d'Estaing, Valéry, *op. cit.*, p. 305.

31. "Bokassa's Bankrupt Empire", *New Africa*, março de 1979, pp. 19-21; "Bokassa a... des successeurs", *Jeune Afrique*, 27 de junho de 1979, pp. 21-22 ; "Un profound malaise", *Le Monde*, 24 de janeiro de 1978, p. 8.
32. "Les cents jours qui ont ébranlé l'empire", *Jeune Afrique*, 20 de junho de 1979, pp. 15-17; Bigo, D., *op. cit.*, 1988, pp. 192-201.
33. "Sur la chute de Bokassa", *Jeune Afrique*, 14 de novembro de 1979, pp. 44-52; Ockrent, Christine, *Dans le secret des princes*, Paris, Stock, 1986, pp. 161-80.
34. Placca, Jean-Baptiste. "Accusé Bokassa, levez-vous", em Bourgi, Albert (org.), *Grands procès de l'Afrique contemporaine*, Paris, Jeune Afrique Livres, 1990, pp. 13-31; Bigo, Didier, "Le procès Bokassa", *Afrique contemporaine*, Paris, 144 (1987), pp. 51-54; "Flamboyant Self-Crowned Emperor Dies", *Irish Times*, 5 de novembro de 1996.
35. Sandbrook, Richard, *The Politics of Africa's Economic Stagnation*, Cambridge, Cambridge University Press, 1985, pp. 84-5.
36. LeVine, Victor T., "African Patrimonial Regimes in Comparative Perspective", *Journal of Modern African Studies*, Cambridge, ano 18, nº 4 (1980), pp. 659-69.
37. Mazrui, Ali A., *Violence and Thought: Essays on Social Tensions in Africa*, Londres e Harlow, Longmans Green, 1969, pp. 217-18.
38. Braton, Michael e Van de Walle, Nicolas, "Neopatrimonial Regimes and Political Transitions in Africa", *World Politics*, Baltimore, ano 46, nº 4 (julho de 1990), pp. 458-89.
39. Jackson, Robert H. e Rosberg, Carl G., *Personal Rule in Black Africa: Prince, Autocrat, Prophet, Tyrant*, Berkeley, University of California Press, 1982, pp. 19-53.
40. Bayart, J.-F., *op. cit.*, p. 242.
41. Harsch, Ernest, "Accumulators and Democrats: Challenging State Corruption in Africa", *Journal of Modern African Studies*, Cambridge, ano 31, nº 1 (1993), pp. 36-7.
42. Mehler, Andreas, "The Shaky Foundations, Adverse Circumstances, and Limited Achievements of Democratic Transition in the Central African Republic". *In* Villalón, Leonardo A. e Van Doepp, Peter (orgs.), *The Fate of Africa's Democratic Experiments: Elites and Institutions*, Bloomington, Indian University Press, 2005, pp. 126-52.
43. Decalo, Samuel, *Psychoses of Power: African Personal Dictatorships*, Boulder, Westview Press, 1989, é um exemplo.
44. Ockrent, Christine, *op. cit.*, p. 165.

Bibliografia

Livros e artigos

BACCARD, André. *Les martyrs de Bokassa*. Paris: Editions du Seuil, 1987.

BAYART, Jean-Francois. *The State in Africa: The Politics of the Belly*. Londres e Nova York: Longman, 1993.

BIGO, Didier. "Le procès Bokassa", *Afrique contemporaine*, Paris, nº 144 (1987), pp. 51-54.

——. *Pouvoir et obéissance en Centrafrique*. Paris: Karthala, 1988.

——. "Ngaragba, l'impossible prison", *Revue française de science politique*, Paris, ano 39, nº 6 (1989), pp. 867-86.

BOKASSA, Jean-Bedel. *Ma Verité*. Paris: Carrère-Lefon, 1985.

BRATON, Michael e VAN DE WALLE, Nicolas. "Neopatrimonial Regimes and Political Transitions in Africa", *World Politics*, Baltimore, ano 46, nº 4 (julho de 1990), pp. 458-89.

BRUNO, Pol. *La saga des Giscard*. Paris: Editions Ramsay, 1980.

CRABB, John. "The Coronation of Emperor Bokassa", *Africa Today*, Londres, ano 25, nº 3 (julho-setembro de 1978), pp. 25-44.

——. *Coups and Army Rule in Africa: Studies in Military Style*. New Haven: Yale University Press, 1976.

DECALO, Samuel. *Psychoses of Power: African Personal Dictatorships*. Boulder: Westview Press, 1989.

DELPEY, Roger. *La Manipulation*. Paris: Jacques Grancher, 1981.

FREARS, J.R. *France in the Giscard Presidency*. Londres: Allen and Unwin, 1981.

GALLO, Thierry-Jacques. *N'Garagba, maison des morts: un prisonnier sous Bokassa*. Paris: L'Harmattan, 1988.

GISCARD D'ESTAING, Valéry. *Le pouvoir et la vie*, vol. 2. Paris: Compagnie Douze, 1991.

HARMON, Jeff B. "His Former Majesty, Bokassa", *Harper's Magazine*, Nova York, maio de 1980, pp. 34-39.

HARSCH, Ernest. "Accumulators and Democrats: Challenging State Corruption in Africa", *Journal of Modern African Studies*, Cambridge, ano 31, nº 1 (1993).

JACKSON, Robert H. e ROSBERG, Carl G. *Personal Rule in Black Africa: Prince, Autocrat, Prophet, Tyrant*. Berkeley: University of California Press, 1982.

KALCK, Pierre. *The Central African Republic: A Failure in Decolonization*. Nova York: Praeger, 1971.

LEVINE, Victor T. "African Patrimonial Regimes in Comparative Perspective", *Journal of Modern African Studies*, Cambridge, ano 18, nº 4 (1980), pp. 659-69.

MAIDOU, Henri *et al. Philosophie de l'Opération Bokassa*, vol. 2. Paris: Presses de Bernard Neyrolles, 1976.

MAZRUI, Ali A. *Violence and Thought: Essays on Social Tensions in Africa*. Londres e Harlow: Longmans Green, 1969.

MÉDARD, Jean-Francois. "The Undeveloped State in Tropical Africa: Political Clientelism or Neo-patrimonialism?" *In*: CLAPHAM, Christopher (org.). *Private Patronage and Public Power*. Nova York: St. Martin's Press, 1982.

MEHLER, Andreas. "The Shaky Foundations, Adverse Circumstances, and Limited Achievements of Democratic Transition in the Central African Republic". *In*: VILLALÓN, Leonardo A. e VAN DOEPP, Peter (orgs.). *The Fate of Africa's Democratic Experiments: Elites and Institutions*. Bloomington: Indian University Press, 2005, pp. 126-52.

OCKRENT, Christine. *Dans le secret des princes*. Paris: Stock, 1986.

PÉAN, Pierre. *Bokassa Ier*. Paris: Editions Alain Moreau, 1977.

PLACCA, Jean-Baptiste. "Accusé Bokassa, levez-vous". *In*: BOURGI, Albert (org.). *Grands procès de l'Afrique contemporaine*. Paris: Jeune Afrique Livres, 1990, pp. 13-31.

PRIOUL, C. "Industrie et commerce en RCA", *Cahiers d'outre-mer*, Bordéus, 88 (1969), pp. 413-20.

SANDBROOK, Richard. *The Politics of Africa's Economic Stagnation*. Cambridge: Cambridge University Press, 1985.

SERRE, Jacques. "Six ans de gouvernement Dacko (1960-1966)", *Revue française d'études politiques africaines*, Paris, 117 (1975), pp. 73-104.

ZOCTIZOUM, Yarisse. *Histoire de la Centrafrique*. Paris: L'Harmattan, 1984.

Jornais e revistas

L'année politique africaine

Irish Times

Jeune Afrique

Le Monde

New Africa

West Africa

PARTE II Ásia

CAPÍTULO 1

China

Lucien Bianco*

Tradução de Vera Gertel

*Professor Emérito da EHESS, Paris. Autor de *Peasants without the Party: Grass-Roots Movements in Tweentieth-Century China*. Armonk/Nova York: M. E. Sharpe, 2001 (Prêmio Levenson 2003) e coautor com Hua Chang-ming de *Jacqueries et révolution dans la Chine du XXè siècle*. Paris: La Martinière, 2005 (Prêmio Augustin-Thierry 2005).

Primeiramente, limito o século XX chinês ao período entre 1912-2007, ou seja, aos 95 anos que se passaram desde a queda do império de dois mil anos. Antes da revolução de 1911-1912, tratava-se mais de uma autocracia de tipo tradicional do que de um regime autoritário de tipo moderno pelos quais esta obra coletiva, atenta aos dramas do século XX, tem particular interesse. Cobrirei esses 95 anos, voltando da atualidade ao início da República chinesa, fundada em 1912.

HOJE

À primeira vista, o regime chinês ilustra bem uma das duas hipóteses propostas à nossa reflexão* um regime autoritário pode se legitimar aos olhos da sociedade, por meio do reconhecimento pelos ganhos materiais ou simbólicos com os quais foi beneficiada. Não é preciso procurar os bens materiais: a grande maioria da população chinesa constata que seu nível de vida progride regularmente há mais de uma geração. Quanto aos ganhos simbólicos, lideram o sentimento nacional: a China é cada vez mais considerada na cena internacional. O contraste é flagrante com a época não tão distante quando os imperialistas exploravam e desprezavam o homem doente do Extremo Oriente.

Mesmo assim, os ditadores ou oligarcas que dirigem a China não são muito populares e o Partido Comunista é, francamente, detestado: não se

*O autor refere-se à questão central proposta pela presente coletânea. Cf. a Apresentação. (*N. das O.*)

pode sequer falar de um *deal** (governo autoritário contra prosperidade material), no máximo de uma frágil legitimidade de substituição, no momento em que ninguém mais acredita nos ideais marxistas-leninistas-maoistas: "Eles nos governam, nós somos obrigados a suportá-los, mas, ao menos, aos poucos, melhoram nosso nível de vida." O que não impede a população quase em sua unanimidade de protestar contra a corrupção e os abusos da autoridade burocrática comunista. Tampouco impede de multiplicarem-se, a cada ano, as petições, as queixas na Justiça, as manifestações e até as revoltas: os descontentes protestam, mesmo se as chances de obter ganho de causa forem mínimas.

Para o regime, os movimentos sociais são mais o sinal de um mal-estar social do que uma verdadeira ameaça. Uma sede local do Partido Comunista pode ser, inicialmente, cercada e invadida por uma multidão de camponeses enfurecidos, mas a partir do momento em que chega a tropa do chefe local vizinho, a relação de forças se inverte. Os riscos para o governo central são ainda bem menores do que para as autoridades locais, que ele desautoriza abertamente a ponto de os camponeses sediciosos exigirem, voluntariamente, diretivas benevolentes do Centro (*zhongyang*) para poder melhor denunciar a inobservância das leis pelos chefes comunistas locais. O Centro pode decretar que o imposto não deve exceder 5% da renda do contribuinte, desafio quase impossível de ser mantido pelas autoridades locais, mesmo se fossem íntegras (hipótese raramente confirmada). Essas têm que arcar, na verdade, com o essencial das despesas com educação e saúde e investir na modernização da região ou do cantão, sem o que os funcionários responsáveis sejam pouco notados e jamais promovidos.

O que torna o governo ainda menos vulnerável é a dispersão dos movimentos sociais. Cada vez mais frequentes, repito, e quase sempre fundados em reclamações legítimas, raramente são coordenados. Um dano ao meio ambiente mobiliza os residentes de uma região e mais ninguém. Na base da pirâmide social, os camponeses têm as melhores razões do mundo para se queixar e reivindicar, mas nunca conjugam seus esforços

*Acordo. Em inglês no original. (*N. das O.*)

com os de operários despedidos das empresas estatais que só lhes pagam as indenizações de demissão ou as pensões a que têm direito de maneira irregular e com muito atraso. Aos olhos dos camponeses, toda população urbana, inclusive os operários, é privilegiada e parasita. Por seu lado, os citadinos, unanimemente, desprezam os rústicos, que estagnam na ignorância do campo. Por mais que se denuncie a desigualdade social sob esse regime que continua a se dizer comunista, essa, por enquanto, não une suas vítimas contra os aproveitadores e o poder.

A invulnerabilidade do poder começa, no entanto, a desgastar-se e continuará a desagregar-se. O regime é muito mais contestado hoje do que quando seu fundador Mao Zedong (Mao Tse-tung) era vivo e essa constatação é, em larga medida, efeito da sua maior tolerância: o regime é menos temido, menos ameaçador do que na época em que reprimia, sem constrangimento, a mínima manifestação de descontentamento ou desacordo. O próprio regime escolheu ser menos autoritário, tornando-se, com isso, mais vulnerável. Tocqueville já havia notado, e a tentativa de Gorbatchev o confirmou: é quando um regime autoritário começa a se reformar que ele se fragiliza.

Mao

Como contraponto, podemos voltar justamente a Mao, uma vez que, diferentemente dos atuais dirigentes, ele era amado e mesmo venerado. Desejo apenas retificar a explicação dada na proposição que nos é feita: “não porque era temido” para “não apenas porque era temido”. Mas, enfim, Mao foi admirado, adulado, idolatrado por uma juventude universitária (e de ensino médio) pronta a responder a seus apelos, mesmo a antecedê-los, uma vez que lhe foi assegurado que era “justo se rebelar”. A revolta contra os professores e as autoridades comunistas que regiam colégios e universidades havia sido muito sonhada. Os estudantes apressaram-se, portanto, a agarrar a oportunidade milagrosamente oferecida pela autoridade suprema, que legitimava suas reclamações e, por antecipação, sua revolta. E, com sua bênção, podiam bancar os heróis, precisamente eles que nunca haviam tido a oportunidade de imitar os mais velhos, cujos feitos eram explorados sem trégua pela propaganda.

Essa conjunção entre, de um lado, o mal-estar, a sede de heroísmo e o fanatismo de adolescentes devidamente doutrinados e, de outro, os cálculos, a insatisfação e as obsessões de um ditador envelhecido não basta para dar conta do apoio, aparentemente generalizado, ao presidente venerado. O entusiasmo de uma fração da juventude não engaja o conjunto da sociedade. Adultos participaram com zelo da Revolução Cultural, alguns por convicção, outros por mimetismo, espírito de clã ou ambição. Em período de crise, rolam cabeças, às vezes literalmente, porém, mais de forma frequente, de maneira metafórica: as vítimas perdem seus cargos e deixam lugar a outros, de preferência àqueles que os "denunciaram" e "abateram". Parece, no entanto, que a maioria da população se manteve calada, esperando passar a tempestade. Ela pôde fingir que aprovava o movimento — que jeito? — desejando seu fim e a volta a uma normalidade menos assustadora.

O adesismo sob coerção de uma sociedade aterrorizada remete a um regime que não se pode definir somente como "autoritário". Conceitos muito discutidos, muitas vezes até rejeitados, como "totalitarismo", regimes ou sistemas "totalitários", permanecem; todavia, a meu ver, esses são os menos inadequados para tratar da Rússia stalinista, da Alemanha hitlerista, do Camboja de Pol Pot, da Coreia do Norte de Kim Il Sung e... da China de Mao, precisamente.[1] Por comparação com a maior parte dos regimes autoritários, um regime totalitário tem menos necessidade de reprimir, uma vez que demonstrou, de saída, que não tolera qualquer desvio e não hesita em recorrer a meios extremos contra os supostos inimigos. E, sobretudo, permite sonhar mais: à sombra dos ideais proclamados por Mao, o que há de mais banal do que empreender a modernização de um país atrasado, à qual se dedicaram os epígonos? É como o retorno à imanência, a revanche tardia do real sobre a utopia proclamada e imposta. Na época da Revolução Cultural, o sonho maoista não mais de estabelecer uma sociedade sem classes, mas de mantê-la ou restabelecê-la, não é partilhado pelo conjunto da sociedade chinesa. Mesmo os mais pobres se contentariam em se tornar menos pobres; não concebem o igualitarismo que, por fim, o próprio Mao lhes negou, fazendo com que os mais pobres (os camponeses) financiassem a acumulação primitiva considerada "socialista".[2] E, mais ainda, fazendo da sociedade chinesa uma sociedade de castas: quem nasce no campo é constrangido a lá permanecer a vida inteira, pois o êxodo rural é proibido; sendo filho de proprietário de terras ou de capitalista, se é, por toda a vida, pestilento, bode expiatório pré-designado para as futuras campanhas, como a Revolução Cultural.

A necessidade, a própria urgência para fazer a acumulação primitiva decorre muito evidentemente da pobreza e do atraso da China: na época (em 1949 e ainda em 1966) a indústria moderna permanece muito pouco desenvolvida e o capital disponível permite apenas a construção de poucas fábricas. Daí a apreensão de boa parte do produto do trabalho dos agricultores (cujos salários muito baixos se estagnam). Daí também o dilema fundamental comum a todas as revoluções comunistas (uma vez que todas elas eclodiram em países "subdesenvolvidos" ou, como se dizia na época, atrasados) e as tensões recorrentes entre dirigentes, os únicos que tinham poder de decisão: é preciso privilegiar o desenvolvimento, a modernização, enfim, as tarefas elementares, ou a fidelidade ao objetivo inicial, o estabelecimento de uma sociedade sem classes? Ao contrário dos seus tenentes, Mao nunca renunciou à utopia original, nem se resignou a cair na rotina, inevitável em uma revolução instalada e requisitada pelas tarefas de construção e desenvolvimento. Ele perdeu nos dois campos: obstinando-se em preservar ou insuflar um fervor revolucionário enfraquecido, fabricou seres amargos, céticos e cínicos e, além do mais, entravou a modernização da qual o país tinha grande necessidade.

Recuperar o atraso da China e torná-la capaz de resistir aos imperialistas e reencontrar a grandeza de outros tempos fora o principal objetivo de duas gerações de revolucionários. Em outros termos, foi o nacionalismo que os motivava e os converteu à revolução, a partir do momento em que os outros meios se revelaram inoperantes. Tão nacionalistas quanto os outros, alguns intelectuais da segunda geração aderiram menos ao marxismo, que conheciam mal, do que à via leninista em direção ao poder e, supunham, em direção à construção de um país poderoso e próspero. Com o poder conquistado, precisamente em favor da resistência ao invasor imperialista, no caso o Japão, a tarefa nacional de construção se impôs, portanto, naturalmente. Os comunistas tinham consciência desse fato e batizaram sua revolução *jiefang* ("libertação", subentendido, das potências imperialistas) e continuam datando a era da "construção do país" (*jianguo*) em 1949. O que não os impedia de ter interiorizado a vulgata marxista usada para se diferenciar de um "antigo regime" e vencê-lo, regime que se pretendia também revolucionário (o do Guomindang ou Partido Nacionalista). Já de início, portanto, a luta contra a exploração dos pobres e o estabelecimento de uma sociedade sem classes fazem parte do programa do novo regime. Ele fez, então, muito rapidamente, uma reforma agrária que confisca as terras dos proprietários rurais e as redistribui entre os agricultores mais empobrecidos. Nessa época, as massas populares camponesas, que representam a enorme maioria da população chinesa, comemoram a súbita melhoria de sua condição. São gratas aos seus novos senhores e, nesse sentido, legitimam efetivamente o regime. Pode-se dizer o mesmo dos intelectuais, ganeros por outro motivo: seu nacionalismo se favorece com o estabelecimento de um regime mais forte, mais unificado do que o precedente, capaz, ao mesmo tempo, de manter a ordem interior e fazer recuar as tropas americanas (e da ONU) para fora das fronteiras chinesas: na Coreia a partir de outubro de 1950.

À primeira vista, a intenção social confusa de revolucionários que reivindicam o marxismo podia também ser favorecida pela intenção nacional de construção de um país poderoso e próspero: se a nação se enriquece, os pobres partilharão ao menos as migalhas. A melhoria das condições de vida do povo como resultante dos progressos econômicos é exatamente o que acontece na China, apesar da desigualdade crescente. Infelizmente, a liberação social dos explorados, ao invés de ser o corolário do desenvolvimento, corre o risco de ser sacrificada: é o que acontece quando um Estado todo-poderoso efetua ele próprio a exploração social dos pobres a fim de industrializar e modernizar o mais rapidamente o país. A exploração é intensificada se ele decide aumentar o ritmo de sua atividade. Na China, os camponeses, em outras palavras, os mais pobres dentre os pobres, foram primeiramente explorados durante o Primeiro Plano Quinquenal (1953-1957), depois duplamente explorados durante o Grande Salto para a Frente, lançado em 1958. A partir de 1958, o estabelecimento de um "sistema unificado de compra e venda", que obriga os camponeses a entregar seus grãos a baixo preço ao Estado, dá-lhes o sentimento de que esse tira com uma mão o que lhes dera com a outra durante a reforma agrária. Impressão confirmada ao longo dos anos seguintes com a instalação progressiva da coletivização agrícola, geradora de tensões e motins que denotam uma primeira e viva decepção infringida por um regime inicialmente aclamado.

Com o Grande Salto para a Frente, a intensa exploração das massas rurais provocou uma fome que matou, entre 1959 e 1962, 20 a 30 milhões de homens, a maioria camponeses. Dessa vez, os habitantes das aldeias, às vezes obrigados, como ocorreu em certos distritos de Anhui e de Henan, a trocar seus filhos para sobreviver, concluíram que, decididamente, esses comunistas não valem mais do que os outros: uma década após o estabelecimento do novo regime, não lhe dão mais crédito. Os intelectuais não haviam esperado tanto tempo: quando Mao termina por persuadi-los, no segundo trimestre de 1957, para dizer francamente o que pensavam do Partido Comunista, o dilúvio e a amplitude das críticas foram tais que o regime prontamente deu um basta na situação e enviou por 20 anos ao exílio ou confinou em campos os imprudentes ou audaciosos que haviam se expressado vencendo seus temores iniciais.

Em defesa do Grande Salto, deve-se, no entanto, reconhecer que esse comportava elementos pragmáticos (descentralização, recurso a técnicas intermediárias, desenvolvimento de pequenas indústrias rurais, mobilização de mão de obra agrícola subempregada na entressafra), que, em contexto político diferente, haviam dado certo em outros lugares, do Japão a Taiwan, e na Coreia do Sul, e mesmo na China, melhoram a sorte da geração seguinte. Sempre a favor do Grande Salto, é preciso lembrar que fora motivado por uma insatisfação legítima quanto ao modelo soviético de desenvolvimento seguido durante o Primeiro Plano Quinquenal chinês. Doravante, proclama Mao Zedong em 1958, a economia andará sobre duas pernas: setor moderno e setor tradicional deveriam progredir juntos. Na falta de capitais ou técnicas de ponta, cuja carência é dramática, a linha tradicional mobilizará um dos trunfos da China: sua mão de obra rural superabundante. Para a linha moderna, serão reservados os raros recursos técnicos e financeiros disponíveis. A emancipação do modelo soviético é, no entanto, apenas parcial: Mao não questiona o coração da estratégia stalinista de industrialização. A indústria pesada foi até beneficiada por aumentos de investimento, no momento em que Mao proclamou sua vontade de dobrar a produção de aço em um ano. Ele só conseguiu dobrar a taxa de mortalidade.

É impossível dar conta da catástrofe do Grande Salto sem incriminar o regime. Dirigentes todo-poderosos e descontrolados puderam impor objetivos irrealistas, desprezando as advertências dos especialistas. A natureza do regime incita, em seguida, a escalada da rivalidade entre os quadros locais e regionais, incentivando-os a lutar para ultrapassar os objetivos: é melhor "errar à esquerda do que à direita". De maneira que uma medida tão necessária quanto a descentralização agrava os desequilíbrios: falsificados por dirigentes locais que acumulam responsabilidades, os relatórios de produção estimam produções recordes de grãos e justificam, portanto, o aumento das apreensões. Em 1958, o problema que preocupa os dirigentes é: o que vamos poder fazer com os grãos de que os camponeses disporão uma vez que as entregas ao Estado tiverem sido efetuadas? No mesmo ano, uma subprefeitura de Henan duplica o montante de retiradas do Estado: progressão muito razoável, uma vez que a produção teria decuplicado desde o ano anterior! A competição entre os quadros incita a sempre fazer melhor, a ultrapassar a inverossímil progressão do vizinho, a lançar satélites (alusão ao Sputnik soviético do ano precedente) que se elevam cada vez mais alto nos ares. Quando os produtores espoliados começam a morrer de fome, o reflexo de muitos quadros é dissimular a fome que revelaria suas mentiras, exibir apenas os aldeões menos mal nutridos diante dos altos funcionários em inspeção, e mesmo destacar o pouco grão que resta. Mascarar a fome é, evidentemente, impedir a chegada de socorro e condenar à morte uma maior proporção da população local. Em 1960, a taxa de mortalidade atinge 54% em Sichuan e 68% em Anhui: para cada uma das duas províncias, é, aproximadamente, cinco vezes a taxa de 1956 (de uma população muito jovem).[3] Em defesa dos quadros comunistas da base, deve-se dizer que muitos pensavam, não sem razão, que não seriam acreditados se transmitissem a seus superiores relatórios sinceros. No mesmo ano de 1960, a produção nacional de cereais era cem milhões de toneladas inferior ao que pensavam os dirigentes.

Os dirigentes eram ignorantes? Inconscientes dos horrores que desencadeavam? Certamente, ao menos em um primeiro momento, mas, sobretudo, arrogantes e impacientes, mobilizando toda a população em uma guerra contra a natureza precipitada em nome do voluntarismo: "Para as massas revolucionárias (por pouco que sigam seus chefes) nada é impossível." Enquanto as camponesas caem esgotadas e sonolentas nos campos coletivos, os homens fabricam nos "pequenos altos-fornos" das aldeias um aço inutilizável ou efetuam, longinquamente, obras hidráulicas tão gigantescas quanto mal projetadas, a ponto de serem, às vezes, mais nocivas do que aproveitáveis. No campo, onde a mão de obra é abundante, uma parte da boa colheita de 1958 apodrece no pé, por falta de armazenamento.

É preciso reconhecer que tais frustrações alertaram Mao Zedong, que rapidamente recomendou prudência. Em julho de 1959, ele foi à reunião de verão dos dirigentes em Lushan (Jiangxi) decidido a reorientar os rumos. Voltou de lá fazendo exatamente o contrário. Por quê? Em Lushan, o ministro da Defesa, Peng Dehuai, ousou, em carta muito respeitosa, criticar os erros "esquerdistas" do Grande Salto. É mais do que Mao podia suportar: que outro lhe faça uma recomendação que ele já havia feito a si mesmo! Ostensivamente destinado a combater o direitismo da (suposta) camarilha de Peng Dehuai, a retomada criminosa do Grande Salto após Lushan é, certamente, responsável por metade das milhões de mortes provocadas pela fome, que atinge o ponto culminante em 1960.

A despeito dos erros e do primado concedido à política sobre a economia (conforme o slogan em voga na época: "a política no comando"), o Grande Salto para a Frente não visava menos ao objetivo que, como vimos, impunha-se de todo modo: o desenvolvimento de um país pobre. Ele privilegiava esse objetivo em detrimento da utopia original: o estabelecimento de uma sociedade comunista, mesmo se, contraditoriamente, pretendesse apressar o advento dessa última por meio de inovações como as refeições servidas gratuitamente nas cantinas das Comunas Populares. Ditada pela experiência da fome e pelo bom-senso, outro nome da necessidade, a prioridade desse mesmo objetivo pé no chão sobre a utopia doravante se impõe aos subordinados de Mao. Esse último deixa-os combater a fome, mesmo se, em seguida, reprovava-os por tê-lo feito se desviando da sacrossanta doutrina, incentivando os camponeses abastados — ou menos pobres — a produzir mais, reduzindo a uma escala mais humana as unidades de produção coletiva e ensaiando, a partir de 1961, o "sistema de responsabilidade dos lares", que permite a cada lar camponês cultivar seu pequeno pedaço de terra sem controle demais, uma vez entregue ao Estado a cota de grão requisitada. Será preciso, no entanto, esperar duas décadas para que essa experiência dê frutos e torne possível o boom agrícola dos anos 1980. Por quê? Porque, a partir de maio de 1962, Mao dá um basta na situação e 20 anos mais tarde não está mais presente para se opor às medidas que se impõem.

Longe de mim querer atacar Mao pessoalmente: o que me obriga a focar o projetor sobre um homem é a natureza do regime, responsável pelo poder incontrolável do ditador. Em detrimento das oligarquias que não o são — uma vez que não podem fazer prevalecer seus pontos de vista quando contradizem os do ditador — Mao consegue, até sua morte, bloquear o desenvolvimento do país: privilegia a fidelidade à ideologia que o ajudou a conquistar o poder — mesmo se é uma ideologia substituta do nacionalismo inicial que requeria, ao contrário, o desenvolvimento do país. Temendo a erosão dos valores socialistas concomitante à procura do bem-estar aqui na terra, Mao acaba dando a impressão de dar mais valor à manutenção do fervor revolucionário do que à melhoria da condição das massas: tomadas por mesquinhas preocupações materiais, essas cessariam de ser a "página branca" sobre a qual o demiurgo é livre para esboçar seus desenhos (e elaborar seus desígnios) mais mirabolantes.

Que a predileção ou a nostalgia de Mao pelo objetivo último (a sociedade sem classes) tenha, de maneira recorrente, contrariado e freado os progressos da inevitável tarefa terra-a-terra (a modernização), não dá conta dos bruscos desvios infligidos ao seu regime. Não é mais só o superego ideológico (a utopia marxista), mas, simplesmente, o orgulho de um chefe revolucionário preocupado em preservar a pureza de sua filha (a revolução) que incita a desencadear uma nova revolução. A Revolução Cultural é a revolução dentro da revolução e contra ela: contra o que ela, inevitavelmente, tornou-se (institucionalizada) para que volte a ser o que deixou de ser (revolucionária). Não é preciso dizer que a insatisfação que sente Mao em relação ao regime nascido de suas obras justifica-se tanto quanto sua crítica às desigualdades sociais, começando pelo fosso entre massas rurais e "senhores das cidades". Ela, simplesmente, não o conduz à raiz do mal, uma vez que se contenta em diagnosticar uma degenerescência: é preciso freá-la antes que conduza a Revolução chinesa à sua caricatura, o "revisionismo" ou "pseudocomunismo" de Kruschev. Mesmo que Mao abstenha-se, portanto, de acusar o próprio regime, que acredita, pelo contrário, restabelecer em sua pureza primitiva, o fato de que o objeto privilegiado de suas denúncias (a burocracia comunista) não tenha sido específico ao comunismo chinês conferiu uma aura de universalismo ao "pensamento-maozedong". Mais veemente do que radical, a crítica à burocracia comunista esboçada por Mao nada comportava de verdadeiramente novo, mas era emocionante — e, para os ingênuos, de bom augúrio — ver argumentos expressos há tanto tempo e com mais coerência pelos liberais, anarquistas e trotskistas redescobertos por aquele mesmo que reinava no alto da hierarquia burocrática.

A posição ocupada por Mao deveria ter incitado, pelo contrário, o ceticismo. De fato, a solidariedade com o regime que ele submetia a uma crítica impiedosa, mas parcial, incitou-o a interromper brutalmente as campanhas que ele mesmo havia desencadeado, cada vez que se revelavam, como era previsível, perigosas para a ordem estabelecida ou, em outras palavras, para a perpetuação do sistema que presidia, ao mesmo tempo que o atacava e o minava com seu sarcasmo. Colocando-se acima da polêmica, Mao não assume nem os riscos aos quais se expõe — ou aos quais expõe o regime — nem as obrigações do gestor que se debate na polêmica, solidário com as imperfeições e iniquidades a fim de transformar e construir. De estrategista, depois tático da conquista do poder, Lênin transformou-se rapidamente em gestor. Mao nunca concluiu sua metamorfose, sonhando sem parar com novas tomadas de poder que resolveriam, como por milagre, as dificuldades da gestão.

Depois de Lênin, Trotski. Preocupado em não retomar a expressão "revolução permanente", marcada pelo trotskismo, Mao forjou um substituto ("revolução ininterrupta": *buduan geming*) que dá quase no mesmo. Com uma diferença fundamental: a revolução permanente, segundo Parvus e

Trotski,[4] era ofensiva e conquistadora, a revolução ininterrupta de Mao é defensiva e incerta. Aos olhos de Trotski, a fraqueza da burguesia em um país como a Rússia tzarista, onde o capitalismo era ainda pouco desenvolvido, permitia aos representantes autodesignados do proletariado progredir sem solução de continuidade de uma etapa histórica (a da revolução democrática burguesa) à seguinte: a da revolução socialista. Essa revolução é, portanto, permanente apenas porque se dirige sem trégua ao seu objetivo, previamente estabelecido. Posterior à conquista do poder, a de Mao é, verdadeiramente, permanente e mesmo perpétua: não terminará jamais. As fraquezas subjetivas dos revolucionários, a começar pelas vacilações dos próprios camaradas dirigentes, com a exceção, subentendida, do dirigente supremo, ameaçam permanentemente uma conquista frágil, que será preciso preservar ou reconquistar, renovando, periodicamente, durante séculos ou milênios, o trauma da Revolução Cultural.

Mao tem, portanto, consciência de indicar o caminho, o da revolução desencadeada de cima (da cúpula do poder) pretensamente no interesse das massas. Ainda que a retomada da revolução vá ao encontro do desejo das ditas massas, é inegável que os Guardas Vermelhos veneraram Mao em 1966, antes de detestá-lo em 1968. A denúncia da burocracia por parte de Mao é, além do mais, aprovada para além do círculo dos Guardas Vermelhos. Aqueles que sofreram abusos de autoridade e quem os testemunhou são numerosos o bastante para que a comunhão entre um povo vingado e o guia justiceiro seja reforçada. Mesmo fora desse episódio ambíguo (a denúncia de males muito reais feita por Mao é popular, mas a sociedade não compartilha nem seus sonhos nem os seus caprichos), Mao foi por muito tempo idolatrado, por falta de informações sobre suas responsabilidades, mas também por efeito de um temor reverencial, *a priori*, pelo Soberano supremo, que não pode estar errado: da mesma maneira que o tzar ou o rei de direito divino do antigo regime francês demitiria seus ministros um após o outro se fosse informado de seus malfeitos. É preciso repetir, todavia, que esse temor reverencial não é, de maneira alguma, suficiente para dar conta da real popularidade de Mao e da ditadura comunista em seu início. Os valores, os objetivos anunciados e as primeiras realizações do novo regime correspondem aos desejos do povo: ordem, paz, justiça social, unidade e grandeza da nação. E a comparação com o passado imediato é muito eloquente, num aspecto particular: catastrófica em 1948-49, a inflação é rapidamente abatida pelos comunistas.

O GUOMINDANG (KUOMINTANG)

Com o Guomindang (1928-1949) e o conjunto do período anterior, deixamos o sistema totalitário, que diz respeito apenas às três décadas seguintes, e reencontramos um simples regime autoritário. Ao que as massas chinesas aspiram em 1928 é, antes de tudo, a ordem e paz, após longos anos de guerras intestinas das quais foram as primeiras vítimas. Em seguida, uma melhoria em sua condição miserável. O novo regime conseguiu manter uma relativa segurança na zona reduzida que controla a partir de sua capital Nanjing (Nanquim): algumas províncias da bacia inferior do Yangzi (ou Yangsékiang), o equivalente ao domínio real dos primeiros Capetos (a região da Île-de-France) com relação à França feudal. Além dessa zona, grupos militares autônomos reconhecem apenas oficialmente o novo regime, administrando as suas áreas de influência ao seu bel-prazer. Na ocasião, como em 1929-1930, unem-se contra o governo de Nanjing. Mais frequentemente, combatem entre si, como acontece praticamente todos os anos na província de Sichuan. A isso se acrescentam a dissidência interna dos comunistas entrincheirados em várias zonas "soviéticas" situadas em colinas ou montanhas pouco acessíveis e, sobretudo, a invasão e o controle do Nordeste (Manchúria), em seguida à apropriação lenta e obstinada do norte da China pelo imperialismo japonês, duplicado em 1932 por uma incursão à própria Xangai, no coração da zona controlada pelo regime. Diante de todos esses perigos, o regime conseguiu, entretanto, avançar na unificação do país, menos nominal em 1936 do que em seu advento em 1928. Os ataques de bandidos tornaram-se também um pouco menos frequentes. No total, uma melhoria insuficiente, mas bem-vinda e reconhecida como tal por uma parte das massas: aquelas que se beneficiam, enquanto as outras se desesperam por ser, sob qualquer regime, as vítimas malfadadas de uma insegurança crônica em muitas regiões.

Quando soldados ou bandidos não pilham ou destroem as colheitas, o nível de vida das massas rurais, que representam mais de nove décimos dos pobres e indigentes do país, está à mercê do Céu: seca que gerou fome no Noroeste, em 1928-1929, e em Sichuam, em 1936, inundação catastrófica do Yangzi, em 1931 etc. A crise mundial de 1929 abalou bastante tarde a China (a partir de 1931), mas duramente, antes de ser substituída pela política monetária das potências capitalistas, que provocou uma saída maciça de dinheiro do país e, em seguida, agravou a deflação e a crise. Essa vulnerabilidade diante das oscilações climáticas, mais acentuada na China porque a Grande Planície do Norte é a zona semiárida do planeta mais intensamente colonizada pelo homem, e da economia mundial (crise, desvalorização do preço da seda e de muitos outros produtos exportados ou importados, desvalorização da prata que lastreia a moeda chinesa) complica a tarefa do regime, mas não basta para absolvê-lo. Testemunha desse processo é a renúncia rápida à reforma agrária, preconizada pelo pai espiritual do regime, Sun Yat-sen. Experimentada em 1930, em Zhejiang, província natal de Jiang Jieshi (Chiang Kai-Shek), o ditador deposto pelos comunistas em 1949, a reforma foi muito rapidamente abandonada diante da oposição dos proprietários de terras. Visava a baixar o aluguel da terra a três oitavos da colheita, taxa ainda bem pesada para os fazendeiros e meeiros, especialmente numerosos nas províncias controladas pelo regime. Por falta de reforma, esse aluguel (ou renda fundiária) continuou representando perto de 45% da colheita. São dispensados do pagamento os pequenos proprietários exploradores (zigengnong), que cultivam seu próprio pedaço de terra, mas esses veem a carga fiscal, certamente muito mais modesta do que a renda, aumentar sob o novo regime. Quando no início dos anos 1930 a crise mundial provocou a queda dos preços dos produtos agrícolas, o imposto que se tornara mais difícil de suportar foi vivamente combatido pelos interessados: endêmica, a resistência antifiscal não prenunciou um consenso entre as massas rurais e o regime.

Esse tampouco se preocupa em estabelecer um imposto progressivo nem em combater os malefícios da usura, desenvolvendo o crédito agrícola. Ao menos, inicia algumas reformas localizadas e insuficientes, mas urgentes. Tanto sua inspiração quanto o que resulta dessas reformas são reveladores do mal-entendido que separa o regime das massas rurais. De inspiração estatal ou modernizadora, as reformas, que poderiam ter como corolário melhorar um pouco o nível de vida, foram vistas pelas mesmas massas como usurpações injustificadas ou questionamentos sobre direitos imemoriais. Examinemos apenas dois exemplos dos quais o primeiro trata mais uma vez do imposto: uma vez que o cadastro não era atualizado em muitas regiões havia décadas, ou séculos, o regime pretendeu obrigar os proprietários a declarar e registrar seus bens fundiários, a fim de identificar e impor os "campos negros" (*heitian*) que escapavam de qualquer contribuição. Nos raros casos em que funcionou, essa reforma fez entrar mais dinheiro nos caixas do Tesouro (objetivo primeiro do Estado), diminuindo a taxa de imposto por *mu* (a unidade de superfície mais utilizada na China, equivalente à décima quinta parte de hectare). Todos tiram proveito, menos os grandes proprietários de terras, que são os maiores detentores de "campos negros". Mas esses conseguiram também mobilizar em sua cruzada de resistência contra reforma (pacífica e, às vezes, violenta) os pequenos exploradores, cuja maioria tem algum pedacinho de terra "negro" não declarado ao fisco.

Segundo exemplo: a modernização da sericicultura. Conjugada à concorrência japonesa e à chegada da seda artificial no mercado, a crise mundial fez caírem brutalmente as exportações de seda chinesa. Bem aconselhadas por um especialista da Sociedade das Nações, as autoridades nacionalistas inspiraram-se em métodos que deram certo no Japão. Tecnicamente, a reforma foi bem-sucedida: visava a melhorar o rendimento e a qualidade da seda chinesa, impondo a assepsia dos locais onde se cria o bicho-da-seda, o recurso a uma espécie selecionada e a guarda em locais com temperatura controlada. Politicamente, foi um fiasco: os camponeses preferiam os seus bichos-da-seda, criados com mais devoção do que conhecimentos técnicos, mas gratuitos. Obrigados a comprar os que o Estado vendia a preço de custo, revoltam-se. Em 1933, atearam fogo nas estações experimentais que produziam ovos de melhor qualidade, saquearam os escritórios de pesquisa e forçaram os reformadores a retirarem-se: a eliminação das espécies locais de casulos foi adiada. Reintroduzida alguns anos mais tarde de maneira menos "tecnocrática" (em vez de deixar a reforma a cargo dos estudantes recém-saídos das escolas provinciais de sericicultura, procura-se ganhar a sociedade rural, por meio de intermediários, começando por convencer os notáveis locais de que as medidas planejadas têm fundamento), a reforma acaba dando frutos — ou ao menos alguns frutos: a produção progrediu em quantidade e em qualidade, mas os tecelões, querendo ganhar dinheiro novamente, impuseram preços irrisórios pela compra de casulos. A seleção dos ovos de bicho-da-seda foi uma reforma técnica e parcial. Resolveu alguns problemas, mas não os do mercado. Esse mesmo mercado que obrigava o herói de Mao Dun a vender seus casulos com prejuízo, após todo o trabalho para criá-los.[5]

Se a desventura dos modernizadores da sericicultura é significativa da incompreensão, até mesmo do fosso que separa o regime autoritário das massas rurais, seu sucesso tardio, mesmo limitado, não é menos simbólico dos tímidos progressos obtidos pelo mesmo regime durante os dois últimos anos de paz que lhe foram consentidos: da metade de 1935 à metade de 1937. Desde 1934, tendo, enfim, tomado consciência da amplitude do descontentamento camponês, o regime consentiu em diminuir o peso do imposto agrícola. E as poucas realizações de sua política econômica e financeira nos setores não agrícolas têm, em 1936, efeitos positivos sobre a condição das próprias massas rurais. Não foi, portanto, "culpa sua" se os sucessos internos (obtêm-se resultados positivos também nos domínios político e militar) foram brutalmente questionados pela invasão japonesa de 1937, mas a história não pode reduzir a uma contingência fortuita a atualização da ameaça imperialista herdada pelo regime: não baseava boa parte de sua legitimidade na resistência às investidas imperialistas e na plena reconquista da independência nacional?

Eis ao menos um terreno no qual o objetivo principal do regime coincidiu com o desejo profundo dos intelectuais e de uma parte dos citadinos, a despeito daquele das massas. A opinião esclarecida (ou privilegiada), a única que se exprimia na China na época, era profundamente nacionalista, a exemplo do partido dominante (Guomidang significa "partido nacionalista") da revolução (nacionalista) que o levou ao poder e do nome (regime nacionalista) sob o qual esse regime autoritário entrou para a história. Infortunado regime nacionalista incapaz de resistir à principal ameaça contra a independência nacional e a integridade do território: o militarismo japonês, última encarnação do imperialismo que explorava e humilhava a China havia quase um século. Auge do infortúnio, esse imperialismo estava em melhor posição do que a opinião patriótica para medir a enorme desproporção entre a capacidade militar e econômica do Império do Sol Nascente e a força de defesa que poderia mobilizar a China se fosse, de fato, unida, o que ela não era. Daí, uma série de capitulações, sentidas como traições por patriotas cada vez mais inquietos e exasperados. Não menos nacionalista do que seus críticos, Jiang (Chiang Kai-shek) construiu um exército diante do inevitável enfrentamento com o Japão, que adiou, tentando eliminar, primeiramente, os inimigos internos: militaristas insubordinados e, sobretudo, comunistas revolucionários. Após manifestações estudantis de desafio até diante da sede do governo em Nanquim (em dezembro de 1935), foi, afinal, um general encarregado de lutar contra os comunistas quem capturou Jiang um ano mais tarde para obrigá-lo a parar de combater os compatriotas (devido ao slogan "os chineses não lutam entre si") e dar fim à sua política de "apaziguamento" em relação ao Japão. Esse incidente decisivo precipitou a guerra contra o agressor nipônico.

Longa (1937-1945), a guerra acarretou a queda do regime, incapaz de enfrentar uma tarefa dura demais para si e para a China. Mas, de imediato, reforçou a imagem positiva de Jiang e do regime. Símbolo da resistência ao invasor, Jiang foi, provisoriamente, unanimidade: breve lua de mel diante da qual a sociedade entusiasta esposa o objetivo e a ação do regime autoritário. Jiang não a decepcionou, sacrificando suas melhores tropas na heroica defesa de Xangai (de agosto a novembro de 1937), uma perda inicial da qual não vai se recuperar. A bela unanimidade do começo não resistiu às provas impostas por uma guerra interminável: derrotas repetidas, privações, sofrimentos, desunião crescente entre o regime e seus parceiros comunistas por um lado, os exércitos semiautônomos dos militaristas das províncias por outro. Graças a Pearl Harbor e Hiroshima, a China se viu no lado dos vencedores, mas o regime esgotado não conseguiu iludir por muito tempo.

A guerra civil que opõe nacionalistas e comunistas menos de um ano após a derrota do Japão com, mais uma vez, seu cortejo de provações e privações debilitou ainda mais o regime cujos abusos, fraquezas, mentiras, corrupção foram habilmente explorados pela propaganda comunista. Pode-se defender a tese de que o caráter ditatorial do regime, como os assassinatos de intelectuais oponentes ou simplesmente críticos que ele comete escondido, afastaram apenas uma pequena parcela da opinião liberal, que não se identificava nem com a ditadura nacionalista nem com o micro-Estado stalinista erigido por Mao, em Yanan (Yenan). Entretanto, as imensas massas camponesas não aderiram mais à resistência ao invasor imperialista do que à defesa do regime contra os pretendentes comunistas no poder: os recrutas camponeses desertaram e, antes de ser convocados, revoltaram-se contra o serviço militar em maior número durante a Segunda Guerra Mundial do que durante a guerra civil. Quando uma inflação digna daquela da República de Weimar afastou enfim do regime os burocratas e os próprios capitalistas, consumou-se o divórcio entre a sociedade e o regime antes mesmo que o Exército Vermelho vencesse esse último.

Senhores da guerra

Dentre os regimes anteriores ao nacionalista, evoquemos, em primeiro lugar, a ditadura de Yuan Shi-Kai (1912-1916), que anunciou a de Jiang Jieshi, mais tradicional. Também modernizador e nacionalista, Yuan teve, como Jiang mais tarde, de se humilhar diante do Japão, cedendo, em 1915, ao ultimato dos "21 pedidos", que já visavam a colocar a China em posição de vassalagem com relação ao Império do Sol Nascente. Ele não foi perdoado por esse recuo que contribuiu — assim como suas práticas ditatoriais e sua tentativa de restauração imperial — para a defecção da opinião (em torno de 5% dos chineses) e para a revolta (1915-1916) que talvez tivesse derrubado seu regime se não fosse por sua morte súbita em 6 de junho de 1916. Devemos reconhecer que a ausência de democracia não era exatamente deplorada pelos 95% restantes, que não entendiam bem o sentido do novo conceito: a 50 quilômetros de Beijing (Pequim), que era ainda nessa época capital da China, os camponeses do Hebei acreditavam que *zongtong* ("presidente" da jovem República) era o nome da nova era imperial que sucedeu à do último reino da dinastia deposta.

Com a morte de Yuan Shikai, os generais que ele formou brigaram pelo poder ou com outros chefes militares durante uma década interminável (1916-1926). Desses regimes autoritários rivais há pouco a dizer a respeito do nosso tema: foram, na maioria, essencialmente predadores, que se dividiam entre "regimes de sultanato" e "autoritarismo burocrático", segundo a tipologia clássica de Juan Linz.[6] Com uma ou duas exceções, aproximadamente (a mais digna de nota, ainda que muito parcial e até discutível, foi o regime do senhor da guerra Yan Xishan, na província de Shanxi), não é possível, verdadeiramente, considerar o problema de um consenso em torno de normas não democráticas ou de uma acomodação dos interesses da sociedade nesses regimes autoritários. Esses se contentavam em explorar ao máximo as populações civis sob seu jugo a fim de manter, equipar e desenvolver o Exército e financiar as guerras intestinas. Partidários ou adversários da revolução comunista, ninguém, de Beijing a Taibei (Taipeh), procuraria detectar hoje, na era maldita dos "senhores da guerra", o menor acordo milagroso entre esses regimes autoritários e a sociedade que aspirava a livrar-se deles.

No total, durante o último século, a China foi mais frequentemente mal governada e raramente houve consenso entre sociedade e poder autoritário. Esse último foi, às vezes, aceito, e seu chefe, adulado (Mao, no começo da Revolução Cultural), mesmo praticando uma política perniciosa, mas também aconteceu de ele agir de acordo com os desejos da maioria, conduzindo uma política indispensável, por exemplo, a resistência ao invasor japonês, cuja necessidade não era sentida pela maioria dos camponeses. É talvez nos dias de hoje que o consenso (sobre o desenvolvimento econômico e a melhoria das condições de vida) melhor se realiza, sem que o regime seja, entretanto, popular. Na verdade, é preciso fazer um subtipo particular de regime autoritário, batizado por Linz como "pós-totalitário".[7] Nele, talvez seja ainda mais difícil do que em outras variantes de regimes autoritários desalojar o partido que detém o monopólio do poder. E os quadros desse partido que estão, doravante, menos expostos às impiedosas sanções da era totalitária dão livre curso a uma corrupção generalizada, que o controle mínimo de cima e a ausência de controle de baixo incentivam e perpetuam. Mas, enfim, a corrupção era pouco menos presente entre os funcionários do regime nacionalista, um regime autoritário mais clássico. Consciente desse precedente de mau augúrio, o regime atual esforça-se para acabar com a corrupção, mas não consegue. Um regime democrático faria, necessariamente, melhor? Não é certo, mas se pode ao menos lembrar o adágio popular "o poder corrompe, o poder absoluto corrompe absolutamente".

A máxima visa menos, na verdade, ao conjunto da classe dos funcionários e a outros detentores de uma parcela de poder do que aos próprios dirigentes: aplica-se, particularmente bem, a Mao. É, no entanto, verdade que foi com uma maioria relativa que o partido nazista (na Alemanha, em 1932) abriu as vias do poder a Hitler e que, por outro lado, o desejo de democracia esteve pouco presente entre os povos que, como os chineses do século XX, nunca a haviam experimentado. A democracia vale, sobretudo, pela liberdade que, de maneira geral, ela pressupõe e pelo fato de permitir a alternância periódica dos governantes. Admito também que meu apego prioritário à liberdade pode ser considerado um luxo de um ocidental bem alimentado: entendo que aqueles cujo pão de cada dia não está garantido (ou, para os chineses, o pote de arroz) tenham outras prioridades. Não teria tampouco qualquer objeção a que se caracterizassem as zonas do globo nas quais a democracia é praticamente evidente, a começar pela Europa onde vivo, não pela natureza de seu regime, mas pela riqueza que permitiu a generalização desse regime: é a riqueza que define o Ocidente, tanto quanto — e mais do que — a democracia.

Penso, no entanto, que se pode, ao mesmo tempo, não ter qualquer inclinação a considerar a democracia como o regime natural, evidente, o ideal a atingir; não ser cego diante das disfunções dos regimes democráticos e às más escolhas dos eleitores que se repetem e, entretanto, conceder a esse regime imperfeito uma preferência relativa. Se houvesse um povo escolhido pelos deuses, dizia Jean-Jacques Rousseau, ele seria governado democraticamente, é o que se poderia exprimir em nosso mundo desiludido por um desejo... irrealizável: os progressos da educação permitirão talvez dentro de alguns séculos ou milênios que se reúnam as precondições para um funcionamento não tão insatisfatório da democracia. A experiência chinesa do século passado confirma que a aspiração à democracia permaneceu, durante bastante tempo, muito minoritária na população e que essa última se beneficia hoje com os ganhos materiais e simbólicos proporcionados por um regime que permaneceu autoritário. Ela não sugere que uma democracia imperfeita tenha governado pior do que esses regimes autoritários — e, durante três décadas, totalitário — sucessivos. Teria ela tido um maior ou um menor consenso? O historiador não é capaz de responder a essa pergunta.

Notas

1. Uma escolha feita conforme o ponto de vista expresso pela maioria dos autores de HASSNER, Pierre; HERMET, Guy; RUPNIK, Jacques (eds.). *Totalitarismes.* Paris: Economica, 1984.
2. Sobre "a acumulação primitiva socialista", cf. a controvérsia de 1925 entre Preobrajenski e Bukharin, analisada por COHEN, Stephen. *Bukharin and the Bolshevik Revolution. A Political Biography, 1888-1938.* Nova York: Oxford University Press, 1971, capítulo 6.
3. Ver YANG, Dali L. *Calamity and Reform in China. State, Rural Society, and Institutional Change since the Great Leap Famine.* Califórnia; Stanford University Press, 1996, p. 38.
4. A teoria trotskista da revolução permanente é longamente explicada no capítulo 6 da biografia de Isaac Deutscher (tradução francesa: DEUTSCHER, Isaac. *Trotski*, vol 1. "Le prophète armé (1879-1921)". Paris: René Julliard, 1962) sem que a dívida de Trotski para com Parvus seja explicitada. Para a edição brasileira, ver DEUTSCHER, Isaac. *Trotski*, vol 1. O profeta armado (1879-1921). Rio de Janeiro, Civilização Brasileira, 1968 (última edição, Civilização Brasileira, 2005).
5. *Os bichos-da-seda da primavera (Chuncan)* é uma célebre novela do escritor Mao Dun (1896-1981): o preço da seda cai e torna invendáveis os casulos amorosamente criados. Publicada em 1934, a novela foi traduzida em francês em 1958 (DUN, Mao. *Os bichos-da-seda da primavera (Chuncan).* Beijing, Éditions en Langues Étrangères de Beijing, 1958) e muitas vezes em inglês, por exemplo, GOLDBLATT, Howard; LAU, Joseph S. M. *The Columbia Anthology of Modern Chinese Literature*, Nova York: Columbia University Press, 1995, pp. 70-88. Sobre a reforma da sericicultura e as revoltas que provocou na província de Zhejiang, ver WEIDNER, Terry M. "Local Political Work under the Nationalists: The 1930's

Silk Reform Campaign". *Illinois Papers in Asian Studies, Illinois*, nº 2, 1983; BIANCO, Lucien; MING, Hua Chang. *Jacqueries et révolution dans la Chine du XXe siècle*. Paris: Editions de La Martinière, 2005, pp. 389-96. Sobre problemas e soluções comparáveis na província vizinha de Jiangsu, consultar BELL, Lynda S. *One Industry, Two Chinas: Silk Filatures and Peasant-Family Production in Wuxi County, 1865-1937*. California: Stanford University Press, 1999, capítulos 7 e 8.

6. LINZ, Juan J. *Régimes totalitaires et autoritaires*. Paris: Armand Colin, 2000, pp. 149-54 e 188-218.
7. *Idem*, pp. 268-88.

Bibliografia

BERGERE, Marie Claire. *La Chine de 1949 à nos jours*. 3ª edição. Paris: Armand Colin, 2000.

BERGERE, Jürgen Domes; BIANCO, Lucien (eds.). *La Chine au XXe siècle*. 1º vol.: "D'une revolution à l'autre (1895-1949)"; 2º vol.: "De 1949 à aujourd'hui". Paris: Fayard, 1989-1990.

BELL, Lynda S. *One Industry, Two Chinas: Silk Filatures and Peasent-Family Production in Wuxi County, 1865-1937*. Stanford: Stanford University Press, 1971.

BIANCO, Lucien. *Les origines de la révolution chinoise*. 4ª edição. Paris: Gallimard, 2007.

——. MING, Hua Chang. *Jacqueries et révolution dans la Chine du XXe siècle*. Paris: La Martinière, 2005.

COHEN, Stephen. *Bukharin and the Bolshevik Revolution. A Political Biography, 1888-1938*. Nova York: Oxford University Press, 1971.

DEUTSCHER, Isaac. *Trotsky*, vol. 1, "Le prophète armé (1879-1921)". Paris: René Julliard, 1962.

DUN, Mao. *Le vers à soie du printemps (Chuncan)*. Beijing: Editions en Langues Étrangères de Beijing, 1958.

EASTMEN, Lloyd E. *The abortive revolution. China Under Nationalist Rule, 1927-1937*. Cambridge: Harvard University Press, 1974.

——. *Seeds of destruction: Nationalist China in war and revolution, 1937-1949*. Stanford: Stanford University Press, 1984.

FAIRBANK, John K.; GOLDMAN, Merle. *China, a New History*. 10ª edição. Cambridge: The Belknap Press of Harvard University Press, 2002.

GOLDBLATT, Howard; LAU, Joseph S. M. *The Columbia Anthology of Modern Chinese Literature*. Nova York: Columbia University Press, 1995.

HASSNER, Pierre; HERMET, Guy; RUPNIK, Jacques (eds.). *Totalitarismes*. Paris: Economica, 1984.

LINZ, Juan J. *Régimes totalitaires et autoritaires.* Paris: Armand Colin, 2000.

SHORT, Philip. *Mao Tsé Toung*. Paris: Fayard, 2005.

YANG, Dali L. *Calamity and Reform in China. State, Rural Society, and Institutional Chance since the Great Leap Famine.* Stanford: Stanford University Press, 1996.

WEIDNER, Terry M. "Local political Woek under the Nationalists: The 1930's Silk Reform Campaign". *Illinois Papers in Asia Studies*, Illinois, nº 2, 1983.

ZARROW, Peter. *China in War and Revolution 1895-1949*. Oxford; Nova York: Routledge, 2005.

CAPÍTULO 2

O regime autoritário da China e sua base social: a classe média urbana

Jonathan Unger*

Tradução de Beatriz Medina

*Diretor do Centro da China Contemporânea, Universidade Nacional da Austrália. Autor de *Education under Mao: Class and Competition in Conton Schools, 1960-1980*. Nova York: Columbia University Press, 1982, e The Transformation of Rural China. Armonk: M. E. Sharpe, 2002.

Na literatura sobre democratização, o surgimento de uma grande classe média costuma ser considerado prerrequisito do desenvolvimento da sociedade civil e de uma democracia que funcione bem.[1] Na Ásia oriental, os casos de Taiwan e da Coreia do Sul foram destacados como exemplos.[2] Mas a China é um contraexemplo. Lá, a classe média instruída foi cooptada e serve de base social da atual liderança antidemocrática do país. A maioria dos capítulos deste livro discute os regimes autoritários do passado. Mas a China continua a ser governada por um regime autoritário, que mantém o domínio não tanto pela força, mas pela legitimidade. Especificamente, a influente classe média urbana tem pouco gosto pela democracia, como será visto nestas páginas. Ao contrário da hipótese da ciência política de que o crescimento da classe média instruída = democratização, a classe média da China apoia o *status quo* não democrático.

Há algumas décadas, defendeu-se a tese de que o problema da democratização chinesa seria que a classe média instruída era relativamente pequena. Mas desde então ela cresceu com muita rapidez, estimulada pela expansão velocíssima da instrução universitária e pela prioridade dada pelo governo e pelas empresas à especialização. Hoje, nas maiores cidades da China, a presença da classe média é generalizada. As principais ruas são ladeadas por novos condomínios fechados, cheios de belos prédios de apartamentos com jardins bem tratados, construídos para acomodar a próspera população cada vez mais rica da classe média. Beijing tem 40 novos megashoppings para atender ao consumismo da classe média e estabelecimentos parecidos estão brotando em dezenas de outras cidades.

Os compradores e os moradores dos novos prédios elegantes não são principalmente empresários nem membros da elite do Partido Comunista.

É claro que esses grupos estão incluídos, mas na maioria eles são assalariados e, dentre esses, o maior número trabalha para algum tipo de órgão do governo. São professores secundários e universitários, médicos, engenheiros e o pessoal de escritório das indústrias pertencentes ao Estado, assim como todo tipo de administrador governamental. Seu número é grande o bastante para dar o tom e determinar o gosto da sociedade urbana respeitável.

Eles se distinguem dos empresários que frequentam os mesmos restaurantes e lojas. Veem esses últimos não só como pouco instruídos, mas também como novos-ricos, e desdenham a suposta falta de gosto da classe empresarial sem instrução. A classe média assalariada e instruída considera-se num status superior.

A população urbana da China concorda. Embora as livrarias chinesas estejam cheias de livros sobre como ter sucesso nos negócios, as pesquisas mostram que as profissões mais respeitadas são as dos assalariados mais instruídos. Em 2000, o antropólogo William Jankowiak pediu a centenas de adultos jovens de uma grande cidade que arrumassem dúzias de cartões, cada um com o nome de uma profissão, em ordem decrescente, começando pela mais admirada. As quatro profissões mais admiradas eram professor universitário, advogado, médico e professor secundário, colocadas acima de secretário do partido na província, prefeito, empresário internacional e diretor de *joint venture* e muitíssimo acima do funcionário público de baixo nível (que ficou atrás dos barbeiros).[3] Se a classe média instruída sente merecer o status elevado, não é a única a pensar assim. O resto da população admira-a e aspira a ser igual a ela. As opiniões da classe média instruída influenciam as opiniões da sociedade chinesa como um todo; do mesmo modo, suas atitudes políticas têm peso em toda a sociedade.

Na época dos protestos da Praça Tiananmen, em 1989, os revoltados estudantes universitários receberam o apoio de multidões de manifestantes de classe média. A população urbana instruída da China tinha boas razões para estar irritada. Os salários eram baixos e circulavam piadas amarguradas sobre barbeiros que ganhavam mais com suas navalhas do que os cirurgiões dos hospitais. A classe média amargurava-se porque os filhos dos altos funcionários do Partido tinham sucesso em empresas privadas, vistas como eivadas de corrupção, e circulavam boatos sobre como esses "principezinhos" apoderavam-se da propriedade pública. Os instruídos urbanos estavam furiosos porque as "ligações políticas" tinham precedência sobre a especialização e o serviço leal na hora de determinar os padrões de vida.

Mas nos anos decorridos desde então, conforme a economia da China continuava a se expandir com velocidade espantosa, houve uma política deliberada do governo para favorecê-los com salários e bônus. Ano após ano, os que figuravam na folha de pagamento do governo passaram a receber salários mais altos. A um só ano do fim da década de 1990, o salário de todos os professores das universidades públicas mais prestigiadas da China literalmente dobrou, num único aumento enorme de salário.

Mesmo antes disso, na primeira metade da década de 1990, começou um gigantesco programa de construção civil, endossado pelo governo, para erigir um número imenso de novos prédios confortáveis de apartamentos, imediatamente vendidos a funcionários favorecidos do setor estatal por preço baixíssimo, às vezes de até 20% do custo da construção.[4] Alguns desses prédios altos e mais recentes têm lagos e cachoeiras de estilo japonês, estátuas ornamentais e até academias de ginástica nos jardins. Graças aos substanciais subsídios do governo, que lhes permitem comprar apartamentos, os integrantes mais afortunados da classe média assalariada podem permitir-se uma vida de relativo luxo ao lado de empresários ricos que ganham muito mais.

Sobra à classe média urbana renda disponível suficiente para comprar automóveis e, no início dos anos 2000, a venda de carros começou a crescer quase 40% ao ano. Os empregados estatais que, na década de 1980, não podiam comprar geladeiras, TVs em cores nem mesmo sapatos de couro, e que moravam em apartamentos minúsculos e sombrios com até seis andares de escadas, obtiveram então uma vida material que nunca imaginaram possível. E não querem voltar atrás.[5] Se o plano do governo era cooptar a classe média assalariada, a política funcionou.

Os intelectuais da China fazem parte dessa classe média. Hoje, seus textos, veiculados em publicações acadêmicas e revistas sofisticadas, costumam estar imbuídos do sentimento de satisfação. É claro que há exceções, mas a maioria dos intelectuais tende a aceitar e aprovar o *status quo* e vê o baixo padrão de vida e a falta de segurança dos camponeses e operários do país como o preço necessário a se pagar pela globalização e modernização da China.

Em geral, durante o século XX, os governos chineses desconfiariam do potencial de discordância política dos intelectuais e universitários, que no passado estiveram na vanguarda da agitação organizada. Essa oposição política de intelectuais e universitários vai dos protestos liberais do Movimento Quatro de Maio, de 1919 e da década de 1920, até as agitações estudantis de orientação comunista das décadas de 1930 e 1940, os protestos do Movimento das Cem Flores de 1957 contra o estilo anestesiante do governo do Partido e, mais recentemente, os protestos da Praça Tiananmen em 1989. Em vista desse passado, os governantes chineses aprenderam a temer o potencial dos instruídos como catalisadores e organizadores. Hoje, a sensação na China, válida ou não, é que, sem sua participação, nenhum surto de grande agitação social seria capaz de derrubar o governo — não teria líderes, seria desorganizado e local. Mas por enquanto há pouquíssima possibilidade de participação em massa dos instruídos urbanos. Na verdade, se houver outra explosão como a de Tiananmen, muitos deles vão preferir o outro lado das barricadas — o lado do governo.

Isso não é verdadeiro só no caso de indivíduos de meia-idade, mas também de estudantes universitários. Afinal, eles formam a próxima geração da classe média instruída e a maioria vê com esperança o futuro material. Numa pesquisa feita com universitários, cerca de metade disse que ganhar dinheiro é tão ou mais importante do que ter ideais ou amigos. Noutra pesquisa, 83% dos estudantes de uma universidade de formação de professores escolheu, como afirmativa de valor mais comum: "A pessoa moderna deve ser capaz de ganhar dinheiro."[6]

A classe média instruída é elitista. Muitos de seus integrantes não querem democracia, ou seja, eleições pluripartidárias para os principais líderes da nação. Também não o queriam em Tiananmen, há uma década e meia. Não queriam e não querem que a maioria camponesa da China tenha papel decisivo na escolha de quem vai mandar. A maioria desdenha a população rural e seu temor é que os camponeses sejam manipulados por demagogos e pela compra de votos. Acreditam que a população rural ainda não está pronta para participar de eleições. Isso é irônico, já que os aldeões são os únicos chineses com permissão de pôr nas urnas seu voto secreto para eleger o líder da localidade. Ainda assim, a maior parte da classe média instruída teme conceder-lhes o voto popular. Preferem o *status quo* político.

Ela era naquela época e é hoje vagamente pró-democrática, desde que a democracia possa ser adiada. Na época de Tiananmen, Zhao Ziyang, então secretário do Partido Comunista da China, promoveu a política chamada "neoautoritarismo", na qual o Partido atuaria como autocrata benevolente até que a classe média se desenvolvesse o bastante para predominar num regime político democratizado.[7] Até então, a China permaneceria numa situação de tutelagem, mais ou menos como Sun Yatsen propusera na década de 1920. Esse foi o programa do campo reformista da elite do Partido, com apoio dos urbanos instruídos.

Em Tiananmen, o que os estudantes universitários e seus partidários da classe média queriam, em vez de eleições democráticas pluripartidárias, era o relaxamento político de maneira que lhes fosse proveitosa. Queriam ter papel ativo na organização de seus clubes e associações. Queriam "espaço pessoal", ou seja, que o governo não interferisse na vida particular. Queriam acesso a revistas e filmes mais interessantes e liberdade de ter discussões intelectuais públicas (assim como hoje querem ter seus sites na internet e acesso às salas de bate-papo). Como cidadãos patriotas, queriam que sua opinião bem informada fosse ouvida na elaboração da política do governo. Queriam também uma distribuição de renda que considerassem mais justa, na qual seriam eles os beneficiários. Em todos esses aspectos, estão obtendo hoje boa parte do que queriam na época.

No mínimo, muitos dos que estiveram em Tiananmen eram mais favoráveis à liberalização política do que são hoje. Na época, admiravam Mikhail Gorbachov e as reformas políticas que ele colocava em prática. Mas o colapso e o desmembramento da União Soviética no início da década de 1990 e a corrupção e a queda vertiginosa do padrão de vida logo a seguir, no governo de Boris Yeltsin, fizeram os instruídos da China rejeitarem a ideia de liberalização política comandada pelo Partido na linha de Gorbachov. Em meados da década de 1990, grande número de jovens mulheres russas foi para a China trabalhar na prostituição, o que muitos chineses consideraram prova chocante da penúria e da humilhação da Rússia. Muitos instruídos urbanos que se manifestaram contra o governo em 1989 começaram, na década de 1990, a se sentir aliviados porque a China seguiu a política de Deng Xiaoping de reforma econômica, e não política.

Mesmo assim, muitos deles se consideram favoráveis à reforma e ainda pensam dessa forma hoje em dia, embora de maneira modesta. São capazes de balançar a cabeça com desânimo diante dos problemas ambientais da China e expressam a esperança de que o governo dê mais prioridade à questão. Os que têm conhecimentos especializados costumam mostrar-se ansiosos para dar sugestões de como implementar essa ou aquela pequena reforma. Na China, os ditos trabalhos acadêmicos são na verdade receitas de políticas para melhorar esse ou aquele aspecto da infraestrutura física ou administrativa do país, aliviar os engarrafamentos de trânsito ou oferecer um currículo escolar mais eficaz.

Um número pequeno de escritores vai além. Em seus textos, preocupam-se com a corrupção, com as pavorosas condições de trabalho enfrentadas por muitos milhões de trabalhadores migrantes e com as dificuldades dos agricultores. Jornalistas corajosos, membros genuínos da classe média instruída, fazem denúncias sobre o lado mais feio do milagre econômico chinês; e são populares os programas de TV que desmascaram a corrupção e as fraudes. Mas essas são expressões leais de temor e preocupação de que a exploração, a corrupção e a pobreza opressiva possam levar à instabilidade. Os principais líderes da China demonstraram publicamente preocupação semelhante com a corrupção e com a situação difícil dos pequenos agricultores. Quase nada no jornalismo de denúncias insinua desprazer com os líderes da nação e isso não parece ser mera questão de censura. Até a maioria desses jornalistas parece viver confortavelmente nos limites do *status quo* chinês.

Numa questão, parte da classe média parece às vezes discordar da política do governo: quando o orgulho nacionalista está em jogo. Isso ocorre apesar de o próprio governo promover constantemente o patriotismo como meio de estimular o apoio político geral da população. Os líderes chineses tendem a fazer isso de maneira menos fervorosa e gritante do que os presidentes estadunidenses recentes, mas, quando o orgulho chinês é ferido, o governo tem reagido com vigor para consumo doméstico. Foi assim em 1999, quando a embaixada chinesa em Belgrado foi bombardeada por aviões americanos,[8] e mais recentemente, quando o Japão reescreveu os livros didáticos para mostrar sob luz mais suave o comportamento dos militares japoneses na China durante a Segunda Guerra Mundial. Entretanto, ao encorajar o nacionalismo em momentos como esse, Beijing corre o risco de parecer fraca demais nas reações concretas na arena internacional e parte da classe média sente-se desconfortável sempre que isso acontece.

Mas as reclamações a esse respeito têm sido passageiras. Poucos integrantes da classe média dão realmente muita importância ao nacionalismo como preocupação política constante e pessoal. Veem com aprovação a maior parte do que é estrangeiro e moderno e buscam ansiosamente ter acesso a alimentos, costumes e modas estrangeiros. Os melhores estudantes universitários preparam-se avidamente para o exame TOEFL (prova de inglês como língua estrangeira), exigido pelas universidades americanas, para que possam estudar no exterior e muitos ficam bastante felizes em instalar-se no estrangeiro com o encorajamento dos pais.

Em resumo, a maioria dos integrantes da classe média instruída vê no governo central pouca coisa com que se irritar no dia a dia. Isso é bem diferente de antigamente. Na época de Mao, na década de 1970, quando o governo controlava diretamente quase toda a atividade econômica e era responsável por todos os serviços, era natural que levasse a culpa sempre que havia escassez ou serviços inadequados. Esse é um problema que todos os sistemas políticos comunistas enfrentaram.

Mas como o governo central da China deixou de dominar tudo diretamente e repassou a responsabilidade para níveis inferiores ou para o setor privado, a população não pode mais culpá-lo por todas as frustrações da vida cotidiana. Em seu lugar quem agora é percebido como culpado é o empregador privado, o diretor da escola ou o funcionário local e o governo central não é mais o para-raio das decepções e da irritação do povo.[9] Isso acontece principalmente na classe média urbana, que, afinal de contas, tem pouca coisa com que se irritar.

Em vez disso, quando a classe média instruída vê os líderes nacionais no noticiário noturno é, em geral, sob uma luz favorável. Os líderes atuais se encaixam na imagem de quem a classe média quer ver no controle. Hu Jintao, presidente e secretário do Partido, e Wen Jiabao, o primeiro-ministro, são tecnocratas com formação universitária que chegaram lá num processo que, cada vez mais, se torna uma meritocracia partidária. Parecem integrantes da classe média instruída e defendem muitos de seus valores. Quando alguém da classe média urbana instruída se dá ao trabalho de pensar um instante na política, em geral não favorece algum sistema político opcional imaginário. Em boa medida, essa liderança é a *deles*.

Os resultados das pesquisas refletem o sentimento de identidade da classe média com os atuais líderes da China e seu apoio ao *status quo*. Por exemplo, ao resumir uma grande pesquisa de atitudes políticas em Beijing, um livro recente do cientista político Chen Jie conclui que dentre todos os grupos urbanos, "os que se consideram pertencentes à classe média e que são burocratas do governo têm maior probabilidade de apoiar as autoridades constituídas".[10]

A classe média instruída chinesa, como um todo, tornou-se o bastião do regime atual. Em consequência, não devemos esperar mudanças nem democratização em breve. A ascensão da classe média da China bloqueia o caminho.

Notas

1. Por exemplo, o clássico de Seymour Martin Lipset, *Political Man: The Social Bases of Politics*, edição ampliada, Baltimore, John Hopkins University Press, 1981.
2. Sobre esses e outros países, ver Huntington, Samuel, *The Third Wave: Democratization in the Late Twentieth Century*, Norman, University of Oklahoma Press, 1991. Há uma resenha da literatura pertinente em Shin, Doh Chull, "On the Third Wave of Democratization: A Synthesis and Evaluation of Recent Theory and Research", *World Politics*, Baltimore, vol. 47, nº 1 (1994), pp. 135-170.
3. Jankowiak, William R., *Sex, Death, and Hierarchy in a Chinese City*, Nova York, Columbia University Press, 1993. Uma pesquisa chinesa recente e semelhante mostrou o prefeito no alto da escala de prestígio, mas seguido de perto por engenheiro, cientista e professor universitário, todos mais admirados de que os altos burocratas do governo ou o administrador de empresas estrangeiras. Nessa escala de admiração, o professor secundário está acima do administrador de indústria estatal.
4. Sobre os objetivos desse plano habitacional, ver Tomba, Luigi, "Creating an Urban Middle Class: Social Engineering in Beijing", *The China Journal*, Canberra, nº 51 (janeiro de 2004), pp. 1-26.
5. Sobre a atitude da população urbana da China frente ao governo, ver Chen, Jie, *Popular Political Support in Urban China*, Stanford e Washington, Stanford University Press e Woodrow Wilson Center Press, 2004.

6. Rosen, Stanley, "The Victory of Materialism: Aspirations to Join China's Urban Moneyed Classes and the Commercialization of Education", *The China Journal*, Canberra, nº 51, jan. 2004, p. 33.
7. Sautman, Barry, "Sirens of the Strongman: Neo-Authoritarianism in Recent Chinese Political Theory", *The China Quarterly*, Londres, nº 129 (1992), pp. 20-102.
8. Gries, Peter Hays, "Tears of Rage: Chinese Nationalist Reactions to the Belgrade Embassy Bombing", *The China Journal*, Canberra, nº 46, jul. 2001, pp. 25-43; Hillman, Ben, "Chinese Nationalism and the Belgrade Embassy Bombing", em Liew, Leong H., Wang, Shaoguang (orgs.), *Nationalism, Democracy, and National Integration in China*, Londres: Routledge Curzon, 2004, pp. 65-84.
9. Essa mudança de atitude dos agricultores da China é discutida em Unger, Jonathan. *The Transformation of Rural China*, Armonk, M.E. Sharpe, 2002, pp. 214-215.
10. Jie, Chen, *op. cit.*

Bibliografia

CHEN, Jie. *Popular Political Support in Urban China*. Stanford e Washington: Stanford University Press e Woodrow Wilson Center Press, 2004.

HILLMAN, Ben. "Chinese Nationalism and the Belgrade Embassy Bombing". *In*: JANKOWIAK, William R. *Sex, Death, and Hierarchy in a Chinese City*. Nova York: Columbia University Press, 1993.

LIEW, Leong H. e WANG, Shaoguang (orgs.). *Nationalism, Democracy, and National Integration in China*. Londres: Routledge Curzon, 2004, pp. 65-84.

LIPSET, Seymour Martin. *Political Man: The Social Bases of Politics*, edição ampliada. Baltimore: Johns Hopkins University Press, 1981.

ROSEN, Stanley. "The Victory of Materialism: Aspirations to Join China's Urban Moneyed Classes and the Commercialization of Education", *The China Journal*, Canberra, nº 51, jan. 2004.

SAUTMAN, Barry. "Sirens of the Strongman: Neo-Authoritarianism in Recent Chinese Political Theory", *The China Quarterly*, Londres, nº 129 (1992), pp. 20-102.

SHIN, Doh Chull. "On the Third Wave of Democratization: A Synthesis and Evaluation of Recent Theory and Research", *World Politics*, Baltimore, vol. 47, nº 1 (1994), pp. 135-170.

GRIES, Peter Hays. "Tears of Rage: Chinese Nationalist Reactions to the Belgrade Embassy Bombing", *The China Journal*, Canberra, nº 46 (jul.), pp. 25-43.

TOMBA, Luigi. "Creating an Urban Middle Class: Social Engineering in Beijing", *The China Journal*, Canberra, nº 51 (jan.), pp. 1-26.

UNGER, Jonathan. *The Transformation of Rural China*. Armonk: M.E. Sharpe, 2002.

CAPÍTULO 3

A nação como obra divina: despotismo e consenso político no Irã na segunda metade do século XX

Murilo Sebe Bon Meihy*

*Doutorando em Estudos Árabes e Islâmicos pela Universidad Autonoma de Madrid. Autor de "Um harém de soberanos: As origens do califado e o Império Árabe-Islâmico." *In*: Silva, Francisco Carlos Teixeira da; Munhoz, Sidney J.; Cabral, Ricardo (orgs.). *Impérios na História*. Rio de Janeiro: Elsevier/Campus, 2009 e "Da Mesquita ao Palácio do Governo: O Islã no Irã." Insight Inteligência, Rio de Janeiro, ano X, pp. 153-160, 2007.

A maneira como os governos asiáticos são vistos desde fins do século XVII se configura pelo estigma da opressão. No campo da política, o poder despótico será a marca comum que caracterizará as experiências históricas extraídas da Ásia, que, construída como oposição discursiva da Europa, não deixa de ser alvo de estudiosos e viajantes ocidentais há mais de três séculos.

O termo "despotismo", como substantivo definido, aparece inicialmente no dicionário de Trévoux, em 1721, mas passa a ser consagrado com Montesquieu, em 1748, ganhando um significado mais apurado na edição de 1771 do mesmo léxico. Assim, o despotismo é originalmente definido como o governo de um soberano que exerce seu poder de forma arbitrária, baseado exclusivamente na sua vontade. Os exemplos que corroboram esse vocábulo, tanto por Montesquieu quanto por Trévoux, são remetidos invariavelmente à Ásia, seja entre os turcos, os persas ou mesmo entre os chineses.

Alain Grosrichard resgata originalmente a expressão "poder despótico" da acepção aristotélica, que o define como "poder do pai de família" exercido exclusivamente sobre seus escravos.[1] Desse modo, quando um soberano é pejorativamente chamado de detentor de um poder despótico, faz-se referência, de maneira inexorável, ao âmbito doméstico desse poder, aproximando o monarca de um pai de família acusado de tratar seu povo (família) como subalterno. Durante o século XVIII, o teor fundamentalmente privado da palavra passa a servir como denúncia das corrupções de um governo real visto como paternal, até que Montesquieu impõe o contorno substantivo para caracterizar uma forma particular de governo político, facilmente encontrada entre os povos asiáticos. A originalidade "montesquiana" se limita, em um primeiro momento, à elaboração do sentido nominal. Desde a Grécia Antiga, os asiáticos são percebidos como bárbaros naturalmente propensos à servidão, fato que os faz mais suscetíveis à aceitação de um poder despótico por serem "submissos por natureza". A Ásia aqui imaginada é, por excelência, o espaço eterno das relações domésticas, inábil em conseguir aderir voluntariamente a relações políticas.

A tradição acadêmica voltada para a análise de experiências políticas orientais (sobretudo quando se refere ao Irã) encontra-se historicamente vinculada à ideia de que esses governos tendem a ser exercidos a partir da concentração de poder coercitivo na mão de ditadores. O conceito de "despotismo oriental", resultante da manutenção do discurso colonial sobre povos asiáticos, pode ser percebido em acepções comprometidas pela marca contrastante com que o Oriente foi definido pelo pensamento ocidental. Além do termo "despotismo", outros conceitos, como o "modo de produção asiático" consagrado por Karl Marx, muitas vezes são invocados para determinar uma relação assimétrica entre a política vivida pelos europeus e a maneira como líderes asiáticos exercem seu poder. A ideia de que a principal característica econômica da Ásia (com exceção do Japão) era a existência de um sistema de produção baseado na propriedade comunal atribuía aos povos da região uma condição de decadência em relação à Europa, que, pela existência da propriedade fundiária, encontrava-se em estágio superior de desenvolvimento do capitalismo.[2] A ausência da propriedade de terra somava-se a outros elementos, como a opressão, o fanatismo e a indolência, para dar forma ao sistema político e social dos asiáticos.

Muitos desses critérios de análise sobrevivem nas conclusões "científicas" que são criadas sobre experiências políticas da região. De maneira depreciativa, nações como o Irã são vistas atualmente como exemplos da naturalização do poder autoritário, em oposição à história de liberdades e conquistas políticas que assinalaria todo o Ocidente. Esse estigma depositado na história política iraniana indica uma interpretação rasa da conjuntura social do país, reforçando a imagem de que regimes ditatoriais são a expressão de uma relação entre governante e governados baseada exclusivamente na coerção desmedida exercida pelo ditador da vez.

Ao contrário do que se imagina sobre a política iraniana, o poder autoritário não é exclusividade do continente asiático, nem indício da covardia de seu povo. O apoio da sociedade ao governo não deve ser entendido como uma submissão incondicional, mas no caso do Irã no século XX, especialmente durante o governo do Xá Mohammed Reza Pahlavi, pode-se encontrar a manifestação de um regime ditatorial pela adesão que importantes setores da sociedade destinavam ao projeto de nação mantido pelo Estado. De acordo com a concepção de nação defendida pelo soberano, o governo poderia perseguir as esferas da sociedade iraniana, ou delas se aproximar mantendo e dissolvendo alianças que mostravam a necessidade de vínculos entre o regime, suas relações externas, e grupos internos, como a elite burocrática, segmentos da classe média urbana, como os comerciantes *baazaris*, o campesinato e os líderes religiosos do país.

O CONSENSO XÁ-POVO

O início da década de 1940 trouxe para o Irã problemas políticos gerados pela Segunda Guerra Mundial recém-deflagrada. A Inglaterra, que mantinha interesses políticos e econômicos no país, via a necessidade de silenciar o imperador iraniano Reza Xá, admirador declarado da doutrina nazista. Sob pressão dos Aliados e a invasão do Irã por tropas soviéticas e inglesas, Reza Xá foi forçado a abdicar do trono em favor de seu filho, Mohammed Reza Pahlavi, e exilar-se na Ilha Maurício.

O novo Xá assumiu o controle de um país mergulhado em crises profundas. A partida de Reza Xá despertou na população iraniana um forte sentimento de mudança e o laço de parentesco entre o soberano deposto e o que assumia o poder representava inicialmente a possibilidade de continuidade da opressão e da instabilidade atribuídas à dinastia Pahlavi. Para manter-se no trono, o recém-empossado Xá teve de anunciar reformas integradas aos interesses de um grande número de seus súditos. Em setembro de 1941, implementou um programa de governo que prometia o fim da concentração de poder exercida por seu pai com uma abertura política cada vez maior para o *Majlis* (Parlamento).[3] No campo das relações externas, Mohammed Reza Pahlavi manteve seu apoio aos Aliados da Segunda Guerra Mundial e aproximou-se dos Estados Unidos. A partir de 1942, o Xá passou a receber um número cada vez maior de conselheiros norte-americanos nas principais áreas do governo, como economia e força militar. Estruturas coercitivas estratégicas, como a Guarda Imperial, a polícia rural e o Exército iraniano foram entregues a grupos de oficiais dos Estados Unidos comandados por homens como o coronel Norman Schwarzkopf e o general Clarence S. Ridley.[4] Não foi por acaso que em novembro de 1943 os Aliados escolheram o Irã como palco seguro para planejar um ataque maciço aos alemães na Conferência de Teerã.

A dependência de Mohammed Reza Pahlavi em relação aos consultores estrangeiros era reflexo do despreparo do jovem Xá para assumir o comando do país. Educado em instituições de ensino ocidentais e habituado a um estilo de vida luxuoso e boêmio, Reza Pahlavi trocava suas reuniões governamentais por sessões de jogatina regadas pelo mimo de lindas atrizes de cinema, como Silvana Mangano e Yvonne de Carlo. Enquanto o Xá se divertia, os Estados Unidos e a Inglaterra transformavam o Irã em um dos maiores produtores de petróleo do mundo. Mesmo com um programa de crescimento denominado Plano de Sete Anos, que prometia melhorar a economia iraniana, os consultores ocidentais de Reza Pahlavi só conseguiam aumentar os casos de corrupção no país. O resultado desse plano foi uma onda de descontentamento popular que culminou com a ascensão do liberal Mohammed Mossadegh ao cargo de primeiro-ministro em 1951. Mossadegh era um político aristocrata que encabeçava uma campanha pela nacionalização do petróleo iraniano. Integrante de uma coalizão de partidos políticos conhecida como Frente Nacional, transformou-se em um severo crítico da parceria do Irã com o Ocidente nas questões referentes à principal riqueza do país, o petróleo. A ascensão de Mossadegh era expressão do frouxo vínculo que até então unia o Xá à sociedade iraniana, principalmente à classe média urbana do país.

Com o fim da Segunda Guerra, a busca pela consolidação do poder de Mohamed Reza Pahlavi e a ascensão de uma nova potência mundial (Estados Unidos), a década de 1950, não só no Irã, mas em grande parte do Oriente Médio, teve seus principais acontecimentos políticos gerados por confrontos entre o ímpeto ocidental pelo controle do petróleo e os projetos de nacionalização da exploração desse recurso. As discussões sobre a nação iraniana foram entrelaçadas às questões petrolíferas e tiveram a dianteira do processo conduzida pelos membros da Frente Nacional, liderada por Mossadegh.

A posição dos líderes religiosos (importante força social no Irã) variava, ora dando apoio, ora contestando as ações de Mossadegh. Não havia uma unanimidade no grupo religioso que permitisse uma ação conjunta significativa para liderar o povo iraniano em favor de seus interesses, já que a condução de um projeto político legítimo orbitava em torno de Mossadegh, que, somado às ações do general Gamal Abdel Nasser no Egito, indicava que a nacionalização dos recursos locais era o mote das questões políticas da década de 1950 na região.[5] O desfecho desse panorama político foi o agravamento da crise econômica do país provocada pelo bloqueio naval imposto pelos britânicos e por um boicote mundial ao petróleo do Irã. Com o passar do tempo e o aumento da crise, Mossadegh conseguiu defender ações ousadas como a possibilidade de exilar Reza Pahlavi, mas foi perdendo seus aliados e o apreço popular. A maior prova dessa perda de apoio foi sentida quando, motivado pela crise econômica e pelo receio de uma invasão comunista ao Irã, o aiatolá Kashani (um dos principais líderes religiosos) mobilizou seus seguidores em apoio à permanência do Xá no país.[6]

O ambiente conturbado de colapso político e econômico desse período permitiu a articulação de um golpe, engendrado por agentes britânicos e norte-americanos e com o respaldo de alguns setores da sociedade iraniana, como os *bazaaris* e os religiosos, que definitivamente renegavam seu apoio ao líder liberal. O golpe que depôs Mossadegh em 1953 passou a ser conhecido como Operação Ájax e teve como consequência direta o retorno do Xá e o crescimento da influência dos Estados Unidos nas questões nacionais iranianas, afastando o temor de que o Irã pudesse cair nas mãos dos soviéticos.[7]

A partir do apoio das principais potências ocidentais e com Mossadegh deposto, Reza Pahlavi pôde reconstruir um consenso político em torno de sua figura, exercendo o poder plenamente. Para garantir domínio exclusivo sobre o Irã, o Xá se aproximou de estruturas de segurança como a Savak (Sazeman-e Ettelaat va Amniyat-e Keshvar), a polícia secreta iraniana treinada por agentes da CIA (Central Intelligence Agency, dos Estados Unidos), e, posteriormente, do Mossad (serviço secreto israelense). Entretanto, o Xá sabia que depender da popularidade de uma organização dessa natureza seria um suicídio político. Para melhorar sua imagem junto ao povo iraniano, Reza Pahlavi passou a utilizar o Estado para promover reformas que permitissem preparar o país e seu povo para uma nova fase de "desenvolvimento" econômico e social, contando com uma nova aliança formada por grupos internos. Assim, em 1962 o Xá divulgou um pacote de medidas denominado Revolução Branca ou Revolução Xá-povo. Esse plano pode ser entendido como a expressão direta do projeto de nação que Reza Pahlavi almejava construir no Irã. Em seus variados aspectos, os termos da Revolução Branca revelavam a ambição do Xá de inserir seu país no rol das grandes potências mundiais, negociando com grupos internos um modelo de nação moderna, laica e comprometida com os padrões de desenvolvimento capitalista. À revelia de qualquer intento transformador da sociedade iraniana, a Revolução Branca não produzia qualquer proposta "revolucionária", apenas almejava conduzir um conjunto de reformas que evitasse profundas mudanças sociais, garantindo o domínio da monarquia no cenário político e o apoio de setores estratégicos da sociedade iraniana.

O projeto de nação ocidentalizada elaborado por Reza Pahlavi foi possível graças novamente às bênçãos dos Estados Unidos. Acompanhando o ambiente geopolítico do início da década de 1960, a Revolução Branca contou com a incitação do governo John Fitzgerald Kennedy, que, por meio de programas reformistas, como a Aliança para o Progresso na América Latina e o apoio à Revolução do Xá, espantava a fúria revolucionária comunista nos países sequazes.[8]

O processo de desenvolvimento defendido por Reza Pahlavi previa a atuação autoritária do governo em algumas questões consideradas fundamentais para "modernizar" o Irã. De acordo com a obra The White Revolution of Iran, atribuída ao próprio Xá e traduzida para diversos idiomas pela biblioteca imperial Pahlavi em 1967, faziam parte desse projeto de nação: a reforma agrária, a nacionalização de florestas e pastagens, a venda de ações de indústrias estatais para a iniciativa privada, a participação dos operários nos lucros das empresas, a reforma da lei eleitoral, a criação do "exército do saber", para atender às aldeias do país, a criação do "exército da higiene", para o mesmo fim, a criação do "exército do desenvolvimento e da reconstrução" e, por último, a difusão de "casas de equidade", para levar a arbitragem jurídica até o interior do país. Cada um desses pontos pode ser entendido como expressão de uma estratégia de construção e manutenção de certa aprovação de grupos sociais específicos ao seu governo.

No interior da Revolução Branca, a questão da reforma agrária parece exemplificar de maneira mais contundente a legitimidade política que o Xá negociava com a sociedade iraniana. A proposta de modernização e industrialização do Irã nos moldes das principais nações capitalistas ocidentais colocava o campesinato como uma das camadas sociais mais profundamente afetadas por esse projeto. Nesse caso, Reza Pahlavi buscou amparar órgãos estatais voltados para organização do âmbito agrícola[9] e reformular os padrões de posse da terra com o intuito de conquistar o apoio de uma parcela considerável da população que habitava, sobretudo, regiões afastadas dos centros urbanos do país. A ideia principal do programa de terras do Xá era aumentar a popularidade do soberano, evitando qualquer possibilidade de intervenção abrupta na ordem social que desagradasse fortemente os latifundiários.[10]

Os primeiros movimentos da política de distribuição de terras da Revolução Branca indicavam que uma parte dos objetivos do Xá seria alcançado. O estabelecimento de limites ao tamanho das propriedades agrícolas permitiu que vastos domínios rurais fossem repartidos entre milhares de lavradores que, atraídos pela reforma agrária, se transformaram em uma nova camada social leal ao Xá, o maior latifundiário do país. A preocupação de Reza Pahlavi com a vida do trabalhador rural iraniano foi um artifício político capaz de conciliar sua busca por apoio popular com suas intenções de "modernizar" o Irã. Em The White Revolution of Iran, o Xá revelava que a atenção especial que destinava aos camponeses era reflexo das exigências que cabiam ao Irã para ingressar na "civilização da nossa era".[11]

As reações dos grandes proprietários de terra ao programa de reforma agrária da Revolução Branca foram inicialmente hostis. Aqueles que tiveram seus latifúndios desestruturados pelo governo passaram a organizar uma incipiente oposição política ao Xá, sendo até responsabilizados por um atentado sofrido por Reza Pahlavi em 1965. Com o aumento das tensões em torno das expropriações dessas terras, o governo iraniano decidiu recompensar os latifundiários por meio do pagamento de indenizações na forma de ações das novas indústrias que se fixavam no Irã. A partir dessa compensação, a oposição dos grandes proprietários não teria argumentos para recusar seu apoio ao Xá. A elite agrária e a nova classe de camponeses donos de terra transformavam sua satisfação em sustentação da autoridade política do monarca iraniano.

Entretanto, se do ponto de vista econômico a aliança entre o soberano e seus súditos mostrava-se sólida, era preciso estender esse êxito para o campo simbólico, o que permitiria alcançar outros setores da sociedade carentes de identificação política com o Xá. O caminho escolhido por Reza Pahlavi para desenvolver o sentido de lealdade política em seus demais súditos dependeu inicialmente da defesa de dois fatores: as "tradições históricas" e a "missão espiritual da nação iraniana". A proposta do Xá seria cunhar de modo sutil a ideia de que o Irã estava sujeito tanto à sua mais remota tradição, o modelo político "monárquico-imperial" (o que agradava a setores da sociedade que buscavam estabilidade política, como os *bazaaris*), quanto à sua matriz espiritual islâmica (visando à simpatia de clérigos conservadores). Nesse sentido, a "reforma" de que a nação carecia era, primeiramente, um movimento de retorno àquilo que o Xá avaliava como perene em seus súditos. A histórica ligação do Irã ao comando de um único líder submete ao Xá instâncias de poder mais recentes (portanto, não históricas), como o *Majlis*. Não seria parte da "tradição" política do Irã ter um Parlamento, já que desde épocas imemoriais o país foi governado por um soberano singular.

A unicidade do poder também pode ser extraída da "missão espiritual da nação". O monoteísmo incondicional do Islã, bem como a crença iraniana oficial no retorno do 12º Imã,[12] reforçava a ideia de que compete apenas a uma esfera de poder a legitimidade de legislar. Assim, a Revolução Branca do Xá definia a nação iraniana como uma comunidade perene que, historicamente, sempre se submeteu ao comando de um guia, espiritualmente aguardando a vinda do Imã oculto ou, politicamente, autorizando a figura do imperador. Desse modo, o regime monárquico é o primeiro símbolo de identidade coletiva atribuída ao Irã pelo projeto de nação do Xá. A realeza representava um valor comum a ser sustentado, porque pode ser entendido como uma tradição nacional, já que qualquer iraniano deveria reconhecer-se e ser lembrado como parte desse sistema.

As transformações sociais prometidas ao Irã, e que seriam implementadas a partir de um novo pacto nacional, só poderiam ocorrer pacificamente por meio da concentração de poder permitida pela relação súdito/soberano existente no sistema monárquico pleno, sem interferência direta do *Majlis* ou do Judiciário. Além da redefinição da nação iraniana, a Revolução Branca teria como objetivo reunir o máximo de poder político nas mãos do Xá, a partir da concessão de benefícios econômicos a forças políticas internas.

Uma das preocupações do Xá ao longo da exposição de seu projeto nacional era a defesa da ideia de que a figura do monarca é capaz de fazer uma revolução social sem derramamento de sangue e sem a supressão das liberdades individuais. Mesmo sabendo que a Savak era um dos agentes da manutenção do poder monárquico no Irã, e que inúmeras perseguições eram empreendidas contra opositores do regime, Reza Pahlavi manteve, por meio de uma religiosidade artificial, a imagem de que o soberano exerce uma influência espiritual sobre a nação e por isso reforma a sociedade sem se tornar uma ameaça ao súdito leal. Dessa perspectiva, enquanto o Xá se aproximava de setores liberais com princípios econômicos ocidentalizados, conquistava também o apoio de grupos conservadores da sociedade civil.

Com a preocupação de reestruturar alianças internas, a Revolução Branca era apresentada pelo Xá como uma espécie de "milagre político", já que reproduziria as mudanças sociais que o Ocidente levou séculos para concluir.[13] O "milagre" de Reza Pahlavi era fazer acreditar que ele seria capaz de transformar a sociedade iraniana em uma comunidade nacional cada vez mais próxima do modelo de nação produzido pelo Ocidente e que esse movimento seria irresistível para o rústico homem iraniano prestes a se converter em súdito de uma nação tão próspera quanto as potências ocidentais.

A capacidade de operar "milagres" políticos executados pelo monarca iraniano é apenas parte de uma estratégia retórica que pretende sacralizar a figura do soberano. Ainda que o projeto de nação proposto por Reza Pahlavi pretendesse na prática modernizar o país segundo os moldes ocidentais, seu discurso tentava se filiar a princípios da tradição religiosa iraniana. O laicismo do projeto nacional que o Xá defendia com sua Revolução Branca encontra-se dissimulado por passagens em que há a preocupação de constituir uma relação direta entre o líder nacional e o sentimento religioso de seus súditos.[14]

As referências à devoção religiosa do Xá expressam claramente intenções políticas. Enquanto Deus é chamado a testemunhar o comprometimento do soberano com os integrantes da nação, dois princípios são caracterizados como essenciais para a construção dessa mesma nação: o Islã e o liberalismo político ocidental. O papel que a religião cumpre nesse projeto nacional alude à criação de um vínculo entre o monarca e a fé dos iranianos por meio do sentido de justiça e moralidade próprio do islã. A função discursiva do amparo à religião muçulmana limita-se à conquista sentimental da população devota iraniana, inspirando superficialmente a concepção de nação desenvolvida pela Revolução Branca. Nesse sentido, mesmo que apresentados em condições iguais, compete ao liberalismo político ocidental a formulação das bases institucionais da política do Xá para o Irã após a década de 1960. A evidência mais contundente do real descolamento da Revolução Branca frente ao islã praticado no Irã é a rejeição de uma parte dos religiosos do país ao programa nacional aplicado por Reza Pahlavi. Líderes muçulmanos proeminentes, como o aiatolá Seyyed Ruhollah Mousavi Khomeini, passavam a considerar o fortalecimento de questões reformistas laicas no discurso do Xá uma ameaça para a sociedade iraniana.[15]

Enquanto o liberalismo é a base das transformações sociais prometidas pelo Xá, o islã seria reduzido a uma espécie de garantia moral de que a Revolução Branca era condizente com os anseios de um povo devoto. A diminuição da importância política do islã nesse projeto nacional é consolidada pela participação de outra proposta religiosa na formação moral da Revolução Branca. Colocado no mesmo grau de relevância do islã, o zoroastrismo era chamado a compor o universo espiritual da nação iraniana, conferindo sacralidade a uma concepção política de caráter liberal. De fato, o islã e o zoroastrismo não se manifestavam politicamente no discurso de Reza Pahlavi. Reduzidas a "princípios morais", as religiões se limitavam à construção de uma identidade espiritual entre o soberano e seus súditos, sem poder de influenciar diretamente as ações sociais prometidas pelo Xá.[16]

Apesar de compartilhar certa importância com o islã, o zoroastrismo cumpriu outra função essencial para a construção simbólica da nação iraniana. Sua presença milenar conferiu legitimidade à Revolução Branca e reafirmou a paridade da cultura nacional iraniana com as "marcas da verdadeira cultura persa" (*marks of true Persian culture*). Essas afirmações evidenciaram que o projeto de Reza Pahlavi era transformar o Irã em uma nação cada vez mais liberal e "persa", negociando uma relação com o islã que pressupunha uma religiosidade específica aos indivíduos que compunham a nova nação.

O desenvolvimento tecnológico e social do Ocidente era declaradamente admirado pelo Xá, que, a partir das reformas de 1962, tentou transformar o Irã em força regional nos moldes das potências do Atlântico Norte. A ideia de nação construída no país por Reza Pahlavi consagrou a perspectiva ocidental de que a aplicação desse projeto nacional compete ao Estado e à iniciativa privada (inclusive estrangeira). Não bastava recriar uma nação, era preciso erguer uma nação "avançada".[17] Destarte, o Irã teria que figurar no seleto grupo dos "países progressistas", e a fórmula para isso era a reprodução do modelo de nação construído pelo Ocidente. Reza Pahlavi acreditou que toda nação tem um ritmo de desenvolvimento histórico, e o Irã precisava acompanhar as nações que lideravam essa evolução. Aplicando categorias históricas ocidentais ao país, o Xá não hesitou em afirmar que, na corrida pela legitimidade da nação, o Irã era o "feudalismo" e o Ocidente, o progresso. Essa maneira comparativa de se julgar a realidade nacional é um indício de que Reza Pahlavi admirava o modelo de nação produzido pelos ocidentais. Uma figura tão altiva e grandiosa quanto o soberano do milenar Império iraniano não poderia continuar governando uma massa de iletrados e doentes. A Revolução Branca se fez necessária "... to elevate it to the ranks of the most progressive contemporary nations and societies..." [... para elevá-lo à fileira das nações e sociedades contemporâneas mais progressistas...]. [18]

Assim, a mensagem de Reza Pahlavi mostrou-se clara em sua obra *The White Revolution of Iran*: o Irã era um Estado-nação em que o Estado é o próprio Xá "modernizado" e a nação, seus súditos ocidentalizados, com espaço restrito para o islã.[19]

O projeto nacional de Reza Pahlavi não foi capaz de manter por um longo período uma base social fiel ao modelo político do Império. As transformações trazidas pela Revolução Branca afastaram aos poucos segmentos sociais estratégicos para a manutenção da ordem. Os vértices do programa de desenvolvimento instaurado pelo Xá criaram, em pontos específicos, dificuldades para a permanência de uma aproximação de interesses entre o governo e a sociedade. A concessão de privilégios à iniciativa privada estrangeira e o incentivo a uma política industrial de substituição das importações afastaram a classe média (principalmente os comerciantes *bazaaris*) do pacto social que sustentava o Estado imperial. O laicismo e a tentativa de derrubar a força política dos líderes religiosos arrastaram para a oposição parte da classe média e da classe trabalhadora fiel aos valores islâmicos e ao reconhecimento dos religiosos muçulmanos como os legítimos depositários do monopólio dos símbolos da fé nacional. A via escolhida pelo Xá para conter a oposição ao regime não passou pela outrora bem-sucedida estratégia da negociação. Em vez de amenizar os efeitos sociais nocivos do desenvolvimento acelerado, o governo iraniano dependia cada vez mais de suas instituições coercitivas, optando pelo acirramento da repressão contra antigos aliados. O papel da sociedade iraniana na construção política do país é inconteste. Seja apoiando o autoritarismo do Xá a partir da queda de Mossadegh na década de 1950 ou formando uma oposição ao governo imperial ao longo da década de 1970, as transformações políticas do Irã no século XX devem ser vistas como produto de uma sociedade disposta a negociar com os diversos projetos de nação concorrentes no país.

O CONSENSO ENTRE KHOMEINI E A SOCIEDADE

Em competição direta com o modelo de nação laica mantido pelo Xá por meio de sua Revolução Branca, grupos de religiosos se mostraram mais bem-sucedidos na tarefa de construir um projeto nacional com amplo apoio da sociedade. Com o tempo, as forças políticas e sociais do país que deram sustentação ao governo autoritário de Reza Pahlavi passaram a ser comandadas pelo aiatolá Khomeini, aderindo ao discurso crítico ao Xá.

A trajetória de Khomeini como líder espiritual do xiismo da escola de jurisprudência duodécima sempre esteve relacionada às atribulações políticas do Irã. Durante o período do domínio político do Irã por Reza Xá (de 1921 a 1941), Khomeini ainda era um empenhado estudante da Escola de Qum.[20] A fama do jovem Ruhollah levou o estudante a tornar-se um dos professores mais populares de sua consagrada escola, lecionando filosofia, assuntos religiosos e jurisprudência islâmica. A passagem de discente para docente não alterou a interpretação que ele fazia do islamismo, entendendo a doutrina religiosa não só como um enredo metafísico, mas, principalmente, como instrumento de ação do homem no mundo por meio do desenvolvimento de sua responsabilidade social.[21]

Nas décadas de 1950 e 1960, Khomeini passou a defender publicamente a ideia de que a justiça social só chegaria ao Irã se o líder político fosse extremamente fiel aos princípios jurídicos da fé islâmica. Desse modo, Khomeini desencadeou uma campanha contrária às reformas consideradas anti-islâmicas propostas pelo Xá e sua Revolução Branca. A prisão do religioso, em junho de 1963, foi seguida de várias revoltas que levaram o governo a decretar lei marcial e a soltá-lo em abril de 1964, sendo preso novamente em outubro por criticar a lei que garantiu imunidade diplomática a militares americanos no Irã, para em seguida ser forçado ao exílio na Turquia e, posteriormente, no Iraque e na França.

Alguns autores responsáveis por uma história do Irã no século XX que leva em consideração a biografia de Khomeini, como Mathew Gordon, admitem que a construção da autoridade política desse líder religioso começou em março de 1961, com a morte do aiatolá Mohammed Hussayn Borujerdi, um dos mais respeitados líderes islâmicos do país, que desde a década de 1950, quando assumiu o controle da Escola de Qum, não permitiu que seus estudantes se envolvessem em ação política. Se o obstáculo da autoridade religiosa fora essencial para conter o engajamento de Khomeini, a partir do funeral de Borujerdi o impedimento poderia ser vencido.[22]

Os seguidores do xiismo, especialmente no território iraniano, perdiam com a morte de Borujerdi uma referência legítima e controladora dos princípios que deveriam ser seguidos por toda a comunidade religiosa. Ao longo de 1961, Khomeini não teve prestígio suficiente para ocupar imediatamente o papel de líder deixado por Borujerdi. Porém, entre 1962 e 1963, surgiu uma oportunidade a partir do início da Revolução Xá-Povo, ou Revolução Branca, empreendida por Reza Pahlavi. Entre as diversas reformas laicas propostas pelo Xá estavam aquelas consideradas ofensivas ao islã, de acordo com parte dos jurisprudentes religiosos (como o próprio Khomeini), tais como o sufrágio feminino e a possibilidade da escolha de não muçulmanos nas anunciadas eleições para o Conselho Representativo do país, já que o representante eleito teria que fazer seu simbólico juramento ao cargo sobre o "livro sagrado", não mencionando especificamente o Alcorão.

A partir desse episódio, Khomeini pôde mostrar sua astúcia política e sua vontade de preencher a lacuna deixada por Borujerdi. Esse ativismo político baseado em uma crítica veemente ao *status quo* confirmou a presença de um ainda tímido projeto de poder nos textos e discursos de Khomeini a partir desse período, quando passou a ter sua voz ainda mais conhecida pela sua condição de exilado político após 1964. Em outubro de 1965, Khomeini chegou a Najaf (no Iraque), cidade sagrada xiita onde se localiza o santuário do primeiro Imã Ali ibn Abu Talib. Em um ambiente bastante receptivo como o Iraque de maioria xiita, Khomeini pôde difundir, ao longo dos 13 anos em que permaneceu nessa cidade, suas ideias e suas críticas ao governo do Xá. O conteúdo inflamado dessas depreciações mostrava ataques verbais diretos tanto ao Xá quanto a seus aliados dentro da sociedade iraniana e na conturbada geopolítica internacional da década de 1970. Uma elite urbana ocidentalizada, representantes do governo norte-americano no Irã e o próprio Xá eram identificados por Khomeini como fiéis emissários dos interesses de Israel no país, relacionando-os ao maior inimigo das comunidades muçulmanas nesse período.

Tanto as duras críticas desse ativismo político islâmico quanto a inabilidade política do governo de Teerã minavam resquícios da popularidade de Mohammed Reza Pahlavi. Em 1971, Pahlavi organizou um dispendioso banquete em comemoração aos "2.500 anos de realeza iraniana", realizado em Persépolis, antiga capital da Pérsia.[23] Khomeini conseguiu transformar cada extravagância do Xá em ganho político para a causa da retirada da monarquia do comando do país. O aumento da simpatia popular por Khomeini e a inevitável queda da popularidade do regime iraniano transtormam o embate desses dois líderes políticos em um processo que se desenvolve em torno da construção de projetos de nação distintos. Mais do que a queda do oponente, Khomeini e Reza Pahlavi se confrontaram pela conquista de apoio popular e pela tomada do Estado iraniano como palco para a concretização desses projetos em disputa.

A proposta de consolidação do Estado-nação iraniano, desenvolvida pelo Xá Reza Pahlavi a partir de sua Revolução Branca, havia industrializado o país, distribuído terras aos camponeses, dado o direito de voto às mulheres e transformado o Irã em uma das maiores referências militares do mundo, porém à custa de uma grande subordinação aos Estados Unidos, que servia de pretexto às críticas de Khomeini.[24]

No mesmo mês em que o suntuoso banquete imperial foi realizado, Khomeini emitiu uma declaração em Najaf que conclamou a "nação islâmica" a questionar a extravagância de um festim que contrastava com a situação de penúria vivida pela "nação iraniana".[25] As declarações de Khomeini na década de 1970 manifestaram uma definição de "nação" antagônica à do projeto ocidentalizante do Xá na Revolução Branca.

O embate entre o grupo de religiosos liderados por Khomeini e o governo iraniano permaneceu constante ao longo dos anos finais do regime imperial iraniano, intensificando-se em 1978. A produção de discursos críticos ao Xá por Khomeini se multiplicou devido aos episódios de violência e difamação sofridos pelo líder xiita por meio da ação da Savak e de alguns assessores de Reza Pahlavi. Em fins de 1977, o filho mais velho de Khomeini, Mustafá, morreu misteriosamente no santuário de Najaf. A morte do primogênito do aiatolá exilado lançou suspeitas sobre a autoria desse episódio. Grande parte dos iranianos interpretou esse acontecimento como uma ação direta da Savak e um número significativo de simpatizantes de Khomeini fez manifestações de protesto contra o suposto assassinato. Essas agitações políticas evidenciavam que a sociedade rompera sua lealdade ao poder do Xá e transferia esse apoio a novas forças políticas. Poucos meses após essa demonstração de popularidade do aiatolá, o principal jornal iraniano, *Ittila'at* (Informação), publicou um artigo, aprovado por importantes ministros do Xá, em que Khomeini era acusado de agente dos interesses estrangeiros no Irã e de ter uma conduta claramente "depravada". Como resposta ao texto, cinco mil pessoas se reuniram em Qum para protestar contra o conteúdo injurioso desse artigo. A Savak respondeu à manifestação com violência, matando e ferindo dezenas de pessoas. Seguindo a tradição xiita de luto, 40 dias depois foram realizadas novas manifestações em memória das vítimas de Qum, que foram novamente reprimidas pelas metralhadoras da polícia. A cada 40 dias, novas manifestações e novas ações policiais eram realizadas. As pessoas que engrossavam essas passeatas de repúdio ao regime iraniano eram os antigos aliados do Xá que se transformaram nas principais vítimas dos problemas econômicos gerados pela política "modernizadora" promovida pelo governo Pahlavi.

Contudo, a inabilidade política do Xá, que Khomeini mostrava de maneira tão enfática em suas declarações, fez com que o descontentamento com o governo alcançasse a maioria das camadas sociais do país. Até mesmo aqueles que haviam se beneficiado com a ocidentalização e o desenvolvimento econômico do Irã mostravam-se apreensivos com a crescente violência empregada pela polícia a serviço do Xá. Esse clima de inquietação tornava as palavras de Khomeini mais acessíveis aos diversos grupos políticos descontentes com a repressão de Reza Pahlavi, como o partido Tudeh (de orientação comunista), a Frente Nacional (coalizão de pequenos partidos que permaneciam na clandestinidade desde 1963), a Fedaiyan-e Khalq (militantes da classe média iraniana) e a Mojahedin-e Khalq (grupo formado por estudantes universitários contrários à dominação estrangeira e adeptos de princípios religiosos oriundos de modernas doutrinas islâmicas).[26]

A única manobra repressiva mais eficaz que o Xá pôde orquestrar contra Khomeini foi pressionar o governo iraquiano a controlar o incômodo exilado. Diante da ameaça de ser silenciado pelo governo do Iraque, Khomeini buscou asilo em outros países islâmicos. O aiatolá teve sua entrada recusada no Kuwait e no Líbano; cogitou a possibilidade de residir na Síria, mas foi convencido a morar na França, estabelecendo a base de suas atividades políticas no subúrbio parisiense de Neauphle-le-Château. Essa mudança de residência beneficiou as ações contestadoras de Khomeini. O acesso a jornalistas internacionais e as conexões de comunicação para a difusão de suas ideias estavam mais garantidos em território francês, ainda que mais distante do Irã. Na França, os discursos de Khomeini ganham a intensidade política que precede a Revolução de 1979.

Os temas mais recorrentes em suas declarações são o contexto geopolítico da guerra fria e o papel contestador que o ativismo político islâmico apresenta aos que se consideravam oprimidos por governos que recusavam suas raízes muçulmanas e acabavam por reproduzir os interesses estrangeiros no interior da comunidade de fiéis do islã.[27] Ainda que a religião seja o elemento central no discurso político, questões sociais eram denunciadas e debatidas a partir de um conjunto de símbolos que caracterizavam a mitologia xiita, muito distante da estratégia secularista aplicada pelo Xá de forma ineficiente.[28] Assim, o processo revolucionário iraniano alimentado pelos discursos de Khomeini ultrapassa um conteúdo meramente político para firmar-se também como uma recusa do modelo social laico violentamente produzido pelo regime imperial.

Na disputa pela legitimidade das concepções de nação concorrentes, Khomeini conseguiu convencer a sociedade iraniana de que seu projeto acomodava melhor os interesses de cada setor. O regime autoritário do Xá Mohammed Reza Pahlavi desmoronou em 1979 não só pelos excessos de suas forças de repressão política ou pela ascensão de um sentimento antiamericanista que reconhecia no monarca um "fantoche" do Ocidente. As ações ditatoriais empreendidas pelo Xá ao longo de 38 anos de poder foram possíveis graças à adesão de boa parte dos iranianos ao seu projeto de nação. Quando a inabilidade política de Reza Pahlavi agravou os problemas econômicos e sociais do país, tanto os setores liberais quanto os conservadores do Irã deixaram de garantir o consenso de que o monarca precisava para manter-se no poder. Aos olhos de comerciantes, trabalhadores da indústria, camponeses, religiosos, militares e até mesmo comunistas, a nação proposta pela Revolução Branca não conseguiu honrar o que havia prometido. Durante décadas, a coerção política mostrou-se um preço razoável a ser pago pelas promessas de rápida industrialização e modernização do país. Como essas obrigações não foram cumpridas pelo governo Pahlavi, a quebra do pacto político foi iminente.

Em contrapartida, especialmente ao longo da década de 1970, o projeto de nação de Khomeini prometia dar conta dos fracassos produzidos pelo regime ditatorial de Reza Pahlavi. O Irã revolucionário anunciado pelo aiatolá afastava-se do cenário de inflação, violência, imoralidade e subserviência aos Estados Unidos da América produzidos pela Revolução do Xá. Esta talvez seja a sutil diferença capaz de transformar apoio político em oposição ao governo: não se pode conduzir o poder sem convencer a sociedade de que, se a política está alicerçada em sangue e opressão, todos fazem parte da mesma nação manchada.

Por isso, não há como defender a ideia de que o Irã sempre esteve fadado às artimanhas do poder exercido de forma arbitrária. Ainda que a Ásia continue lamentavelmente sendo vista como o espaço do despotismo, é inegável que a política no Irã não pode ser mais vista como um drama assistido passivamente pelo seu povo. O Oriente não parece tão distante quando se percebe que, da mesma forma que o Ocidente, seus modelos políticos necessitam de legitimidade conferida pela sociedade governada.

Notas

1. "Na verdade, o que era o déspota para os gregos senão, justamente, um 'pai de família', como Voltaire lembrará Montesquieu, que parece tê-lo esquecido? Mas é preciso esclarecer: se originalmente o poder 'despótico' é o poder do pai de família, esse poder, explica Aristóteles, só é despótico quando se exerce sobre escravos, e não sobre os filhos ou mulher" (GROSRICHARD, Alain. *Estrutura do harém: despotismo asiático no Ocidente clássico*. São Paulo: Editora Brasiliense, 1988, p. 11).
2. "A função original do conceito de Marx é bem clara: destinava-se essencialmente a explicar por que as principais civilizações não europeias de sua época, apesar do altíssimo nível de suas realizações culturais, não haviam evoluído em direção ao capitalismo, tal como acontecera na Europa. Os despotismos orientais que Marx tinha em mente de início eram os impérios asiáticos recentes ou contemporâneos da Turquia, Pérsia, Índia e China..." (ANDERSON, Perry. *Linhagens do Estado absolutista*. São Paulo: Editora Brasiliense, 1998, p. 483).
3. "No dia 20 de setembro de 1941, o Xá foi obrigado a anunciar reformas, chegando mesmo a prometer o fim do absolutismo. O poder político seria controlado pelo *Majlis* eleito, que se incumbiria da nomeação do gabinete. O Xá garantiu também anistia para os prisioneiros políticos e, em sua ânsia desesperada para manter o trono, anunciou que devolveria ao país a riqueza que seu pai acumulara" (COCKCROFT, James. *Os grandes líderes: Reza Pahlavi*. Rio de Janeiro: Nova Cultural, 1989, p. 37).

4. "Em dezembro de 1942, chegou a primeira das muitas equipes de consultoria dos Estados Unidos para aprimorar a polícia do Irã, a polícia paramilitar rural e o Exército. O coronel Norman Schwarzkopf, ex-diretor da polícia estadual de Nova Jersey, treinava a Guarda Imperial do palácio e a polícia rural. O general Clarence S. Ridley e outros 11 oficiais do Exército norte-americano incumbiram-se de reestruturar o Exército iraniano. Chegaram também conselheiros estrangeiros para cuidar da situação financeira e econômica do país. Era o começo daquilo que ficou conhecido como o 'período Pahlavi-americano'" (*idem*, p. 39).
5. "Na Inglaterra e nos Estados Unidos, a mídia apresentou Mossadegh como um fanático perigoso, um ladrão (apesar de ele ter prometido indenização), um comunista que entregaria o Irã à União Soviética (embora ele fosse um nacionalista empenhado em libertar seu país de toda dominação estrangeira). Para seus compatriotas, no entanto, Mossadegh era um herói, mais ou menos como Nasser depois de nacionalizar o canal de Suez" (ARMSTRONG, Karen. *Em nome de Deus — O fundamentalismo no judaísmo, no cristianismo e no islamismo.* São Paulo: Companhia das Letras, 2001, p. 262).
6. "Às vésperas da partida do Xá para o exílio, ocorreu uma reviravolta total. O aiatolá Kashani, líder de um partido religioso, temendo que os comunistas se animassem com a ausência do soberano, ordenou aos seus adeptos *bazaaris* (comerciantes e trabalhadores da pequena indústria) que fossem ao palácio real e se postassem do lado de fora, gritando: 'Viva o Xá!' Encorajado pelo apoio, Mohammed Reza decidiu ficar. A coalizão da Frente Nacional começou a desfazer-se" (COCKCROFT, James, *op. cit.*, p. 50).
7. "... os Estados Unidos deram sua autorização definitiva para a execução da Operação Ájax, ou Operação Pontapé, como os britânicos continuavam a chamá-la. Finalmente, os governos de Washington e Londres estavam unidos em seu entusiasmo. Um, em busca de recuperar sua concessão petrolífera; o outro, de uma oportunidade para assestar um golpe devastador no comunismo". (KINZER, Stephen. *Todos os homens do Xá: o golpe norte-americano no Irã e as raízes do terror no Oriente Médio*. São Paulo: Bertrand Brasil, 2004, p. 185).
8. *"En términos políticos, el inicio de los años sesenta se caracterizó por la exhortación del gobierno de Kennedy a sus aliados del Tercer Mundo para que realizaran las reformas necesarias a fin de apaciguar el descontento popular; como hemos visto, este es el marco de la Revolución Blanca en Irán y de la Alianza para el Progreso en América Latina"* [Em temos políticos, o início dos anos sessenta se caracterizou pela exortação do governo Kennedy a seus aliados do Terceiro Mundo, para que realizassem as reformas necessárias a fim de apaziguar o descontentamento popular; como vimos, este é o marco da Revolução Branca no Irã e da Aliança para o Progresso da América Latina.] (HALLIDAY, Fred. *Iran: dictadura y desarrolo*. México D. F.: Fondo de Cultura Económica, 1981, p. 60).

9. Refiro-me especificamente ao Banco de Crédito Agrícola e Desenvolvimento (responsável pela concessão de créditos aos camponeses) e à Organização Central das Cooperativas Agrícolas (voltada para a formação de quadros para a administração de cooperativas de camponeses).
10. *"Au début des années 60, les travaux agricoles occupent 55 p. 100 de la population active et 70 p. 100 des Iraniens vivent en zone rurale. Bien que les structures sociales aient commencé de se transformer lentement depuis quelques décennies, la société iranienne s'apparente encore fortement au féodalisme. Quelques grandes familles détiennent près de la moitié des terres cultivables et des 50000 villages."* (FAROUGHY, Ahmad; REVERIER, Jean-Loup. *L'Iran contre le Chah*. Paris: Editions Jean-Claude Simoën, 1979, p. 46).
11. *"The attention which, from the start of my reign, I myself gave to improving the condition of the farmers, coupled with the needs of the civilization of our era, which did not permit the old inhumane ways to linger on..."* (PAHLAVI, Mohammed Reza. *The White Revolution of Iran*. Teerã: The Imperial Pahlavi Library, 1967, p. 31).
12. Trata-se de uma facção religiosa xiita que aceita a linhagem de 12 Imãs (autoridades religiosas que devem liderar toda a comunidade de fiéis muçulmanos). O xiismo duodécimo acredita que o 12º Imã (o Imã oculto) deve voltar para atuar na vida política e conduzir toda a comunidade religiosa à justiça social.
13. *"Iran was regarded internationally as stable, the high morale of the nation called for great reforms, and the King's prestige and political and moral influence had reached their peak. Consequently I found myself in a strong position to take positive steps to bring about this great social upheaval which later became known as 'The Revolution of the Shah and the Nation'. Our success in effecting this bloodless change is perhaps unprecedented"* (PAHLAVI, Mohammed Reza, *op. cit.*, p. 3).
14. *"In all these designs, two principles must remain constant and holy for us. One is the reliance on spiritual principles and religious beliefs, which in our case is the religion of Islam. Our people and our society are devoutly attached to their religion and beliefs, and the sublime truth of religion is the governing power and the consistent factor of our moral and spiritual order. The second is the preservation of individual and social freedoms, and the strengthening of these freedoms so that they become stronger than ever before in our history"* (*idem*, p. 15).
15. *"The first expression of this opposition was the protest movement led by Ayatollah Seyyed Rouhollah Khomeini in 1964. The protest, which soon turned violent and was ultimately brutally supressed, was strongly antistate. In 1953, the ulama had supported the monarchy, viewing the specter of communism and the political instability that was generated by the standoff over oil nationalization to be a threat to the religious establishment. However, as state-building prevailed, once*

again the convergence of interests between the monarchy and the ulama proved short-lived" (GHEISSARI, Ali; NASR, Vali. *Democracy in Iran: History and the Quest for Liberty*. Nova York: Oxford University Press, 2006, p. 59).

16. "*Our revolution has taken shape in this way and on the sacred principles of love, friendship and understanding. In this way, we are the followers of those high religious, ethical and intellectual principles which for thousands of years have been the distinguishing marks of true Persian culture. The ancient teachings of Zoroaster and the principles and supreme tenets of Islam, the thinking and teaching of philosophers, poets, and writers of Iran, have all taught us that the important ingredients of the life of every real society are love, friendship and understanding*" (PAHLAVI, Mohammed Reza, *op. cit.*, p. 20).
17. "*In the course of time, however, this need was felt in progressive societies. Action on a national scale was taken in the West to treat the sick, assist the poor, and promote public welfare. But at that time Iran was in the grip of moral and physical degeneration. No attempt was made, even on a small scale, to bring organized help to the poor and deprived. Iran had become stagnant and inactive (...) During this lamentable period of stagnation and retrogression in Iran, the progressive countries of the world were speeding towards national welfare by establishing universal education, national insurance, national health schemes, and large scale charitable organizations. Unfortunately, we were in the meantime suffering from feudalism, illiteracy and ignorance of world events, and the ranks of the needy, the sick and the illiterate were swelling continuously*" (*idem*, pp. 9-10).
18. *Idem*, p. 16.
19. "*It was insisted that the monarchy was indispensable for Iran's national interests. Pre-Islamic kindship and ancient history were glorified, while the Islamic period was overlooked. In close alliance with the West, the state was portrayed as the agent of modernization and progress*" (MOADDEL, Mansoor. *Islamic Modernism, Nationalism, and Fundamentalism: Episode and Discourse*. Chicago: The University of Chicago Press, 2005, p. 250).
20. A Escola de Qum se tornou um grande centro de estudos islâmicos com a chegada do aiatolá Haeri, principal erudito responsável pela trajetória educacional do jovem Khomeini. A Escola de Qum tem importância simbólica no Irã pela proximidade com o túmulo de Fátima Masumah (a casta), irmã do quarto imã Ali al-Rida. Além de local de peregrinação, Qum passou a ser o centro de propagação da Revolução Islâmica.
21. "Como disse mais tarde um seu ex-aluno: 'Khomeini afirmava que um ulemá deve sentir-se responsável pela humanidade não apenas no Irã, mas onde quer que haja pessoas famintas e oprimidas'. Essas palavras provocaram uma forte impressão nos estudantes" (GORDON, Mathew. *Os grandes líderes: Khomeini*. Rio de Janeiro: Nova Cultural, 1987, p. 35).

22. "O acontecimento considerado o prelúdio da ascensão de Khomeini ao poder ocorreu em março de 1961. Nesse mês, morreu o aiatolá Borujerdi, chefe da comunidade ulemá xiita e único marja-i taqlid remanescente. Enquanto Borujerdi estava vivo, Khomeini só revelou suas ideias políticas a poucos estudantes e, uma vez ou outra, em seus escritos. Com a morte do velho ulemá, no entanto, estava livre para escolher seu próprio caminho" (*idem*, p. 41).
23. "Em outubro de 1971, o Xá patrocinou um enorme festival de luxo em comemoração aos 2.500 anos da monarquia persa. A celebração, realizada entre as ruínas da antiga Persépolis, transformou-se num grandioso espetáculo de luz e som e os convidados — chefes de Estado e celebridades — puderam apreciar as mais finas e caras iguarias e bebidas de todo o mundo, a um custo próximo de 100 milhões de dólares. Os poderosos, ricos e famosos comiam e bebiam protegidos por agentes policiais. O aiatolá Khomeini, em exílio no Iraque, denunciou o evento como insensível à situação de pobreza do Irã e contrário às normas do islamismo" (COCKCROFT, James, *op. cit.*, p. 68).
24. "Porém, ironicamente, a própria Revolução Branca continha em si as sementes daquilo que viria a ser chamado de 'Revolução Preta', em que os iranianos se insurgiriam, sob a liderança dos religiosos, para expulsar o xá. As reformas transformaram decisivamente a sociedade iraniana, provocando o surgimento de vários grupos e fortalecendo alguns antigos" (*idem*, p. 73).
25. "*... Should the Islamic nation now honour the rule of such monarchs with a celebration? (...) It may be effective if we make our protests known to the Islamic countries which plan to take part in these vile festivals, if we ask them not to partake in these sordid celebrations, not to participate in the murder of the Iranian nation*" (KHOMEINI Aiatolá Seyyed. *Speech Number Twenty One: The Crimes of Iranian Kings and the Pahlavi Dynasty*. June 22, 1971 (AD)/Tir 1, 1350 (AHS)/ Rabi' II 28,1391 [AH].
26. "Além de Khomeini, várias organizações políticas se opunham ao Xá, como o Partido Tudeh (comunista), formado entre 1941 e 1942, que mantinha estreita ligação com a União Soviética e, mais tarde, com a República Popular da China. [...] Outra era a Frente Nacional (FN), uma coalizão de partidos menores que permaneceu atuante apesar de ter sido suprimida pelo Xá em 1963, quando seus membros foram perseguidos e presos. Em 1979, a Frente Nacional estaria na liderança da Revolução Islâmica. No entanto, para muitos dos seus membros mais jovens, a Frente Nacional não era suficientemente radical.

    A Fedaiyan-e Khalq foi uma das organizações formadas por aqueles radicais que julgavam a FN muito moderada. A Fedaiyan-e surgiu em 1971, quando três grupos de estudantes militantes, formados originalmente no início dos anos 1960, uniram-

se em torno de um mesmo programa. Em sua maioria, os membros da Fedaiyan-e eram filhos de famílias da moderna classe média iraniana. [...]
Maior que a Fedaiyan-e, a Mojahedin-e Khalq foi formada nos anos 1960 por estudantes universitários. Esses estudantes eram, em sua maioria, provenientes das famílias tradicionais da classe média urbana, que incluía muitos negociantes e religiosos. A Mojahedin-e misturou seu anti-imperialismo revolucionário (oposição à dominação estrangeira) com princípios religiosos extraídos das modernas doutrinas islâmicas" (GORDON, Mathew, *op. cit.*, pp. 68-69).

27. Esse ponto pode ser entendido como parte da *velayat — e faqih* (domínio do jurista religioso), teoria política de Khomeini que defendia a autoridade política suprema dos estudiosos da lei islâmica.
28. "A Revolução não usava simplesmente a religião para fins políticos. Ao contrário: a mitologia xiita dava-lhe sentido e direção, sobretudo entre os pobres e iletrados, que não se deixariam levar por uma ideologia estritamente secularista" (ARMSTRONG, Karen, *op. cit.*, p. 340).

Bibliografia

ANDERSON, Perry. *Linhagens do Estado absolutista.* São Paulo: Brasiliense, 1998.

ARMSTRONG, Karen. *Em nome de Deus — O fundamentalismo no judaísmo, no cristianismo e no islamismo.* 2ª reimp. São Paulo: Companhia das Letras, 2001.

COCKCROFT, James. *Os grandes líderes: Reza Pahlavi.* Rio de Janeiro: Nova Cultural, 1989.

FAROUGHY, Ahmad; REVERIER, Jean-Loup. *L'Iran contre le Chah.* Paris: Editions Jean-Claude Simoën, 1979.

GHEISSARI, Ali; NASR, Vali. *Democracy in Iran: History and the Quest for Liberty.* Nova York: Oxford University Press, 2006.

GORDON, Mathew. *Os grandes líderes: Khomeini.* Rio de Janeiro: Nova Cultural, 1987.

GROSRICHARD, Alain. *Estrutura do harém: despotismo asiático no Ocidente clássico.* São Paulo: Brasiliense, 1988.

HALLIDAY, Fred. *Iran: dictadura y desarrolo.* México D.F.: Fondo de Cultura Económica, 1981.

KINZER, Stephen. *Todos os homens do Xá: o golpe norte-americano no Irã e as raízes do terror no Oriente Médio.* São Paulo: Bertrand Brasil, 2004.

MOADDEL, Mansoor. *Islamic Modernism, Nationalism, and Fundamentalism: Episode and Discourse.* Chicago: The University of Chicago Press, 2005.

Fontes

KHOMEINI. Aiatolá Seyyed. Speech Number Twenty One: *The Crimes of Iranian Kings and the Pahlavi Dynasty*. June 22, 1971 (AD) / Tir 1, 1350 (AHS) / Rabi' II 28,1391 (AH).

PAHLAVI, Mohammed Reza. *The White Revolution of Iran*. Teerã: The Imperial Pahlavi Library, 1967.

CAPÍTULO 4

O regime de Saddam Hussein, último avatar de um sistema pós-colonial*

Pierre-Jean Luizard**

Tradução de Vera Gertel

*O presente artigo foi entregue pelo autor para publicação em dezembro de 2005. Em 13 de dezembro de 2003 Saddam Hussein já havia sido capturado pelas tropas norte-americanas, em Tikrit, e posteriormente julgado e condenado à morte pelo Tribunal Especial Iraquiano. Foi executado em 30 de dezembro de 2006. (*N. das O.*)

**Historiador do Islã Contemporâneo. Pesquisador do CNRS (Centro Nacional de Pesquisa Científica — Grupo Sociedades, Religiões, Laicidades). Autor de *La question irakienne*. Paris: Fayard, 2004, e *Le choc colonial et e'islam*, *les politiques religienses des puissances coloniales en terre d'islam*. Paris: La Découvert, 2006.

O exemplo do Iraque vincula a problemática das relações geralmente ambíguas entre sociedade e regime autoritário a questões pós-coloniais mais do que a questões de legitimação pós-ditatorial de uma nova democracia. De fato, mais de três anos após a guerra de 2003 e a queda do regime de Saddam Hussein, o Iraque está entregue à guerra civil e ao caos, enquanto a democracia nunca pareceu tão longínqua. Quanto ao regime deposto de Saddam Hussein, ele é hoje objeto de apreciações contraditórias em função das pertenças confessionais e étnicas.

Se a palavra ditadura tem um sentido, é o regime de Saddam Hussein que a encarna melhor. Durante 35 anos (1968-2003) o regime foi, no mundo árabe, provavelmente aquele que chegou mais longe na repressão na época moderna. Tornou-se a causa de três guerras sangrentas: entre o Irã e o Iraque (1980-1988), a do Kuwait (1991) e, por fim, a guerra de 2003. Durante 12 anos (1991-2003), a permanência de Saddam no cargo custou ao país um embargo que atrasou a sociedade iraquiana em algumas décadas e assinou o fim de sua soberania e a tutela internacional, antes de entregá-lo à ocupação. Isso sem contar as centenas de milhares de mortos sob a repressão, com seu apogeu em 1988 contra os curdos (utilização da arma química em Halabja na ocasião da campanha *Al-Anfal*) e em 1991 contra a *intifada* dos xiitas.

Saddam Hussein, todavia, não era um marciano para os iraquianos e seu regime só poderia se construir, com todos os abusos, no contexto de um sistema político bem definido: aquele fundado pelos britânicos em 1920 sobre as ruínas das províncias mesopotâmicas do império otomano. Esse sistema e seu resultado, o regime de Saddam Hussein, tinham suas próprias bases na sociedade iraquiana.

UM SISTEMA PÓS-COLONIAL

O Iraque atual provém da união de três províncias mesopotâmicas do império otomano. No começo do século XX, os três *vilayets* (províncias) otomanos que vão formar, em 1921, o "reino do Iraque" são vistos como particularmente subdesenvolvidos aos olhos de Istambul. Embora os territórios descentrados, de clima reputadamente tórrido e insalubre (ao centro Bagdá, Bassora ao sul e Mossul ao norte), constituíssem uma simples província na fronteira com a Pérsia, porta-bandeira do xiismo e rival tradicional da Porta Sublime (a corte otomana), as potências europeias, particularmente a Grã-Bretanha, tinham muito interesse por ela. A partir de novembro de 1914, as tropas britânicas começaram a ocupar a Mesopotâmia e desembarcaram em Fao, no delta do Chatt al-'Arab, no golfo. Atacado por todos os lados, o império otomano chamou os muçulmanos à resistência. As autoridades religiosas otomanas promulgaram uma *fatwa* (decisão jurídica) proclamando o *jihad* (guerra santa) contra a Tríplice Entente. No mesmo momento, de todas as cidades santas xiitas, os maiores *mujtahid*[1] promulgam *fatwas* similares, apelando à resistência armada contra os infiéis em nome da "defesa do Estado islâmico". O pan-islamismo demonstrado pelos dirigentes religiosos xiitas, enquanto o Estado otomano era marcado por seu sunismo, é tanto mais notável quando se lembra que os xiitas costumavam ser considerados pelas autoridades otomanas uma quinta-coluna persa em território otomano. A relação entre eles era de não reconhecimento mútuo, o que era facilitado pelo fato de que a maioria dos campos tribais escapava efetivamente do controle do governo otomano.

Os ulemás xiitas — alguns deles se transformaram em chefes militares na ocasião — mobilizaram um exército tribal de amplitude nunca vista. Foram esses *mujahidin* xiitas que obrigaram a guarnição britânica de Kût a capitular em 1916. Os ingleses tiveram muitas dificuldades para combater as tribos que lhes infligiram grandes perdas jamais registradas em uma conquista colonial: Londres reconhecia oficialmente 98 mil mortos. A *jihad* continuou até 1917, mas os otomanos começaram a acumular as derrotas. As sevícias cometidas pelos soldados turcos em debandada acabaram reacendendo velhos ódios, a tal ponto que Najaf, a primeira das quatro cidades santas xiitas em território iraquiano, expulsou as tropas do sultão antes mesmo da chegada dos britânicos.

O Exército britânico ocupou Bagdá em 11 de março de 1917. Assim terminavam quatro séculos de ocupação otomana. É também o fim do reino do islã. Os três antigos *vilayets* da Mesopotâmia otomana passaram para o controle de uma potência cristã. Os novos donos do país tinham uma maneira de governar radicalmente diferente da dos otomanos. Mas se conduzem de maneira tão brutal quanto os "turcos" dos quais pretendiam libertar as populações. Em 1918, Najad se insurgiu de novo contra as tropas de ocupação. As autoridades britânicas dominaram a situação e mandaram executar em público vários dirigentes e notáveis da cidade, para servir de exemplo. Pouco depois, organizaram um simulacro de referendo, oficialmente para consultar a população iraquiana sobre seus desejos quanto ao futuro do país. Os ulemás xiitas aproveitaram a ocasião para exigir a criação de um "Estado iraquiano independente árabe e islâmico, incluindo Mossul e independente de qualquer potência estrangeira". Mas em 25 de abril de 1920 a conferência de San Remo confirmou os temores dos ulemás: o Oriente Médio foi dividido entre a França e a Grã-Bretanha, essa última recebendo um mandato sobre o Iraque pela Sociedade das Nações, a antecessora da ONU.

Concebida logo após a Primeira Guerra Mundial, a política dos mandatos correspondeu a um período ao mesmo tempo de conquista colonial e de afirmação do princípio do direito de autodeterminação dos povos. Entre utopia emancipacionista e apetites coloniais, portanto, a primeira legitimava os segundos. Os mandatos deviam estabelecer o direito à autodeterminação dos povos e "acompanhar" sua marcha em direção à soberania. Mas foram confiados a potências já engajadas na colonização de territórios que em seguida lhes foram atribuídos a título de mandatos. Após a queda do império otomano, os mandatos vieram consagrar a violação das promessas dos aliados aos árabes, mesmo se permaneceram informais.

Apesar da hostilidade dos iraquianos, a Grã-Bretanha se tornou a potência mandatária no Iraque. O anúncio da concessão de um mandato sobre o Iraque para a Grã-Bretanha desencadeou um movimento armado de amplitude ainda maior do que a *jihad* de 1914-1916. Os iraquianos ainda veem no episódio, conhecido como "a Revolução de 1920", um evento patriótico federativo, a exemplo da Revolução Francesa de 1789. O Exército britânico precisará de vários meses para retomar o controle sobre vastas porções de territórios que haviam se rebelado. Todavia, a Revolução de 1920 anunciava o fim do projeto de anexação da zona vermelha (Bagdá e Bassora) ao império das Índias, então colônia britânica. O Escritório Árabe do Cairo,[2] serviço colonial britânico rival da administração das Índias, que preconizava a criação de Estados locais "de caráter árabe", viu triunfarem suas teses.

Foi sob os auspícios de Churchill, que presidiu uma conferência no Cairo, que os britânicos definiram o perfil do novo Estado iraquiano. A conferência ocorreu em março de 1921 e reuniu principalmente sir Percy Cox, o alto-comissário britânico estabelecido em Bagdá, onde instalara um governo provisório, e Lawrence da Arábia. Concebido a partir de modelo europeu de Estado-nação, o Estado iraquiano configurou-se numa monarquia árabe constitucional. Faisal, um dos filhos de Hussein, o xerife de Meca, que os franceses expulsaram de seu efêmero reino na Síria, foi o escolhido para ocupar o trono.

Nas cidades santas do Iraque, os dirigentes xiitas, que acabavam de sofrer uma derrota militar decisiva diante das tropas britânicas na Revolução de 1920, tentaram por todos os meios deter o processo de construção de um Estado que sentiram, com razão, destinado a perpetuar a dominação britânica, com um corolário que fundaria a "questão iraquiana", a das elites árabes sunitas sobre os xiitas e, a partir de 1925, sobre os curdos, com a anexação ao reino do Iraque do *vilayet* de Mossul pela Sociedade das Nações.

O sistema instaurado ratificava, portanto, a derrota do movimento religioso xiita, mas também a das tribos que apoiaram os grandes *marja'*[3] contra o governo e os britânicos. Os xiitas foram excluídos dos postos importantes do Estado, assumidos pelas elites árabes sunitas a serviço dos britânicos, após ter estado a serviço dos otomanos. A sorte de Mossul foi decidida em 1925, quando a Sociedade das Nações, sob pressão de Londres, decidiu anexar o *vilayet* de Mossul ao reino árabe do Iraque, desconsiderando o fato de os curdos terem manifestado, em 1919-21, sua recusa a ser incorporados a um Estado "árabe".

Criado em 1921, por decisão britânica, o Exército iraquiano será a "coluna vertebral" do sistema. Concebido na origem como força complementar ao Exército britânico para vencer todos os excluídos do novo sistema, e eles eram muitos, estará permanentemente em guerra contra a sociedade iraquiana, sendo as tribos árabes, os curdos, os yazidis,[4] os assírio-caldeus[5] e os xiitas as suas vítimas sucessivas. Oficialmente, assim como o sistema político que defendia, o Exército iraquiano não se baseava em critérios confessionais ou étnicos. Todas as comunidades conviviam nele: os curdos se alistaram em massa, com a condição de professar o arabismo, mas os xiitas foram mantidos longe da hierarquia, enquanto os oficiais eram praticamente todos sunitas. O laço original mantido com o Estado-nação proibiu, mais tarde, esse exército de desempenhar o papel patriótico com o qual alguns oficiais sonhavam se distinguir. Desde a monarquia, tomou-se por hábito enviar oficiais sunitas para reprimir o país xiita e oficiais árabes ao Curdistão.

As elites árabes sunitas aderiram rapidamente, no entanto, ao nacionalismo árabe, trocando, às vezes da noite para o dia, sua fidelidade islâmica ao sultão-califa de Istambul para se pôr à disposição de um Estado fundado por "infiéis" e de uma ideologia praticamente desconhecida. Havia gerações, as grandes famílias sunitas do Iraque partilhavam funções, títulos e privilégios distribuídos pelas autoridades otomanas e tinham medo das mudanças, temendo perder posições adquiridas e herdadas de pai para filho. Mas essas mesmas famílias, ainda que conhecidas por seu conservadorismo, acolheram os britânicos como seus novos protetores, enquanto os dirigentes xiitas recusavam qualquer relação de dependência com o poder mandatário e preconizavam, desde o fim do Estado otomano, um "Estado iraquiano independente árabe e islâmico".

NAS ORIGENS DA DISCRIMINAÇÃO CONFESSIONAL E ÉTNICA

A história desse período-chave mostra que tudo se decidiu na época da repressão da Revolução de 1920, que consagrou a derrota militar do movimento islâmico independendista, então sob a direção dos chefes religiosos xiitas. Os anos que se seguiram viram a edificação de um sistema político que consagrava a exclusão dos xiitas, como comunidade, com o fracasso do projeto político de seus dirigentes religiosos, enquanto a potência mandatária e as elites árabes sunitas uniam esforços para estabelecer as instituições do novo Estado. Em sua concepção, esse manifestava o encontro do projeto xerifiano,[6] que o rei Faisal tentou aplicar no Iraque, com o projeto da potência mandatária britânica. O novo sistema político possuía todos os atributos da modernidade *made in England*: um rei, um governo, um parlamento composto de duas câmaras, partidos, sindicatos. A nova cidadania iraquiana, elaborada em 1924, manifestava, no entanto, claramente que por trás das aparências o sistema que se estabelecia era de implacável dominação confessional. De fato, as leis e concepções que presidiram a definição de cidadania no seio dos novos Estados árabes no Oriente Médio ilustram, muitas vezes da melhor maneira possível, o que estava verdadeiramente em jogo nas políticas mandatárias.

Em 1920, portanto sobre as ruínas do império otomano e após a derrota militar do movimento religioso xiita, a Grã-Bretanha criou no Iraque um Estado nos moldes europeus do Estado-nação. Proclamando-se "árabe", o Estado fundamentava-se num nacionalismo étnico exclusivo, concepção então praticamente desconhecida nas margens do Tigre e do Eufrates. Pois, se a maioria era árabe, a arabidade era concebida como complementar, e não em oposição, ao islã. Substituindo progressivamente a religião por uma identidade étnica, os britânicos excluíam não apenas os não árabes (principalmente os curdos a partir de 1925), mas também a imensa maioria da população xiita que não concebia a arabidade sem o islã. Algumas elites árabes sunitas, pouco numerosas e que, em sua maioria, haviam servido no exército xerifiano no Levante, foram as únicas, no seu contato com o império otomano, a evoluir de um otomanismo reformista a um arabismo declarado, em que o islã devia rapidamente ser reduzido a um simples apêndice cultural do arabismo. Essas elites passaram, assim, sem transição do papel de intermediários locais do governo otomano ao de funcionários do novo Estado, considerando esse Estado sua propriedade exclusiva, enquanto legitimavam o mandato e a ocupação britânicos. O não reconhecimento mútuo que caracterizara as relações entre otomanos e xiitas do Iraque se acomodara com a fraqueza do governo da Porta Sublime nas províncias mesopotâmicas. Quando a sede do poder foi estabelecida em Bagdá, e mais, no contexto de um Estado francamente moderno e centralizador, os xiitas perderam a autonomia de que gozavam na época otomana. Ao confessionalismo relativamente distante do Estado otomano sucederiam uma racionalização e uma sistematização da discriminação confessional.[7]

Em 9 de outubro de 1924, a recém-criada Assembleia Constituinte iraquiana votou um código da nacionalidade iraquiana que, em si, já resume o caráter discriminatório do sistema político fundado pelos britânicos no Iraque em 1920. Decretava que apenas os iraquianos que haviam tido a nacionalidade otomana, ou cujos pais ou avós a tiveram, eram considerados cidadãos iraquianos de pleno direito. A despeito do artigo 6 da Constituição de 1924, que estipula a igualdade de todos os iraquianos diante da lei, uma emenda ao artigo 16 havia introduzido uma distinção que se revelou essencial para os direitos de uns e outros:

> Os iraquianos são iguais em direitos políticos e civis e assumem igualmente os direitos e deveres que lhes cabem enquanto cidadãos. Mas apenas os iraquianos autênticos podem ter acesso aos postos da função pública sem nenhuma distinção...[8]

No mesmo ano, o código da nacionalidade enunciava claramente os princípios da discriminação confessional. O artigo 3 da lei nº 42, de 1924, estipula: "A primeira categoria se compõe de oriundos do antigo Estado otomano estabelecidos no Iraque e presentes em território iraquiano em 6 de maio de 1924. O código da nacionalidade iraquiana considera esses últimos inteiramente iraquianos, por força da lei" (Haddawî, 1982, p. 80). Por iraquianos "autênticos" entendia-se, portanto, os iraquianos de "vínculo otomano", isto é, sunitas. Os iraquianos "autênticos" receberam um certificado de nacionalidade com a menção "categoria A", em que constava que fulano era filho de sicrano, ele próprio cidadão otomano.

Todos os que não conseguiram obter a nacionalidade iraquiana em 1924 foram obrigados a fazer um "pedido" e, para tal, "provar" a sua "iraquidade", mesmo se sua família estivesse no Iraque havia gerações. Ora, era o caso da imensa maioria dos xiitas, que representavam mais de 75% da população árabe do Iraque: não haviam obtido a nacionalidade otomana, uns por considerá-la ilegítima, pois ligada ao sunismo, outros, em maior número, por pertencerem a um mundo tribal e rural que escapava ao controle do governo, oposto ao mundo das cidades, e, muitas vezes, por não terem a menor ideia do que uma nacionalidade podia significar. Outros, por fim, tinham nacionalidade persa, ou um de seus pais ou avós era persa. Todos esses foram considerados como tendo "vínculo iraniano". Entre os cidadãos iraquianos ditos com "vínculo iraniano" havia iraquianos de origem persa, religiosos ou não, estabelecidos no Iraque havia séculos, mas a esmagadora maioria era composta de árabes que não tinham raízes fora do Iraque: religiosos e comerciantes xiitas, para quem o Irã continuava sendo protetor dos xiitas, ou que tinham simplesmente optado pela nacionalidade persa a fim de escapar do recrutamento otomano, ou ainda tribos que viviam na fronteira. Esses últimos foram igualmente obrigados a "pedir" a nacionalidade iraquiana e, uma vez naturalizados, receberam um certificado de nacionalidade com a menção "categoria B", isto é, com "vínculo iraniano".

Quer não tivessem nacionalidade (como a imensa maioria dos xiitas) ou tivessem nacionalidade persa, muitos dos que obtiveram a cidadania iraquiana após a data fatídica de 6 de maio de 1924, assim como sua descendência, foram considerados "iraquianos não autênticos". Aos olhos das autoridades, o "vínculo iraniano" se impôs rapidamente como referência implícita que designava indistintamente todos aqueles que não haviam recebido a nacionalidade iraquiana "automaticamente" em 1924. Milhares de famílias, com "vínculo iraniano" ou não, foram obrigados a cumprir exigências inacreditáveis para provar que eram iraquianas. Muhammad al-Jawâhirî (1899-1997), membro de uma famosa família de *sayyds* (chefes) xiitas de Najaf, considerado o maior poeta árabe de século XX, evoca o seu caso:

> No início de 1927, quando morava em Najaf, recebi uma carta anunciando que não podia solicitar uma vaga para ensinar em colégios iraquianos. A condição mencionada: era preciso ser de nacionalidade iraquiana! Mas o que significa "ser de nacionalidade iraquiana"? Na verdade, nem meu pai nem meu avô nem os ulemás de Najaf, e muito menos as tribos do Eufrates, conheciam a nacionalidade iraquiana nem o que se podia entender por esse termo. O que significa? Não tínhamos a menor ideia.[9]

> Pediam a mim, então, sendo meu pai xeique Alî, filho do xeique Muhammad al-Jawâhirî, autor do célebre tratado de teologia *Al-Jawâhir*, grande religioso de Najaf, descendente de sete gerações da primeira cidade santa do Iraque, que me tornasse iraquiano e solicitasse a nacionalidade iraquiana!... Visitei a maior parte dos países árabes, assim como outros países do mundo, mas não encontrei em lugar algum tamanho escândalo, ou seja, que cidadãos possam se tornar estrangeiros em seu próprio país.[10]

A discriminação criou situações aberrantes, uma vez que um árabe não iraquiano, pelo simples fato de ser sunita, tinha mais direitos do que um árabe xiita instalado no Iraque há gerações. A querela entre al-Jawâhiri e al-Husrî, em 1927, se tornou célebre. O mesmo Muhammad al-Jawâhiri foi assim destituído do cargo de professor de literatura árabe por Sâti' al-Husrî, principal teórico do nacionalismo árabe. Nascido no Iêmen, de nacionalidade síria, ele havia acompanhado Faisal no Iraque e fora nomeado diretor dos estabelecimentos de ensino superior em 1923. Foi ele quem acusou al-Jawâhiri de não ser iraquiano, recusando-lhe, portanto, o direito de lecionar. Al-Jawâhiri lhe respondeu que as escolas iraquianas estavam cheias de professores sírios e libaneses, apesar da grande quantidade de iraquianos xiitas qualificados, e que, aparentemente, o governo não via nada demais nisso.[11] Sem falar do próprio rei Faisal, que era *Hedjazi,* ou, pior ainda, dos britânicos, que representavam a autoridade suprema no país segundo os termos do mandato. Confrontado ao veto de al-Husrî, al-Jawâhiri foi, no entanto, obrigado a "pedir" a nacionalidade iraquiana, que obteve, mas com a menção "vínculo iraniano". Foi em seguida nomeado não para um estabelecimento de ensino superior, mas para uma escola primária. Uma semana depois, al-Husrî acusou al-Jawâhiri de ter escrito um poema glorificando o Irã, o que, na época, já era considerado "traição".[12] Nem a amizade do rei Faisal ajudou al-Jawâhiri a ter seus direitos reconhecidos: teve de se demitir.[13] A propaganda do novo Estado contra os xiitas recorreu, de fato, muitas vezes à acusação de *shu'ûbiyya*, termo pelo qual se denunciavam, no reino abássida, aqueles que contestavam a supremacia dos árabes em terra do islã. Essas acusações contestavam não apenas a "iraquidade" dos xiitas, mas também sua "arabidade".

O código da nacionalidade iraquiana de 1924 servirá, mais tarde, de justificativa ao exílio forçado, em 1923, dos dirigentes religiosos xiitas, acusados de serem "estrangeiros ao arabismo" e "iranianos hostis ao Iraque árabe". O primeiro deles, o aiatolá Mahdî al-Klâlisî, cujas únicas origens eram os campos tribais árabes da atual província de Diyâlâ, foi apresentado contra todas evidências como um "iraniano" pelo governo iraquiano, apoiado pelos britânicos que haviam, assim, assumido o papel de melhores defensores do arabismo.[14] Como que para escancarar mais ainda a mentira da tese oficial, aqueles que, entre os dirigentes religiosos xiitas, serão em seguida autorizados a voltar ao Iraque em 1924 — mediante compromisso escrito de não mais se envolver em política — eram todos de origem e de nacionalidade iranianas. Apenas ao aiatolá al-Khâlisî não foi permitido voltar. Único árabe dentro de uma vertente religiosa na qual, tradicionalmente, os persas eram numerosos, morreu no exílio, em 1925. Ele, que não tinha nacionalidade na época otomana, terminou sua vida combatendo os britânicos no Irã, ainda sem nacionalidade, o que simboliza, melhor do que qualquer outra coisa, a natureza confessional da discriminação institucionalizada no Iraque sob o regime do mandato britânico.[15]

Bem mais tarde, o primeiro regime baathista (1963), e depois o segundo (1968) inaugurariam seu advento com uma reativação das concepções discriminatórias contidas no código de 1924: desde 1969, os iraquianos verão de novo a menção "vínculo otomano" e "vínculo iraniano" figurar em seus certificados de nacionalidade. Ou seja, um árabe não iraquiano, caso fosse sunita, teria mais facilmente acesso à nacionalidade iraquiana do que os iraquianos com "vínculo iraniano", nos anos 1920. As campanhas contra os iraquianos com vínculo iraniano se sucederam. Como os judeus, eram acusados de monopolizar o comércio, ocupar posições importantes e ter estratégias confessionais para colocar seus pares, usando-os como uma "quinta-coluna" iraniana no Iraque. Essas leis permitiram a deportação de comunidades inteiras, consideradas "não iraquianas", principalmente os curdos faylis (que acumulam a dupla desvantagem de ser ao mesmo tempo curdos e xiitas) e os persas, que foram expulsos para o Irã em ondas sucessivas, a partir de 1969 e, a seguir, em 1980. Privados de sua cidadania, seus bens foram confiscados e a maioria dos faylis expulsos vivia ainda em campos de refugiados iranianos[16] no momento da queda do regime de Saddam Hussein em 2003.

A discriminação confessional e étnica, visível aos olhos de todos, não havia impedido a Sociedade das Nações de considerar que a Grã-Bretanha havia cumprido seu dever de mandatária: o Iraque foi oficialmente declarado independente em 1932 e se tornou membro de pleno direito. O código da nacionalidade iraquiana de 1924 representou apenas a parte imersa de um sistema de discriminação que foi mais tarde ocultado enquanto tal pelo caráter moderno e secular do sistema político. Mas, no contexto iraquiano, o discurso secularizante das elites no poder, que acreditavam ser os êmulos de Mustafá Kemal, mal escondia o ódio confessional: ele se tornara a arma privilegiada das elites árabes sunitas contra os xiitas, então representados por seus dirigentes religiosos. O recurso ao comunitarismo pela potência mandatária britânica, para melhor assentar o seu poder no Iraque, levou a 80 anos de dominação confessional, dos sunitas sobre os xiitas, e étnica, dos árabes sobre os curdos. Gerou uma guerra quase permanente dos governos iraquianos sucessivos contra a sociedade e a quase extinção de comunidades inteiras (assírios, judeus, persas, faylis), assim como três guerras sangrentas desde 1980.

O MANÁ DO PETRÓLEO

O ouro negro teve importância primordial na formação do Iraque moderno, uma vez que esteve na origem da anexação do *vilayet* de Mossul ao Iraque em 1925 e do surgimento do problema curdo. Pressentindo as grandes reservas de petróleo da região de Kirkuk, os britânicos conseguiram fazer com que a Sociedade das Nações atribuísse a rica província, reivindicada pela Turquia e onde os curdos queriam fundar o seu Estado, ao Iraque do qual eram mandatários. Foi certamente o petróleo que permitiu ao sistema político iraquiano se manter por tanto tempo. E principalmente ao último regime, o de Saddam Hussein.

A década de 1975-1985 promoveu uma verdadeira revolução no nível e no modo de vida dos iraquianos, graças ao afluxo do miraculoso maná petrolífero. Com o segundo *boom* petrolífero, a nacionalização do petróleo por Saddam, em 1972, permitiu profundas transformações econômicas, sociais e demográficas que, em menos de uma década, modificaram radicalmente a vida dos iraquianos. Mas o afluxo de uma renda petrolífera crescente, conjugado à "socialização" de economia a partir de 1958, segundo o modelo terceiro-mundista calcado na experiência soviética, teve dois grandes efeitos. O primeiro foi o sacrifício da agricultura em proveito da criação de uma grande indústria considerada única base possível para a independência econômica do país. O segundo efeito foi o de permitir ao regime de Saddam Hussein se manter no poder e construir um arsenal militar sem precedentes no Oriente Médio, com exceção de Israel.

A renda do petróleo tem o efeito perverso de concentrar nas mãos do Estado um importante poder financeiro e de transformá-lo em seu principal distribuidor. Isso permitiu que o regime baathista se voltasse contra os aliados de circunstância. De fato, sem base social suficiente, o segundo regime baathista se engajara na constituição da Frente Nacional Progressista, com os curdos e os comunistas, em 1973. Mas, com a renda petroleira, Saddam Hussein conseguiu obrigar seus aliados do momento a voltarem à clandestinidade. A guerra no Curdistão recrudesceu, a repressão se intensificou de novo contra os comunistas, em um momento em que o movimento religioso xiita, após meio século de travessia do deserto, recuperava seu poderio, em seguida galvanizado pela revolução islâmica no Irã. A guerra contra o Irã foi um prolongamento para além das fronteiras de uma guerra civil latente com o renascente movimento religioso xiita que, rapidamente, substituiu o Partido Comunista no seio da comunidade xiita.

Bagdá não teria podido desencadear a guerra contra o Irã em 1980 sem os recursos do petróleo, que alicerçaram a sua capacidade de armamento. Embora, naquele momento, o Iraque tivesse amplas reservas de divisas estrangeiras, não demorou muito para que os lucros petrolíferos não bastassem para cobrir as despesas, pois a guerra destruíra as principais infraestruturas de exportação do petróleo, num momento em que o preço bruto estava em queda acentuada. Mas as potencialidades das riquezas petrolíferas serviram de caução para empréstimos cada vez maiores, apoiados por sucessivas administrações americanas, Washington tendo se comprometido ao lado de Bagdá contra a jovem república islâmica do Irã. O petróleo foi fatal para o regime de Saddam, pois, quanto mais se endividava, mais se tornava dependente, principalmente dos países aliados dos Estados Unidos, como a Arábia Saudita e o Kuwait, que haviam financiado a guerra de Bagdá contra o Irã. Uma vez terminada a guerra, chegou a hora do acerto de contas para o Iraque de Saddam. Preocupados com o poderio militar iraquiano, os dirigentes do Kuwait exigiram de Bagdá o reembolso das dívidas, enquanto inundavam o mercado com seu petróleo para provocar a baixa do preço. Acuado diante da bancarrota, Saddam só tinha duas opções: aceitar a tutela de seu país pelos grandes bancos internacionais ou... assaltar o cofre-forte que o pequeno emirado ao sul de seu país representava. Sabe-se no que a aventura no Kuwait resultou: derrota iraquiana diante da coalizão conduzida pelos Estados Unidos, embargo e tutela do Iraque. Destruição da economia não petrolífera, consolidação de um regime autoritário, o exemplo do Iraque ilustra a maldição que o petróleo pode representar para as sociedades do Terceiro Mundo.

O TRIUNFO DO FATOR EXTERNO

Com o fim da aliança com os curdos e os comunistas e a volta do movimento religioso xiita, o regime baathista deveria ter cedido diante de tão forte oposição e caído no final dos anos 1970. Mas nada disso aconteceu. Evocou-se o petróleo como fator que possibilitou salvar o regime baathista, minoritário e ditatorial na época. Cabe, agora, mencionar um fator externo que se revelou determinante.

Em 16 de julho de 1979, alguns meses após a queda do Xá e o triunfo da revolução islâmica no Irã, Saddam Hussein aposentou seu antigo protetor Ahmad Hassan al-Bakr e se apoderou de todas as suas funções no Estado. Sua chegada ao poder foi marcada por um dos expurgos mais sangrentos por que passaram as elites dirigentes do país. Alguns dias mais tarde, de fato, um terço dos membros do Conselho do Comando da Revolução havia sido massacrado e 21 membros da direção do Baas, executados.

A chegada de Khomeini ao poder perturbou profundamente a estratégia americana. O Xá, principal aliado dos americanos na região do Golfo, fora deposto e não havia ninguém para substituí-lo para policiar a região.

Washington começou então a ver o Iraque de Saddam com outros olhos. Como dissemos, alguns meses após a volta triunfal de Khomeini a Teerã e a proclamação da república islâmica, Saddam havia se livrado de seu mentor. Em seguida, tentou se aproximar de Washington. Em dezembro de 1979, o Iraque e os países árabes conservadores denunciaram juntos a invasão soviética no Afeganistão. Em janeiro de 1980, Bagdá condenou a ocupação da embaixada americana em Teerã. Com isso, o Departamento de Estado americano começou a louvar o anticomunismo virulento do dirigente iraquiano. Esse, por sua vez, estreitava cada vez mais seus laços com a Arábia Saudita, outro grande aliado dos americanos na região, e apoiava Riad na luta contra o islã radical. Bagdá chegou a assinar com a Arábia Saudita, em março de 1980, um pacto antissoviético endereçado aos marxistas do Iêmen do Sul, antigo aliado do Iraque. Em meados dos anos 1980, Zbigniew Brzezinski, conselheiro para assuntos de segurança nacional do presidente americano, Jimmy Carter, declarou explicitamente que Saddam Hussein poderia ser um guarda-fogo eficaz contra a revolução islâmica e o expansionismo soviético. A inclinação de Washington pelo Iraque logo se transformaria em aliança estratégica.

Essa aliança terminou com a aventura no Kuwait de um regime à beira da falência. Entretanto, no fim da guerra do Kuwait, enquanto as tropas iraquianas eram derrotadas, a população iraquiana pensava que enfim havia chegado a oportunidade para se livrar de um regime tão sanguinário. Foi o levante dos xiitas e dos curdos, em fevereiro e março de 1991. Em alguns dias, 15 das 18 províncias escaparam ao controle do governo. Todo o mundo pensou, então, que o regime de Bagdá vivia seus últimos momentos. Entretanto, a atitude dos vencedores americanos deu a entender a Saddam que Washington o autorizava a reprimir a insurreição. Sob pretexto de que as resoluções da ONU não permitiam que interviesse no Iraque (quando o próprio presidente americano, George Bush, havia conclamado os iraquianos à revolta), Washington permitiu que o ditador utilizasse o que restava do seu arsenal contra uma população desarmada. A Guarda Republicana iraquiana bombardeou as cidades do sul com armas químicas, como já havia feito, em Halabja, em 1988, contra os curdos. A repressão fez mais de cem mil mortos. Washington preferia continuar mantendo um regime derrotado e sob tutela internacional a correr o risco de ver os xiitas, próximos do Irã, tomarem o poder.

A BASE SOCIAL DO REGIME

O regime de Saddam Hussein foi o último avatar do sistema de discriminação confessional e étnica fundado pelos britânicos em 1920. No entanto, a revolução antimonárquica de 1958 e os sobressaltos da vida política iraquiana nos anos 1960, com golpes de Estado e expurgos, haviam reduzido a base social, já tênue, de um sistema político então privado da "proteção britânica". Acompanhando o processo de diminuição da base social dos poderes sucessivos, os *'asabiyya-s* árabes sunitas de províncias ganharam cada vez mais importância. Sob a retórica baathista baseada no nacionalismo árabe e laico, o regime havia herdado a responsabilidade de perenizar a dominação das elites oriundas da minoria árabe sunita do país. Mas o Baas se tornou rapidamente instrumento de um clã, o dos tikritis, de Tikriti, pequena cidade sobre o Tigre ao norte de Bagdá, de onde Saddam Hussein e sua família eram originários. A "tikritização" do Baas e do Exército iraquiano foi levada a cabo ainda nos anos 1970. A maneira pela qual o clã de Saddam Hussein tomou conta de todas as instituições do país, protegido pela ideologia do Baas, foi vital para o modo de funcionamento da sociedade iraquiana. No Iraque, de fato, as solidariedades regionais, clânicas e tribais representam o patamar mais alto da hierarquia identitária, na qual encontramos entre outras as identidades étnicas e confessionais.

A inexorável descida aos infernos da sociedade iraquiana foi precedida pelo triunfo do clã de Saddam Hussein. Como os tikritis fizeram para descartar os outros *'asabiyya-s* árabes sunitas candidatos a tomar conta do Estado? Sob a monarquia, os tikritis se empobreceram por causa do declínio das produções locais, principalmente dos *kalak-s*, embarcações rudimentares destinadas à travessia do Tigre. Isso fez com que muitos decidissem ir a Bagdá se alistar no Exército. Protegido de Faisal, Mawlud Mukhlis, vice-presidente do Senado, favoreceu seu ingresso no Exército, especialmente no corpo de oficiais. Após a revolução de 1958, os oficiais monarquistas haviam sido expulsos. Mais tarde, após a queda de Kassem (primeiro regime republicano entre 1958 e 1963, aliado aos comunistas e aos curdos), os oficiais "iraquistas", que o apoiavam, também foram eliminados. Os mossuliotas perderam seu peso em 1966; depois, em 1969, os oficiais de Ramâdî, aliados dos autores do golpe de Estado em 1968, eliminados em seguida pelos tikritis, foram igualmente afastados. Logo, o caminho estava livre para os tikritis. O general Ahmad Hasan al-Bakr, primeiro presidente da República do regime formado após o golpe de Estado de 1968, foi o seu representante mais ilustre, antes que Saddam o forçasse a se aposentar.

O Baas foi a primeira instituição tikritizada nos anos 1970, depois será todo o Exército. Pivô do Estado, o Exército foi posto a serviço do clã. Mesmo que tenha permitido aos tikritis triunfar sobre outros clãs árabes sunitas no seio do Baas, o exército "ideológico" baathista gerou um Exército a serviço do clã familiar: os genros de Saddam, como seus filhos, encontraram um terreno privilegiado, os primeiros nos programas de armamento, os últimos nas informações militares. Mais tarde, haverá uma multiplicação dos corpos do Exército com um recrutamento tribal cada vez mais importante: a Guarda Republicana recrutará dentre os dulaym e os fedayin de Saddam dentre os tikritis.

Oficialmente, o regime continuava baathista e o Conselho de Comando da Revolução (CCR) era a sua instância superior. Mas a família de Saddam, incluindo seus primos, tios e genros, detinha a realidade do poder. O CCR e o Conselho Regional do Baas eram as instituições "civis e revolucionárias" do regime, que asseguravam sua legitimidade. O presidente do CCR, a mais alta autoridade legislativa e executiva, era obrigatoriamente o secretário-geral do Baas. O CCR, assim como o Baas, logo apareceu como uma casca oca e vazia. Com exceção de Saddam Hussein, todos os participantes históricos do golpe de Estado de 1968 desapareceram, e os "camaradas" (termo empregado entre os baasistas) deram lugar aos filhos, primos e genros... Bagdá, que não enganava ninguém, esforçava-se por manter as aparências de um regime baasista, com suas instituições revolucionárias, para mascarar a incrível regressão da vida política oficial. A base social do regime, que nunca havia sido tão fraca, reduzia-se a um homem e uma família, que surgiam como a última muralha contra o desabamento de um sistema que chegou ao fim da linha. Graças a seu serviço de informações, dirigido pela família, Saddam podia convocar um congresso do Baas e modificar a composição do CCR a seu bel-prazer. O medo tomou conta da sociedade e até mesmo da família do presidente iraquiano, também submetida a expurgos e acertos de conta sangrentos.

Será Saddam Hussein o único responsável? De tanto demonizá-lo, perde-se de vista que ele é o produto de um sistema político instalado em 1920 pela comunidade internacional em nome do direito à autodeterminação dos povos. Ele usou os recursos próprios à sociedade iraquiana, como a discriminação étnica e confessional e as solidariedades regionais, para se manter no poder, apesar do caráter muito minoritário de seu regime. De certa maneira, as relações dos tikritis com o Baas não eram muito diferentes das que vigoram agora entre os barzanis e o Partido Democrático do Curdistão ou entre Talabani, atual presidente iraquiano, e o seu partido, a União Patriótica do Curdistão. Esses recursos, todavia, eram insuficientes para garantir sua sobrevivência. Essa se deveu à preponderância do fator exterior e principalmente à aliança estratégica com os Estados Unidos em contexto regional — o "perigo", aos olhos das grandes potências, representado pela revolução islâmica no Irã — que lhe era favorável.

A questão da relação entre fator exterior e causas endógenas pode igualmente ser colocada hoje para definir os motivos da implosão generalizada da sociedade iraquiana à qual assistimos. A ocupação americana é a única ou a primeira responsável pela ruptura da sociedade iraquiana e pela violência? Ou as causas dessa explosão já existiam antes da ocupação? O contexto é evidentemente diferente, mas, mesmo se os conflitos confessionais eram escondidos por serem tabus, é inegável que os ódios atuais não surgiram do nada. As relações entre sunitas e xiitas têm um passado marcado por ódio ligados à exclusão dos xiitas durante um século. Mesmo assim, a ocupação é provavelmente a primeira causa da guerra civil latente no país. De fato, a existência de uma autoridade suprema não iraquiana condena todos os atores a defenderem antes de tudo interesses particulares (étnicos, confessionais, regionais), sacrificando um projeto patriótico.

Notas

1. Designa, entre os xiitas, um religioso qualificado por sua sabedoria para praticar a *ijithâd*, o esforço de interpretação da *charî'a* através do exercício da razão.
2. Bureau Arabe du Caire.
3. O *marja'* designa entre os xiitas o *mujtahid* tomado como fonte ou referência e cuja imitação pelos fiéis tornou-se obrigatória no século XVIII.
4. Os yazidis são os curdos que professam uma forma de sincretismo religioso misturando sufismo e maniqueísmo.
5. Os assírio-caldeus, que em sua maioria estão hoje ligados a Roma, formam a comunidade cristã mais importante do Iraque.
6. O projeto xerifiano era o do xerife Hussein de Meca, que se engajou, com a ajuda dos britânicos, na revolta árabe de 1916 contra os otomanos em nome dos direitos dos árabes. Visava a estabelecer um vasto reino árabe nas províncias arrancadas à dominação otomana. As promessas feitas ao xerife de Meca pelos britânicos foram descumpridas pelos acordos mantidos secretos entre a Grã-Bretanha e a França, que recortaram o Oriente Médio em mini-Estados sob mandatos. No Iraque, as elites xerifianas eram principalmente compostas por ex-oficiais do Exército otomano, que haviam tido contatos com ideias nacionalistas e laicizantes nas academias militares de Istambul.
7. Em 1924, o código de nacionalidade iraquiano apenas dizia respeito às províncias do Iraque "árabe" (os *vilayets* de Bagdá e Basra). A sorte do *vilayet* de Mossul, onde vivia a maioria da população curda, só foi decidida em 1925 com a decisão da Sociedade das Nações de anexá-lo ao Iraque. Apesar da recomendação da Sociedade das Nações ao rei Faisal para que os direitos dos curdos fossem respeitados, a arabidade do Estado iraquiano não foi questionada. Entre 1925 e 1991, quando conseguiram escapar da autoridade de Bagdá aproveitando a segunda guerra do Golfo, os curdos do Iraque viveram apenas alguns anos de paz, pois todos os governos iraquianos, sem exceção, guerrearam contra eles (Cf. LUIZARD, P.-J. *La formation de l'Irak contemporain, Le rôle politique des ulémas chiites à la fin de la domination ottomane et au moment de la création de l'État irakien.* Paris: CNRS-Éditions, 1991; LUIZARD, P.-J. *La question irakienne.* Paris: Fayard, 2004).
8. HASANI, al-'A.-R. *Târikh al-'Irâq al-siyâsî al-hadih* (História política do Iraque moderno). Beirute: Editions Kutub, 1983, tomo 1, pp. 243-290.
9. JAWAHIRI, al-M.M. *Dhikrayâtî* (Minhas memórias). Damasco: Editions Al-Râfidayn, 1980, volume 1, p. 141.

10. *Idem*, p. 145; ALAWI, al-H. *Al-Shî'a wa al-dawla al-qawmiyya fi al'-Irâq, 1914-1990* (Os xiitas e o Estado-nação no Iraque, 1914-1990). 1ª edição. Paris: Cedi, 1989, pp. 164-171.
11. BABAKHAN, A. *L'Irak: 1970-1990. La déportation des chiites*. Paris: s/e, 1994, p. 79.
12. HUSRÎ, al-S. *Mudhakkirâti fi al-Irâq* (Minhas lembranças do Iraque), tomo 1 (1921-1927). Beirute: Dar al-Talia, 1967, pp. 589-590.
13. HASANÎ, al-'A.-R., *op. cit.*, tomo 1, pp. 591-602.
14. LUIZARD, P.-J. *La vie de l'ayatollah Mahdi al-Klâlisi par son fils*. Paris: La Martinière, 2005.
15. *Idem*.
16. BABAKHAN, A., *op. cit.*; BABAKHAN, A. *Les Kurdes d'Irak*, Paris: s/e, 1994b.

Bibliografia

ALAWI, al-H. *Al-Shî'a wa al-dawla al-qawmiyya fî al-'Irâq, 1914-1990* (Os xiitas e o Estado-nação no Iraque, 1914-1990). 1ª edição. Paris: Cedi, 1989.

BARBAKHAN, A. *L'Irak: 1970-1990, La déportation des chiites*. Paris: s/e, 1994a.

——. *Les Kurdes d'Irak*, Paris: s/e, 1994b.

HADDAWI, al-H. *Al-jinsiyya wa markaz al-ajânib wa akhamiyyâtuhu fî al-qânûn al-'irâqî*. (A nacionalidade e o estatuto dos estrangeiros: disposições na lei iraquiana.) 4ª edição. Tese de doutorado, Faculdade de Direito da Universidade de Bagdá, 1982.

HASANI, al-'A.-R. *Târîkh al-'Irâq al-siyâsi al-hadîth* (História política do Iraque moderno). 3 tomos. Beirute: Edições Kutub, 1983.

HUSRI, al-S. *Mudhakkirâtî fî al- 'Irâq* (Minhas lembranças do Iraque). Tomo 1 (1921-1927). Beirute, 1967.

JAWAHIRI, al-M.M. *Dhikrayâtî* (Minhas memórias). 2 volumes. Damasco: Edições Al-Râfidayn, 1980; 1991.

LUIZARD, P.-J. *La formation de l'Irak contemporain, Le rôle politique des ulémas chiites à la fin de la domination ottomane et au moment de la création de l'État irakien*. Paris: CNRS-Editions, 1991 (reeditado em 2002).

——. *La question irakienne*. Paris: Fayard, 2004.

——. *La vie de l'ayatollah Mahdî al-Khâlisi par son fils*. Paris: La Martinière, 2005.

CAPÍTULO 5

Memória, sagrado, encantamento: o tríptico da legitimação na República Popular Democrática da Coreia

Daniel Bourmaud*

Tradução de Vera Gertel

*Professor de Ciência Política da Universidade de Bordeaux (Montesquieu Bordeaux IV) e diretor do CMRP (Centre Montesquieu de Recherches Politiques). Autor de: "Aux Sources de l'autoritarisme en Afrique: des idéologies et des hommes, *Revue Internationale de Politique Comparée*, 2007, v. 13, nº 4; e "Concept mou, ideologie dure: la gouvernance contre la démocratie représentative?". In: Slodoban Milacic (dir.). *La democratie représentative face à un défi historique*. Bruxelas: Bruylant, 2006.

Último regime stalinista segundo a fórmula consagrada pelas mídias, a Coreia do Norte é muitas vezes apresentada como a última sobrevivente de um mundo ultrapassado. A fórmula pode parecer tranquilizadora na medida em que dá a entender já à primeira vista uma sociedade política na qual, aliás, tudo contribui para envolver em mistério: a distância, a língua, o status de "pequeno", portanto de pouco interesse em uma região onde predominam os "grandes" necessariamente mais complexos, o fechamento de um sistema ao qual se pode aceder apenas por derrogação... Enfim, por um estranho paradoxo, quanto mais espesso o mistério, mais esse parece incitar a simplificação. Tornou-se então banal julgar a Coreia do Norte a partir de categorias preestabelecidas, de imagens muitas vezes estereotipadas nas quais predomina uma visão ao mesmo tempo patológica, dramática, mas também condescendente do país. Um giro pela literatura disponível em língua francesa se revela instrutivo quanto a essa questão. Os títulos, todos muito sugestivos, convergem para a ideia de uma Coreia pouco atraente. "No país da grande mentira" para um,[1] "Viagem à dinastia totalitária" para o outro,[2] "Os aquários de Pyongyang" para um terceiro,[3] sem esquecer "Os evadidos"[4] ou ainda o inevitável "Estado delinquente".[5] Não se trata de negar a pertinência desses textos e de erigir a Coreia do Norte como modelo de democracia. Ela mesma, aliás, não tem essa pretensão ou, no mínimo, trata-se de uma democracia que tem muito pouco a ver com os princípios do liberalismo político. Na tipologia clássica dos regimes políticos, costuma-se incluir a Coreia do Norte no gênero autoritário ou mesmo totalitário. A coerção é parte integrante do regime instalado por Kim Il-sung em 1948, depois seguido por Kim Jong-il quando sucede seu pai em 1994. Mas, uma vez lembrado o que é evidente, muito pouco foi dito e o risco de "redução" em que tudo se assemelha constitui, certamente, o primeiro perigo que ronda o observador. O debate polêmico, entre os próprios autores, que se seguiu à publicação da obra coletiva *O livro negro do comunismo* é revelador quanto à questão.[6] De tanto querer aproximar os regimes entre si, perdem-se de vista as especificidades e os modos específicos de funcionamento, em proveito de uma homogeneidade de superfície na qual o critério da coerção aparece em primeiro plano. A partir daí, a comparação tende invariavelmente a descambar para um balanço quantitativo que contabiliza as vítimas. Seria, sem dúvida, muito arrogante e cínico considerar tais fatos secundários. Mas, com os projetores voltados para essa dimensão, elimina-se a questão de uma eventual aprovação. Como em outros lugares, o medo e a coerção física estão no centro do processo autoritário na Coreia, mas não esgotam a análise. Na verdade, fazer da coerção a substância do autoritarismo conduz a um impasse que podemos resumir da seguinte maneira: se o autoritarismo coreano se baseia unicamente na força nas mãos de uma elite dirigente, como explicar que se perenize há 60 anos?* Diante da brutalidade, da arbitrariedade que os analistas geralmente lhe atribuem, principalmente quando assumem formas extremas, diante das penúrias e dos períodos de fome, a revolta deveria necessariamente eclodir em função do princípio segundo o qual o indivíduo nada mais teria a perder. Há muitos exemplos de regimes autoritários nos quais, o temor não sendo mais suficiente para obter a obediência, a derrocada se impõe de maneira inelutável. Muitos, a começar pelos Estados Unidos, apostaram na suposta fragilidade do regime e na ruptura iminente, mesmo se não acertam o golpe fatal, asfixiando-o, por exemplo, por meio de sanções adaptadas. Ora, até hoje nada disso aconteceu. É que há um ponto cego na abordagem unicamente pela coerção. Parece que é difícil conceber, espontaneamente, um regime autoritário/totalitário baseado em algo diferente do medo. Como observa Jacques Lagroye, o consentimento dos subjugados pelo totalitarismo é um escândalo para o espírito, o sinal aparente de uma total ruptura com o julgamento "normal" [...]. Será preciso lembrar, no entanto, que a aceitação dos regimes totalitários não se reduz à submissão passiva e resignada que o medo engendra?[7]

*Em 2008. (*N. das* O.)

Na Coreia existe um poderoso sistema de crenças que consolida o corpo social e participa da solidez do sistema. Certamente, não é fácil avaliar a que ponto tal crença coletiva pode preservar o regime contra si mesmo. O conhecimento do interior da Coreia, oficialmente designada como República Popular Democrática da Coreia a partir de 18 de setembro de 1948, é limitado por obstáculos erigidos pelas próprias autoridades. As ciências sociais engatinham diante desse país que tem profundo zelo por escrever a própria história. O discurso oficial é o único de fato disponível. As pesquisas universitárias são raríssimas, em todo o campo de pesquisa acadêmica considerado.[8] O visitante não consegue escapar do estatuto que lhe é reservado oficialmente, limitando assim sua liberdade de ir e vir, vigiado em todos os deslocamentos. O controle se revela de tal maneira onipresente que as fontes de informação devem ser utilizadas com precaução redobrada. Mas o próprio acesso à realidade de uma sociedade que cultiva o hermetismo com constante aplicação esclarece sobre a sua realidade. Não é medo que o poder norte-coreano quer inspirar no observador. É a angústia quase patética de ser incompreendido que guia o regime estabelecido. O trabalho ideológico ocupa lugar central no processo de legitimação, tanto com relação ao interior quanto ao exterior. Trata-se de exercício de propaganda, com certeza, mas também de busca de uma legitimidade sem a qual o regime não poderia garantir a própria sobrevivência. Para tal, a Coreia do Norte se apoia em um discurso no qual se combinam três elementos constitutivos da legitimação autoritária: a memória, o sagrado, o encantamento.

A MEMÓRIA

No centro do regime coreano está a nação. Nada haveria de original nesse sentido se a Coreia não tivesse a História a seu favor. São de fato raras as nações contemporâneas dotadas de uma profundidade histórica tão enraizada no passado. É sabido que as jovens nações oriundas da descolonização, sobretudo as africanas, são permanentemente confrontadas com o desafio do sentimento de pertencimento, por não dispor de raízes comuns no passado. Na Coreia não é assim. A nação existe de fato e habita as memórias.

Voltar às origens da nação coreana conduz ao Estado de Kokouryo, no século III antes da nossa era. Primeiro estado centralizado em uma Coreia ainda não unificada,[9] Kokouryo se estende sobre a parte setentrional da atual península coreana e uma pequena porção do território chinês. Seu centro é Pyong Yang, atual capital da República Popular Democrática. Com rico patrimônio plurissecular, a capital, com aproximadamente 1.600 anos, será inteiramente destruída pelas bombas americanas entre 1950 e 1953.[10] O fato representa bem mais do que um detalhe. Alimenta a memória de um passado de prestígio destruído pelo inimigo. Sabe-se que a identidade se constrói por oposição. A nação coreana ilustra isso perfeitamente e as marcas das aflições sofridas contribuem para unir mais ainda o povo coreano na Coreia do Norte, assim como, para além dela, na península inteira. O tema da unidade de Coreia, una e indivisível, pode se chocar com a análise focada na observação de um momento estreitamente circunscrito, no qual tudo começaria com uma guerra que data de mais de meio século. Ora, se a divisão em duas Coreias se inscreve perfeitamente em uma história específica das relações internacionais, a do mundo bipolar, essa não parece menos ilegítima para os coreanos, e não só os do Norte. A fratura também é ferida e atentado à memória de uma nação cujo destino se chocou, muitas vezes, com as veleidades imperiais vizinhas ou afastadas.

A lembrança de Kokouryo não passa de um momento no longo período no qual a Coreia insistiu em sobreviver contra todas as adversidades. Após ter conseguido a unidade sob a égide do Reino de Silla a partir do século VII, a Coreia conheceu entre o século X e o XIV, com o Estado de Koryo, de onde vem seu atual nome, um período brilhante. A afirmação de uma burocracia cujas regras de funcionamento são inspiradas no modelo chinês contribui para desenhar os contornos de um modelo legal-racional, principalmente com a instauração do princípio do concurso para os recrutamentos. A dinastia Choson que lhe sucede e vai durar até 1910 prolongou o desenvolvimento da Coreia com, especialmente, a adoção, no início do século XV, do alfabeto em vigor hoje, o hangul. Mas todas essas etapas não escapam aos sobressaltos provocados pelo exterior. Os mongóis, chineses e japoneses acompanham uma história tumultuada na qual a Coreia aprende a lição da ameaça e da resistência. O século XX se inscreve no prolongamento de uma evolução na qual a nação unificada é também oprimida. A guerra sino-japonesa de 1894-1895 e a guerra russo-japonesa de 1904-1905 permitem ao Japão assentar seu domínio na região. A Coreia é a primeira vítima. Com o tratado de 1905, chamado tratado de proteção, o Japão se atribui o controle das competências régias do vizinho coreano (relações exteriores, exército, política e moeda) antes de, nada mais nada menos, anexá-lo em 1910. A derrota japonesa de 1945 vai dar fim à ocupação humilhante para a nação coreana. Resulta daí uma hostilidade duradoura e sempre viva com relação a uma potência regional cujas ambições imperiais marcaram quase meio século da Coreia.

Ao inimigo japonês sucede a ameaça americana. No período de três anos, de 25 de junho de 1950 a 27 de julho de 1953, a guerra da Coreia provoca uma fratura exposta que nunca sarou. A guerra é liquidada por meio de um armistício sem que qualquer tratado de paz tenha sido assinado. A nação coreana, vista pelo lado da República Popular Democrática, buscou nesses fatos uma nova fonte que prolonga a memória anteriormente constituída. Trata-se, de fato, de uma nação "contrariada", para retomar a expressão de Robert Charvin,[11] que, aos olhos dos coreanos, tenta assumir sua existência e dignidade. A guerra, longe de enfraquecer, fortalece o nacionalismo. A fronteira situada no paralelo 38 e a estreita vigilância em uma atitude inalterada de ambos os lados, como se o mundo, de repente, tivesse parado, cuja permanência é encarnada principalmente por Panmunjong, com a manutenção do confronto militar, ilustra a realidade da nação. A Coreia do Norte é uma nação em armas, diante da ameaça contínua lembrada periodicamente pela política americana. O inimigo americano participa, assim, da consolidação do sentimento nacional. Ele encarna a violência da qual os três milhões de mortos coreanos, segundo os números divulgados pelo historiador americano Bruce Cummings,[12] resumem a brutalidade. A lembrança da guerra é onipresente, evocada pelo Cemitério dos Mártires Revolucionários, o Monumento aos Mártires do Exército Popular ou ainda pelos museus... Em todo lugar se manifesta a alma de uma nação combativa que a caro custo conquistou uma independência que permanece precária. O caso do *Pueblo*, o cruzador americano reconhecido em 1968 em águas territoriais coreanas, vem confirmar o sentimento vigente. O troféu de guerra brandido diante de todo estrangeiro a fim de demonstrar a realidade da política agressiva de Washington atesta, aos olhos do regime, a permanência da hostilidade. A ameaça da agressão é uma realidade, e não uma construção imaginária. O apelo à resistência e à vigilância da nação não resulta de uma paranoia, mas de uma certeza corporificada pelo Japão e depois pelos Estados Unidos. A política americana de George Bush e a inclusão da Coreia do Norte na lista dos Estados delinquentes a partir de 2002 só reforçam o complexo de nação sitiada e tornam, portanto, mais legítimo o seu direito de existir. Além disso, a fratura da Coreia exacerba a identidade nacionalista na medida em que a Coreia do Norte se vê como única depositária da nação coreana. O Sul só existe por vontade de uma potência estrangeira. Não poderia, consequentemente, encarnar a nação coreana.[13] Só a reunificação vai reconciliar a nação coreana com ela mesma. Levar o processo a seu termo significaria, além do mais, a reunificação de três Coreias, acrescentando às duas, a pequena Coreia formada essencialmente pela prefeitura de Yanban, em território chinês, em consequência das migrações ocorridas sobretudo entre 1880 e 1920, diante da conquista do território coreano pelo Japão.[14] O discurso da unidade funciona, assim, enquanto solicita a memória de um passado glorioso, mas impedido de se desenvolver plenamente por uma adversidade sempre em ação. A promessa de um futuro feliz para uma nação enfim reunificada ganha ainda mais força aos ouvidos de uma população para a qual a separação de grande número de famílias de ambos os lados do paralelo 38 é extremamente dolorosa. Assim, a nação idealizada constitui um instrumento eficaz no processo de consolidação de uma identidade coletiva coreana, legitimando o poder estabelecido e aquele que o encarna.

O SAGRADO

O poder coreano obtém visibilidade, em primeiro lugar, por meio de seu líder. O potencial de adesão à identidade nacional é, na verdade, proporcional à adesão suscitada pelo chefe a sua pessoa. Sem o chefe, a nação correria o risco de desaparecer na abstração. Sua força simbólica, sua capacidade de funcionar como uma "comunidade imaginada", segundo a expressão de

Benedict Anderson,[15] é função da concretização em uma forma viva, a do líder. Mas esse só pode corresponder simetricamente a tal exigência na medida em que aparece como homem à parte, dotado de qualidades tais que se situe, essencialmente, em outra categoria que não a humana. Ao mesmo tempo homem e Deus, ele simboliza a fusão do profano e do sagrado, do político e do religioso.

A transcendência assim atribuída ao primeiro dos coreanos deve, no entanto, se apoiar em uma realidade. A crença só pode funcionar se os fatos a sustentarem. O ato de fé exige sinais visíveis. Como aderir à tirania sem reservas de Kim Il-sung desde 1948, à sucessão dinástica por meio de seu filho Kim Jong-il, e, principalmente, à transmutação do pai da nação em "presidente eterno", prevista na revisão constitucional adotada em 1998? Como é possível, cotidianamente, designar o pai, sob pena de ofensa grave, em caso de desobediência, "Grande líder" e seu filho "Chefe dirigente"? O culto que cerca o fundador da Coreia se materializa, de fato, na estátua gigante situada no alto da colina Mansun, acima de Pyong Yang, de onde se vê toda a capital. Dali, o presidente eterno, com a mão e o olhar estendidos em direção ao horizonte, zela pelo destino do povo coreano. O culto se prolonga no mausoléu erigido no Palácio Memorial Kumsusan, onde cada coreano pode vir se inclinar, em protocolo marcado pelo recolhimento, diante dos restos mortais daquele sem o qual a Coreia não existiria.

Mas as evocações, por mais majestosas e emocionantes que sejam, poderiam parecer um tanto fossilizadas sem o discurso que as acompanha. A biografia oficial mistura os fatos e os mitos, em um condensado no qual a História se torna lenda.[16] Nascido em 1912, Kim Il-sung vive uma vida inteiramente consagrada desde a mais tenra idade à construção de uma Coreia independente. O homem acumula as qualidades do chefe: consciência revolucionária de precocidade impressionante, aptidões intelectuais superiores, senso inato de organização, capacidade de decisão, coragem, tenacidade, doação integral à causa da Coreia que constrói para si mesmo. O homem político é também chefe militar e estrategista que, "na qualidade de comandante supremo do Exército Popular da Coreia (EPC) e presidente do Comitê Militar (...), dirige vitoriosamente a guerra de libertação da pátria [...] contra a invasão dos imperialistas americanos".[17] A narração torna herói aquele que moldou a Coreia do século XX a ponto de alçá-lo à categoria de semideus, criador e protetor da República Popular, infalível em suas escolhas e guia eterno da Coreia. Como o falecimento de um super-homem poderia significar o fim da epopeia? Toda a história da nação se torna assim objeto de um discurso no qual se confundem o destino coletivo e a trajetória pessoal. Mais forte do que a morte, adotando atitude quase crítica, o "Grande dirigente" continua acompanhando seu povo, transcendendo assim o tempo e as leis físicas. A sucessão dinástica não deve ser antes compreendida como a transmissão de um poder de essência divina, assim como o cristão Deus pai encarna em seu filho e, dessa maneira, humaniza sua substância? A biografia de Kim Jong-il, o filho, se apodera do mesmo registro, o de super-homem, depositário da fé no pai e, nessa qualidade, dispondo de qualidades à parte.

Seria longo demais mencionar aqui os elementos factuais que, na mitologia política da República Popular Democrática, fazem, por sua vez, do "Caro dirigente" um ser superior, único digno de assumir a perenidade da ordem político-religiosa coreana.[18] Evidentemente, a realidade se revela mais prosaica e os elementos de tipo patrimonial-clientelista não poderiam ser apagados. Mas, ao reduzir o poder coreano a essa simples dimensão utilitarista, escamoteia-se o que habita os espíritos e molda a adesão. O mesmo vale para aqueles que veem no sistema coreano do norte uma réplica do modelo stalinista, como agrada a muitos analistas, eis a irredutível especificidade do sistema estabelecido. Raramente, de fato, foram ativados com tanta aplicação os repertórios do super-homem e do sobrenatural para produzir legitimidade. Por que se dedicar a elaborar uma ideologia oficial, o djoutché (ou juché), e não copiar servilmente os preceitos do marxismo-leninismo? Se fosse o caso, Kim Il-sung se teria privado de um recurso capital na construção de seu próprio poder. Um deus não toma emprestada sua teologia da religião do vizinho. Por que acreditariam nele? É preciso ser o próprio produtor da doutrina em vigor. A partir de 1930, com apenas 18 anos, como Jesus no templo arrebatando os doutores da lei com seu saber, Kim Il-sung, "durante uma reunião de altos dirigentes da União da Juventude Comunista e da União da Juventude Anti-imperialista, [...] afirma os princípios das ideias do djoutché".[19] Depois, o "Grande líder" acumulará os escritos. Nada menos do que 1.100 obras reunidas em 35 volumes lhe permitiram explicitar seu pensamento... Seu filho, Kim Jong-il, contribuirá com sua pedra no edifício publicando, em 1985, dez volumes na "Coleção das grandes ideias do juche". Os postulados do marxismo-leninismo estão presentes: o caráter científico da revolução, a necessidade histórica do comunismo, a luta contra o imperialismo. Mas o essencial está na "coreinização" do discurso que conduzirá, aliás, a eliminar em 1980 qualquer referência ao marxismo-leninismo da ideologia oficial em favor das ideias unicamente do djoutché.[20] O conceito se baseia no princípio central segundo o qual o homem é o centro de tudo, é senhor de tudo e decide tudo. Nesse sentido, a filosofia do djoutché constitui uma inflexão teórica profunda com relação ao materialismo e ao economicismo dominantes, como podia retomar o marxismo-leninismo. Se as forças materiais são decisivas, não poderiam se impor segundo um determinismo de sentido único, uma vez que "a consciência ideológica decide tudo"?

Mas, além das considerações teóricas sobre a validade das proposições enunciadas, é a função da ideologia como instrumento de legitimação que merece ser ressaltada. Pensamento oficial, monopolizando todo o espaço do discurso legítimo, ela consagra o líder em seu status definitivamente à parte. A ideologia do djoutché é produto unicamente de seu gênio, a serviço da única causa que vale a pena, a da Coreia. Ela só pode ser o resultado de uma inteligência fora do comum, à qual toda forma de pensamento é conduzida a reverenciar, a começar pelos intelectuais, cuja função primeira é comentar a intransponível filosofia do djoutché. No entanto, a sedução intelectual poderia parecer bem abstrata se contasse unicamente com as categorias do raciocínio. O teólogo não trata da crença ingênua do homem simples. Essa exprime uma crença espontânea, na qual o sentimento é tão importante quanto a razão. A devoção dedicada ao líder não é, portanto, apenas inclinação diante de um espírito superior, mas também adesão ao mundo encantado construído em torno de sua pessoa.

ENCANTAMENTO

Com Kim Il-sung, a estrela polar da humanidade, a realidade se transforma radicalmente. Um novo mundo está nascendo, como atesta a adoção de um calendário específico. Oficialmente, a Coreia está no ano juche 96,* uma aurora radiante tendo se erguido sobre a península com o nascimento de Kim Il-sung em 1912. A exemplo das grandes religiões monoteístas, iniciando, a partir da revelação de seu profeta, uma nova era, a Coreia do Norte reorganiza a relação com o tempo e abole as antigas referências. O "Grande líder é simbolicamente consagrado em sua essência divina enquanto cresce o número de narrativas míticas que sacralizam a sua lenda. A vida de Kim Il-sung e depois a de Kim Jong-il são, de fato, repletas de histórias que apresentam uma trama maravilhosa, alimentando, assim, o fervor religioso em relação a eles. Segundo a lenda, desde cedo circularam numerosos mitos sobre os poderes quase mágicos do líder coreano. Durante o período de luta antijaponesa, na região do monte Paektu, contava-se que Kim Il-sung, "esfregando uma pinha, podia transformá-la em bala de fuzil".[21] Era atribuída a ele, igualmente, a capacidade de prever o futuro. Alguns consideravam o general Kim Il-sung dotado de uma força hercúlea, comparável à de Hong Kil Dong.[22] Na ocasião de seu 80º aniversário, a rádio anunciou que milhares de pássaros definharam para que fosse confeccionada com suas plumas uma colcha para o "Grande líder". Quando ele faleceu, em 1994, ao nascer do sol, evoca-se que a natureza se manifestou violentamente com raios, trovões e chuvas diluvianas que provocaram o transbordamento das águas do rio Daedong, enquanto o lago Chon era sacudido por ondas de particular violência.[23] Já na véspera de sua morte, manifestações estranhas aconteceram. Uma coruja, pássaro sagrado, havia entrado em uma das salas da universidade militar Kim Il-sung e permanecido imóvel durante o dia inteiro, de 9h às 19h, com a cabeça baixa e piando de tristeza, diante do retrato do "Grande líder". Também no zoológico da capital, o tigre coreano ao qual Kim Il-sung era muito apegado pôs-se a rugir com uma força prodigiosa, fazendo tremer todo o vale do Monte Daesung, antes de se prostrar

*Em 2008. (*N. das O.*)

esgotado e recusar a comida. Após a morte do grande líder, o mundo encantado que exalta a sua memória continuou inspirando o imaginário coreano. No aniversário de sua morte, pilotos declararam ter visto o rosto de Kim Il-sung no céu. Testemunhas contam que de tempos em tempos um urso ou um tigre sai da floresta do Monte Paektu e que se trata do espírito do "Grande líder". São sinais que fazem de Kim Il-sung uma lenda sempre reativada na qual se combinam os mitos, as referências mágicas e a aspiração ao sagrado.

O atual dirigente, Kim Jong-il, se serve dos mesmos meios. Quando foi entronizado como secretário-geral do Partido, em 8 de outubro de 1997, foi dito que os abricoteiros e as pereiras haviam subitamente florido, enquanto os pescadores haviam apanhado uma holotúria branca, espécie das mais raras, que viera aclamar o evento. Designado como "o sol luminoso da humanidade", Kim Jong-il provoca as mesmas expressões de deslumbramento. No aniversário de sua posse, diz a lenda que um arco-íris teria aparecido acima de sua cabeça. O sinal ressoa de maneira especial em um imaginário no qual o arco-íris é considerado a ponte pela qual os heróis míticos alcançam o céu. A legitimidade passa pela inscrição do poder na representação cósmica em que se imbricam o mundo humano e o mundo animal, o natural e o sobrenatural, o temporal e o espiritual, definindo uma ordem geral articulada em torno do líder. Compreende-se, a partir daí, a veneração daquele que detém o poder total, uma vez que ocupa a totalidade do espaço reservado ao pensamento. Tanto as relações sociais quanto as relações entre os homens e seu meio ambiente são mediatizadas, sem exceção, pelas categorias impostas pelo poder. Mágico da ideologia, esse se consagra a organizar nos mínimos detalhes o pensamento legítimo, a produzir um universo simbólico no qual a dureza do mundo real seja absorvida no mundo encantado do irreal. Nada escapa a essa ascendência, da pintura à dança, da engenharia à horticultura. A ópera, particularmente admirada pelos coreanos, também é a expressão do gênio criador do poder. As "Cinco grandes óperas revolucionárias" foram, segundo o discurso oficial, "levadas à cena sob a direção pessoal do camarada Kim Jong-il, nosso caro dirigente".[24] No campo cinematográfico, o mesmo Kim Jong-il é apresentado como o autor de *A teoria cinematográfica*, "obra clássica e original em matéria de sétima arte".[25] As diferentes formas de expressão artística participam assim do processo de educação política, contribuindo para afirmar a crença na supremacia do líder, dotado de todos os dons e, por isso, ainda mais digno de admiração. Em virtude do que o espírito humano não seria conduzido a se inclinar, ao mesmo tempo com respeito e entusiasmo, diante de tal demonstração de talentos? Cada um dos líderes sucessivos deu seu nome a uma flor diferente, elaborada especialmente pelos botânicos, a "kimilsunia" e a "kimjongilia". Únicas no mundo, elas se impõem pela beleza e são especialmente veneradas pela população.

A simetria observada nos dois dirigentes, o segundo retomando a "técnica" usada pelo pai, serve para prolongar a magia do encantamento em uma evocação onírica que acalenta os espíritos. Cada objeto, cada referência, cada símbolo visa a suscitar no seio do povo um sentimento de fascinação por uma forma de poder e de ordem social que deriva do extraordinário. O espaço também faz parte do processo de encantamento. Alguns lugares são erigidos em áreas de peregrinação, como o de Mankyeungdai, onde o presidente Kim Il-sung oficialmente passou uma parte da infância, ou ainda o Monte Paektu, onde era mantido o campo secreto a partir do qual a luta revolucionária foi conduzida. Esses lugares de memória incentivam o homem comum a se elevar na intimidade dos "grandes homens" e a se dissolver em um imaginário desrealizado. Por meio da evocação das personalidades fora do comum que são Kim Il-sung e Kim Jong-il, cada um é transportado em um mundo onde predominam a virtude, a coragem, a solidariedade e, portanto, a invencibilidade.

O mundo encantado não conhece o mal dentro de si. Ele está livre dos reveses das sociedades humanas. É do exterior que vem o perigo. O encantamento, enfim, são as mobilizações coletivas rituais que sugerem para a sociedade o espírito da Coreia como síntese absoluta. Mais uma vez a estética é convocada. Os desfiles militares não são mais destinados apenas a encenar a força. A amplitude excepcional dos meios materiais e humanos empregados, mas, sobretudo, a ordenação impecável dos atores visando à comunhão do conjunto da sociedade coreana, por meio de um processo de identificação, corporifica o mito do povo em armas. Os balés majestosos que acompanham as festas nacionais na praça Kim Il-sung deslumbram os olhos e também a alma. A harmonia das cores e dos sons produz o sentimento de uma harmonia coletiva perfeita, a exemplo do que seria a sociedade real. A ilusão só pode durar um instante, mas a repetição permite aprofundar o sentimento de uma sociedade na qual os vários componentes se interpenetram.

CONCLUSÃO

A combinação dos três repertórios da memória, do sagrado e do encantamento permite criar legitimidade? O regime norte-coreano ilustra à sua maneira que nenhum poder pode se impor exclusivamente pela força. O consentimento, se não for obtido, deve ser conquistado. De onde esse trabalho de elaboração simbólica do poder que entra em ressonância com a cultura, a História, a experiência vivida. Nessa busca de adesão, nada é definitivo. Todo discurso, mesmo mitificado, corre o risco de esclerose. É preciso também se regenerar, se enriquecer para que a magia continue a operar. A legitimidade é uma conquista de todos os dias. O discurso coreano não poderia ser analisado como um bloco monolítico cujos contornos teriam sido definidos de uma vez por todas. Existe, certamente, uma inegável permanência, uma sedimentação de invariáveis aqui exemplificadas pelas semelhanças entre Kim Il-sung e Kim Jong-il. Mas por trás dessa ossatura aparecem inflexões, inovações que dão mostras de uma criação interrompida.

O universo dos mitos é ilimitado. Mas não se povoa de novas figuras de maneira incoerente. Um dos atributos do poder é decidir quando introduzir novas referências para reafirmar o consentimento. Uma das representações mais presentes na simbologia do poder é a do rei Tangun. Entronizado como fundador da Coreia, suas origens míticas constituem uma verdadeira lenda que entrou na cena política a partir dos anos 1970, quando decidiram fazer escavações em volta de seu túmulo.[26] Mas é a partir de 1993 que a figura de Tangun vai assumir um papel central no panteão coreano. Seu túmulo será reconstruído em 1994, após o falecimento do presidente Kim Il-sung. É preciso legitimar, então, um poder em transição. Nesse processo, o retorno à tradição constitui um dos caminhos mais frequentes. O homem coreano que "decide tudo por sua consciência ideológica" é também um homem enraizado no passado impregnado pelos valores do confucionismo. Se o regime nunca renunciou verdadeiramente a suas origens, a valorização do confucionismo baseado no respeito das relações entre idosos e jovens, pais e filhos, súditos e soberanos se acentua a partir da queda do império soviético e da crise do modelo comunista em escala internacional. Ele inscreve a fidelidade ao poder em uma tradição multissecular. Aparecem, igualmente, ao longo da história da Coreia do Norte desde 1948, palavras de ordem que visam a motivar constantemente a mobilização (Songun consagra em 1995, após o falecimento de Kim Il-sung, o exército como maior valor da revolução) ou novas lendas como a de Tcheullima, o cavalo alado cuja estátua de bronze se eleva desde 1961 acima de Pyong Yang. A rapidez que lhe é atribuída (podia percorrer mil léguas em um dia) simboliza o movimento para adiante e o impulso permanente da sociedade coreana.

O discurso político, portanto, não se engessou. Mas, quaisquer que sejam as variações, ele conserva as características do que Hannah Arendt chamava a "religião secular".[27] Baseando-se na necessidade social e fundamental de crer, o poder se esforça para obter, além da obediência, o fervor. Será que consegue? A resposta não é evidente na medida em que, quaisquer que sejam os meandros, o discurso se choca com uma realidade econômica e social que dá mostras de deterioração. As penúrias, a fome, as recentes inundações criam um contexto que a retórica sozinha não conseguiria esconder.[28] Se for verdade que a legitimidade depende em muito das representações e, portanto, da ideologia, ela não poderia, no entanto, se reduzir unicamente à ideologia. A capacidade de um poder de corresponder às necessidades materiais de sua população determina também a possibilidade das relações entre governantes e governados. O fato de que o regime da Coreia do Norte, em meio a tantas vicissitudes, tenha, no entanto, conseguido se manter tende a demonstrar a importância do fator ideológico, mesmo se o desafio a enfrentar se torna cada vez mais difícil. Pode-se argumentar que o fato de concentrar o olhar nessa dimensão do regime conduz necessariamente a entrar em empatia com ele. Trata-se, mais prosaicamente, de tentar compreender, a partir do interior, sua visão e suas motivações, a fim de melhor compreender suas ações. Quanto a isso, o ângulo da legitimidade não deixa de ser pertinente.

Notas

1. GRANGEREAU, Philippe. *Au pays du grand mensonge*. Paris: Editions du Serpent de Mer, 2001.
2. DESTEXHE, Alain. *Voyage en dinastie totalitaire*. Paris: L'Harmattan, 2001.
3. CHOL-HWAN, Kang. *Les Aquariums de Pyongyang*. Paris: Robert Laffont, 2000 (em colaboração com Pierre Rigoulot).
4. MALOVIC, Dorian; MORILLOT, Juliette. *Evadés de Corée du Nord*. Paris: Belfond, 2004.
5. RIGOULOT, Pierre. *Corée du Nord, Etat Voyou*. Paris: Buchet Castel, 2003.
6. COURTOIS, Stéphane. *Le livre noir du communisme. Crimes, terreur, repression*. Paris: Robert Laffont, 1997.
7. LAGROYE, Jacques. "La légitimation". *In*: GRAWITZ, Madeleine; LECA, Jean. *Traité de science politique*. Paris: Presses Universitaires de France, 1985, p. 439.
8. Com exceção da posição notável da Coreia do Norte nas relações internacionais. No caso, as fontes estrangeiras permitem que se trate de maneira relativamente satisfatória a política estrangeira de Pyong Yang, com exceção da análise dos processos de decisão interna.
9. A Coreia passa então por um período chamado dos "três reinos" que são Baidkje, Silla e Kokouryo.
10. CHARVIN, Robert. *Comment peut-on être Coréen (du Nord)?* Nice: Editions du Losange, 2006, p. 34.
11. *Idem*, p. 48.
12. CUMINGS, Bruce. *Noth Korea. Another country*. Nova York: New Press, 2003.
13. Segundo Kim Il-sung, "se o Japão não tivesse ocupado a Coreia e estabelecido a dominação colonial, nem se trataria dessa divisão ou reunificação; se, após a Segunda Guerra Mundial, as grandes potências não tivessem resolvido os problemas coreanos a partir das relações entre o Leste e o Oeste, nosso país não se teria dividido. Se nosso país não está reunificado há quase meio século, é antes de tudo porque os Estados Unidos ocupam a Coreia do Sul e impedem a reunificação". Citação extraída de Kim Il-sung. *Réponses aux questions posées par lê Rédacteur em chef du journal japonais Mainichi Shimbun*, Pyong Yang: Editions em Langues Etrangères, 1991, p. 5.
14. LANKOV, Andrei. "The gentle decline of the "Third Korea", *Asia Times*, Hong Kong, 15 de agosto de 2007. Não existe, na realidade, movimento em favor da reunificação dentro da "Terceira Coreia". O sentimento de "coreidade" parece se diluir nas gerações jovens que residem nessa parte da China.
15. ANDERSON, Benedict. *Imagined communities. Reflections on the origin and spread of nationalism*. Londres; Nova York: Verso, 1991.

16. Consultar sobre o assunto *Que savez-vous de la Corée? 100 questions et réponses*. Pyong Yang: Editions en Langues Etrangères, 1989, p. 4 e seguintes.
17. *Idem*, p. 6.
18. Para os elementos relativos à biografia oficial de Kim Jong-il, ver *idem*, p. 8 e ss.
19. *Idem*, p. 5.
20. A decisão foi tomada no VI Congresso do Partido do Trabalho, em 10 de outubro de 1980.
21. IL-SUNG, Kim *Mémoires à travers le siècle*. Pyong Yang: Editions en Langues Etrangères, 1994, tomo 5, p. 347.
22. Hong Kil Dong é um legendário herói coreano, uma espécie de Robin Hood, dotado além de tudo de força sobre-humana, cuja história é contada no primeiro romance publicado no século XVII em alfabeto coreano, o hangul.
23. SINYODYIUM, Lyne. *À la découverte d'une Corée méconnue*, inédito.
24. *Que savez-vous de la Corée?*, *op. cit.*, p. 56.
25. *Idem*, p. 59.
26. Segundo a lenda, Tangun é o filho de Hwanung (filho do rei do céu) e de uma ursa metamorfoseada em mulher. Tangun fundou em seguida a primeira dinastia do reino de Ko-Choson.
27. ARENDT, Hannah. *Les origines du totalitarisme. Textes complémentaires. Comprendre le communisme*. Paris: Quarto; Gallimard, 2002, p. 876 e seguintes.
28. O fato de que, na crise recente entre a Coreia do Norte e os Estados Unidos, a Coreia tenha insistido no cancelamento das sanções e na retomada da ajuda, deixa clara a urgência da situação.

Bibliografia

ANDERSON, Benedict. *Imagined communities. Reflections on the origin and spread of nationalism*. Edição revista. Londres; Nova York: Verso, 1991.

ARENDT, Hannad. *Les origins du totalitarisme. Textes complémentaires. Comprendre le communism*. Paris: Quarto; Gallimard, 2002.

CHARVIN, Robert. *Comment peut-on être Coréen (du Nord)?*. Nice: Editions du Losange, 2006.

CHOL-HWAN, Kang. *Les aqueriums de Pyongyang*. Paris: Robert Laffont, 2000 (en collaboration avec Pierre Rigoulot).

COURTOIS, Stéphane. *Le livre noir du communisme. Crimes, terreur, répression*. Paris: Robert Laffont, 1997.

CUMINGS, Bruce. *North Korea. Another country*. Nova York: New Press, 2003.

DESTEXHE, Alain. *Voyage en dynastie totalitaire.* Paris: L'Harmattan, 2001.

GRANGEREAU, Philippe. *Au pays du grand mensonge.* Paris: Editions du Serpent de Mer, 2001.

IL-SUNG, Kim H. *Mémoires à travers le siècle.* Pyong Yang: Editions em Langues Etrangères, 1994.

Kim Il-sung, Réponses aux questions posées par le Rédacteur en chef du journal japonais Mainichi Shimbun. Pyong Yang: Editions en Langues Etrangères, 1991.

LAGROYE, Jacques. "La légitimation". *In*: GRAWITZ, Madeleine; LECA, Jean. *Traité de Science politique.* Paris: Presses Universitaires de France, 1985.

LANKOV, Andrei. "The gentle decline of the 'Third Korea'", *Asia Times*, Hong Kong, 15 out. 2007.

MALOVIC, Dorian; MORILLOT, Juliette. *Evadés de Corée du Nord.* Paris: Belfond, 2004.

Que savez-vour de La Corée? 100 questions et réponses. Pyong Yang: Editions en Langues Etrangères, 1989.

RIGOULOT, Pierre. *Corée du Nord, Etat voyou.* Paris: Buchet Chastel, 2003.

SINYODYIUM, Lyne. *A La découverte d'une Corée méconnue* inédit.

CAPÍTULO 6

A lei marcial numa aldeia de Nueva Ecija, nas Filipinas*

Benedict J. Kerkvliet**

Tradução de Beatriz Medina

*Embora o texto tenha sido publicado em 1982, acreditamos que o trabalho discuta as ideias centrais dessa coletânea, contribuindo para a compreensão do caso asiático.
Agradecemos ao autor e ao editor Tom Fenton a autorização da publicação no Brasil do artigo "Martial Law in a Nueva Ecija Village, the Philippines", publicado em *Bulletin of Cocerned Asian Scholars*, v. 14, n. 4, out.-dez. 1982, pp. 2-19. Atualmente o *Bulletin* chama-se *Critical Asian Studies.* (*N. das O.*)
**Professor do Departamento de Ciências Políticas e Sociais, Centro de Pesquisas e Estudos do Pacífico e da Ásia, Universidade Nacional da Austrália. Autor de *The Huk Rebellion: a Study Peasant Revolt in the Philippines.* Berkeley/Londres: University of California Press, 1977, 1982 (ed. 2002, Lanham: Rowman & Littlef) e *The Power of Everyday Politics. How Vietnamese Peasants Transformed National Policy.* Ithaca; Londres: Cornell University Press, 2005 (ed. também pelo Instituto de Estudos do Sudeste Asiático, Cingapura).

Quando voltei aos Estados Unidos no outono de 1979, fiquei surpreso ao ver amigos filipinos e norte-americanos bem informados afirmarem que a lei marcial logo seria derrubada. Depois de passar 17 meses nas Filipinas (de janeiro de 1978 a maio de 1979), fiquei com a impressão de que Ferdinand Marcos e seu governo permaneceriam no poder por muitos anos ainda, a não ser em caso de morte ou golpe de Estado.

Meus amigos baseavam sua previsão na oposição à lei marcial, que consideravam crescer rapidamente; citavam como indício várias publicações contra a lei marcial e o sentimento anti-Marcos que parecia forte na zona metropolitana de Manila em 1978, durante a eleição dos parlamentares interinos da *Batasang Pambansa* (Assembleia Nacional). Até a revista *Time* chamara o país de "barril de pólvora do Pacífico".[1] Entretanto, minha avaliação baseava-se principalmente no ano que passei numa aldeia em Nueva Ecija, onde o povo não criticava muito a lei marcial e onde, em certo sentido, a lei marcial era insignificante.

Desde que Marcos declarou a lei marcial em 1972, os analistas têm olhado de maneira diferente as Filipinas e seu governo. Tratamos (eu me incluo) a mudança como importante; nossos adjetivos para o país e seu governo tornaram-se "autoritário" e "ditatorial" para distinguir o "período da lei marcial" do "período anterior à lei marcial", com "democracia" e "sociedade livre e aberta". Os defensores de Marcos elogiam as melhorias que consideram extraordinárias, "trazidas pela lei marcial". Os críticos, eu inclusive, também indicam grandes mudanças — para pior: repressão, aumento do poder dos militares, riqueza e poder tremendos para os mais próximos do presidente e de sua família e oportunidades copiosas para investidores estrangeiros explorarem os recursos do país.

Muitas dessas afirmativas, sejam elogiosas ou depreciativas, foram feitas sobre "as Filipinas", passando por cima das diversidades geográficas, históricas e outras do país. Mas a pesquisa sobre o sudeste da Ásia nas duas últimas décadas obriga-nos a exigir mais especificidade. Essa literatura nos adverte que um fato ou "período" que, no centro comercial e governamental, parece ter importância para o país inteiro pode causar impacto diferente e talvez nulo quando visto das aldeias e cidades pequenas. Estamos aprendendo, por exemplo, que as revoluções pela independência na Indonésia e nas Filipinas tiveram, para o povo de Bandung e do centro de Luzon, significado não só diferente mas, em certo sentido, contrário ao do que defendia a "liderança nacionalista".[2] Devido à pesquisa sobre a história das províncias e subprovíncias, os que estudam as Filipinas percebem agora a dificuldade de generalizar o impacto das regiões coloniais espanhola, norte-americana e japonesa sobre "as Filipinas".[3]

O que se aplica ao passado distante também se aplica aos anos recentes. Não podemos falar com confiança da "lei marcial nas Filipinas" sem entender seu significado para camponeses, trabalhadores, artesãos, vendedores, caçadores/coletores e outros nas aldeias e cidades menores de todo o arquipélago.

Há algumas informações disponíveis sobre a lei marcial em nível local. A maior parte diz respeito a localidades onde há ou houve agitação e revolta. Como muitas publicações são curtas, os detalhes são poucos e a análise é limitada. Mas, tomado cumulativamente, esse material dá alguma ideia das consequências da lei marcial em certas localidades e para os que lutam contra a repressão e a favor de uma ordem social melhor. Muitos desses adversários foram presos e sofreram torturas inimagináveis; outros foram mortos em combate e no cativeiro.[4]

Sem depreciar esse material nem os que estão lutando, vejo duas dificuldades nas descrições feitas até agora. Em primeiro lugar, tendem a classificar todos os sinais de resistência e luta como oposição ao governo Marcos e à lei marcial em geral. Talvez isso se justifique no caso dos movimentos das áreas dominadas por muçulmanos em Mindanao e Sulu ou nas organizações aparentemente fortes e veementemente contrárias ao governo formadas pela população das montanhas do norte de Luzon, ameaçada de extinção pelo projeto da barragem do rio Chico.[5] Mas me pergunto sobre as greves em Manila e outras cidades; as greves de trabalhadores açucareiros em Negros; a resistência dos camponeses à expulsão das terras em Palawan, Davao e outros pontos; e a luta em Samar entre aldeões e soldados do governo. Serão manifestações de oposição ao autoritarismo, à lei marcial e a Marcos? Farão parte, como afirmaram muitos escritores e paladinos contrários à lei marcial, da luta nacionalista para acabar com o imperialismo e criar uma sociedade democrática e socialista? Talvez. Entretanto, faltam informações sobre o que pensam grevistas e rebeldes e o entendimento que nos permitiria dizer, com bastante confiança, qual é o caso.

Há 16 anos, ao escrever sobre a historiografia do sudeste da Ásia, Harry Benda observou que os camponeses, quando não totalmente ignorados pelos especialistas, eram muitas vezes apropriados por algum dos lados do debate sobre o colonialismo. Se havia agitação camponesa, os "historiadores 'coloniais'" desdenhavam-na como exceção à regra da placidez rural, mas os "escritores nacionalistas, assim como os autores estrangeiros pró-nacionalistas" tenderiam a "anexá-la [...] à linha principal de anticolonialismo e nacionalismo nascentes". Benda queixava-se de que "essas interpretações são apenas variantes de um tema dicotômico que transforma o rebelde de um historiador no herói de outro, sem abordar necessariamente a natureza e os problemas específicos do campesinato".[6] E continuou:

> A tendência a igualar os movimentos camponeses aos movimentos nacionalistas é tão generalizada quanto fácil de explicar. Os que escrevem a história nacional se agarrarão a qualquer sinal de protesto contra o governo na época colonial para defender a tese da maré crescente do nacionalismo no sudeste da Ásia. Mas isso pode indicar que a equiparação das duas categorias de protesto descansa sobre raízes muito finas.[7]

Hoje essa preocupação é pertinente. Os nacionalistas de países formalmente independentes lutam para dar fim ao neocolonialismo e se opõem aos regimes autoritários amparados de maneira decisiva por investidores credores e governos estrangeiros. Cada lado quer reforçar sua posição com provas do crescimento do apoio que tem. Entretanto, podem estar construindo sua causa e sua argumentação com base no que parece oposição ou apoio, quando, na verdade, "adversários" e "partidários" não estão pensando nisso.

Uma segunda limitação do material publicado sobre a lei marcial em nível local é que enfatiza as áreas com agitação e revolta. Embora numerosas, essas localidades constituem apenas uma fração das Filipinas. O que está acontecendo no resto do campo? O "silêncio" significa, como dizem o governo e os defensores do regime, contentamento ou até endosso vigoroso à lei marcial? Ou é a calma antes da tempestade da agitação generalizada contra a lei marcial?

Dois estudos que conheço indicam que responder a essas perguntas é difícil. Por coincidência, ambos são sobre Bukidnon, província do centro de Mindanao. O conflito e até o aumento da violência tem caracterizado a província durante a lei marcial, de acordo com Ronald Edgerton.[8] As explicações incluem a tensão entre colonizadores recentes e entre colonizadores, fazendeiros e minorias tribais, tudo agravado pelas personagens e pelas políticas do governo Marcos. Além disso, vários grupos religiosos têm colidido. Um dos temas que Edgerton discute e Dennis Shoesmith elabora é que as organizações religiosas *Rizalistas*, no esforço de criar comunidades autônomas e perpetuar outros aspectos de sua crença, têm se chocado — às vezes em batalhas armadas — com outros grupos, governamentais ou não.[9] Como exemplos, os dois estudos são argumentos a favor da necessidade de análise em nível local. O mais extraordinário na situação de Bukidnon é sua complexidade, que inclui consideráveis iniciativas locais e problemas que permaneceriam desconhecidos caso nos concentrássemos no nível nacional ou apenas em áreas onde a agitação parece ligada ao Novo Exército do Povo (NEP) e à Frente Moro de Libertação Nacional (FMLN) ou insistíssemos em pôr os vários grupos da província de um ou outro lado da lei marcial.

Esperamos que a discussão seguinte sobre a sociedade de uma aldeia a centenas de quilômetros e várias ilhas ao norte de Bukidnon também nos esclareça a respeito da lei marcial e ilustre a importância dos microestudos.

INFORMAÇÕES GERAIS

A aldeia fica num município cerca de 25 quilômetros a noroeste de Cidade Cabanatuan, capital da província de Nueva Ecija. Por situar-se numa vasta área de arrozais, o nome que darei à aldeia ou comunidade (*baryo*, *bayon*) é Bukiran, que significa "lugar onde estão os campos". Embora não seja isolada, Bukiran não está nas principais vias de trânsito, comunicações e comércio da província nem do país. Situa-se dos dois lados de uma estrada nacional não pavimentada e não tem eletricidade nem mercado.[10]

Há um século, a população da área era escassa e cultivava arroz, hortaliças e frutas em lotes de que com muito esforço se tiraram o mato e as árvores. Na década de 1930, praticamente toda a terra fora ocupada e sua posse fora assumida por pequeno número de colonos e um punhado de grandes proprietários com meeiros para cultivar os campos de arroz — *palay* — bem desenvolvidos e irrigados pela chuva.[11] Esses meeiros tinham migrado de regiões próximas e distantes em busca de terras mais férteis e melhores condições de arrendamento.

Hoje, a população é de cerca de 1.400 pessoas, que moram em 230 casas. Nos arredores há cinco aldeias menores. Cerca de 45% das famílias de Bukiran cultivam alguma terra, em geral menos de dois hectares. O *palay* é o cultivo dominante, embora às vezes alguns plantem hortaliças, manga, alho e algodão. Cerca de dois terços dos que cultivam têm direito a Certificados de Transferência de Terra (CTTs) do programa de reforma agrária do governo. Os que têm CTTs podem tornar-se proprietários com pagamentos anuais de amortização durante 15 anos. Cerca de um quarto dos que cultivam a terra são proprietários; outros 8% usam terra própria e arrendada. A fração restante (cerca de 2%) tem terras em outras bases, em geral temporárias. A maioria das famílias proprietárias de terras tem outros meios de vida, que vão desde o trabalho sazonal ao emprego mais ou menos constante fora da aldeia (em geral na construção civil), passando pela venda de hortaliças, roupas e outras mercadorias.

Outros 52% de todas as famílias também têm mais de um meio de vida, mas não possuem terra. Quase todos dependem do trabalho sazonal, como plantar, capinar e colher *palay*, enquanto algumas famílias conseguem ter um ou dois membros com outra ocupação, em geral também sazonal, fora da aldeia. Os mais pobres daqui, assim como os mais pobres dentre os proprietários de terra, complementam a pequena renda com plantas comestíveis, rãs e coisas do gênero encontradas nos campos e nos canais de irrigação. Algumas das famílias mais prósperas da aldeia também pertencem a esse grupo que não possui terra; têm rendimentos fixos oriundos em geral de empregos burocráticos ou profissões liberais (por exemplo, como professores primários ou funcionários públicos).

As outras famílias bastante ricas (cerca de 3% da aldeia) são proprietárias de terras com arrendatários e trabalhadores contratados. Essas famílias também têm outras fontes de renda, como a venda de *palay* e arroz e empregos assalariados.

A maioria dos proprietários da terra arrendada em Bukiran e arredores mora fora da aldeia, na cidade (*bayan*) mais próxima, na capital da província e na grande Manila, além de outros política e economicamente importantes para Bukiran por serem empregadores (como, por exemplo, os donos de empresas de construção civil que contratam trabalhadores em Bukiran), banqueiros rurais e autoridades do governo.

Escolho Bukiran em parte por conhecer algumas pessoas dali, tornando assim mais fácil a "entrada", mas principalmente porque, com base na observação casual de outras regiões do centro de Luzon e no que se tem escrito sobre a região, considero-a um exemplo adequado de como tem sido a vida para os aldeões. Por exemplo, a região viveu a *Hukbalahap* — resistência dos camponeses à ocupação japonesa — a revolta *Huk* (mais ou menos de 1946 a 1953), os programas do governo central de "desenvolvimento rural" e de "reforma agrária" e a "revolução verde" — todos fatos importantes na região desde a década de 1940.

Enquanto estive lá, investiguei duas questões amplas: quais têm sido as condições políticas e econômicas da vizinhança nos últimos 25 anos e como o povo percebeu essas condições e lidou com elas. No contexto dessa pesquisa mais ampla, aprendi aos poucos o significado da lei marcial.

Minha esposa, filipina, e eu moramos um ano em Bukiran (de junho de 1978 a maio de 1979). Nossos anfitriões eram uma família de agricultores formada por um casal de meia-idade que possuía 1,5 hectare, mais o filho com a esposa e o bebê. O filho dividia um hectare arrendado com um dos irmãos casados e trabalhava intermitentemente como operador de retroescavadeira num canteiro de obras distante. Em termos econômicos, essa família ficava mais ou menos no meio da faixa de variação encontrada na aldeia.

Para conhecer a comunidade e o contexto político-econômico mais amplo, minha mulher e eu nos baseamos principalmente em dois tipos de fonte: material impresso (principalmente jornais e documentos e estatísticas, do governo ou não) e conversas e observações. Discutimos com mais de 170 homens e mulheres, a maioria dos quais mora em Bukiran ou nos arredores e pouco mais de dez moram bem longe da aldeia, mas são importantes para a região. As conversas foram abrangentes, concentrando-se no histórico familiar e nas condições políticas e socioeconômicas de cada um. Muitas discussões aconteceram na casa dessas pessoas, mas praticamente o mesmo número ocorreu diante de lojas, nas ruas e nos campos (onde muitas vezes ajudamos no trabalho). Tanto minha mulher quanto eu tentamos ser informais, pessoais e próximos do povo.

Nunca fiz uma pesquisa sobre a lei marcial nem costumava fazer perguntas diretas sobre ela. Em geral, esperava que outros puxassem o assunto, o que faziam com frequência ao discutir tópicos como eleições, governo, problemas locais, condições econômicas e história da aldeia. Também observamos as reações às autoridades e a pessoas associadas ao governo e escutamos a conversa deles entre si sobre seus problemas e sobre o que achavam que era possível fazer. Com essa experiência, percebi aos poucos que, para a maioria, a lei marcial não era um patamar importante.

Para elaborar esse entendimento, discutirei as expectativas limitadas que em geral todos alimentam em relação ao governo. Como acontecia antes da lei marcial, desde 1972 o governo pouco fez pela comunidade. Ao mesmo tempo, o povo considera tipicamente que o governo, como antes, favorece os ricos. Ainda assim, aceitaram condicionalmente o governo como legítimo. Durante a lei marcial, essas condições — paz, exigência apenas moderadas de recursos do povo e circunstâncias econômicas toleráveis — são atendidas.

Mais uma observação. O povo usa a expressão "lei marcial" para referir-se a duas coisas.[12] Ela simboliza a forma de governo ainda mais centrada no cargo do presidente Marcos do que antes de 1972, com mais alguns indivíduos tendo uma grande influência. Esse governo suspendeu as eleições regulares e deu mais poder às Forças Armadas. Em segundo lugar, a lei marcial se refere ao período que começa com sua declaração em setembro de 1972 até o presente (fim de 1979). Nesse sentido, a lei marcial constitui mais do que uma forma de governo: inclui os programas e as políticas governamentais e também as condições sociais, políticas e econômicas gerais. As duas referências não são mutuamente exclusivas; as pessoas passam de uma à outra. Farei o mesmo ao tentar interpretar a avaliação que se faz da lei marcial, a extensão em que a lei marcial é diferente do período anterior e se essas diferenças são benéficas ou prejudiciais e a quem.

PERCEPÇÕES DO GOVERNO EM GERAL

Embora me arrisque a generalizar demais, acho que o povo de Bukiran, qualquer que seja a classe socioeconômica, tem visto o governo, nas últimas três ou quatro décadas, de duas maneiras um tanto conflitantes. A primeira percebe o governo, seja no nível municipal, seja no nacional, dominado pelos setores mais ricos da sociedade, em grande parte beneficiados por ele. Mesmo quando certas leis e políticas deveriam ajudar camponeses, trabalhadores e outros de meios e poder modestos, os mais abastados frequentemente influenciaram a seu favor a implementação. A maioria dos moradores de Bukiran evita interagir com autoridades do governo porque essas ocasiões costumam significar consequências negativas ou, mesmo quando se obtém algum benefício, um certo grau de humilhação e embaraço por estar diante de pessoas mais poderosas e prestigiadas. As exceções são os que gozam de condições financeiras relativamente boas e/ou de algum prestígio (por exemplo, líder comunitário, professor, diretor da escola e sacerdote).

A outra visão é a de que, potencialmente, o governo pode ajudar camponeses, trabalhadores e outros que vivam com dificuldade (*mga mahirap*). Essa ajuda deveria ser à custa da minoria remediada. Os caminhos para solicitar tais benefícios incluem apelos pessoais, ligações clientelistas e pressão. Não sei desde quando esse ponto de vista existe na história de Bukiran, mas ele data pelo menos das décadas de 1930 e 1940, quando os camponeses, principalmente os meeiros organizados, pressionaram cada vez mais os órgãos e as autoridades do governo para resolver os problemas que tinham com os donos da terra.

Esses dois pontos de vista, muitas vezes simultâneos na mesma pessoa, são ilustrados pela luta entre 25 meeiros e os donos da terra na década de 1960. O problema era se o proprietário podia expulsar legalmente os meeiros para usar métodos mecanizados no cultivo de *palay*. Ele afirmava ter esse direito em virtude do direito de propriedade, das leis relativas às relações entre proprietário e meeiro e do desejo do governo de aumentar a produção de arroz. Por sua vez, os meeiros argumentavam que tinham direito a seu meio de vida, que se tornaria impossível caso fossem expulsos da terra, e que as leis protegiam esse direito. Além disso, afirmavam, a mecanização não era mais produtiva do que o sistema de produção meeira. Os meeiros envolvidos sabiam que o proprietário, por ser rico e pertencer a uma família importante de Nueva Ecija, tinha considerável influência (*malakas*) nos círculos governamentais e, consequentemente, seria difícil que eles vencessem a contenda. Por essa razão, vários acabaram evitando o confronto, fizeram acordo com o proprietário e foram embora. Outros, contudo, foram em frente, na esperança ou crença de que o tribunal os favoreceria.

Um dos indícios do comedido otimismo, como vários notaram, era o fato de os advogados que os representavam pertencerem ao órgão do governo que supervisionava as condições de arrendamento da terra. Com exceção de um, a meia dúzia de advogados envolvidos no caso naquela década, de acordo com os meeiros, era inteligente e meticulosa e estava do lado deles. Seu serviço, por si só, resultava de esforços anteriores das organizações camponesas do centro de Luzon para obter proteção do governo contra os excessos dos proprietários. Enquanto esperavam que o tribunal decidisse a questão da expulsão, esses meeiros obtiveram pequenas vitórias envolvendo as taxas de irrigação e a forma de divisão de custos e produção. Essas vitórias deram-lhes mais razões para ter esperanças.

Enquanto isso, o proprietário imaginou que a lei estava a seu lado — pelo menos naquela época. Mas ficou irritado por ser impedido de expulsar imediatamente os meeiros. Para ele, o governo estava se intrometendo nas relações entre arrendador e arrendatário. Na verdade, o medo de que uma reforma agrária abrangente acabasse por evitar todas as expulsões e exigisse dos proprietários que cedessem a terra aos arrendatários era razão importante para que se decidissem pelo cultivo mecanizado.

A decisão do tribunal de recursos foi tomada em 1970. Os meeiros perderam. Zangados, mas incapazes de continuar a se opor, tentaram explicar a derrota. Alguns concluíram que o proprietário subornara os juízes durante o processo, outros acreditavam que comprara um dos advogados. Mas, apesar da amargura que ainda sentem ao recordar como embalaram seus pertences e saíram das casas — alguns forçados a abandonar para sempre a agricultura e tentar ganhar a vida com biscates e catando comida —, consolam-se ressaltando que, dois anos depois, durante a lei marcial, o governo proibiu todas as expulsões.

"O nosso caso", afirmou um dos meeiros, "ajudou outros camponeses, ainda que não tenhamos nos beneficiado. Espero que levem isso em conta."

Esse episódio também ilustra — e eis outra generalização — que indivíduos de várias classes socioeconômicas tendem a acreditar que o governo, nas últimas duas ou três décadas, tornou-se um pouquinho mais benéfico e receptivo em relação aos membros mais pobres da sociedade. Com certeza a mudança foi lenta. Pode até ser imperceptível para aqueles que só se recordam de poucos anos atrás. Mas para muitos em Bukiran, os camponeses, devido em parte à revolta *Huk*, tornaram-se, aos olhos do governo, quase iguais aos proprietários de terra e outros mais abastados e influentes. A igualdade nesse aspecto ainda não fora atingida às vésperas da lei marcial, mas a tendência era nessa direção.

A LEI MARCIAL EM COMPARAÇÃO

Para a maioria dos que moram em Bukiran ou estão envolvidos na política e na economia dos arredores, a lei marcial foi coerente com as generalizações anteriormente. Essa é uma das principais razões pelas quais a lei marcial não representou uma ruptura brusca com o passado recente.

A reforma agrária é uma das políticas que o povo associa à lei marcial. Três proprietários, cada um com mais de cem hectares (só parte deles em Bukiran), fazem objeções à lei marcial exatamente devido à reforma agrária. Eles se queixam de que o governo os obriga a vender "inconstitucionalmente" a terra que querem manter; mesmo quando se dispõem a vender, não obtêm o preço que merecem. Por trás dessas queixas está o argumento de que o governo "dá demais aos camponeses à nossa custa" e que tais políticas são "injustas e insustentáveis como sistema econômico baseado na propriedade privada". Um dos proprietários, que "perdeu" algumas centenas de hectares devido à reforma agrária, previu que, "no momento em que Marcos bater em retirada ou desaparecer por alguma razão, os donos da terra vão questionar a reforma agrária da lei marcial. Eu mesmo vou questioná-la e tentar recuperar minhas terras".

Enquanto isso, a maioria dos possíveis beneficiários da reforma aprova-a, assim como aprova a lei marcial, porque, como afirmou um meeiro de meia-idade, "sem a lei marcial não haveria reforma agrária". Para os meeiros e arrendatários, a reforma agrária atual significa que agora as expulsões são ilegais e/ou que podem comprar a terra que cultivam. "Só agora, depois da lei marcial, é que é ilegal o proprietário expulsar meeiros", enfatizou um meeiro de Bukiran. Outros corrigem dizendo que, embora antes fosse possível, era dificílimo impedir as expulsões. Agora é difícil o proprietário expulsar os meeiros porque as leis são mais claras e o governo os apoia. Os que perderam a causa que descrevi antes observaram que se a lei marcial tivesse sido imposta mais cedo ou se o processo se prolongasse, eles não teriam sido expulsos. Na verdade, três meeiros do mesmo proprietário foram "salvos" da expulsão, como dizem eles, pela reforma agrária sob a lei marcial. Eram os últimos meeiros do proprietário, que ele teria mandado embora caso a lei marcial não fosse decretada.

De acordo com muitos moradores de Bukiran, além da reforma agrária o governo da lei marcial fez outras coisas para ajudar os camponeses — "mais do que no período anterior", é como alguns aldeões resumem sua opinião. Os empréstimos sem garantias (o programa *Masagana-99*), a expansão da irrigação, que transformou em rotina duas safras anuais, e o reconhecimento do *Hukbalahap* são políticas que tanto pequenos proprietários quanto aldeões sem terra citam prontamente. Esse último, talvez, tenha quase a mesma importância da reforma agrária.

Depois da ocupação do Japão, o *Hukbalahap* não foi reconhecido oficialmente como organização guerrilheira antijaponesa. Na verdade, muitos ex-guerrilheiros e partidários do *Huk* foram presos e acusados de comunistas. Foi um período amargo para muitos de Bukiran e arredores. Ferdinand e Imelda Marcos, portanto, causaram boa impressão diante das antigas famílias do *Hukbalahap* em Bukiran quando anunciaram teatralmente, em 1977, que, nas palavras do veterano *Huk* da aldeia, "se algum grupo guerrilheiro resistiu com vigilância aos japoneses, foi o *Hukbalahap*".[13] Em consequência, os veteranos do *Hukbalahap* têm tecnicamente direito a benefícios médicos e educacionais limitados, mas os de Bukiran não esperam muito de nenhum dos dois — "Provavelmente morro antes de conseguir preencher os formulários do pedido", zombou um veterano. Mas não importa, disse ele: "O importante é simplesmente o reconhecimento que merecemos pelo que fizemos na época dos japoneses."

As autoridades e os órgãos do governo — em geral, agências locais dos ministérios nacionais, mas também o prefeito do município, o governador da província e seus respectivos gabinetes — continuam, como antes da lei marcial, a auxiliar os indivíduos e a comunidade na medida do "necessário". Durante a meia dúzia de anos anteriores à lei marcial, por exemplo, Bukiran recebeu um volume modesto de verbas, equipamento e material para ampliar a escola primária e construir uma pequena escola secundária (que atende também às comunidades vizinhas) e uma grande quadra de concreto que serve para secar *palay* e jogar basquete. Desde 1972, a comunidade recebeu alguns recursos do governo para construir mais salas de aula, um palco e uma caixa-d'água para a escola. Depois que um furacão destruiu ou danificou gravemente 50% das casas de Bukiran em outubro de 1978, as autoridades do governo local (como o prefeito e a agência municipal do Ministério de Governo Local e Desenvolvimento Comunitário—MGLDC) cederam verbas e material de construção para auxiliar cerca de 30 famílias a reformar ou reconstruir suas casas. Embora a ajuda fosse pequena, de entre 25 e cem pesos por família, e em nenhum caso suficiente para cobrir o custo completo da reconstrução, os que a receberam ficaram contentes, porque pouca gente esperava algum auxílio do governo.

A ajuda não costuma vir sem esforço por parte de indivíduos ou grupos. Era assim antes da lei marcial e assim continua a ser. Em geral, é o líder comunitário que precisa viajar até essa ou aquela autoridade municipal, provincial ou nacional para apresentar pedidos de construção de escolas, material escolar, melhoria nas estradas etc. Mesmo quando a verba requisitada vem de um fundo destinado a Bukiran (como percentual do imposto territorial do município), o líder comunitário tem de preencher incontáveis formulários, visitar numerosas autoridades e muitas vezes gastar o próprio dinheiro nessas viagens. "É frustrante, demorado e muito cansativo", queixou-se o atual líder comunitário. O processo não é mais fácil agora do que antes da lei marcial; na verdade, ele disse que "provavelmente é pior".

No caso do furacão do fim de 1978, vários grupos, de seis a dez pessoas cada, foram ao prefeito do município, às autoridades do MGLDC e até ao governador para pedir ajuda. Isso foi depois que souberam que o governo só ajudaria dez famílias em cada comunidade. O líder comunitário de Bukiran escolheu dez famílias necessitadas, mas outras também se sentiam justificadamente merecedoras.

"Não me incomodo que o governo não queira ajudar. Não esperava ajuda alguma", comentou um trabalhador sem terra cuja casa de bambu foi destruída pelo furacão. "Mas se o governo vai ajudar, devia ajudar todos os que estiverem em dificuldades, não só alguns."

Essa foi a justificativa que muitos usaram diante das autoridades, que acabaram convencidas e auxiliaram mais 20 famílias em Bukiran.

Os programas agrários, a ajuda para melhorar a infraestrutura da aldeia e o socorro depois do furacão combinam com a ideia de que o governo pode ajudar o aldeão local. A lei marcial reforçou isso. Ao mesmo tempo, essa ajuda, como antes da lei marcial, continua a ser pequena, pouco frequente e falha. Por exemplo, embora todos creditem à lei marcial a irrigação durante o ano todo que permite duas safras anuais de *palay* em vez de apenas uma, também não sabem dizer se sua situação é melhor. O custo do plantio aumentou muito, e a dupla colheita obriga o proprietário da terra a cobrir essa despesa duas vezes por ano, e não uma só. Para dar outro exemplo, o programa de crédito *Masagana-99*, garantido pelo governo, é uma ideia boa, no que todos os camponeses concordam. E 20 a 30 proprietários de terra de Bukiran conseguiram fazer empréstimos nos primeiros anos. Mas agora só oito ou 12 têm condições de obter o crédito. Os outros, tendo atrasado as prestações, não podem mais recebê-lo.

A reforma agrária promete que os arrendatários podem eventualmente acabar donos da terra, mas muitos que esperam felizes por essa possibilidade também temem não conseguir efetuar os 15 pagamentos anuais de amortização exigidos pelo governo. E caso atrasem o pagamento, o governo pode lhes confiscar a terra. Muitos preveem, meio a sério, meio brincando, que na verdade a reforma agrária é um plano para transformar as Filipinas num "país comunista" a longo prazo, porque o governo vai acabar dono de toda a terra.

Supostamente, o preço de venda do *palay* é fixado pela Secretaria Nacional de Grãos (SNG) para aumentar a renda dos camponeses, mas a implementação é falha. Poucos camponeses conseguem levar a safra aos celeiros da SNG para vendê-la a esse preço. Em vez disso, vendem a negociantes particulares que, por exemplo, em abril e maio de 1979, quando a safra de *palay* foi bastante boa, pagaram muito menos. Os aldeões ficaram furiosos, principalmente porque muitos tentavam recuperar os prejuízos sofridos na colheita anterior, quando o furacão danificou muito a safra quase madura. Culparam o governo e os compradores de *palay*, fazendo comentários como "Marcos diz que o governo ajuda os camponeses, mas como, se temos de vender o quilo de *palay* por menos de um peso?" "Isso [o preço garantido do *palay*] não vale nada; o governo ainda está em falta."

A lei marcial também corresponde à noção de que o governo, em grande parte, é controlado pelos mais aquinhoados. Embora a média das famílias receba algum benefício — talvez até mais do que antes da lei marcial —, os ricos e poderosos continuam a mandar no governo e ganham mais com ele.

Até os grandes proprietários de terras que afirmam que o governo agora é mais favorável aos camponeses do que antes admitem que continuam a ter influência e acesso às autoridades. Um desses, por exemplo, contou como ele e vários grandes proprietários insistiram com o ministro da Reforma Agrária para que abandonasse a fórmula de avaliação da terra que o decreto original da reforma estipulava.[14] O ministério acabou concordando e autorizou proprietários e arrendatários a negociarem o preço da terra. Desde então, o preço da terra da reforma agrária, na área de Bukiran, ficou entre nove e onze mil pesos por hectare, perto do que os proprietários pediam a princípio, mais do dobro do que os arrendatários queriam pagar e o triplo do que seria o preço de acordo com a fórmula do decreto.

O suborno e os contatos pessoais continuam a ser formas importantes de influenciar o governo ou de ter acesso a ele. Os camponeses e trabalhadores fazem isso, mas seus meios são escassos quando comparados aos mais aquinhoados e com melhores "relações". Aqueles conseguem juntar cinco, dez, até mesmo 50 pesos caso seja absolutamente necessário subornar um funcionário público ou um sargento da Polícia Militar. Enquanto isso, os mais aquinhoados fazem o mesmo, mas dinheiro não lhes falta. Além disso, os ricos podem arranjar prontamente mais dinheiro para provocar ações que tornem possível um bom retorno. Por exemplo, um morador de Bukiran que às vezes dirige o caminhão de madeira da serraria tem de pagar três ou quatro pesos a cada "posto de vistoria" da Polícia Militar, numa estrada de várias centenas de quilômetros, para manter o caminhão rodando e, assim, ganhar 20 ou 30 pesos por viagem. Entretanto, às vezes o dono da empresa paga a oficiais mais graduados da PM várias centenas e até milhares de pesos para continuar no negócio. Mas o que ele ganha é lucrativo, o que se evidencia pelos vários milhões de pesos que vale a empresa e por seus carros Mercedes-Benz e as casas luxuosas em Bulacan e Manila.

Os camponeses que quiserem vender o *palay* pelo preço "garantido" pelo governo têm de pagar alguém para transportar o grão até o celeiro da Secretaria Nacional de Grãos mais próximo (a vários quilômetros de Bukiran), esperar um dia ou mais na fila e subornar os funcionários da SNG que pesam e classificam o *palay*. Poucos em Bukiran podem pagar por isso. Enquanto isso, uma das famílias mais ricas da comunidade, que possui 25 hectares cultivados com máquinas e mão de obra contratada, tem um parente próximo que administra um posto da SNG num município vizinho. Depois da colheita de abril e maio de 1979, a família conseguiu que o parente mandasse a Bukiran um caminhão da secretaria para buscar várias centenas de sacos de *palay* e a família recebeu o preço máximo.

O Banco Rural da cidade mais próxima de Bukiran parece estar ganhando bem com o programa de empréstimos *Masagana-99* do governo, em virtude dos juros e das taxas cobrados dos camponeses que recebem o dinheiro.[15] Além disso, os donos do banco, principalmente duas famílias ricas da elite local, parecem beneficiar-se de outra forma.

Quando um camponês é aprovado para receber um empréstimo do *Masagana-99*, recebe parte em dinheiro e parte em "títulos", documentos assinados e selados pelo funcionário do banco. O camponês usa-os para comprar fertilizante, herbicidas e inseticidas na loja especificada no documento. A loja, por sua vez, troca os títulos no banco por dinheiro.

A loja especificada nos títulos desse banco em particular costuma ser a que pertence às famílias que controlam o banco, muito embora, de acordo com os regulamentos do *Masagana-99*, essa vinculação (*sabwat*, *kabit*) seja ilegal. Se continua porque os funcionários são subornados, porque as famílias envolvidas têm boas relações ou porque o governo não investiga nem impõe o cumprimento das regras, não consegui descobrir. As três hipóteses são possíveis.

Os camponeses e trabalhadores sabem que essa iniquidade e os negócios escusos continuam durante a lei marcial. Por exemplo, minha mulher e eu soubemos da vinculação entre o Banco Rural e a loja de adubos por meio de vários agricultores arrendatários que estavam perto da loja aguardando o fertilizante que tinham encomendado. (Confirmaram mais tarde a história os funcionários do Escritório do Setor Agrícola lotados no Banco Rural para ajudar a verificar a documentação dos empréstimos do *Masagana-99*)[16]. Da cerca de uma dúzia de homens e mulheres com quem conversamos naquele dia, vários xingavam os que cuidavam da loja, a uma distância segura para não ser ouvidos. Entretanto, não estavam zangados com a ligação ilegal, mas com a demora. Muitos esperavam há horas. Mas alguns homens sugeriram que alguém, talvez os funcionários da *Samahang Nayon*, deveria queixar-se da ilegalidade.[17]

"Que nada", resmungou outro. "A *Samahang Nayon* é fraca. Além disso, a Sra. Bulos [gerente do banco] vai acabar descobrindo quem começou a se queixar e aí, da próxima vez, não vai aprovar o pedido de empréstimo dele."

Outro camarada, com um sorriso a se insinuar no rosto estreito, divertiu a todos com um trocadilho:

"Não é *Samahang Nayon*. É *masama ngayon* (agora tempo ruim)."

Ao insistir na discussão sobre o Banco Rural e o significado de *masama ngayon*, soube que esses arrendatários não se zangavam com a vinculação porque "é assim que são os ricos e o governo". Nesse aspecto, a "Nova Sociedade não é nova". E o fato de que a situação é *masama* (ruim) também não é novo.

DISCUSSÃO

O episódio exemplifica muitas conversas e observações que tentei entender. A reação das pessoas indica aceitação, no sentido de abraçar o governo atual e, em geral, o período da lei marcial? Acho que não, porque muitos — e penso especialmente nos dois terços mais pobres de Bukiran e arredores — não gostam tanto das condições atuais. A piada supracitada mostra isso. Prefeririam ter mais dinheiro, comer melhor, mandar os filhos para a escola secundária e a faculdade, mais disso e mais daquilo. Mas, dizem, conseguir isso é difícil e talvez impossível, pelo menos para todos. Só alguns conseguem "subir" (*umasenso*) a escada socioeconômica. Os que não conseguem não culpam necessariamente os outros; com certeza, não culpam automaticamente os ricos nem o governo. Na verdade, muitos culpam a si mesmos ou simplesmente a má sorte.[18]

A intimidação e o medo impedem que se demonstre oposição? Com certeza esse é um dos aspectos, como indicam os comentários dos que esperavam na loja de adubos. Enquanto estive em Bukiran, ouvi muitas queixas sobre o preço baixo do *palay* e afirmações de que o governo deveria garantir preços mais altos. Mas quando alguém sugeriu que mandassem uma comissão até uma agência do governo em Cabanatuan para se queixar, outros se recusaram, exprimindo o medo de que as autoridades do governo considerassem que isso era um protesto e prendessem os queixosos. Todos sabem que, logo depois de declarada a lei marcial, várias pessoas de Nueva Ecija foram presas devido ao envolvimento com a *Masaka*, organização de camponeses que defendia a reforma agrária.[19]

Entretanto, a repressão não é nova para o povo de Bukiran. Nos arredores, de acordo com um ex-líder da *Masaka*, muitos se recusaram a atuar nessa organização mesmo quando era legal, porque temiam problemas com o governo ou com os donos da terra. Durante a década de 1940, a repressão do governo e dos proprietários era muito pior. Na verdade, foi essa uma das razões para muitos se revoltarem.[20]

Por outro lado, o povo não se tornou completamente dócil durante a lei marcial. As comissões que procuraram autoridades do governo para obter ajuda na época do furacão são um exemplo. Outro foi a vez em que meia dúzia de agricultores procurou a agência municipal da Secretaria Nacional de Irrigação (SNI) e insistiu que um grande rompimento do canal de irrigação fosse consertado para que pudessem inundar os lotes e preparar a terra para o plantio. Embora tenham sido necessárias várias visitas dos agricultores afetados, alguns dos quais ficaram muito irritados com a SNI por nada fazer durante tanto tempo, o canal foi reparado.

Suspeito que, se as condições de vida fossem piores, o povo mostraria sua raiva, com ou sem intimidação. Nessas condições, os culpados seriam bem mais visíveis do que hoje e o povo se sentiria mais justificado para falar e agir. Do jeito que as coisas estão agora — e, ao que parece, são assim desde antes da lei marcial —, a situação não é tão grave.

Está implícita aqui a resignação ou aceitação condicional do governo e da situação em geral. Em parte, isso se baseia na expectativa limitada do povo. As pessoas não sentem que têm direito a mais. Não consigo comprovar isso além das generalizações que já fiz sobre a ideia que se faz do governo; indivíduos das classes socioeconômicas média e baixa disseram o mesmo. Com certeza essa conclusão hesitante exige mais pesquisas. E mesmo que seja correta agora, isso não significa que a situação assim permanecerá para sempre. Circunstâncias diferentes podem criar outras opiniões e expectativas novas.

O que posso fazer aqui é discutir os aspectos "condicionais" dessa resignação: paz ou ausência de torvelinho, exigências apenas moderadas do governo e dos mais ricos e uma situação econômica que permite pelo menos a subsistência das famílias com alguma esperança de melhoria.

PAZ RELATIVA

Para entender a importância da lei marcial para Bukiran, é preciso levar em conta que, para praticamente todos os que têm mais de 40 anos, a ocupação japonesa e a revolta *Huk* ainda estão vivas na lembrança. As palavras mais usadas para descrever aquele período são torvelinho e desordem (*gulo*), luta e morte (*labanan*, *patayan*), com exigências pesadas e rigorosas (*mabigat*, *mabagsik*) impostas a eles por autoridades do governo, soldados e exércitos particulares. A maioria das famílias, fossem elas atuantes, partidárias, contrárias ou indiferentes ao *Hukbalahap* (durante a ocupação japonesa) ou, depois, ao movimento *Huk*, viveu a agonia de separar-se de parentes próximos, o sofrimento de ver seus membros mortos ou agredidos fisicamente e a incerteza e o risco de seu meio de vida. Muitos tiveram de trabalhar de graça para o governo controlado pelos japoneses, dar alimentos e roupas a soldados e guerrilheiros e obedecer (ou ignorar sub-repticiamente, correndo risco de vida) as regras e ordens impostas pelo governo e pelo *Huk*. Embora hoje muitos se orgulhem prontamente do que fizeram os *Huks*, ninguém minimiza o sofrimento e a confusão daquela década. Eles e outros contrastam aquele período com a "paz" (e usam muitas vezes a palavra inglesa *peacetime*) que o precedeu e a paz e a calma relativas (*tahimik*, *katahimikan*) que se seguiram.

A lei marcial não é como aquela época. É mais parecida com a década de 1960. Na verdade, em Bukiran muitos dizem que a vida é mais pacífica sob a lei marcial do que durante os três ou quatro anos que a precederam, quando o *gulo* crescia de novo. Em 1970-71, dois homens foram alvejados e mortos em Bukiran, um na frente da igreja católica na Semana Santa e outro pelo policial municipal lotado na aldeia. No início de 1972, uma bomba explodiu durante um baile na praça municipal e matou seis pessoas, inclusive dois policiais. Entre 1970 e 1972, pelo menos dez famílias de Bukiran tiveram um *carabao* ou mais roubados, alguns sob a mira das armas. De acordo com vários moradores, um grupo de ladrões de gado foi organizado ou protegido pelo prefeito ou, pelo menos, por pessoas próximas dele. Esse grupo discordava de outros ladrões, supostamente aliados dos rivais do prefeito. O conflito entre os grupos, de acordo com moradores de Bukiran, resultou em tiroteios e mortes. Havia também os *polis talahib* (literalmente, polícia no capim-elefante). Eram homens armados contratados por rivais políticos e comerciais. A competição pelos cargos eletivos municipais, provinciais e nacionais ficou tão intensa no fim da década de 1960 e início da de 1970 que os adversários e os líderes dos partidos políticos usavam *polis talahib* para intimidar os eleitores, transformando as campanhas eleitorais em épocas perigosas.

A lei marcial reduziu drasticamente o crescente torvelinho. "Não há mais *polis talahib*", "Marcos recolheu todas as armas", "Nenhum *carabao* foi roubado durante a lei marcial". Também não houve mais eleições. Em Bukiran, muitos, em todo o espectro socioeconômico, ainda dizem que não ter eleições é preferível à situação anterior.

"Sei que sem eleições", raciocinou um agricultor arrendatário, "é difícil remover autoridades ruins ou incompetentes. Mas se tiver de escolher entre uma comunidade pacífica e eleições que dividem o povo e causam confusão e violência, prefiro a paz. Que Marcos escolha os prefeitos, os governadores e até os líderes comunitários."

Esse sentimento também ficou claro no início de 1979, quando circulou o boato de que Marcos poderia convocar eleições para as autoridades comunitárias e municipais. Até os poucos favoráveis às eleições com quem conversei temiam que elas voltassem a promover a tensão e a violência. Quando Marcos finalmente decidiu-se contra as eleições, ninguém, pelo menos até onde eu e minha mulher sabemos, ficou muito desapontado.

Evitar eleições não é considerado a mesma coisa que abdicar da democracia. Em vez disso, é um passo rumo a uma comunidade mais pacífica que se afaste da situação que começava a lembrar períodos anteriores e mais violentos. Sinto que o povo não iguala necessariamente eleição a democracia, assim como não iguala lei marcial a autoritarismo ou ditadura. O lado positivo das eleições de que o povo se recorda, principalmente os dois terços inferiores da sociedade de Bukiran, são os brindes de candidatos e cabos eleitorais. Um pequeno proprietário de terras que foi líder da aldeia por um dos dois partidos políticos disse:

> As pessoas no meio, as que não se identificavam como liberais nem nacionalistas, costumavam prometer o voto a um candidato para receber dinheiro e depois se viravam e prometiam o mesmo voto ao adversário para ganhar outra coisa. Foi divertido até que os candidatos — não para os cargos comunitários, mas para prefeito e daí para cima — começaram a usar métodos violentos em vez de favores para ganhar votos.

EXIGÊNCIAS LIMITADAS

Sob a lei marcial, o governo exigiu do povo tempo, trabalho e dinheiro. Mas para a maioria do povo essas exigências foram moderadas, muitas vezes flexíveis, comparáveis às de antes da lei marcial e muito menos do que era exigido por autoridades do governo, soldados e capangas dos mais abastados na década de 1940. Os únicos indivíduos que conheço que rejeitariam essa comparação são os grandes proprietários que afirmam que o governo está lhes confiscando as terras.

Um incidente de março de 1979 ilustra minha tese. O povo de Bukiran soube que o Ministério de Governo Local e Desenvolvimento Comunitário e, em última instância, o próprio presidente Marcos pediriam a todas as comunidades que criassem quatro brigadas: "defesa", "ajuda de emergência", "auxílio às mulheres" e "serviço comunitário". Cada uma delas seria formada por duas dúzias de indivíduos que frequentariam seminários de treinamento de vários dias, dados por funcionários locais do ministério, com reuniões que se prolongariam pela noite e prática de ordem unida e outros exercícios físicos. Enquanto as brigadas se formavam e a aldeia fervilhava de conversas sobre a notícia, todos ficaram com muito medo de ser obrigados a pertencer a uma delas, a marchar e comparecer àqueles longos seminários quando, em sua opinião, não tinham capacidade, força nem tempo para isso. Circularam boatos de que alguém numa comunidade distante chegou a morrer de exaustão durante as marchas. Outra notícia era a de que quem se recusasse a entrar numa brigada seria punido pelas autoridades municipais. Como as brigadas coincidiram com notícias de rádio sobre a guerra entre Vietnã e China e como o treinamento enfatizava marchar — "para ensinar disciplina", era o que diziam —, o povo lembrou-se da ocupação japonesa e começou a temer que o objetivo das brigadas fosse preparar-se para a invasão dos "comunistas do Vietnã ou da China". Outros acreditaram que o governo exigiria que as brigadas angariassem apoio para "Marcos, a primeira-dama e a lei marcial" e delatassem às autoridades os que se queixassem de um desses três.

Entretanto, dali a poucos dias o temor da maioria se amainou. Ninguém foi obrigado a entrar nas brigadas; alguns que entraram saíram mais tarde, porque tinham de trabalhar ou estavam cansados de se reunir e marchar; e os funcionários do ministério e do gabinete do prefeito mal apareceram. Na verdade, muita gente se divertiu com a história toda. Os membros das brigadas acharam que aprendiam alguma coisa (ainda que fosse apenas marchar em formação) e passaram a se orgulhar do treinamento quando surgiu uma competição amistosa entre os grupos. Enquanto isso, outros aldeões, com tempo livre porque estavam no período ocioso entre o plantio e a colheita, gostavam de congregar-se na praça da aldeia, ostensivamente para assistir às brigadas e sua paródia, mas na verdade para socializar. Durante várias noites, a praça se transformou no melhor lugar da aldeia. Ali todos se juntavam para fumar e conversar enquanto espiavam equipes de jovens jogando à luz da lua. As lojinhas da área ficavam abertas até mais tarde para vender petiscos, doces, cigarros, bebidas e refrigerantes. O clima, como observaram muitos, era "como de festa".

Dali a alguns dias, os comandantes das brigadas e o líder comunitário fizeram a "formatura". Foi outro evento que atraiu 300 ou 400 pessoas para assistir aos parentes e amigos, agora vestidos com camisetas novas que traziam, pintado a estêncil, o nome da brigada, desfilar em formação e subir ao palanque para receber o "diploma".

Então, devidamente treinadas e formadas, as brigadas feneceram. A colheita de *palay* começava em abril e preocupava a quase todos. Em maio as brigadas estavam praticamente esquecidas. Algumas vezes, pouco depois da graduação, alguns integrantes de uma delas denunciaram ao líder comunitário um jogo de cartas ilegal em andamento. Ele pediu com relutância que os jogadores parassem, o que aconteceu. Entretanto, alguns dias depois os frequentadores do carteado foram jogar numa comunidade vizinha. Do mesmo modo, os grupos de bebedores que tinham sumido das ruas e da frente das lojas durante o treinamento das brigadas, porque uma das leis cujo cumprimento os novos grupos deveriam observar era "é proibido beber em público", acabaram reaparecendo e podiam ser ouvidos a cantar tarde da noite.

A experiência das brigadas recordou outros projetos que exigiram tempo e mão de obra dos aldeões. Mais para o início da lei marcial, houve "projetos de embelezamento da comunidade", "seminários da comunidade" e "patrulhas da comunidade". Antes da lei marcial, houve a "operação saneamento" e a "operação nutrição". Todas, como se costumava dizer, vinham "de fora" ou "de cima", ou seja, de algum órgão do governo que agia por meio do conselho e do líder comunitários de Bukiran.

Muita gente, embora nem todo mundo e com certeza não sem se queixar, atende a essas convocações ocasionais. O possível benefício da aldeia é uma das razões, mas provavelmente o mais importante são as oportunidades de socialização e recreação e às obrigações devidas a parentes e amigos que pedem a colaboração. O medo também é um fator, como, a princípio, nas brigadas. Por exemplo, contaram-me que vários moradores apenas concordaram em instalar vasos sanitários de concreto em 1971 quando souberam que os que se recusassem poderiam ser presos.

O fato de esses projetos terem vida curta é mais um incentivo à participação. Por exemplo, todos perceberam rapidamente que as brigadas ficariam inativas assim que o treinamento terminasse. Os projetos de embelezamento são rápidos e só exigem um dia ou dois. As equipes de "policiamento" criadas no início da lei marcial começaram fazendo patrulhas noturnas com homens de todos os bairros, mas em poucas semanas tornaram-se irregulares e aos poucos se transformaram na "patrulha do cafezinho". Depois de uma rápida caminhada pela vizinhança, os patrulheiros se reuniam na casa de alguém para conversar, fumar e tomar café. Logo as patrulhas cessaram completamente.

Isso me leva ao que, creio eu, é uma característica importantíssima que a lei marcial tem em comum com o período anterior. As leis e exigências vindas de fora não são estritamente cumpridas; há sempre uma certa folga. Quando o líder comunitário isentou muita gente do treinamento nas brigadas, parece que nenhuma autoridade superior fez objeção. Depois que alguns aldeões se recusaram a participar de um projeto de embelezamento em 1979, nada lhes aconteceu além do leve ostracismo imposto por alguns vizinhos. Naquele programa de saneamento anterior à lei marcial, não houve sanções contra os que não compraram os vasos especificados.

Outros exemplos são mais significativos. O imposto territorial, que os proprietários, pequenos ou grandes, admitem ser modesto, não é pago com muita frequência em Bukiran e arredores, segundo os registros tributários municipais. Muitos dos que estão em atraso explicam simplesmente que preferem gastar o dinheiro em coisas mais urgentes. Os que pagam não o fazem por temer penalidades impostas pelo governo, já que o órgão responsável pela receita raramente cobra os proprietários pequenos e inadimplentes, mas por outras razões.[21] Se quiserem usar a terra como garantia de empréstimos bancários, precisam apresentar o nada-consta que assevera estarem em dia com os impostos. E no caso de um título de propriedade questionado na Justiça, a parte que tiver os recibos do pagamento dos impostos tem prioridade sobre os rivais.

Muitos camponeses devem dinheiro ao governo ou a instituições ligadas ao governo, mas poucos pagam. Dos dez arrendatários que conheço que agora deveriam estar pagando parcelas anuais de amortização (numa média de mil pesos por hectare) ao Banco da Terra, pertencente ao governo, só um paga. Até agora, o Banco da Terra não mandou alguém cobrar. Cerca de 20 famílias camponesas devem 500 ou mais pesos cada uma ao programa *Masagana-99* (na maioria dos casos, pagáveis a um banco rural). Embora não possam mais pedir empréstimos ao fundo, não sofreram outras consequências. Alguns se preocuparam ao ouvir dizer que o Banco Rural processara alguns camponeses de outras comunidades. No entanto, a maioria demonstra pouca preocupação e acredita que o governo percebe que os inadimplentes são pobres e, além disso, que o governo tem pouco tempo, dinheiro e pessoal para correr atrás de milhares de pessoas em Nueva Ecija e outras províncias que devem prestações atrasadas ao *Masagana-99*.

O único órgão do governo que recebe regularmente o dinheiro que moradores de Bukiran lhe devem é a Secretaria Nacional de Irrigação, cujos cobradores exigem que os usuários paguem após cada colheita. Embora os usuários se queixem de que a taxa é elevada demais, a maioria paga. Eles dão valor à água da irrigação; além disso, seria embaraçoso dizer não ao cobrador da SNI estando frente a frente com ele.

No entanto, até a SNI mostra o que o povo chama de "consideração". Os camponeses inadimplentes há três ou mais estações mas que afirmam simplesmente não poder pagar continuam recebendo água. Outro exemplo é que, depois daquele forte furacão que prejudicou a safra de 1978, o presidente Marcos anunciou que a SNI permitiria aos usuários adiar por seis meses o pagamento da irrigação.

Finalmente, com respeito às exigências, é significativo que, no fim da década de 1970, as Forças Armadas e a polícia não são mais tão importantes em Bukiran e arredores como eram antes da lei marcial. Embora alguns moradores achem que as autoridades desinformadas são mais arrogantes (*mayabang*) do que antes, em geral os aldeões não têm animosidade maior contra soldados e policiais e não se sentem mais ameaçados por eles do que antes. E, como antes, o país não tem serviço militar obrigatório. Os poucos naturais da região que entraram para as Forças Armadas nos últimos anos fizeram-no na esperança de escapar das parcas possibilidades econômicas de Bukiran.

ECONOMIA

Uma visão geral das duas últimas décadas mostra algumas tendências importantes da economia. Uma delas é que a agricultura é cada vez mais comercial. Vender mais *palay* em troca de dinheiro e lucro virou tema constante da história da região no século XX. O mais notável nos últimos 20 anos é que o dinheiro também ficou cada vez mais importante para cultivar *palay*. Antes, tanto proprietários quanto meeiros precisavam de pouco capital para plantar a safra. As principais exceções eram os poucos grandes proprietários que, na década de 1950, começaram a se mecanizar, a usar adubo químico e a investir em tratores, caminhões e colheitadeiras. Nos anos mais recentes, praticamente todos os agricultores tiveram de dar um jeito de conseguir capital para continuar plantando.

Entre as principais explicações, estão: (1) a substituição das "antigas" sementes de *palay* pelas "novas sementes", como dizem os moradores de Bukiran (*bagong binhi*, vindas quase exclusivamente do International Rice Research Institute [Instituto Internacional de Pesquisa do Arroz]) e (2) o esforço do governo nacional para tornar as Filipinas autossuficientes nessa cultura. Essa fase mais recente da agricultura comercial começou em meados da década de 1960, tomou ímpeto mais para o fim da década e início da seguinte e, pelo menos na região de Bukiran, acelerou-se durante a lei marcial com o término da construção da Barragem de Pantabangan, em 1975. Como a água dessa imensa barragem é liberada em dois ciclos por ano, os produtores de *palay* têm de plantar variedades que amadureçam em 80 a 120 dias, o que praticamente obrigou todos a plantar as novas sementes.

A segunda tendência, não sem relação com a primeira, inclui as mudanças de meio de vida: a passagem do cultivo a meias, em que a terra é cedida em troca de parte da colheita, para o arrendamento com valor fixo e, recentemente, para o arrendamento com amortização; o aumento da percentagem de famílias que não têm terra agricultável e dependem principalmente do trabalho assalariado, geralmente sazonal, nos setores agrícola e não agrícola; e a proporção crescente das famílias com terra que têm um ou mais membros assalariados.

Embora seja difícil generalizar as consequências, meu esforço para entender essas tendências leva-me a pensar que as condições de vida são onerosas para os muito pobres que assim se mantêm há uma década ou mesmo há uma ou duas gerações, mas que a situação não se deteriorou drasticamente para a maioria das famílias (embora tenha havido um certo declínio) e pode estar melhorando para algumas, enquanto segue sem esperanças para outras.

Um indicador útil das condições de vida é que cerca de dois terços das famílias de Bukiran atendem apenas à necessidade básica de comida (uma dieta principalmente de arroz e hortaliças), roupa (apenas algumas mudas por pessoa) e habitação (casas baratas, pequenas e com muitos moradores), com pouco ou nada de reserva para instrução e emergências. Muitos dessa maioria são trabalhadores agrícolas sazonais e operários da construção civil, mas há alguns pequenos proprietários de terra. Ter acesso à terra não é garantia contra a pobreza.

Para muitos em Bukiran, os maiores problemas são dinheiro de menos e escassez de empregos. A avaliação mais comum dos que têm padrão de vida pobre ou moderado, sejam trabalhadores sem terra, sejam agricultores arrendatários, é que, em termos econômicos, todos "giram, giram e não chegam a lugar algum". Um trabalhador agrícola observou, por exemplo, que "a diária subiu nos últimos anos, mas os preços também, então a gente não avança". Um arrendatário que trabalha na terra há mais de 30 anos disse:

"É verdade, plantamos e colhemos mais *palay* do que antes, mas não ficamos menos pobres. Quanto mais plantamos, de mais capital precisamos, e assim temos de pedir mais empréstimos. Basta uma safra ruim, uma tempestade forte ou um exército de ratos e ficamos com dívidas até o pescoço durante muito tempo. Quando conseguimos nos recuperar, outro desastre acontece."

Um homem que trabalha na colheita e, quando possível, como carpinteiro explicou por que ele e a família continuam vivendo praticamente da mão para a boca:

"Muito embora a gente colha duas vezes mais e talvez leve para casa duas vezes mais sacas de *palay*, não vivemos melhor porque os preços subiram a mesma coisa. Hoje não podemos comprar mais do que há 20 anos, mesmo que tenhamos mais dinheiro." Essas observações acompanham a tendência dos salários, preços e das despesas de produção de *palay*.

De acordo com os moradores, a paga do trabalho agrícola e não agrícola vem subindo desde meados da década de 1960; o mesmo é indicado pelos dados regionais do centro de Luzon para a mão de obra contratada no cultivo de *palay*. Falando em termos gerais, os salários subiram duas ou três vezes entre o início ou os meados da década de 1960 e 1978-79.[22] Esse aumento afetou aproximadamente metade das famílias de Bukiran.

O preço que os aldeões obtêm ao vender o *palay* é outro indicador da situação financeira. Como tanto os que têm terra quanto os que não têm (que ganham *palay* como pagamento na colheita) possuem grão para vender, o preço do *palay* afeta diretamente cerca de três quartos das famílias de Bukiran. É claro que alguns vendem centenas de sacas, enquanto muitos vendem apenas 5 a 20. O preço de venda típico do *palay* em meados da década de 1960 ficava entre 13 e 15 pesos o *cavan* (com cerca de 44 quilos cada). Em 1969-70, o preço subira levemente para 15 a 17 pesos o *cavan*. Em 1973, o preço saltara para quase 20, e em 1975-76 cada *cavan* (que hoje costuma pesar 50 quilos) custava cerca de 45 pesos. Em 1978-79, P

50,00 por saca (ou 1 peso por quilo) era o preço típico que a maioria dos vendedores de Bukiran recebia. Em resumo, o preço do *palay* subiu cerca de 330% entre meados da década de 1960 e o fim da de 1970, quase o mesmo aumento refletido nos preços do *palay* no centro de Luzon.[23]

Contudo, o aumento dos rendimentos foi consumido pelos preços mais altos. O resumo do que as pessoas recordam dos preços ao consumidor de mercadorias selecionadas compradas com frequência pelos dois terços mais pobres das famílias de Bukiran mostra aumento bem definido (Tabela 1). Isso e as queixas populares sobre o aumento do custo de vida são compatíveis com o "índice de preços ao consumidor" do centro de Luzon. O índice de preços de todos os itens (combustível, água, moradia, roupa, comida e outros) subiu de 100, em 1965, para 381, em 1978; no caso somente da comida, o índice subiu de 100 para 395.[24]

Tabela 1
Alguns preços pagos por moradores de Bukiran

Arroz	1969-70: P 0,63/kg a 0,75/kg
	1978-79: P 2,10/kg a 2,20/kg
Pasta de peixe (*bagoong*)	1963-64: P 0,20/lata
	1978-79: P 1,00/lata
Molho de peixe (*patis*)	1963-64: P 0,15/garrafa
	1978-79: P 1,00/garrafa
Pãozinho (*pandesal*)	1968: P 0,10 cada
	1978-79: P 0,30 cada
Palha para telhado	1966-67: P 70/casa de dois quartos
	1979: P 180/mesma casa de dois quartos
Cigarros	1970: P 0,30 a 0,50/maço
	1978-79: P 1,00 a 1,20/maço
Fósforos	1969-70: P 0,05/caixa
	1978-79: P 0,15/caixa

Tabela 2
Despesa típica e receita bruta dos meeiros de Bukiran em 1969-70 e 1978-79

Despesas	1969-70	1978-79	Aumento (Redução)
Sementes	0,8 *cavans*/ha	2 *cavans*/ha	2,5
Transplante de mudas	P 45/ha	P 130/ha	2,9
Preparação da terra	P 40/ha	P 200-300/ha	5,0-7,5
Fertilizante	P 22/saca	P 70-80/saca	3,0-3,6
Inseticidas, herbicidas	—	P 40/vasilhame	
Contratação de mão de obra	P 4/dia	P 8/dia	2,0
Taxa de irrigação	P 24/ha	P 137-227/ha	5,7-9,5
Juros	25-50%/estação	25-50%/estação	zero
Colheita	9% do bruto	12,5% do bruto	1,4
Arrendamento	9-12 *cavans*/ha	0,19 *cavans*/ha	(infinito)-2,1
Receita bruta			
Produtividade	50-60 *cavans*/ha	60-80 *cavans*/ha	1,2-1,6
Preço de venda do *palay*	P 15/*cavan*	P 50/*cavan*	3,3

Outra maneira de ilustrar por que a receita mais alta não significa necessariamente melhores condições de vida é examinar rapidamente os custos e a produtividade do *palay*. Durante a última década, a produtividade aumentou em Nueva Ecija. Por exemplo, a média da província no fim da década de 1960 era de 40 e poucos *cavans* por hectare e em 1977-78, de 62.[25] Embora não haja estatísticas disponíveis sobre Bukiran e arredores, os camponeses e as autoridades agrícolas locais descrevem a mesma tendência: enquanto na década de 1960 a produtividade média era de 50 *cavans* por hectare, a faixa mais frequente agora é de 65-85 *cavans* por hectare.

Entretanto, as despesas também subiram. Para ilustrar, a Tabela 2 compara as despesas e a receita bruta típicas dos arrendatários (alguns dos quais hoje pagam prestações de amortização) em 1969-70, quando todos mal começavam a se familiarizar com as novas variedades, e em 1978-79, quando todos esses produtores de *palay* estão usando as novas variedades. Os lotes de terra são os mesmos em ambos os períodos. Embora a produtividade hoje seja cerca de 1,25 vez maior do que há dez anos e o preço do *palay* tenha triplicado, o custo para produzir a safra subiu com a mesma rapidez (por exemplo, colheita: 1,39 vez; fertilizante e transplante de mudas: cerca de três vezes) ou mais depressa (por exemplo, a irrigação e a preparação da terra subiram ambos mais de cinco vezes).

Outro indicador das consequências boas e más dos novos métodos de cultivo de *palay* são os dados de dois grupos de camponeses, um que trabalhava em 1961-62, o outro em 1978-79 (Tabela 3). Ainda que os indivíduos dos dois grupos sejam diferentes, escolhi essa comparação porque os dados de 1961-62 têm a vantagem de ter sido registrados em 1962 (quando os meeiros e os proprietários levaram uns contra outros ao tribunal). Os lotes de terra ficavam na mesma região dos lotes dos camponeses do grupo de 1978-79. Os do segundo grupo cultivam duas safras por ano e produzem mais *palay* em lotes que, na média, são fisicamente menores do que os cultivados pelo primeiro grupo. A produtividade média também é maior no segundo grupo, assim como os custos, deixando uma receita por hectare que não é muito maior do que a do grupo de 1961-62. Na verdade, a renda líquida de alguns do grupo de 1978-79 é menor do que a renda mais baixa do grupo de 1961-62. A maioria do grupo de 1978-79 deveria pagar arrendamento ou amortização, mas não paga. Se pagassem, o custo seria ainda maior, tornando menor a receita líquida, talvez ainda menor do que a dos meeiros de 1961-62. Parece possível que, em anos bons — como aparentemente foram os de 1961-62, já que, segundo a lembrança de todos, a produtividade média foi mais alta do que o comum do início da década de 1960 —, os camponeses pudessem viver tão bem plantando as variedades antigas uma vez por ano quanto podem hoje com a produtividade típica das novas variedades. Mas no início da década de 1960 os produtores de *palay* não precisavam se preocupar tanto quanto hoje em ter uma quantia considerável só para plantar a safra. E o dinheiro que recebiam pelo *palay* que decidiam vender provavelmente tinha poder de compra um pouco maior do que o de hoje.

Tabela 3
Comparação entre despesas de produção e receita de dois grupos de produtores de *palay*, em 1961-62 e 1978-79

	1961-62 Sete produtores de *palay* em sete lotes*		1978-79 Quinze produtores de *palay* em 17 lotes**	
	Variação	Média	Variação	Média
Bruto (*cavans*)***	110,4-332,3	220,0	111,6-585,2	307,7
Despesa (*cavans*)	71,6-197,2	132,2	76,0-337,4	186,8
Líquido (*cavans*)	38,8-135,1	89,3	35,6-248,9	120,2
Hectares (ha)	2,5-5,0	3,6	2-7	4,4
Bruto/ha (*cavans*/ha)	44,2-77,6	61,6	51,8-97,5	69,4
Despesa/ha (*cavans*/ha)	28,6-45,3	37,0	33,3-56,0	42,1
Líquido/ha (*cavans*/ha)	15,5-33,0	25,1	10,1-41,5	27,1

Fontes: Tribunal de Relações Agrárias, Processo 2975, NE 1962, Documento FF-FF 14, e Tribunal de Relações Agrárias, Processo 3638, NE 1964, petição dos autores (Cabanatuan, Tribunal de Relações Agrárias). Conversas e observações em Bukiran, 1978-79.
*Os sete são meeiros que cultivam uma safra por ano e dão 45% da produção ao dono da terra.
**Estão incluídos nove arrendatários que deveriam pagar arrendamento ou amortização, um proprietário que também arrenda um lote, três proprietários e dois que cultivam terra que outros arrendatários lhes cederam em troca de dinheiro emprestado (num acordo chamado *sangla*). Todos cultivaram duas safras em 1978-79 e, portanto, a área em hectares representada nessa tabela é o dobro do tamanho físico real dos lotes.
***Padronizei o *cavan* em 50kg.

Em termos econômicos, a maior parte do povo de Bukiran é necessitada. Praticamente todos dizem isso, e as evidências, como as recém-apresentadas, confirmam. Mas a situação não está necessariamente pior durante a lei marcial ou por causa dela. Isso o povo também verbaliza e os dados anteriores podem ser igualmente interpretados segundo esse ponto de vista. Na média, os preços ao consumidor e o custo de produção excedem os ganhos com salários e com a venda de *palay*. Entretanto, essa situação não é nova. Muita gente de Bukiran e arredores vive assim precariamente há muito tempo. A maioria consegue viver com pouco; alguns dias e algumas semanas são menos difíceis de que outros(as). São capazes de imaginar condições de vida piores e não abandonaram a esperança de que a situação possa melhorar — "se eu tiver sorte" — embora alguns, os mais empobrecidos, saibam que os filhos estão desnutridos.

Creio que o debate em andamento que todos mantêm sobre os novos métodos de cultivar *palay* é indicador de sua ambiguidade em relação à situação atual. A mesma pessoa pode ser contra e a favor das novas variedades, da dupla safra, do aluguel de tratores e de aspectos relacionados ao cultivo de *palay*. A variação maior de 1978-79 em relação a 1961-62 nos valores de produção bruta, produção bruta por hectare, receita líquida e receita líquida por hectare na Tabela 3 ajuda a explicar por quê. A sedução de ganhar mais dinheiro é forte, caso se consiga ficar no limite mais alto da faixa de variação de produção e manter-se no meio ou na parte mais baixa da faixa de custos. Algumas famílias conseguiram e, para inveja dos vizinhos, construíram casas (algumas até com encanamento interno), compraram eletrodomésticos, investiram em pequenos tratores *kuliglig* ou mandaram o filho para a faculdade em Cabanatuan. Até trabalhadores sem-terra podem se entusiasmar assim, vislumbrando todo o *palay* que eles e os membros da família conseguiriam acumular como colhedores caso as safras fossem generosas durante várias estações seguidas. Como disse um sem-terra, "poderíamos comprar vários leitões, criá-los e vendê-los por bom preço e ir fazendo isso até que em breve eu é que emprestaria dinheiro, em vez de tomá-lo emprestado". Do outro lado do debate, vem o medo de ficar sem safra e com grandes dívidas. Alguns camponeses que sofreram profundamente com isso preferem a volta às antigas variedades, que não exigem "dinheiro na frente". Outros são solidários, ainda mais depois de uma safra ruim. Mas não têm muita certeza e ainda pensam nas possíveis estações mais produtivas e em preços mais altos.[26]

Encontra-se ambiguidade semelhante entre as famílias sem terra. Há exemplos suficientes de algumas famílias que "prosperaram" — ao encontrar emprego constante num dos projetos de irrigação e construção de estradas do governo ou ao "ganhar bom dinheiro" vendendo sapatos ou outras mercadorias de aldeia em aldeia — para dar esperanças àqueles cuja situação miserável estagnou. Esses exemplos também dão credibilidade ao entendimento convencional em Bukiran de que os mais pobres simplesmente não têm sorte ou só devem pôr a culpa da situação nos próprios erros e modos inadequados de agir.

CONCLUSÕES

Bukiran é uma daquelas áreas "silenciosas" mencionadas no início deste artigo. Não teve surtos recentes de violência, nenhum grupo religioso incomum, nenhum rebelde, nenhuma colheita de *palay* com 150 *cavans* por hectare, nada que atraia a atenção de jornalistas favoráveis ou contrários à lei marcial. Entretanto, silêncio não significa entusiasmo nem contentamento com a situação atual. Também não significa oposição frustrada. Este artigo indica que, para entender o que significa a lei marcial, a experiência do povo na história recente e sua opinião sobre o governo são importantes.

Desde a década de 1930 até o fim da década de 1960, os aldeões de Bukiran envolveram-se em numerosas iniciativas para melhorar as condições de vida de meeiros e arrendatários, defender-se da repressão violenta e pressionar o governo para tratar os camponeses como iguais aos grandes proprietários de terras. O ponto alto dessa época foi o movimento *Huk*.

A luta trouxe alguns resultados. Os meeiros aumentaram seu percentual da safra, as leis restringiram as iniciativas dos proprietários para expulsar meeiros, criaram-se tribunais para atender às queixas dos camponeses, os arrendamentos foram legalizados e a repressão diminuiu. A experiência promoveu, tanto entre grandes proprietários quanto entre camponeses, a opinião de que, embora o governo seja controlado pelos mais ricos, às vezes age a favor dos menos ricos e mais empobrecidos.

Muitos, na sociedade de Bukiran, veem a lei marcial nesse contexto. A reforma agrária de hoje, como disse um ex-participante ativo dessas organizações camponesas mais antigas, é "fruto da semente plantada pelos *Huks*". Isso e programas promovidos pelo governo, como os empréstimos a arrendatários, são, de certa maneira, benéficos para os aldeões e reforçam a noção de que às vezes o governo pode ser útil. Além disso, a lei marcial foi mais ou menos a continuação da paz relativa e das exigências moderadas de tempo e recursos feitas pelo governo aos camponeses na década de 1960. Essas condições promovem a visão acrítica do regime.

Por outro lado, aos olhos da maioria o governo e a sociedade em geral são administrados pelos setores mais aquinhoados do país e em seu benefício. A minoria prospera enquanto a maioria, em termos econômicos, não está em situação melhor do que dez anos antes. Para muitos, as condições de vida são provavelmente piores, já que os preços sobem mais depressa do que os rendimentos e os empregos continuam escassos e mal pagos. Em resumo, a maioria dos aldeões tem de lutar cotidianamente para obter um meio de vida apenas modesto, criar a família, manter-se em paz com os vizinhos e aproveitar as poucas oportunidades de melhoria que surgirem. A lei marcial foi um incidente que não afetou de forma substancial essas iniciativas, que preocupam a maioria dos aldeões. Também não frustrou a esperança à qual muitos se agarram de que eles ou os filhos sejam dos poucos afortunados cuja situação socioeconômica melhora.

Em consequência, a lei marcial não é uma questão importante em Bukiran. Assim como é improvável que o povo se entusiasme com as iniciativas das autoridades do governo para que demonstrem apoio, também não é capaz de se entusiasmar com as tentativas de organizar-se contra a lei marcial. Talvez a conclamação pela "restauração das liberdades civis" também não desperte muito interesse em Bukiran, onde os jornais e outros meios de comunicação de massa, até antes de 1972, têm relativamente pouca importância e as eleições costumavam significar torvelinho e violência.

As propostas de melhoria que os moradores de Bukiran apresentam são diferentes. Sugerem, por exemplo, que o governo ou os empresários criem empregos com a construção de fábricas próximas (legumes enlatados, por exemplo) e que mais filipinos tenham permissão de viajar (para o Oriente Médio e principalmente para os Estados Unidos) como trabalhadores sob contrato (e que o governo dê fim aos aliciadores de mão de obra, que já extorquiram várias centenas de pesos de algumas pessoas de Bukiran). Outras propostas são preço mais baixo dos adubos, redução das taxas de irrigação e preço mais alto do *palay*. Tudo isso talvez pudesse ser feito pelo regime da lei marcial. Na verdade, o governo tem encorajado os filipinos a trabalharem no exterior, deu passos para regulamentar o recrutamento de mão de obra e subsidiou alguns adubos para reduzir o efeito do preço mais alto do petróleo sobre os camponeses. Embora nenhuma dessas ações tenha sido adequada, o mero esforço é um tanto gratificante para os aldeões, cujas expectativas iniciais em relação ao governo são limitadas.

A semelhança entre o período da lei marcial e o período anterior em Bukiran dá o que pensar a pessoas como eu que criticaram o regime e insistiram na suspensão da lei marcial, em parte por ter mudado o país para pior em termos qualitativos. A experiência de Bukiran indica que o sistema — governo, Estado, regime, sociedade — pouco mudou devido à lei marcial. Sua simples remoção não melhorará de forma marcante a sociedade de Bukiran.[27]

O exemplo de Bukiran indica que a lei marcial precisa ser avaliada não só em termos do impacto sobre as classes socioeconômicas, as empresas nacionais e estrangeiras, a concorrência entre as elites e o lugar do país na economia global. A localidade também tem de ser levada em conta. Desconfio que Bukiran exemplifica um tipo de área rural que não sofreu os aspectos prejudiciais da lei marcial que se manifestaram em outras regiões das Filipinas. Sem tentar estimar com que frequência se pode encontrar no país uma área como essa, quero indicar as características seguintes que ela apresenta.

Em primeiro lugar, é uma área agrícola de planície há muito integrada à economia comercial nacional e internacional, densamente povoada e com padrões de uso da terra já consagrados. Assim, não tende à invasão pelo agronegócio, que o governo da lei marcial encorajou e que assumiu o controle de grandes extensões de terra em regiões planas do país, menos povoadas e com mais caráter de fronteira agrícola. A área também não é atraente para investimentos que desorganizam rapidamente aldeias e cidades pequenas.

Em segundo lugar, o governo tratou com mais cuidado essa área do que outras partes do país. Exatamente devido à agitação ou revolta anteriores, os governantes nacionais tiveram de fazer concessões aos aldeões. Segundo declarações de planejadores e administradores, o governo e seus assessores e financiadores internacionais direcionaram a reforma agrária e as políticas a ela relacionadas explicitamente para a região, para impedir o descontentamento rural.

Por exemplo, Nueva Ecija recebeu atenção desproporcionalmente maior da reforma agrária do governo, do *Masagana-99*, dos programas de irrigação e correlatos; suspeito que o mesmo aconteça em outras províncias do centro de Luzon. Como ilustração, hoje 25% dos arrendatários de Nueva Ecija cujos campos estima-se que possam ser incluídos na reforma agrária têm direito a pagar prestações de amortização da terra. No município de Bukiran, o número é de 20%. O total em quatro províncias do centro de Luzon é de 22%. Nas Filipinas, é de apenas 8%.[28]

Entretanto, é extraordinário como esses programas ficam longe das metas regiamente divulgadas e como na verdade a melhoria material é pouca para a maioria, pelo menos se Bukiran for um exemplo útil. Ainda assim, esses resultados modestos parecem suficientes para impedir que os pobres vejam o governo como inimigo e até para manter viva a crença de que às vezes pode ser amigo. Do mesmo modo, há suficiente gente que "dá certo" para manter viva a esperança da grande maioria que fica para trás. Esses exemplos, embora na verdade sejam poucos, somados à ausência de condições econômicas drasticamente piores, levam o povo a perseverar, a continuar a dar um jeito com o pouco que têm ou pelo menos a não sair da rotina para questionar o governo ou outros setores da ordem social.

Em terceiro lugar, a tentativa do governo de "mobilizar" a população da aldeia para atender a seus propósitos enquanto "desmobiliza" outras organizações rurais não autorizadas ficou longe de ser tão completa na prática quanto pode parecer no papel e não sobrecarregou os aldeões.[29] Além disso, não são novas; os aldeões também tiveram de enfrentar esse tipo de coisa antes da lei marcial. Enquanto isso, outros esforços do governo para ligar mais intimamente a região ao Estado tornaram o campo mais pacífico. Essas ações tiveram êxito ao minar o poder de grupos bastante autônomos que muitas vezes competiam violentamente entre si.

Talvez devido aos três fatores anteriores, a repressão, pelo menos do tipo direto e visível, não é grande.[30] Ao contrário de outras regiões do país, essa área nada tem que o governo e os interesses comerciais que ele endossa queiram tanto que tenham de obter à força. Além disso, o povo não se opôs visivelmente aos que ocupam o poder e, portanto, não provocou a força total do poder coercitivo do Estado.

Bukiran pode ilustrar não só uma região das Filipinas como uma situação encontrada em muitas épocas e lugares. Em livro recente, Barrington Moore Jr. tenta explicar a escassez de revolta e resistência vigilante num mundo cheio de injustiça, repressão e pobreza. Seus achados, que tece com cautela e mestria a partir de diversas fontes, têm paralelo com o que se disse de Bukiran.

Moore diz que o povo empobrecido não está ansioso para revoltar-se, nem mesmo para protestar. Em vez disso, costuma ver sua situação como inevitável e a si mesmo como inferior aos próprios opressores e deles dependente. A razão é que, para quem está na camada mais baixa da sociedade ou próximo dela, esses são fatos. Para eles, a situação, em todos os aspectos práticos, é inevitável. Também são inferiores em termos sociais, econômicos e políticos. E "numa sociedade hierárquica, algum tipo de dependência é um fato importante da vida para os estratos mais baixos e a personalidade humana se adapta a esse fato".[31] Também é dificílimo para esses seres humanos "acreditar que a autoridade há muito constituída não seja essencialmente benévola. Ela é fonte de respeito, consciência e recompensas, e também de punições e frustrações."[32] Uma explicação importante é que os que dominam reforçam tais noções por meios diretos e indiretos na escola, nos meios de comunicação de massa, nas igrejas e em outras instituições.

Superar essa sensação de inevitabilidade — e com ela a inferioridade e a dependência — é "essencial para o desenvolvimento de revolta moral politicamente eficaz. Para que isso aconteça, o povo precisa perceber e definir sua situação como consequência da injustiça humana: situação que ele não precisa, não pode e não deve suportar".[33] Com dificuldade, isso pode ser feito. Moore sintetiza várias condições sociais e econômicas que, pelo menos no passado, têm maior tendência a conduzir a esse estágio: o sofrimento dos estratos mais baixos tem de aumentar tão depressa que as pessoas não tenham tempo de se acostumar; as causas do novo sofrimento têm de ser atribuíveis a pessoas fáceis de identificar; mais bens e serviços têm de estar disponíveis para que o povo veja que a pobreza é um problema a ser resolvido em vez de ser inevitável; a desorganização tem de dividir as classes dominantes para que possam se formar alianças entre indivíduos da classe dominante e da subordinada; uma minoria ativista tem de promover novos padrões de condenação; e é preciso haver alguns nichos na ordem social predominante onde grupos insatisfeitos possam desenvolver formas de vida e valores diferentes.[34]

Essas são condições colossais, mas há indícios de que algumas vêm surgindo em várias localidades no campo das Filipinas. Por exemplo, há alianças em formação entre grupos das classes alta e baixa (mais bem-vistos, recentemente, em fatos ocorridos nas igrejas protestante e católica),[35] minorias dedicadas (por exemplo, o Novo Exército do Povo e a Frente Democrática Nacional) continuam a se ampliar e atingir mais aldeias e cidades pequenas e continua a haver espaço de manobra para alguns grupos que criticam o sistema predominante. Embora esses fatos sejam pouco conhecidos e com certeza ainda não sejam importantes em Bukiran e arredores, isso pode mudar caso as condições econômicas e políticas piorem de repente. Se, por exemplo, o governo resolver punir duramente os que fizeram empréstimos do *Masagana-99* e os arrendatários e meeiros que devem prestações de amortização e se os preços ao consumidor aumentarem ainda mais do que já aumentaram e os salários e empregos se reduzirem rapidamente, os aldeões podem ser obrigados a considerar intolerável a situação. Pelo menos então mais gente vai se dispor a criticar e protestar e a se afiliar a grupos de mesma tendência em outras regiões do país. Esse clamor não resultaria necessariamente no reordenamento radical da sociedade, mas provavelmente levaria a um ambiente em que poderiam surgir ideias e interpretações mais libertadoras do que é possível atualmente.

Notas

1. "The Philippines: Powder Keg of the Pacific", *Time*, 24 de setembro de 1979, pp. 28-32.
   Talvez devido ao ponto de vista nacional ou internacional as previsões de meus amigos sejam mais exatas. Meu entendimento pode sofrer influência excessiva do que aprendi naquele lugar minúsculo. Por outro lado, se boa parte do campo se parecer com esse lugar, então o ponto de vista mais amplo talvez seja falho. Isso causa um problema analítico importante para o ativismo e o conhecimento acadêmico e é nesse contexto que apresento uma interpretação do significado da lei marcial para o povo de uma comunidade do centro de Luzon.
   Quero agradecer a várias pessoas e instituições que me ajudaram a escrever este artigo, mesmo que não endossem necessariamente a argumentação: Melinda Tria Kerkvliet, Universidade do Havaí, National Endowment for the Humanities, Instituto de Cultura Filipina da Universidade Ateneu de Manila, Colégio de Administração Pública da Universidade das Filipinas, Programa de Estudos Filipinos da Universidade do Havaí, Michael Adas, Bryant Avery, Bob Marks, Joe Moore, Joel Rocamora, Jim Scott, Hiromitsu Umehara, Dave Wurfel e Bob Youngblood.
2. Ver, principalmente, John R.W. Smail, *Bandung in the Early Revolution. 1954-1946* (Ithaca, Nova York, Modern Indonesia Project, Southeast Asia Program, Cornell University, 1964); Reynaldo Clemeña Ileto, *Pasyon and Revolution* (Cidade Quezon: Ateneo de Manila University Press, 1979).
3. Encontra-se um panorama dessa crescente literatura em Bruce Cruikshank, "Twenty-two Years of Work in Philippine Historiography: Accomplishment and Promise, 1955-76", em Donn V. Hart (org.), *Philippine Studies: History, Sociology, Mass Media, and Bibliography* (DeKalb, Occasional Paper nº 6, Center for Southeast Asia Studies, Northern Illinois University, 1978), pp. 1-97. Para uma discussão concisa que influenciou muitos estudos locais, ver John A. Larkin, "The Place of Local History in Philippine Historiography", *Journal of Southeast Asian History*, 8, setembro de 1967, pp. 306-317.
4. Duas publicações sobre prisão, tortura e morte são especialmente comovedoras e pungentes: *Political Detainees of the Philippines, Book 3* (Metro-Manila: Task Force Detainees of the Philippines, Association of Major Religious Superiors in the Philippines, 1978); Pintig, *Poems and Letters From Philippine Prisons* (Hong Kong: Resource Centre for Philippine Concerns, 1979). Há descrições úteis das condições de vida e da luta em áreas específicas, por exemplo, em *Preparing for Revolution: The United Front in the Philippines*, publicado como número 62 (maio-junho de

1978) da *Southeast Asia Chronical*; *Conditions of the Filipino People Under Martial Law* (São Francisco: Anti-Martial Law Coalition and Friends of the Filipino People, 1979); *Human Rights in the Philippines* (Hong Kong, Resource Centre for Philippine Concerns, 1979). Um artigo não publicado de Willem G. Wolters é a melhor descrição que já li das condições de vida numa aldeia onde soldados do NEP (Novo Exército do Povo) e do governo vêm e vão. Seus pontos fortes são o detalhamento e a interpretação do porquê de haver diferenciação entre aldeões e do porquê de as linhas de apoio ou oposição aos dois grupos armados adversários serem confusas e inconsistentes: "Epilogue" (1980), no manuscrito de Wolter intitulado "Class and Politics In a Philippine Village", versão revista e traduzida de sua dissertação "Klasseverhoudingen en politieke porcessen in Central Luzon, Filippijnen" (Universidade de Amsterdã, 1975).

5. Entre as descrições mais perspicazes e informativas desses movimentos estão os seguintes trabalhos: Lela Garner Noble, "The Moro National Liberation Front in the Philippines", *Pacific Affairs*, 49, quarto trimestre de 1976, pp. 404-24; Peter Gordon Gowing, *Muslim Filipinos: Heritage and Horizon* (Cidade Quezon, New Day, 1979), pp. 199-251; "Tribal People and the Marcos Regime", nº 67, outubro de 1979, *Southeast Asia Chronicle*; Francisco Claver, *The Stone Will Cry Out* (Maryknoll, Nova York, Orbis Books, 1978), pp. 135-145; carta do bispo Francisco Claver ao presidente Ferdinand Marcos, 20 de agosto de 1980, mimeografada, 3 páginas.
6. Harry J. Benda, "Peasant Movements in Colonial Southeast Asia", *Asian Studies*, 3, dezembro de 1965, pp. 420-421.
7. *Ibid.*, p. 423.
8. Ronald K. Edgerton, "Bukidnon and the Bukidnons Under Martial Law", artigo não publicado, 1980.
9. Dennis Shoesmith, "The Glorious Religion of Jose Rizal", em D. B. Muller (org.), *Peasants and Politics* (Nova York, St. Martin's Press, 1979), pp. 149-179.
10. Quando falo de Bukiran no presente, refiro-me a 1978-79. Desde então o governo levou a eletricidade até lá, embora algumas cartas indiquem que muitas famílias não podem pagar para usar a rede elétrica.
11. No restante do artigo, usarei a palavra filipina *palay* para me referir ao arroz que cresce no campo e ao grão ainda com casca. No texto, "arroz" vai se referir ao que os filipinos chamam de *bigas* (*palay* debulhado, pronto para ser cozido) e *kanin* (*bigas* cozido).
12. O vocabulário que o povo usa costuma ser a expressão inglesa *martial law*, sendo essas palavras ouvidas com frequência nos programas de rádio em tagalo. Alguns usam a tradução tagalo, *batas militar*. A outra expressão às vezes usada, creio que

intercambiável com *martial law* e *batas militar*, é *bagong lipunan* (nova sociedade), tirada de um lema que o governo popularizou para diferenciar da lei marcial o período anterior (que as fontes governamentais chamam de *lumang lipunan*, ou "velha sociedade").

13. Marcos reconheceu formalmente o *Hukbalahap* com o Decreto Presidencial nº 7, de 7 de outubro de 1977.
14. A fórmula era "duas vezes e meia a colheita média de três anos de safra normal imediatamente anteriores à promulgação deste decreto" (Decreto Presidencial nº 27, de 21 de outubro de 1972).
15. Essa observação se baseia em conversas com dois funcionários do Banco Rural e nas Declarações de Receita e Despesa do banco. Durante os três anos anteriores ao *Masagana-99* (de 1970 a 1972), a "receita líquida" do banco em relação à "receita total" variou de 28 a 35%. O *Masagana-99* começou na segunda metade de 1973; nesse ano, a receita líquida foi de 25% do total e o ganho com os juros dos empréstimos do *Masagana-99* representou 6% da receita total. De 1974 a 1976, a receita líquida variou de 25 a 43% da receita total e a receita do *Masagana-99* subiu de 18% do total em 1974 para 28% em 1975 e 32% em 1976. (Não é possível calcular valores comparáveis para 1977-1978 porque as declarações não discriminam mais a receita do *Masagana-99* separadamente; tudo ficou agrupado numa nova categoria chamada "empréstimos da reforma agrária".)
    O valor acumulado de todos os bancos rurais de Nueva Ecija mostra que a receita do *Masagana-99* aumentou de 25% da receita bruta, em 1974, para 37% em 1975 e 41% em 1976. (Calculado a partir de: Filipinas, Banco Central, Departamento de Bancos Rurais e Associações de Poupança e Empréstimo, Escritório de Estatística e Pesquisa, "Worksheets for Statement of Income and Expense, by Province".)
16. Há indicações de que essa vinculação ocorreu em outros bancos rurais de Nueva Ecija; ver William H. Rusch, "Final Report of an Evaluation of the Integrated Development Program for Nueva Ecija, Philippines", preparado para o IDP/NE Coordinating Group, American Technical Assistance Corporation, General Research Corporation, Westgate Research Park, McLean, Virgínia, julho de 1975, pp. 33-35.
17. *Samahang Nayon* é o nome das organizações comunitárias de agricultores, principalmente de arrendatários aptos a participar do programa de reforma agrária. Por insistência do governo, a maioria das comunidades de Nueva Ecija tem, pelo menos nominalmente, uma *Samahang Nayon*. A organização deveria criar cooperativas de comércio em cada comunidade. Em Bukiran e nas cinco comunidades existentes num raio de quatro quilômetros, as *Samahang Nayons* pouco progresso fizeram para atingir essa meta.

18. Desenvolvo esse tema em "Classes and Class Relations in a Philippine Village", *Philippine Sociological Review*.
19. Parece que a maioria foi solta alguns meses depois, embora uns poucos, inclusive um que mora em Bukiran, tenham ficado um ano ou mais presos.
20. Benedict J. Kerkvliet, *The Huk Rebellion* (Berkeley, University of California Press, 1977), especialmente os capítulos 3 a 5.
21. O fato de o imposto tributário ter perdido importância como fonte de receita do governo municipal pode ajudar a explicar por que, além de outras razões, como a fraqueza da burocracia fiscalizadora, as autoridades locais não tenham forçado a cobrança. De acordo com os orçamentos da municipalidade à qual Bukiran pertence e que pude consultar, a receita do imposto territorial caiu de 41% do total, no ano fiscal 1964-1965, para 12%, no ano fiscal 1971-1972. No mesmo período, contudo, as verbas do "repasse da receita interna" do governo central aumentaram de 6% para 10% e continuaram a crescer nos anos seguintes. Em 1977 (último ano de cujas informações disponho), esperava-se que a participação do repasse da receita interna no orçamento municipal fosse de 42%. (Como a expectativa de receita do imposto territorial não é isolada especificamente no orçamento de 1977, não posso calcular o percentual com base nessa fonte, mas deve ser substancialmente menor do que a verba repassada pelo governo federal.) Parece que essa tendência é nacional e explicável, em parte, pelas novas leis tributárias que repassam aos governos locais parcela maior da arrecadação interna, pelo aumento da eficiência da cobrança de impostos pelo governo central e pela ineficiência constante da cobrança de impostos pelo governo local. [Há alguns indícios nesse sentido em Angel Q. Yoingco e Vicente G. Quintos, *Philippine Tax System Under the New Society* (Manila, GIC Enterprises, 1979), capítulo 6.] O pagamento do imposto sobre a renda pode tornar-se fonte de disputa no futuro, mas em 1979 isso não acontecia em Bukiran. A renda da maioria dos aldeões ficava abaixo do limite tributável.
22. Por exemplo, o pagamento aos transplantadores de *palay* de Bukiran passou de P 2,50 ao dia no início ou meados da década de 1960 para P 4,00 uma década depois e P 7,00-8,00 em 1978-1979. Os carpinteiros ganhavam P 3,00-4,00 ao dia em meados da década de 1960, P 10,00 dez anos depois e P 18,00 em 1978-1979. Há valores comparáveis do centro de Luzon como um todo em Filipinas, Departamento de Agricultura e Recursos Naturais, Escritório de Economia Agrícola, *Farm Wages* (Manila, 1973 e três volumes sem data) e *Average Daily Wage Rates of Farm Workers in the Philippines* (Cidade Quezon, 1975-1976).
23. Filipinas, Ministério da Agricultura, Secretaria de Economia Agrícola, *Prices Received by Farmers* (Cidade Quezon). Essa publicação tem vários volumes, cada um dos quais com períodos diferentes, como 1959-1968, 1971-1972 e 1977.

24. Filipinas, Banco Central, Departamento de Pesquisa Econômica, "Consumers' Price Index of All Items by Region, 1957-1976", mimeografado. Calculei os valores de 1978 usando "Consumers' Price Index for All Income Households in the Philippines, by Geographic Area", noticiado mês a mês no *Journal of Philippine Statistics*, 29, nos 2 a 4 (1978), ajustando os dados em relação ao ano-base de 1965.
25. Filipinas, Ministério da Agricultura, Secretaria de Economia Agrícola, Escritório da III Região, dados incompletos da produção de *palay* em Nueva Ecija durante a década de 1960 (San Fernando, Pampanga); e Secretaria de Economia Agrícola, "Palay: Production of Irrigated and Rainfed Crops in the First.
26. Se o cronograma de irrigação fosse diferente, alguns camponeses com certeza tentariam plantar as variedades mais antigas. Mas como a SNI controla o cronograma, eles não podem tentar, senão seu lote terá água quando não deveria e ficará seco quando deveria estar inundado. Outra razão é que as variedades mais antigas, que crescem mais lentamente do que as novas, ficariam maduras depois que os campos circundantes com as novas variedades já tivessem sido colhidos, tornando-as vulneráveis aos ratos. Os camponeses concordam que, para voltar aos métodos mais antigos de produção de *palay*, "todo mundo teria de fazer isso junto".
27. Depois que escrevi este artigo, o presidente Marcos "suspendeu" a lei marcial, foi "eleito" para um novo mandato de seis anos e proclamou o início da "Nova República". Duvido que esses fatos façam muita diferença para a maioria do povo de Bukiran e arredores.
28. Calculado a partir de valores (os mais recentes datam de 31 de março de 1979) publicados em "Summary: Operation Land Transfer", do Ministério de Reforma Agrária, e de dados que recebi da equipe do Escritório de Reforma Agrária do município de Bukiran. As quatro províncias do centro de Luzon são Bulacan, Nueva Ecija, Pampanga e Tarlac.
29. Aproveito aqui a ideia de "corporativismo", aplicada às Filipinas por Robert B. Stauffer, "Philippine Corporatism: A Note on the 'New Society'", *Asian Survey*, 27, abril de 1977, pp. 393-407.
30. Aqui acompanho a distinção feita por Johan Galtung e Herb Feith entre violência direta e violência estrutural. Ambos indicam que a primeira é mais prontamente visível e, portanto, tem maior probabilidade de provocar reações. Johan Galtung, "Violence, Peace, and Peace Research", numa coletânea de artigos seus, *Peace: Research, Education, Action* (Copenhague: Christian Ejlers, 1975), pp. 109-134; Herb Feith, "Repressive-Developmentalist Regimes in Asia: Old Strengths, New Vulnerabilities", trabalho apresentado na Conferência do Projeto Modelos de Ordem Mundial, em Nova York, em 14 de junho de 1979.

31. Barrington Moore Jr., *Injustice: The Social Bases of Obedience and Revolt* (White Plains e Nova York: M.E. Sharpe, 1978), p. 466.
32. *Ibid.*, 463.
33. *Ibid.*, p. 459.
34. *Ibid.*, principalmente o capítulo 14. Moore indica que o nacionalismo — outra condição que pode ser necessária, indica ele — é nacionalismo no sentido de solidariedade com os concidadãos contra o inimigo estrangeiro.
35. Ver dois artigos de Robert L. Youngblood: "The Protestant Church in the Philippines' 'New Society'", *Bulletin of Concerned Asian Scholars*, 12, julho-setembro de 1980, pp. 19-29; e "Structural Imperialism and the Catholic Bishops' Conference in the Philippines", não publicado, 1980.

Bibliografia

BENDA, Harry J. "Peasant Movements in Colonial Southeast Asia". *In*: *Asian Studies*, número 3, 1965.

CLAVER, Francisco. *The Stone Will Cry Out*. Maryknoll, Nova York: Orbis Books, 1978.

CRUIKSHANK, Bruce. "Twenty-two Years of Work in Philippine Historiography: Accomplishment and Promise, 1955-76". *In*: Donn V. Hart (org.). *Philippine Studies: History, Sociology, Mass Media, and Bibliography*. DeKalb, Occasional Paper nº 6, Center for Southeast Asia Studies, Northern Illinois University, 1978.

EDGERTON, Ronald K. "Bukidnon and the Bukidnons Under Martial Law", artigo não publicado, 1980.

FEITH, Herb. "Repressive-Developmentalist Regimes in Asia: Old Strengths, New Vulnerabilities", trabalho apresentado na Conferência do Projeto Modelos de Ordem Mundial, em Nova York, em 14 de junho de 1979.

GALTUNG, Johan Galtung. "Violence, Peace, and Peace Research". *In*: *Peace: Research, Education, Action*. Copenhague: Christian Ejlers, 1975.

GOWING, Peter Gordon. "*Tribal People and the Marcos Regime*". *In*: *Southeast Asia Chronicle*, número 67, 1979.

GOWING, Peter Gordon. *Muslim Filipinos: Heritage and Horizon*. Cidade Quezon: New Day, 1979.

ILETO, Reynaldo Clemeña. *Pasyon and Revolution*. Cidade Quezon: Ateneo de Manila University Press, 1979.

MOORE Jr., Barrington. *Injustice: The Social Bases of Obedience and Revolt*. White Plains e Nova York: M.E. Sharpe, 1978.

KERKVLIET, Benedict J. *The Huk Rebellion.* Berkeley: University of California Press, 1977.

LARKIN, John A. "The Place of Local History in Philippine Historiography". *In*: *Journal of Southeast Asian History*, número 8, 1967.

NOBLE, Lela Garner."The Moro National Liberation Front in the Philippines". *In*: *Pacific Affairs*, número 49, 1976.

SAMAIL, John R. W. *Bandung in the Early Revolution. 1954-1946*. Ithaca, Nova York, Modern Indonesia Project, Southeast Asia Program, Cornell University, 1964.

SHOESMITH, Dennis. "The Glorious Religion of Jose Rizal". *In*: D. B. Muller (org.). *Peasants and Politics*. Nova York: St. Martin's Press, 1979.

STAUFFER, Robert B. "Philippine Corporatism: A Note on the 'New Society'". *In*: *Asian Survey*, número 27, 1977.

YOINGCO, Angel Q. e QUINTOS, Vicente G. *Philippine Tax System Under the New Society*. Manila: GIC Enterprises, 1979.

YOUGBLOOD, Robert L. "Structural Imperialism and the Catholic Bishops' Conference in the Philippines", não publicado, 1980.

——. "The Protestant Church in the Philippines' 'New Society'". *In*: *Bulletin of Concerned Asian Scholars*, número 12, 1980.

Fontes primárias

Consumers' Price Index for All Income Households in the Philippines, by Geographic Area". *In*: *Journal of Philippine Statistics*, 29, números 2 a 4, 1978.

Carta do bispo Francisco Claver ao presidente Ferdinand Marcos, 20 de agosto de 1980, mimeografada, 3 páginas.

Decreto Presidencial nº 27, de 21 de outubro de 1972.

Decreto Presidencial nº 7, de 7 de outubro de 1977.

Filipina, Ministério da Agricultura, "Summary: Operation Land Transfer".

Filipinas, Banco Central, Departamento de Bancos Rurais e Associações de Poupança e Empréstimo, Escritório de Estatística e Pesquisa, "Worksheets for Statement of Income and Expense, by Province".

Filipinas, Banco Central, Departamento de Pesquisa Econômica, "Consumers' Price Index of All Items by Region, 1957-1976", mimeografado.

Filipinas, Ministério da Agricultura, Secretaria de Economia Agrícola, *Prices Received by Farmers* (Cidade Quezon). Esta publicação tem vários volumes, cada um dos quais com períodos diferentes, como 1959-1968, 1971-1972 e 1977.

Filipinas, Ministério da Agricultura, Secretaria de Economia Agrícola, Escritório da III Região, dados incompletos da produção de *palay* em Nueva Ecija durante a década de 1960 (San Fernando, Pampanga).

RUSCH, William H. "Final Report of an Evaluation of the Integrated Development Program for Nueva Ecija, Philippines". Preparado para o IDP/NE Coordinating Group, American Technical Assistance Corporation, General Research Corporation, Westgate Research Park, McLean, Virgínia, julho de 1975.

Secretaria de Economia Agrícola, "Palay: Production of Irrigated and Rainfed Crops in the First.

"The Philippines: Powder Keg of the Pacific". *In*: *Time*, 24 de setembro de 1979, pp. 28-32.

Tribunal de Relações Agrárias, Processo 2.975, NE 1962, Documento FF-FF 14.

Tribunal de Relações Agrárias, Processo 3.638, NE 1964, petição dos autores (Cabanatuan, Tribunal de Relações Agrárias). Conversas e observações em Bukiran, 1978-79

O texto deste livro foi composto em Sabon, desenho tipográfico de Jan Tschichold de 1964 baseado nos estudos de Claude Garamond e Jacques Sabon no século XVI, em corpo 11/15. Para títulos e destaques, foi utilizada a tipografia Frutiger, desenhada por Adrian Frutiger em 1975.

A impressão se deu sobre papel off-white 80g/m² pelo Sistema Cameron da Divisão Gráfica da Distribuidora Record.